Ullstein Sachbuch

Ullstein Sachbuch
Ullstein Buch Nr. 34053
im Verlag Ullstein GmbH,
Frankfurt/M – Berlin – Wien

Für die Taschenbuchausgabe erweitert
von Professor Dr. Georg Denzler

Umschlagentwurf:
Hansbernd Lindemann

Mit Genehmigung des R. Piper & Co.
Verlags, München

Printed in Germany 1981
Gesamtherstellung: Ebner Ulm
ISBN 3 548 34053 9

Mai 1981

CIP-Kurztitelaufnahme der
Deutschen Bibliothek

Hasler, August Bernhard:
Wie der Papst unfehlbar wurde: Macht u.
Ohnmacht e. Dogmas / August Bernhard
Hasler. [Für d. Taschenbuchausg. erw.
von Georg Denzler]. –
Frankfurt/M; Berlin; Wien:
Ullstein, 1981.
(Ullstein-Buch; Nr. 34053: Ullstein-
Sachbuch)
ISBN 3-548-34053-9
NE: Denzler, Georg [Bearb.]; GT

August
Bernhard
Hasler

Wie der Papst unfehlbar wurde

Macht und Ohnmacht eines Dogmas

Mit einem Geleitwort
von Hans Küng
und einem Nachwort
von Georg Denzler

Ullstein Sachbuch

»Als im Jahre 1870 die Unfehlbarkeit des Papstes definiert wurde, da nahm die Kirche auf der höheren Ebene jene geschichtliche Entscheidung voraus, die heute auf der politischen Ebene gefällt wird: für die Autorität und gegen die Diskussion, für den Papst und gegen die Souveränität des Konzils, für den Führer und gegen das Parlament«
(Prälat Robert Grosche im September 1933).

Inhalt

Zum Geleit

Der neue Stand der Unfehlbarkeitsdebatte

Kann eine große öffentliche Frage zur Ruhe kommen, bevor sie ihre Antwort gefunden hat? Die alte Unfehlbarkeit der von Gottes Gnade Regierenden, Könige, Kaiser und Zaren, ist seit langem keine Frage mehr. Und die neuere Unfehlbarkeit der aus eigener Kraft Regierenden, Autokraten und Diktatoren, der Duces, Führer, Caudillos, Generalsekretäre, ist – nach einem Zweiten Weltkrieg, Auschwitz, Archipel Gulag, Demokratisierung in Spanien und beginnender Entmaoisierung in China – brüchig geworden. Freilich: Die Frage der Unfehlbarkeit von *Parteien*, die »immer recht haben«, und ihrer gegenwärtigen Repräsentanten, wird nach wie vor – von Moskau bis Havanna – mit allen oppressiven und repressiven Methoden niedergehalten. Und – so fragen dann viele zurück – die Unfehlbarkeit von *Kirchen*, die »immer recht haben«? Ihrer früheren oder gegenwärtigen Repräsentanten, die sich auf den Heiligen Geist berufen? Nun, zumindest dies eine, von allen übrigen Unterschieden abgesehen, ist klar geworden: die Frage nach dieser Unfehlbarkeit kann seit dem Zweiten Vatikanischen Konzil auch in der katholischen Kirche nicht mehr einfach unterdrückt werden.

Zur Hundertjahrfeier der Definition der päpstlichen Unfehlbarkeit auf dem Ersten Vatikanischen Konzil von 1870 hatte die weitverbreitete vage Frage nach der Unfehlbarkeit die Form einer präzise formulierten »Anfrage« angenommen: »Unfehlbar? Eine Anfrage« (1970), so etwas wie eine parlamentarische »Interpellation« der loyalen Opposition ihrer Majestät in einem freien Gemeinwesen. Die römische Glaubensbehörde versuchte mit Hilfe von Bischofskonferenzen die plötzlich wieder so lebendig gewordene Frage auf dem Dekretweg zum Verstummen zu bringen und die Diskussion ein für allemal aus der Welt zu schaffen. Aber die zum Tode verurteilte

Frage blieb lebendig, und die Diskussion in der Glaubensgemeinschaft ließ sich nicht niederhalten.

Auch die unvoreingenommenen unter den römischen Beobachtern haben sicher nicht erwartet, die Anfrage »Unfehlbar?« könnte noch in unserem Jahrzehnt definitiv beantwortet werden mit der Wiederholung von Konzilsbeschlüssen, deren Unfehlbarkeit von Anfang an fragwürdig war und nun neu in Frage gestellt wurde. Ähnlich versuchten schon früher die Könige und Generäle, die Väter, Lehrer und oft auch Professoren ihre in Frage gestellte Unfehlbarkeit zu retten: Wir sind unfehlbar, weil wir gesagt haben, daß wir unfehlbar sind!

Aber die Nachfrage war nie zu vermeiden: Mit welchem Recht habt ihr, haben eure Vorfahren gesagt, daß ihr unfehlbar seid? Und erst recht in der Kirche: Mit welchem Recht nehmt ihr die Unfehlbarkeit des Heiligen Geistes Gottes in Anspruch, der weht, wo und wie er will, ihr, die ihr Menschen seid und nicht Gott? Ist nicht auch für euch Irren menschlich? Oder hat Gott euch irgendwo seine eigene Unfehlbarkeit zugesprochen? Das müßte völlig unzweideutig bezeugt sein! Die Menschen in der Bibel und auch in der neutestamentlichen Kirche – von Petrus, dem »Felsen«, angefangen – erwecken ja nun nicht gerade den Eindruck von Unfehlbarkeit. Nicht nur für Petrus – den der Herr einmal »Satan« nannte, der den Herrn dreimal verleugnete, der sich noch nach Ostern und erst recht in Antiochien im Streit mit Paulus als fehlbar erwies – krähte der Hahn. Und so war denn auch lange Jahrzehnte von einer Unfehlbarkeit des römischen Bischofs (und zunächst auch der ökumenischen Konzilien) nicht die Rede gewesen, so daß dem Historiker bei genauerem Zusehen die Unfehlbarkeit als Neuerung des zweiten Jahrtausends, im Grunde erst des vergangenen Jahrhunderts erscheinen muß. Wie also steht es mit der Begründung der Unfehlbarkeit von Papst und Konzilien in Schrift und alter katholischer Tradition?

Oder darf man das gar nicht fragen? Sollte schon das Fragen Sünde sein und eine Anfrage Todsünde? Nein, das kann man in Rom – nach begreiflichem erstem Schock – im Ernst doch nicht mehr meinen. Das wäre ein Zeichen der Angst – und provozierte erst recht die Frage des Kindes nach des Kaisers neuen Kleidern. Nein, in einer Kirche, die von der Wahrheit nichts zu fürchten hat, die nichts mehr zu fürchten hat als die Unwahrheit, die »Säule und Grundfeste der Wahrheit« zu sein beansprucht: in einer solchen Kirche muß ein geradezu vitales Interesse daran bestehen, daß die Wahrheit nicht »niedergehalten«, sondern immer wieder neu »offenbar« wird. Zuviel steht hier auf dem Spiel, als daß hier auf Dauer Schweigen erlaubt wäre. Denn ist es nicht gerade die Unfehlbarkeitsproblematik, die nach wie vor die innerkatholische Erneuerung auf weite Strecken blockiert? Ist es nicht die Unfehlbarkeitslehre, die für die ökumenische Verständigung das schwerstwiegende Hindernis darstellt? Ist es nicht der Unfehlbarkeitsanspruch, der die katholische Kirche, bei allen ihren unbestreitbaren positiven Beiträgen und ihren noch sehr viel größeren Möglichkeiten in der heutigen Gesellschaft, immer wieder unglaubwürdig und ineffizient erscheinen läßt? Armut und Unterentwicklung in der Dritten Welt – Bevölkerungsexplosion – Geburtenregelung – Enzyklika »Humanae vitae« – Unfehlbarkeit der traditionellen kirchlichen Lehre: dies alles hängt nun einmal so eng zusammen, daß eigentlich auch diejenigen, die nach außen so laut rufen, nach innen, statt in dieser Frage zu schweigen, erst recht schreien müßten.

Gewiß, wer in solcher Frage das Notwendige unüberhörbar gesagt und wiederholt hat, braucht nicht ständig neu zu reden. Das könnte, besonders in aufgeheizter Atmosphäre, die selbstkritische Überlegung und praktische Besinnung – auf beiden Seiten! – mehr hindern als fördern. Ständige Diskussionsbereitschaft war ebenso geboten wie vielfältige Rücksicht um der betreffenden Menschen willen – alles ohne Kompromisse in der Sache selbst! Ein kritisch-selbstkritisches Überlegen ließ sich so jederzeit versprechen. Aber ein »Stillhalte-Abkommen« läßt sich in solch fundamentaler Frage auf keinen Fall schließen und ist auch nie geschlossen worden. Nicht nur, weil sich die römische Glaubensbehörde auf solches »partnerschaftliches« Tun bisher nie eingelassen hat, sondern weil sich die Anfragenden auf Dauer zu einem Schweigen verpflichten würden, das gegen ihr Gewissen, gegen die Freiheit wissenschaftlicher Forschung und auch gegen das wahre Interesse der Kirche und ihrer Leitung ginge.

In der Tat, die katholische Kirche und ihre Leitung sollten es nicht als Angriff von außen, sondern als Hilfe von innen erkennen, wenn in dieser Sache angefragt und nachgefragt wird. Katholische Kirche und Kirchenleitung haben doch selber das allergrößte Interesse daran, daß die mit Johannes XXIII. und dem Vatikanum II einsetzende

Entideologisierung der absolutistisch-autoritären Lehrautorität zu Ende geführt wird zugunsten einer echten geistlichen Autorität, damit die Kirche befreit werde von allen Anmaßungen, Zwängen, ja Unehrlichkeiten kurialistischer Theologie und Administration;
daß bewußt Konsequenzen gezogen werden aus den neuen Ansätzen des Vatikanum II, das unter der Inspiration Johannes' XXIII. auf unfehlbare Definitionen bewußt verzichtet und gegen den traditionellen Dogmatismus eine konstruktive Weise der christlichen Verkündigung heute gefordert und zum Teil auch geübt hat;
daß die Geschichtlichkeit der Wahrheit und ihrer Formulierungen in der Kirche neu erkannt und so eine bessere Begründung des christlichen Glaubens ermöglicht, die zeitgemäße Erneuerung der katholischen Kirche weitergeführt und in alldem der Sache Jesu Christi selber erneut zum Durchbruch verholfen wird in einem »kirchlichen« System, das vielfach der Botschaft dessen widerspricht, auf den es sich beruft.

Die neueste Phase der Unfehlbarkeitsdebatte – eine bisher unwidersprochene »Bilanz« zeigte es schon im Jahre 1973 – hat vieles in erfreulicher Weise bereits deutlich gemacht:

1. Die Berechtigung der Anfrage: Die unbequemen Texte des Vatikanum I und II – darin stimmen die kritisch Anfragenden und die römischen Autoritäten überein – sind in ihrem Wortsinn zu nehmen. Sie dürfen nicht gegen ihren ursprünglichen Sinn aufgeweicht und verharmlost werden, wie dies katholische Theologen aus durchsichtigen Gründen bis in die neueste Zeit hinein immer wieder versucht haben. Opportunistische Umdeutung bis hin zur Kontradiktion statt genauer Interpretation – in allen autoritären Systemen üblich – verschleiert die Problematik, verstößt gegen die intellektuelle Redlichkeit, verzögert die umfassende Lösung. Werden die Unfehlbarkeitstexte beim heutigen Wissensstand so genommen, wie sie ursprünglich gemeint sind, stellen sie freilich für jeden Katholiken eine noch größere Herausforderung dar als vor hundert Jahren. Doch theologische Vogel-Strauß-Politik führt zu nichts, theologische Aufklärung ist hier so unabweisbar wie weiland in der Galilei-Frage. Katholischer Glaube darf nicht zum Glauben des Köhlers degenerieren, der nur glaubt, weil es der Pfarrer gesagt hat. Zu prüfen ist dabei nicht nur die (»außerordentliche«) Unfehlbarkeit des definierenden Papstes (»wie der Papst unfehlbar wurde«). Die andere Frage, die schon von der anti-infallibilistischen Minorität auf dem Vatikanum I zu sehr vernachlässigt wurde, ist die (ebenfalls »außerordentliche«) Unfehlbarkeit des definierenden ökumenischen Konzils. Eine dritte Frage ist erst recht brisant: die (tagtägliche, gewöhnliche, »ordentliche«) Unfehlbarkeit des über die Welt zerstreuten Gesamtepiskopats, der auch nach dem Vatikanum II unfehlbar sein soll, wenn Bischöfe und Papst übereinstimmend lehren, eine bestimmte Glaubens- oder Sittenlehre (zum Beispiel die Unsittlichkeit »künstlicher« Empfängnisverhütung) sei definitiv verpflichtend. Die Frage also nach der für »Humanae vitae« ausschlaggebenden Lehrübereinstimmung von Papst und Bischöfen, der auch ohne eine ausgesprochene Definition Unfehlbarkeit garantiert ist (Vatikanum II: »so verkündigen sie auf unfehlbare Weise die Lehre Christi«!), erwies und erweist sich somit immer wieder als Katalysator, der die Unfehlbarkeitsfrage nicht zur Ruhe kommen läßt. Traditionell gesonnene Theologen sehen diese Zusammenhänge oft klarer als fortschrittlich genannte. Freilich tritt so die Ratlosigkeit über die Unfehlbarkeit gerade dieses tagtäglichen, »ordentlichen« Lehramtes nur noch deutlicher hervor.

2. Der gegenwärtige katholische Konsens: Eine grundlegende Übereinstimmung zeigte sich in drei wichtigen Punkten:

a. Das irrende Lehramt ist ein Faktum: In der katholischen Theologie gibt man heute mit einer früher ungewohnten Offenheit zu, daß auch die Organe »unfehlbarer« Lehrentscheidungen zumindest grundsätzlich (wenn auch vielleicht nicht in bestimmten definierten Situationen) irren können und vielfach geirrt haben. »Einmal kann keiner, der objektiv die Geschichte der Kirche betrachtet, leugnen, daß sie als ganze und daß auch jene Instanzen in ihr, die nach ihrem Selbstverständnis als Organe unfehlbarer Lehrentscheidungen gelten, nämlich der Papst und die ökumenischen Konzilien, sowie der Gesamtepiskopat in der tagtäglichen Ausübung der Glaubensverkündigung, soweit sie einheitlich geschieht, im Laufe der Geschichte oft genug Irrtümer verkündigt haben« (O. Semmelroth).

b. Gegenüber Begriff und Praxis der Unfehlbarkeit ist Skepsis angebracht: Selbst konservative Theologen halten den Begriff für mißverständlich, ja für heute weithin unverständlich. Unübersehbar ist: Das Wort »unfehlbar« ist seit der jüngsten Debatte weithin aus dem theologischen und auch dem offiziell-kirchlichen Sprachgebrauch verschwunden. Unfehlbare Definitionen wünscht heute niemand mehr, weder zur Kultivierung der Frömmigkeit noch zur Klärung der gegenwärtigen komplexen Probleme. Die Unfehlbarkeit des Papstes würde heute sicher nicht mehr definiert, wenn sie nicht schon definiert wäre! Die Plausibilitätsstrukturen, die politischen, sozialen, kulturellen, theologischen Voraussetzungen, die im 19. Jahrhundert für die vatikanischen Definitionen bestanden haben, bestehen heute nicht mehr, so daß dem katholischen Volk nur die Definition selber geblieben ist, mit der praktisch weder die einfachen Gläubigen noch die Theologen noch die Päpste selbst viel anzufangen wissen. Die »Übertreibungen« und der »Mißbrauch« des päpstlichen Lehramtes in den vergangenen hundert Jahren werden oft beklagt. Freilich gibt man weniger gern zu, daß die negativen Entwicklungen in den vatikanischen Definitionen selber mit grundgelegt sind. Die Linie von Pius IX. und dem Vatikanum I über die Antimodernisten-Kampagne unter Pius X. zur »Humani generis«-Säuberung unter Pius XII. wird jedoch nicht mehr übersehen. Diese »pianische« Epoche der neueren Kirchengeschichte endete mit Johannes XXIII.

c. Die Kirche bleibt in der Wahrheit trotz aller Irrtümer erhalten: Auch für die konservativen Verteidiger von unfehlbaren Aussagen ist die Unzerstörbarkeit (Indefektibilität) der Kirche in der Wahrheit grundlegender als die Unfehlbarkeit (Infallibilität) bestimmter Aussagen. Und nachdem Irrtümer des kirchlichen Lehramtes im allgemeinen nicht bestreitbar sind, stimmt man der positiven These wenigstens grundsätzlich und allgemein zu: Die Kirche wird in der Wahrheit des Evangeliums erhalten – trotz aller Irrtümer. Doch wird weiterhin darüber zu reden sein, wie dies konkret zu verstehen ist.

3. Die entscheidende Frage: Gibt es aber nicht vielleicht doch – über diese grundlegende Indefektibilität hinaus – Urteile, Aussagen, Definitionen, Dogmen, *Sätze des Glaubens,* die nicht nur faktisch wahr sind (was unbestritten ist), sondern die *unfehlbar wahr* sind: weil nämlich bestimmte Subjekte (Amtsträger oder Instanzen) wegen eines besonderen Beistandes des Heiligen Geistes (!) in einer bestimmten Situation von vornherein nicht irren können? So lautet in der Tat die klare und präzise Fragestellung nach dem Vatikanum I, für das ja die Instanzen (Papst und Bischöfe) nicht ständig, sondern nur in sehr bestimmten Urteilen, Aussagen, Sentenzen, Definitionen, »Sätzen« unfehlbar sind. Genau auf diese unfehlbaren Glaubenssätze, die nicht nur faktisch nicht falsch sind, sondern wegen des Beistandes des Heiligen Geistes überhaupt nicht falsch sein können (Beispiel: Mariendogmen), zielte die bisherige Debatte. Und was war ihr Resultat? Es kann kurz gesagt werden: Kein einziger Theologe und keine einzige offizielle Instanz haben bisher einen Beweis für die Möglichkeit solcher durch den Heiligen Geist garantierter unfehlbarer Glaubenssätze (und der dahinter stehenden Instanzen) zu führen vermocht. Es gibt nach der bisher recht erschöpfend geführten Diskussion in der Schrift und in der großen katholischen Tradition keine soliden Fundamente für die Annahme solcher unfehlbar wahren Sätze oder Instanzen. Gegenbehauptungen sind noch keine Gegenargumente. Und eine leicht zu durchschauende petitio principii ist es, als Beweis diejenigen lehramtlichen Texte des Vatikanum I und II anzuführen, die gerade in Frage stehen. Was im übrigen weder im Vatikanum I noch im Vatikanum II als Problem gesehen wurde, ist weder vom Vatikanum I noch vom Vatikanum II beantwortet worden.

4. Die unerwarteten Bestätigungen: Die neuere (de facto ältere) katholische Position hat dagegen gerade von katholischer Seite unerwartete Bestätigungen erfahren:

a. bezüglich *Petrus*: In den neuesten exegetischen Untersuchungen haben auch Katholiken die echte, aber fehlbare Autorität des Petrus und die Problematik einer Nachfolge in einem »Petrusdienst« neu herausgearbeitet. So wichtig die Symbolfigur Petri auch für die Kirche der Folgezeit blieb, so wenig Anhalt gibt es im Neuen Testament und in den ersten drei Jahrhunderten für eine Unfehlbarkeit Petri (die biblischen Zeugnisse verbinden in charakteristischer Weise immer positive *und* negative Züge), so wenig erst recht für eine Unfehlbarkeit der römischen Bischöfe. Der biblische Hauptbeleg des Vatikanum I für die päpstliche Unfehlbarkeit Luk 22,32 (»Ich habe für dich gebetet, daß dein Glaube nicht wanke«) dient selbst noch der mittelalterlichen Kanonistik nie als Beleg für eine päpstliche Unfehlbarkeit: Nicht Irrtumslosigkeit wird dem Petrus hier versprochen, sondern die Gnade der Bewahrung des Glaubens bis zum Ende. Und selbst dies wird von den mittelalterlichen Kanonisten noch nicht auf die römischen Bischöfe, sondern auf den Glauben der gesamten Kirche angewendet. Luk 22,32 auf eine Unfehlbarkeit des Bischofs von Rom zu beziehen erweist sich als Neuerung, die keinen Anhalt im Text hat.

b. bezüglich der *ökumenischen Konzilien*: Das erste ökumenische Konzil von Nikaia (325) kam ohne einen Anspruch auf Unfehlbarkeit aus. Die neueste historische Forschung hat herausgestellt, wie der führende Mann dieses Konzils, Athanasios, und mit ihm viele griechische Kirchenväter und auch Augustin die wahre, wenn auch keineswegs unfehlbare Autorität des Konzils begründen: Das Konzil sagt die Wahrheit, nicht weil es juristisch einwandfrei einberufen wurde, nicht weil der Großteil der Bischöfe der Welt versammelt war, nicht weil es von irgendwelchen menschlichen Autoritäten bestätigt wurde, nicht weil es einen außerordentlichen Beistand des Heiligen Geistes besaß, nicht weil es sich also von vornherein nicht täuschen konnte. Sondern weil es trotz neuer Worte nichts Neues sagt, weil es in neuer Sprache die alte Tradition überliefert, weil es die ursprüngliche Botschaft bezeugt, weil es die Schrift atmet, weil es das Evangelium hinter sich hat. Diese klassische katholische Konzilsauffassung ist zu unterscheiden im Osten von den späteren mystischen oder juristischen *byzantinischen* »Konzilsaufwertungen« wie andererseits im Westen – besonders in bezug auf die Autorität des Papsttums – von den seit den Päpsten des 5. Jahrhunderts sich deutlich abzeichnenden *spezifisch römischen* und dann mit der Gregorianischen Reform sich durchsetzenden und im Vatikanum I dogmatisierten *römisch-katholischen* Ausprägungen.

c. bezüglich des *Ursprungs der römischen Unfehlbarkeitslehre*: Neueste historische Untersuchungen – vielleicht die größte Überraschung in der Debatte – haben die unorthodoxen Ursprünge der römischen Unfehlbarkeitslehre am Ende des 13. Jahrhunderts aufgedeckt. Die Forschung verdankt diese Entdeckung dem amerikanischen Historiker Brian Tierney: Es gibt keine langsame »Entwicklung« und »Entfaltung« der Lehre von der päpstlichen Unfehlbarkeit, sondern eine eher plötzliche Kreation am Ende des 13. Jahrhunderts. Die »Erfinder« der päpstlichen Infallibilität und Irreformabilität – beides gehört von Anfang an zusammen! – waren also gerade nicht, wie bisher vermutet, die orthodoxen papalistischen Theologen und Kanonisten-Päpste des Hochmittelalters, sondern es war ein vielfach der Häresie angeklagter exzentrischer Franziskaner, Petrus Olivi (gestorben 1298). Olivis Auffassung wird zunächst gar nicht ernst genommen und 1324 von Johannes XXII. als ein Werk des Teufels, des Vaters der Lüge, verurteilt. Noch die Päpste der Reformationszeit konnten sich nicht auf eine allgemein anerkannte Unfehlbarkeit berufen, wie ja auch das Konzil von Trient bemerkenswerterweise keine Unfehlbarkeit des Papstes definierte. Es sind die Ideologen der Gegen-Revolution und Restauration, de Lamennais und vor allem de Maistre, die geistesgeschichtlich in erster Linie für die Unfehlbarkeitsdefinition des Vatikanum I verantwortlich sind: die Unfehlbarkeit ist im wesentlichen eine »neue Idee des 19. Jahrhunderts« (C. Langlois). Noch die mittelalterlichen Kanonisten – und die Lehre von der Kirche war damals Sache der Kanonisten – hatten nicht behauptet, daß ein unfehlbares Haupt zur Bewahrung des Glaubens der Kirche notwendig sei. Sie behaupteten vielmehr, die göttliche Vorsehung werde dafür sorgen, daß die gesamte Kirche nicht irregeführt wird, wie sehr auch ihr Haupt irren mag.

Aufgrund der bisherigen exegetischen, historischen und systematischen Forschungen läßt sich kaum bestreiten: Mehr als zu erwarten war, ist die grundsätzliche Kritik an der neueren römischen Unfehlbarkeitslehre gedeckt durch die Schrift und die große katholische Tradition. In vielfacher Hinsicht wird dies nun auch bestätigt durch das neue Buch eines Insiders, katholischen Theologen, Historikers und langjährigen Mitarbeiters des Vatikanischen Einheitssekretariats, *August Bernhard Hasler*. Der Bitte dieses meines Landsmannes um ein Geleitwort konnte ich mich nicht versagen. Was bringt sein Buch in Sachen Unfehlbarkeit Neues?

1. Haslers Buch erzählt die Geschichte, wie es zur Unfehlbarkeitsdefinition kam: Wer Butler-Langs Geschichte des Ersten Vatikanischen Konzils oder des katholischen Löwener Historikers Roger Auberts Arbeiten über Pius IX. und das Vatikanum I gelesen hat, weiß im wesentlichen, was seiner wartet. Hasler freilich berichtet – was die

Unfehlbarkeitsfrage angeht – systematischer, detaillierter, anschaulicher, auch schonungsloser. Nicht am erzählenden Historiker, sondern an der erzählten Geschichte selber liegt es: Es ist nun einmal weithin eine »chronique scandaleuse«, was da von Hasler ohne alle Beschönigung und Beschwichtigung ausgebreitet wird über die Manipulation der Unfehlbarkeitsdebatte, über Vorbereitung, Durchführung und Durchsetzung der Unfehlbarkeitsdefinition und immer wieder über Pius IX. Endlich ein katholischer Historiker, der auch die damals Besiegten und ihre in der Zwischenzeit vielfach bestätigten Argumente ganz ernst nimmt, der die (noch greifbaren) Aufzeichnungen der bischöflichen Unfehlbarkeitsgegner, aber auch die der härtesten Unfehlbarkeitsbefürworter – oft ebenso unbequem für harmonisierende Interpreten – ganz ausschöpft, sie ohne jegliche Entschärfung, Verharmlosung und Uminterpretation zur Sprache bringt und so durch eine verständliche Einseitigkeit die bisherigen einseitigen historischen Darstellungen aufgrund auch neuer Quellen korrigiert und ausgleicht.

Wo die »Anfrage« ein Tabu verletzte, scheint Hasler in der offenen Wunde zu bohren, was vereinzelte eher diffamierende als argumentierende katholische Reaktionen auf seine vorausgegangene wissenschaftliche Veröffentlichung erklären mag; alle möglichen psychologischen Abwehrmechanismen, Bewußtseinssperren, Verdrängungen, Ängste und ideologischen Interessen erschweren nun einmal in dieser Frage das rationale Eingehen auf rationale Argumente. Aber daß bei aller Betrachtung vorausliegender geschichtlicher Tendenzen, Entwicklungen und Strukturen besonders die Gestalt Pius' IX. wie andere welthistorische Persönlichkeiten historisch und auch psychologisch durchleuchtet wird, ist normal für eine Geschichte, die von niemandem mehr als diesem einen Mann bestimmt wurde; ohne ihn wäre das Unfehlbarkeitsdogma des Vatikanum I nie definiert worden. Wie das, was Hasler über Pius IX. und das Vatikanum I zu erzählen hat, aus den Quellen belegt werden kann, zeigt indessen besser seine frühere fachhistorische Arbeit, die diesem neuen Buch zugrunde liegt: »Pius IX. (1846–1878), päpstliche Unfehlbarkeit und 1. Vatikanisches Konzil. Dogmatisierung und Durchsetzung einer Ideologie«. Angesichts der Überfülle konvergierender Zeugnisse von Konzilsteilnehmern und Konzilsbeobachtern fragt man sich: ob all das Fragwürdige, was da von der Genese und Durchsetzung der

Unfehlbarkeitsdefinition berichtet wird, keinen Einfluß haben soll auf die Frage nach der *Wahrheit* dieser Definition?

2. Haslers Buch verschärft die Anfrage nach der Begründetheit der Unfehlbarkeitsdefinition: Man würde dieses Buch verharmlosen, wenn man in ihm nur die – jetzt für eine breitere Öffentlichkeit aufbereitete – Geschichte erzählt sähe, wie es zu dieser späten römischen Sonderentwicklung kam. Nein, sehr konkret werden hier grundlegende Fragen herausgearbeitet, die sich aus der Historie selber ergeben und die zu allermeist schon während oder unmittelbar nach dem Vatikanum I diskutiert wurden, dann aber zurücktraten und nun vor dem Hintergrund der jüngsten Unfehlbarkeitsdebatte eine neue Brisanz entwickeln. Über die Beurteilung einzelner Quellen, über die Einordnung bestimmter Details und ähnliches mögen die Historiker diskutieren. Aber man müßte schon mit dogmatischen Scheuklappen durch die Geschichte traben, wenn man sich bei der Quantität und Qualität des angehäuften bedenklichen Materials nicht Fragen stellte wie die vier folgenden:

a. War das Vatikanum I ein *wirklich freies Konzil*? Freiheit ist gewiß ein geschichtlich sehr relativer Begriff. Aber wenn sich nachweislich schon damals ein höchst relevanter Teil des Konzils selbst nicht frei gefühlt hat? Wer die Frage nach der Freiheit des Vatikanum I abwehren möchte mit dem Hinweis auf die mangelnde Freiheit auch anderer Konzilien (etwa Ephesos 431), verschärft nur die Frage. Die nichtkatholische Kirchengeschichtsschreibung bestreitet einhellig die Freiheit des Vatikanum I in der Unfehlbarkeitsdebatte (und nur um diese geht es hier!). Aber auch die neuere katholische Kirchenhistorie gibt eine starke Einschränkung der Freiheit zu. Sie verharmlost sie jedoch meist mit der mehr apologetisch-dogmatischen als historisch begründeten Behauptung, zumindest die für die Gültigkeit der Dekrete notwendige Freiheit sei gegeben gewesen.

Nun war dem Konzil aber schon damals von zahlreichen prominenten Konzilsteilnehmern und Konzilsbeobachtern in der Unfehlbarkeitsdebatte die notwendige Freiheit abgesprochen worden, so daß diese Frage heute einer Überprüfung bedarf. In der Tat: Wie steht es um die Freiheit eines Konzils, dessen Diskussion schon von vornherein völlig präjudiziert war, dessen Geschäftsordnung nur eine beschränkte Redefreiheit ohne reale Auswirkungen zuließ, dessen Gang von Anfang bis Ende unter dem übermächtigen Einfluß des Papstes stand, um dessen ureigenen Herrschafts- und Machtanspruch die ganze Diskussion ging? So repressiv waren nun einmal Geschäftsordnung und Geschäftsführung, so einseitig und parteiisch Auswahl der führenden theologischen Experten und Zusammensetzung der Konzilskommissionen wie des Konzilspräsidiums, so zahlreich waren die Druckmittel (moralische, psychologische, kirchenpolitische, publizistische, finanzielle, polizeiliche), denen die Bischöfe der antiinfallibilistischen Minderheit *und* der infallibilistischen Mehrheit ausgesetzt waren, so vielfältig waren die Manipulationen, mit denen auf Betreiben des Papstes selber vor dem Konzil, im Konzil und nach dem Konzil die Unfehlbarkeitsdefinition durchgesetzt worden ist, daß man sich nicht wundern sollte, wenn die alte, aber dann verdrängte Frage nach der Freiheit des Konzils heute, von der neuesten Unfehlbarkeitsdebatte angestoßen, wiederkehrt. So peinlich und schmerzlich es ist: In vielem glich dieses Konzil mehr einem gut organisierten und manipulierten totalitären Parteikongreß als einer freien Versammlung freier Christenmenschen.

b. War das Vatikanum I ein *wirklich ökumenisches Konzil*? Auch Ökumenizität ist ein geschichtlich relativer Begriff. Aber aus der Kirchenhistorie steht auch fest, daß nicht jedes Konzil, das sich als ökumenisch ausgab, von der gesamten Kirche als ökumenisch angenommen, »rezipiert« worden ist. Und das mit der fraglichen Freiheit des Vatikanum I auch seine Ökumenizität fraglich wird, sollte von einer erneuten objektiven Untersuchung nicht abhalten.

Was der französische Bischof François Lecourtier damals schrieb, wird durch zahllose ähnliche Zeugnisse von Bischöfen und Konzilsbeobachtern bestätigt: »Unsere Schwäche kommt in diesem Zeitpunkt weder von den Schriften noch von der Tradition der Väter noch von den Zeugnissen der allgemeinen Konzilien und der Geschichte. Sie kommt von unserem Mangel an Freiheit, der radikal ist. Eine imposante Minorität, welche den Glauben von mehr als 100 Millionen Katholiken vertritt, das heißt, fast die Hälfte der gesamten Kirche, ist erdrückt durch das Joch restriktiver Geschäftsordnungen, die den konziliaren Traditionen widersprechen; sie ist erdrückt durch Deputationen, die nicht wirklich gewählt wurden und die es wagen, in den diskutierten Text nichtdiskutierte Paragraphen einzufügen; sie ist erdrückt durch eine Kommission für die Postulate, die durch die Autorität aufoktroyiert wurde; sie ist erdrückt durch den absoluten Mangel an Diskussion, Replik, Einwänden, der Möglichkeit, Erklärungen zu verlangen; durch Zeitungen, die aufgefordert werden, eine Treibjagd auf die Bischöfe zu veranstalten und den Klerus gegen sie aufzuwiegeln; durch die Nuntiaturen, die zu Hilfe kommen, wenn die Zeitungen nicht mehr genügen, um alles durcheinanderzubringen, und die versuchen, die Priester gegen die Bischöfe zu Zeugen des Glaubens zu erheben, den wirklich göttlichen Zeugen hingegen nur noch die Rolle von Delegierten des niederen Klerus zu belassen, ja sie zu tadeln, wenn sie sich nicht entsprechend verhalten. Die Minorität wird vor allem erdrückt durch das ganze Gewicht der obersten Autorität, die auf ihr die Lobsprüche und Ermunterungen lasten läßt, die sie in Form von Breven an die Priester richtet. Sie ist erdrückt durch die Manifestationen zu Gunsten von Dom Guéranger und gegen M. de Montalembert und andere.«

Die Fragen, die sich aus dieser Lage ergeben, können nicht umgangen werden: Ist die andere »Hälfte« der katholischen Kirche genügend zu Worte gekommen? Waren die Repräsentanten dieser Hälfte gegenüber der Überzahl von italienischen Stadtbischöfen und der Übermacht von Papst und kurialem Apparat nicht von vornherein in einer hoffnungslosen Situation? War dieses Konzil in seiner quantitativen Mehrheit wirklich repräsentativ für die ganze katholische Kirche – von der ganzen christlichen Ökumene zu schweigen? Und ist die Unfehlbarkeitsdefinition dieses Konzils wenigstens nachträglich mit Freiheit von der ganzen katholischen Kirche angenommen, »rezipiert« worden?

Das Drama des genannten Bischofs Lecourtier, der schließlich in Verzweiflung die Konzilsdokumente in den Tiber warf, vorzeitig abreiste und dafür nach dem Konzil als Bischof von Montpellier abgesetzt wurde, steht stellvertretend für das Gewissensdrama so vieler der bedeutendsten und gebildetsten Bischöfe, die vor der entscheidenden Abstimmung abreisten und nachher nur unter unbeschreiblichem Druck von oben und unten – oft nur um der Einheit der Kirche willen, mit verwässernder Interpretation und ohne innere Überzeugung – dem Dogma schließlich zustimmten. Alle die Indizierungen und Absetzungen, Sanktionen und Exkommunikationen, alle die von Kurie und Nuntien angewandten Mittel der Manipulation und Repression, der Drohung, Überwachung und Denunziation, schließlich das altkatholische Schisma und die innere Emigration so vieler Katholiken, besonders von Theologen und Gebildeten: dies alles läßt die Frage als völlig gerechtfertigt erscheinen, ob denn die Unfehlbarkeitsdefinition dieses Konzils von der gesamten Kirche überhaupt frei angenommen, »rezipiert«, worden sei.

c. Lohnten sich *die Opfer*? Die Unfehlbarkeitsdefinition bildete die Krone des insbesondere seit der Gregorianischen Reform im 11. Jahrhundert ausgebildeten römischen Systems. Das Unfehlbarkeitsdogma hatte die Funktion eines Meta-Dogmas, das alle anderen Dogmen (und damit verbunden zahllose Doktrinen und Praktiken) abdeckte und absicherte. Mit der Unfehlbarkeit – und die Unfehlbarkeitsaura des »ordentlichen«, tagtäglichen Lehramtes ist manchmal wichtiger als die verhältnismäßig seltenen unfehlbaren Definitionen – schien den Gläubigen eine übermenschliche Sicherheit und Geborgenheit gegeben, die alle Angst vor menschlicher Ungewißheit, Freiheit und dem Wagnis des Glaubens vergessen ließ. Insofern hat das Unfehlbarkeitsdogma zweifellos integrierend und psychologisch entlastend gewirkt und die Einheit, Geschlossenheit und Schlagkraft des römischen Katholizismus, der sich selber in der Welt zunehmend als »Bollwerk« (Kardinal Ottaviani: »Il baluardo«) verstand, höchst wirksam gefördert. Konnte es etwas geben, was besser dieses System legitimierte, stabilisierte und gegen Kritik immunisierte als das Dogma von der Unfehlbarkeit seines (seiner) höchsten Repräsentanten? Blieb nur die Frage, ob das Unfehlbarkeitsdogma selber wirklich legitimiert, stabilisiert und immunisiert war: ob seine *Wahrheit* gesichert war!

Bis zu Pius XII. schien das System intakt; erst unter Johannes XXIII. brach sich das lange gewaltsam Aufgestaute und Unterdrückte Bahn und führte in verhältnismäßig kurzer Zeit – für den Großteil der Menschheit überraschend – zu einer neuen Einstellung der katholischen Kirche zu sich selber, zu den anderen christlichen Kirchen, zu den Juden und den Weltreligionen und zur modernen Gesellschaft überhaupt. Was unter Pius IX. verpönt und verurteilt war – etwa religiöse Freiheit und Toleranz, Ökumenismus und Menschenrechte – wurde jetzt laut als katholische Lehre verkündet. Die Unfehlbarkeit, mit der traditionelle Positionen gegenüber allen modernen Strömungen ein ganzes Jahrhundert lang verteidigt worden waren, schien schon in der Konzilszeit vielen in Rom und anderswo in gefährlicher Weise erschüttert.

Aber – darüber hatte man sich seit Johannes XXIII. und dem Vatikanum II neu Rechenschaft gegeben – mit welchen Opfern war die alte Autorität, Kontinuität, Infallibilität erkauft worden! Einige der früher verurteilten Theologen hatte Johannes XXIII. zu offiziellen Konzilsexperten ernannt, was viele Konzilsväter nachdenklich machte. Auch traditionellere Theologen fragten sich in der Folge: War die Unfehlbarkeitsdefinition des Vatikanum I nicht vielleicht doch so etwas wie ein »gigantischer Unfall« (H. U. von Balthasar)? Waren jenes altkatholische Schisma und die innere Emigration gerade auch vieler Gebildeter, die sich in dieser autoritären und nun oft totalitären Kirche nicht mehr heimisch fühlten, wirklich nötig gewesen? Hatte sich die Abwertung der Bischöfe zu römischen Befehlsempfängern, hatten sich die Theologensäuberungen unter Pius IX., Pius X. (Enzyklika »Pascendi«, und Antimodernismus) und Pius XII. (Enzyklika »Humani generis« und Arbeiterpriester) und auch noch unter Paul VI. (Enzyklika »Humanae vitae«) wirklich gelohnt? Und alle die Rede- und Schreibverbote, die Vorzensur und Selbstzensur, die Verurteilungen und Bücherverbote, die Exkommunikationen und Suspensionen, die restriktive Archivpolitik und die auf Parteilinie ausgerichtete Personalpolitik, Kurie, Episkopat) und mit alldem schließlich die Selbstisolierung des – in vielfacher Hinsicht – »Gefangenen im Vatikan«? Hatte Ignaz von Döllinger ganz unrecht, wenn er 1887 an den Erzbischof von München schrieb, die Papstdogmen seien mit Zwang und Gewalt zustande gekommen, und mit Zwang und Gewalt müßten sie fort und fort bezahlt werden?

Ja, es ist nicht abzusehen: Was hatten katholische Kirchenhistorie, Exegese, Dogmatik, Moraltheologie und Verkündigung überhaupt seit dem Vatikanum I zu bezahlen für diese Infallibilität und Irreformabilität, die keine echten Korrekturen und Reformen, sondern bestenfalls »Interpretationen« und Anpassungen zuließ! Ein ständiger Konflikt mit der Geschichte und mit der modernen Welt, der die Glaubwürdigkeit der katholischen Kirche zutiefst erschütterte. Eine ständige Apologetik gegenüber neuen Informationen und Erfahrungen, gegenüber aller wissenschaftlichen Kritik, gegenüber allen möglichen echten oder vermeintlichen Feinden. Eine Kluft zwischen Kirche und moderner Wissenschaft, zwischen Theologie und historischer Forschung, aber auch zunehmend innerhalb der Theologie zwischen Dogmenhistorie und Dogmatik, Exegese und Dogmatik. Ungeheure Opfer wurden indirekt gerade auch den »kleinen Leuten« im Interesse der Autorität, Kontinuität und Infallibilität der Lehre abgefordert; das Verbot der Empfängnisverhütung ist nur ein besonders eklatantes Beispiel für alles das, was den Gewissen der Menschen in Katechismen und Beichtspiegeln, Religionsunterricht und Predigten als faktisch unfehlbare Lehre aufgebürdet wurde. Exodus zahlloser Intellektueller, innere Distanzierung vieler Gläubiger, Mangel an schöpferischen Menschen und Initiativen in der Kirche, Verdrängungsprozesse, Verhärtungs- und Erstarrungssymptome, Bewußtseinsstörungen, Wirklichkeitsverlust, sehr oft ein nur äußerlich funktionierender geistlicher Machtapparat ohne inneres Leben . . . Die Klage soll nicht fortgeführt werden, die Frage aber drängt sich auf: War das alles notwendig, hat sich das alles gelohnt?

d. Soll *Pius IX. heiliggesprochen* werden? Starke restaurative Kräfte betreiben in Rom gerade jetzt wieder intensiv die Kanonisation des »unfehlbaren Glaubenslehrers« – aus durchsichtigen ideologischen und machtpolitischen Gründen (mit Pius IX. und dem Vatikanum I gegen Johannes XXIII. und das Vatikanum II und so gegen alle Öffnung der katholischen Kirche gegenüber Christenheit und moderner Welt)! Die negativen Äußerungen so vieler zeitgenössischer Bischöfe und anderer Zeitgenossen über Pius IX. sind aber so gewichtig und so zahlreich, daß sie doch wohl nur schwer mit dem geforderten »heroischen Grad« nicht nur der theologischen Tugenden (Glaube, Hoffnung, Liebe), sondern auch der vier Kardinaltugenden (Klugheit, Gerechtigkeit, Tapferkeit, Maß) vereinbart werden können: überzogenes Sendungsbewußtsein, Doppelzüngigkeit, gestörte Psyche und Amtsmißbrauch. Alles Negativa, die wohl nicht mit Berufung auf eine angeblich providentielle, besondere kirchliche Sendung dieses Papstes ins Positive gewendet werden können. Dazu kommen – neben der notorisch schwachen theologischen Bildung des Papstes – auch seine antijüdische, antiökumenische, überhaupt antidemokratische Einstellung. Ein Heiliger für das 20. Jahrhundert? Die Diskussion sollte sich hier weniger auf hypothetisch-spekulative Fragen (Nachwirkungen der epileptischen Krankheit, Kardinal Guidi illegitimer Sohn des Papstes und ähnliches) als vielmehr auf die unbestreitbaren Fakten konzentrieren, die einer Heiligsprechung des

Mastai-Papstes entgegenstehen und die freilich eine möglichst baldige Einstellung dieses Verfahrens geraten sein lassen, wenn die Problematik solcher Heiligsprechungen (und besonders die Heiligsprechungen päpstlicher Vorgänger durch ihre päpstlichen Nachfolger) nicht noch mehr offenbar werden soll.

Das Verlangen der Kirchenhistoriker nach einer umfassenden Öffnung der vatikanischen Archive erhält von daher seine besondere Dringlichkeit. Was nützt die große Ankündigung, das vatikanische Geheimarchiv werde für den ganzen Pontifikat Pius' IX. (und allerneuestens auch den seines Nachfolgers, Leos XIII.) geöffnet, wenn gerade das Archivmaterial des 1. Vatikanischen Konzils und auch andere wichtige Dokumente der Forschung nach wie vor vorenthalten bleiben? Von einer wirklichen Öffnung des vatikanischen Geheimarchivs kann man von vornherein nur bedingt reden, solange gerade die wichtigsten Archive – die der Kongregation für die außerordentlichen Angelegenheiten der Kirche und die der Glaubenskongregation (früher Heiliges Offizium, noch früher Heilige Inquisition, sowie die frühere Indexkongregation) verschlossen bleiben. Wenn die Kirche nach Leo XIII., der das vatikanische Geheimarchiv zum erstenmal öffnen ließ, die Wahrheit nicht zu fürchten hat, warum dann weiterhin auch hier eine repressive Politik?

Die Fragen, die sich aus Haslers historischer Arbeit ergeben, sind – wer könnte es übersehen – höchst unbequeme Fragen. Aber selbst wer sie anders beantworten möchte, wird zugeben: es sind alles ohne Ausnahme Fragen, die gestellt werden dürfen, ja, die gestellt werden müssen – um der Wahrheit willen und um der Glaubwürdigkeit der Kirche willen! Wer hier Ärgernis nehmen sollte, der sehe das Ärgernis dort, wo es in Wirklichkeit ist, und klage nicht den an, der davon berichtet und der das Recht auf eine unvoreingenommene, freie, kritische Diskussion seiner Ergebnisse hat.

Mit der kritischen Destruktion und der historischen Rekonstruktion freilich ist erst die Hälfte des theologischen Geschäftes erledigt. Nicht weniger gewichtig als die Frage »Wie der Papst unfehlbar wurde« ist die andere: »Wie der Papst (wieder) ohne Unfehlbarkeit Papst sein kann«. Dazu einige Gedanken, wie ich sie bereits im Anschluß an die Unfehlbarkeitsdebatte 1973 formuliert hatte.

Wie könnte der Papst »funktionieren« ohne unfehlbare Lehrdefinitionen? Nun, wir haben in unseren Tagen beide Möglichkeiten kennengelernt. Da war ein Papst, Pius XII., der nicht ganz ein Jahrhundert nach dem Vatikanum I meinte, endlich die dem Papst vom Konzil zugeschriebene, aber nie in Anspruch genommene Vollmacht in Anspruch nehmen zu müssen, um eine unfehlbare Lehrdefinition, ein neues Mariendogma, urbi et orbi zu verkünden. Doch keine seiner Lehräußerungen blieb so umstritten in der Christenheit und auch in der katholischen Kirche wie diese »unfehlbare« Definition! Auch die damals erhofften pastoralen Auswirkungen für die Frömmigkeit des katholischen Volkes und die Bekehrung der Welt werden aus dem Abstand von dreißig Jahren mehr als nüchtern beurteilt. Das Vatikanum II hat sich vom extremen Marianismus distanziert, was die Fragwürdigkeit jener Definition noch offenkundiger gemacht hat.

Das andere Beispiel: Der nächste Papst, Johannes XXIII., hatte von vornherein nie die Ambition, eine unfehlbare Definition auszusprechen. Er hat im Gegenteil immer wieder in der verschiedensten Form seine eigene Menschlichkeit, Beschränktheit, ja hin und wieder auch seine Fehlbarkeit betont. Der Nimbus der Unfehlbarkeit ging ihm ab. Und doch hat keiner der Päpste dieses Jahrhunderts auf den Gang der Geschichte der katholischen Kirche, aber auch der Christenheit überhaupt einen solchen Einfluß ausgeübt wie dieser auf Unfehlbarkeit keinen Wert legende Papst. Mit ihm und dem Vatikanum II ist eine neue Epoche der Kirchengeschichte eingeleitet worden. Ohne alle unfehlbaren Sätze ist es ihm gelungen, dem Evangelium Jesu Christi in der Kirche auf vielfältige Weise wieder neu Gehör zu verschaffen. Von daher besaß er eine Autorität in und außerhalb der katholischen Kirche, wie sie zur Zeit seines Vorgängers gar nicht denkbar gewesen wäre. Er hat jedenfalls mit all seinen Schwächen und Fehlern – mehr spontan als geplant, mehr zeichenhaft als programmatisch – in Umrissen sichtbar werden lassen, wie der Papst auch ohne allen Anspruch auf Unfehlbarkeit Papst sein könnte: Nicht eifersüchtiges Pochen auf Vollmachten und Prärogativen und Ausüben einer Autorität im Sinne des Ancien régime, sondern eine Autorität des Dienstes im Geiste des Neuen Testaments angesichts der Bedürfnisse der heutigen Zeit: brüderlich-partnerschaftliche Zusammenarbeit, Dialog, Konsultation und Kollaboration vor allem mit den Bischöfen und Theologen der Gesamtkirche, Einschaltung der Betroffenen im Entscheidungsprozeß und Aufforderung zur Mitverantwortung. Also: auch in Fragen der Verkündigung und der Lehre soll der Papst so durchaus seine Funktion wahrnehmen – *in* der Kirche, *mit* der Kirche, *für* die Kirche, aber nicht *oberhalb* oder *außerhalb* der Kirche!

Dies schließt wiederum nicht aus, daß ein Papst auch einmal entschieden *gegen* etwas Stellung nehmen kann und unter Umständen auch Stellung nehmen müßte. Es hätte gar keiner unfehlbaren Definition bedurft, ein klares, verständliches, auf der Höhe der christlichen Botschaft gesprochenes Wort des »Stellvertreters« hätte angesichts des Überfalls auf Polen oder des Massenmordes an den Juden durchaus genügt. Merkwürdigerweise wurde aber in neuerer Zeit gerade dann nicht »unfehlbar« gesprochen, wenn es ungezählte Menschen erwartet hätten. Umgekehrt kann der Papst trotz aller Fehlbarkeit (zusammen mit den übrigen Bischöfen) der kirchlichen Gemeinschaft und ihrer Einheit dienen, die missionarische Arbeit der Kirche in der Welt inspirieren und seine Bemühungen für Frieden und Gerechtigkeit, die Abrüstung, die Menschenrechte, die soziale Befreiung der Völker und der Rassen, den Einsatz für die Benachteiligten aller Art, intensivieren. Ohne allen Anspruch auf Unfehlbarkeit kann er in der christlichen Ökumene und weit darüber hinaus in seinem Leben und Wirken immer wieder die Stimme des Guten Hirten laut werden lassen. Er wäre dann Inspirator im Geist Jesu Christi und ein Leader in der christlichen Erneuerung, und Rom würde zu einem Ort der Begegnung, des Gespräches und der ehrlichen und freundschaftlichen Zusammenarbeit.

Aus all dem folgt: Der Papst kann auch ohne unfehlbare Lehrdefinitionen »funktionieren«, ja, er kann unter den heutigen Bedingungen von Kirche und Gesellschaft ohne unfehlbare Lehrdefinitionen *besser* seinen Dienst erfüllen. Wer also die päpstliche Satzunfehlbarkeit in Frage stellt, stellt nicht das Papsttum an sich in Frage. Dies muß gegen ständige Verwechslungen, Verdrehungen und Verdächtigungen mit allem Nachdruck gesagt werden. Vieles am Petrusdienst ist fraglich geworden, vor allem die mittelalterlichen und neuzeitlich-absolutistischen Formen, die sich bis in unsere Tage hinein gehalten haben. Ein Petrusdienst hat nur dann Zukunft, wenn er vom Petrussymbol des Neuen Testaments her verstanden wird. Die exegetische und historische Begründung einer *historischen* Sukzession des römischen Bischofs ist fraglich geworden. Aber ein Petrusdienst hat sachlich seinen Sinn behalten, wenn er in *funktional-praktischer* Sukzession ein Dienst an der Gesamtkirche ist: ein *Dienstprimat* im vollen biblischen Sinne.

Ein solcher Dienstprimat, wie er in der Gestalt Johannes' XXIII. mindestens umrißhaft sichtbar wurde, bedeutet für die katholische Kirche und die gesamte Christenheit eine wahre *Chance.* Ein Dienstprimat wäre mehr als ein »Ehrenprimat«: Ein solcher ist in der Kirche des Dienstes nicht zu vergeben und kann in seiner Passivität auch niemandem helfen. Ein Dienstprimat wäre auch mehr als ein »Jurisdiktionsprimat«: als reine Gewalt und Macht verstanden, wäre ein solcher ein gründliches Mißverständnis, nach seinem Wortlaut verstanden, verschweigt er gerade das Entscheidende, nämlich den Dienst. Petrusdienst, biblisch verstanden, kann nur ein »Pastoralprimat« sein: ein seelsorglicher Dienst an der gesamten Kirche. Als solcher ist er vom Neuen Testament *sachlich* gedeckt – ungeachtet aller ungeklärter und wohl auch unklärbarer historischen Sukzessionsfragen. Als solcher könnte er für die gesamte Christenheit heute von großem Nutzen sein.

Dies alles auch zu Haslers Fragen an meine eigene Position: Ja, katholische Kirchengemeinschaft war und ist wieder möglich auch »ohne streng autoritäre Führung (Interpretationsmonopol für Schrift und Tradition des kirchlichen Lehramtes!)«. Freie, unvoreingenommene wissenschaftliche Forschung, zu der selbstverständlich auch die historisch-kritische Befragung der neutestamentlichen Zeugnisse (vgl. »Christ sein«) sowie die kritische Reflexion des Verhältnisses von Glauben und Verstehen (vgl. »Existiert Gott?«) gehören, führt nicht zur »Selbstzerstörung« der Kirche, sondern zu ihrer Erneuerung. Auf die theologische Grundfrage nach der Indefektibilität der Kirche in der Wahrheit – zugegebenermaßen eine Glaubensfrage – möchte ich im Rahmen dieses Geleitwortes nicht weiter eingehen. Dafür erscheint gleichzeitig als »Theologische Meditation« die kleine Schrift »Kirche – gehalten in der Wahrheit?«

Bleibt schließlich nur die Frage: Kann ein katholischer Theologe, der eine solche kritische Position vertritt, *katholisch bleiben*? Exkommunikation, Suspension, Lehrbefugnisentzug – oberflächliche Beobachter übersehen dies bisweilen – sind in der Tat noch immer möglich, werden auch, wo wirksam, noch immer angewandt. Sie wären selbst für wirtschaftlich und rechtlich abgesicherte katholische Theologen keine leicht zu verkraftende Verurteilung. Was freilich wiederum nur der versteht, dem die Zugehörigkeit zu einer bestimmten Glaubensgemeinschaft etwas bedeutet.

Exkommunikation, Suspension, Lehrbefugnisentzug sind aber in der neuen Unfehlbarkeitsdebatte bisher nicht vorgekommen und sind auch in Zukunft nicht wahrscheinlich: Nicht nur deshalb, weil einzelne kritische Theologen angeblich so viel Popularität, Einfluß, Macht besitzen, daß sie nicht bestraft werden könnten. Sondern weil man in der ganzen katholischen Kirche und auch in Rom gemerkt hat, daß Sachfrage und Sachlage komplex und schwierig sind. Zu viele sind derer, die zweifeln: Meinungsumfragen dürften zeigen, daß in vielen Ländern nur eine Minorität in der katholischen Kirche an die päpstliche Unfehlbarkeit glaubt. So erwies es sich denn bisher als unmöglich, die Kritiker der Unfehlbarkeit vor aller Welt als unkatholisch abzustempeln. So wenig wie damals die Kritiker des päpstlichen Kirchenstaates, denen man Exkommunikation angedroht hatte und die schließlich doch – manche freilich erst nach ihrem Tod! – recht bekommen haben. Hier ist zu unterscheiden:

Unkatholisch ist nicht, wer sich gegen das *römische System* (römischer Katholizismus) wendet, das im 11. Jahrhundert in Lehre, Moral und Kirchenregiment zur Herrschaft gelangte und wegen seines Zentralismus, Absolutismus, Triumphalismus und Imperialismus schon im Vatikanum II und auch in nachkonziliarer Zeit immer wieder von zahlreichen katholischen Bischöfen, Theologen und Laien kritisiert worden ist. Eine an Petrus und die große römische Tradition anknüpfende Sonderstellung der römischen Bischöfe im Sinn eines seelsorgerlichen Dienstes an der Gesamtkirche ist vom Evangelium her nicht zu verwerfen. Jenes absolutistische kurialistische System aber, das die freie katholische Glaubensgemeinschaft als »geistliches« Imperium Romanum betrachtet, widerspricht dem Geist des Evangeliums und trägt die Hauptschuld sowohl für das Schisma mit den Ostkirchen und für die protestantische Reformation wie für die Erstarrung der katholischen Kirche selbst.

Unkatholisch ist, wer sich von der *katholischen Kirche* (oder ganzen, allgemeiner, umfassenden Kirche) selbst abwenden will, genauer: wer jene in allen Brüchen sich durchhaltende Kontinuität von Glauben und Glaubensgemeinschaft (Katholizität in der Zeit) und die alle Gruppierungen umfassende Universalität von Glaube und Glaubensgemeinschaft (Katholizität im Raum) aufgibt und so einem »protestantischen« Radikalismus und Partikularismus verfällt, der mit echter, evangelischer Radikalität und Gemeindebezogenheit nichts zu tun hat. Die Frage stellt sich heute deutlicher denn je, ob nicht die Satz-Unfehlbarkeit (ähnlich wie damals der Kirchenstaat) eher zum kurialistischen System gehört als zur katholischen Kirche selbst, wie sie sich von Anfang an verstanden hat.

Darüber freilich dürfte sich der Verfasser dieses neuen Unfehlbarkeitsbuches klar sein: Wer immer als katholischer Theologe diesen Weg unterscheidender Kritik geht, er geht einen schmalen und gefährlichen Weg, der ihm von zwei Seiten leicht Schelte einträgt:
Gescholten wird solche Theologie, die nichts kritisch unbefragt läßt, zweifellos von den unaufgeklärten Glaubensbewahrern: Dort nämlich möchte man (aus zum Teil begreiflichen Gründen) nicht, daß der Theologe in neuer Weise seine Sache sagt. Es könnte ja etwas von der Lehrgewalt der Kirche abgehen, wenn man anders als in den Bahnen kirchlicher Tradition und Amtlichkeit von Gott und Kirche denkt und spricht.
Gescholten wird solche Theologie, die durch alle negative Kritik hindurch immer wieder zu positiven Antworten vorstößt, aber zweifellos auch von den scheinaufgeklärten Glaubensverächtern: Dort nämlich möchte man (wiederum aus zum Teil begreiflichen Gründen) nicht, daß der Theologe in der heutigen Welt und Gesellschaft überhaupt noch von Gott und gar noch von der Kirche redet; in platter Eindimensionalität hat man noch gar nicht gemerkt, daß gerade der aufgeklärte Mensch heute anders, neu, besser von Transzendenz, von Gott und auch Kirche denken und sprechen kann.

Wer immer diesen kritischen Weg zu gehen versucht, wird für die ersten leicht zum unkirchlichen Häretiker und für die zweiten zum kirchlichen Anpasser. Was die ersten pastoral besorgt meinen, meinen die anderen zynisch zustoßend: Sei doch konsequent, entweder komm zu uns herüber, oder dann auf die andere Seite – eine partielle Identifikation gibt es nicht! Gibt es nicht? Als ob man, wenn man am demokratischen Staat ernsthafte Mängel und Fehlentwicklungen feststellt, konsequenterweise sich entweder völlig anpassen – oder aber auswandern müßte. Aber nein: Wahre Konsequenz ist nicht Konsequenzmacherei; Konsequenzmacherei ist falsche Konsequenz! Es gibt – auch wenn er schwierig zu gehen und Mißverständnissen nach beiden Seiten hin ausgesetzt ist – einen konsequenten Weg zwischen Konformismus und Eskapismus, zwischen unkritischem Anpassertum und hyperkritischem Sektierertum: Loyalität zur Kirche, der man sich verpflichtet fühlt, aber immer eine kritische Loyalität, die sich in loyaler Kritik manifestiert. In diesem Sinn schadet die Verpflichtung auf eine Kirche und ihre Botschaft dem kritischen Theologen so wenig wie dem kritischen Juristen die Verpflichtung auf einen Staat und seine Verfassung. Loyalität und Kritik, Verpflichtung und Freiheit, Sympathie und Unvoreingenommenheit, Glauben und Verstehen schließen sich nicht aus, sondern ein.

Ich hoffe bestimmt, daß auch der Verfasser dieses Buches den Weg kritischer Loyalität konsequent weiterzugehen vermag, unbeirrt, wenn auch nicht unberührt von gut gemeinten kirchlichen Verdikten und weniger gut gemeinter journalistischer Häme, in redlicher Wissenschaftlichkeit und unerschüttertem Glauben an die zu vertretende Sache, in Hoffnung auf einen fairen Austrag der Gegensätze.

In Hoffnung auf einen fairen Austrag der Gegensätze: Eine *»Re-rezeption« der Papstdogmen des Vatikanum I* fordert der französische Theologe *Yves Congar*, der wie kein anderer das neue Kirchenverständnis des Vatikanum II theologisch vorbereitet hat: Historische (Aubert, Torrell, Schatz) oder theologisch-historische (Thils, Dejaifve, Pottmeyer) Studien, radikale Fragen (Küng), dann das Faktum des Vatikanum II selbst und die Neubelebung der Orts- und Partikularkirchen wie schließlich die Vergegenwärtigung der Prinzipien der östlichen Ekklesiologie, dies alles läßt nach Congar die historische Bedingtheit des Vatikanum I heute besser erkennen und ruft – »in unserer katholischen Treue« – nach einer »Re-rezeption« der vatikanischen Dogmen und besonders des Dogmas von der päpstlichen Unfehlbarkeit. Unter Berücksichtigung nämlich eines echten Verständnisses von »Lehramt«, der besten exegetischen, historischen und theologischen Studien dieser Jahrzehnte, des unter so neuen

Bedingungen eingeleiteten ökumenischen Dialogs der Theologie und Wirklichkeit der Lokalkirche sollte man, nach Congar, in Verbindung mit den anderen christlichen Kirchen das neu erwägen und formulieren, was im Vatikanum I 1870 definiert und dann von der Gesamtheit der Katholiken in der Bedingtheit der damaligen Epoche angenommen worden sei. Nach Hasler nun dürfte eine solche »Rezeption« faktisch auf eine *Revision* der Beschlüsse des Vatikanum I hinauslaufen, was katholischer Kirche und Theologie, aber auch der gesamten Ökumene einen Ausweg gestatten würde aus einer unhaltbar gewordenen Situation hinein in eine neue Zukunft.

Es sei mir gestattet, den Vorschlag Congars aufzunehmen und zu konkretisieren, nicht um einen neuen Unfehlbarkeitsstreit zu provozieren, sondern um den alten definitiv zu liquidieren:

Es möge – jetzt unter dem neuen Pontifikat – die Unfehlbarkeitsfrage exegetisch, historisch, theologisch neu untersucht werden, in objektiver Sachlichkeit, wissenschaftlicher Redlichkeit, Fairness und Gerechtigkeit.

Es möge – ähnlich wie früher in der Frage der Geburtenregelung – eine für diese Frage *ökumenische Kommission* eingesetzt werden, die aus international anerkannten Fachleuten der verschiedenen Disziplinen (Exegese, Dogmengeschichte, systematische Theologie, praktische Theologie und betroffene nichttheologische Disziplinen) bestehen soll.

Es möge bei der Untersuchung der Akzente weniger Gewicht als bisher auf die negativ-kritischen denn auf die positiv-konstruktiven Akzente gelegt und so gefragt werden, ob das *Bleiben der Kirche in der Wahrheit trotz aller Irrtümer* in christlicher Botschaft und großer katholischer Tradition nicht besser begründet sei und ob damit nicht auch heute in der Kirche besser zu leben wäre.

Eine Anwendung: Die Ablehnung jeglicher Empfängnisverhütung durch Papst Paul VI. wurde nach römischer Auffassung mit der Autorität, Kontinuität, Traditionalität, Universalität und deshalb faktisch der Infallibilität und Irreformabilität der traditionellen Lehre begründet. Seither erscheint Rom in dieser Frage – wie in einigen anderen – blockiert: »non possumus«, »wir können nicht«, heißt es bis heute (wie damals zum Verzicht auf den Kirchenstaat). Nur eine Lösung der Unfehlbarkeitsfrage könnte auch eine Lösung für die Frage der Empfängnisverhütung bringen. Die Kirchenleitung, die sich allzu oft mit Mahnungen an alle Welt begnügt, könnte hier in Demut und Selbstkritik selber tatkräftig helfen: durch die mutige Revision der hinter der Enzyklika »Humanae vitae« stehenden Lehre von der angeblichen Unsittlichkeit jeglicher (!) Empfängnisverhütung. Was für zahllose Menschen auch in unseren entwickelten Ländern mit ihrem Geburtenrückgang eine schwere Gewissenslast darstellt, bedeutet für die Menschen in vielen unterentwickelten Ländern, besonders in Lateinamerika, einen unabsehbaren Schaden, an dem sich die Kirche mitschuldig macht: Armut, Analphabetentum, Arbeitslosigkeit, Unterernährung und Krankheit stehen in einer Ursache- und Wirkungsbeziehung mit den hohen Geburtenraten! Während der beiden vergangenen Jahrzehnte wurden in der Dritten Welt die (keineswegs geringeren) Wachstumsraten der Lebensmittelproduktion größtenteils verschlungen durch die höheren Geburtenraten!

Papst Johannes Paul II. ist gerade von Lateinamerika mit neuen Erfahrungen zurückgekommen. Hofft man zu viel, wenn man von ihm, der sich dort deutlich gegen Armut, Unterentwicklung und Kinderelend ausgesprochen hat und der auch für die ökumenische Verständigung wirken möchte, einen entscheidenden Schritt zur ehrlichen Klärung der bedrängenden Unfehlbarkeitsfrage erwartet – in einer Atmosphäre gegenseitigen Vertrauens, freier Forschung und fairer Diskussion?

Tübingen, im Februar 1979

Hans Küng
Direktor des Instituts
für ökumenische Forschung
der Universität Tübingen

Vorwort

Paul VI. legte seine Tiara nieder, seine beiden Nachfolger Johannes Paul I. und Johannes Paul II. verzichteten auf Thron und Krone. Geblieben ist jedoch der Anspruch der Päpste auf Unfehlbarkeit, damit aber auch ihre Position der Macht. Denn um Macht ging es, als dem Papst im Jahre 1870 Irrtumslosigkeit in Fragen des Glaubens und der Sitten und zugleich unmittelbare Oberhoheit über die gesamte Kirche zugesprochen wurden.

Die Auseinandersetzung um das Unfehlbarkeitsdogma dauert nun schon einige Jahre. Dabei standen theologische und philosophische Gesichtspunkte im Zentrum des Interesses. Gefehlt hat bislang eine historische Untersuchung über die Frage, wie und weshalb es ausgerechnet 1870 zur feierlichen Definition der päpstlichen Unfehlbarkeit gekommen ist.

Im Spätsommer 1977 legte ich ein zweibändiges Werk über diese Probleme vor[1]. Es fand nicht nur ein großes Echo, die zahlreichen erregten Reaktionen zeigten zudem, wie wichtig die höchste Autorität des Papstes für viele nach wie vor ist und wie wenig gelassen man andererseits gegenüber historischen Untersuchungen bleibt, wenn diese heikle Fragen des Katholizismus berühren, ohne zu beschönigen und zu verharmlosen. Deshalb möchte ich hier einem größeren Leserkreis die hauptsächlichen Resultate meiner Forschungen zugänglich machen, eingespannt in einen geschichtlichen Rahmen, der von Jesus bis zum Pontifikat Pauls VI. reicht. Wer sich freilich gründlich mit dem gesamten Fragenkomplex auseinandersetzen will, für den bleiben die beiden erwähnten Bände unentbehrlich. In ihnen finden sich auch alle Belegstellen außer den wenigen neuen, die in dieser Veröffentlichung angeführt sind. Deswegen sind ebenso alle Zitate, die sich bereits im genannten Werk finden, hier nicht erneut nachgewiesen worden, um den Anmerkungsteil in Grenzen zu halten.

Die vorliegende Publikation sollte bereits im Herbst 1978 in einem namhaften katholischen Verlag erscheinen. Aus kirchenpolitischen Gründen trat dieser jedoch kurzfristig vom Vertrag zurück. Um so mehr möchte ich Herrn Klaus Piper für die Aufnahme in das Verlagsprogramm danken. An die Zusammenarbeit mit dem Verlag, besonders mit Frau Renate Böhme und Herrn Dr. Klaus Stadler, kann ich nur mit Freude zurückdenken. Herrn Prof. Dr. Georg Denzler danke ich für das Mitlesen der Korrekturen.

Die Öffnung zahlreicher Archive und die Publizierung mehrerer historischer Untersuchungen haben das Bild der Vorgänge, die zum Unfehlbarkeitsdogma geführt haben, geändert[2]. Erst wenn möglichst viele diese neuen, noch weithin unbekannten Ergebnisse zur Kenntnis nehmen, können die Ansprüche des Papstes auf Unfehlbarkeit in der Öffentlichkeit besser beurteilt werden. Daß diese Ansprüche auch heute noch eines der schweren Probleme von Kirche und Gesellschaft darstellen, ist allerdings die Meinung des Verfassers. Das vatikanische Dogma bildet nicht nur eines der größten Hindernisse auf dem Wege zur christlichen Einheit, es blockiert auch die innerkirchliche Erneuerung und unterstützt ganz allgemein den autoritären Geist in der Gesellschaft.

Rom/München im November 1978 August Bernhard Hasler

I

Vom Rabbi Jesus zum unfehlbaren Papst

Bald wird das Christentum zweitausend Jahre alt. Im Laufe dieser langen Zeit hat es sich aufgesplittert in eine Unzahl verschiedener Kirchen, Bekenntnisse, Sekten. Sie alle berufen sich auf Jesus als ihren Lehrer und Meister. Unter diesen vielen Konfessionen nimmt die römisch-katholische Kirche einen ganz besonderen Platz ein, sowohl durch ihre Größe als auch wegen ihres Alters und Anspruchs. Sie versteht sich als die allein wahre Kirche. Ihr Oberhaupt, der Papst, bezeichnet sich als Vicarius, als Stellvertreter Christi. Er beansprucht unmittelbare Leitung der Gesamtkirche und Irrtumslosigkeit bei Kathedralentscheidungen in Fragen des Glaubens und der Sitten.

Welcher Weg führt vom jüdischen Rabbi Jesus zu diesem unfehlbaren Papstkönig in Rom? Ist es lediglich der Weg der Institutionalisierung, hundertfach begangen in der Geschichte, notwendig, die ursprünglichen Gedanken weiterzutragen? Oder stellt dieser Weg eine Verkehrung, eine Pervertierung der ursprünglichen christlichen Botschaft dar, einen Verrat an den Zielen und Ideen des Stifters? Dazu seien einige Schwerpunkte der Geschichte kurz beleuchtet.

Jesus wird allgemeiner Lehrer

Jesus selbst hat nicht von seiner Unfehlbarkeit gesprochen; und dennoch tritt er mit einer erstaunlichen Autorität auf. Er stellt sich zwar in die Tradition des Alten Testaments, der Thora und der Midraschim (Gesetz der Juden und erklärende Literatur ihrer Lehrer), aber er distanziert sich auch davon. Unüberhörbar steht neben der alttestamentlichen Gesetzestreue sein »Ich aber sage Euch«.

Er verkündet Gottes Reich, das in uns angebrochen ist, sofern wir uns dem Gnadenangebot Gottes, des liebenden Vaters im Himmel, öffnen: einige große, grundlegende und doch einfache Wahrheiten. An ihnen läßt Jesus keine Zweifel aufkommen. Für sie beansprucht er auch »Unfehlbarkeit«, so wie eben jeder religiöse Prophet von der unumstößlichen Wahrheit seiner Verkündigung überzeugt ist. Freilich, Jesus glaubt, daß auch das Ende der Welt nahe bevorsteht. Und darin täuscht er sich.

Jesus verlangt nicht die Annahme eines Lehrsystems. Es geht ihm nicht um Sätze, sondern um Vertrauen und richtige Praxis, richtiges Handeln. Seine Ratschläge bleiben sehr allgemein. Jesus schweigt sich aus über weite Bereiche des Lebens, über Politik, Kunst, das Verhältnis der Geschlechter. Aber nicht nur deswegen gibt der religiöse Charismatiker Jesus der Freiheit viel Raum; er ist auch sonst nicht darauf aus, Schranken zu setzen.

Dieser gewaltige religiöse Aufbruch – das springt in die Augen – ist sehr verschieden vom Lehrsystem der katholischen Kirche des 19. und 20. Jahrhunderts, wo alles durch Dogmen und Gesetze institutionell abgesichert ist und wo die Unfehlbarkeit des päpstlichen Lehramtes eine letzte, nicht mehr überbietbare Absicherung und Garantie gibt. Wie konnte es dazu kommen? Die Ursachen dafür gehen weit zurück.

Der schockierende, unerwartete Tod Jesu stellte dessen Jüngergemeinde vor eine harte Bewährungsprobe. Der Meister hatte kläglich am Kreuz geendet. Für das Weiterbestehen einer Gemeinschaft seines Namens war keine Vorsorge getroffen. Von der Gründung einer Kirche durch Jesus konnte keine Rede sein. Jesus hatte das Reich Gottes für das ganze Volk Israel verkündet und keine Separatgemeinde errichten wollen.

Doch im Glauben an seine glorreiche Auferstehung fanden die verschreckten und entmutigten Jünger neuen Zusammenhalt. Dabei aber vollzog sich ein entscheidender Wandel. Nicht Jesu Verkündigung, sondern Jesu Person, der Verkünder, wurde nun für die Jünger zentral. In Jesus sah man die Erfüllung der Verheißung, von der die Schrift des Alten Bundes sprach. In seinem Tod und seiner Auferstehung war die Heilstat Gottes konkret sichtbar geworden, beispielhaft für alle Menschen. Jesus hatte davon nichts gesagt. Die urchristliche Gemeinde hingegen bekannte Jesus als den Kyrios, als den Herrn. Sie hob ihn damit zugleich in die göttliche Sphäre und machte ihn zum allgemeinen Lehrer der Menschheit.

Um diese Urverkündigung gruppierten sich bald verschiedene

Deutungen; es entstanden Glaubensbekenntnisse und Hymnen, es wurde gelehrt und gepredigt. Damit begann die Tendenz, den Lehrinhalt verbindlich festzulegen. Lehramt und Dogma künden sich an.

Heilige Bücher

Mit der zweiten Generation von Christen zeigt sich das Bedürfnis, die christliche Botschaft schriftlich zu fixieren. Zu den Briefen des Apostels Paulus kommen die Berichte der Evangelisten sowie weitere Briefe verschiedener Verfasser. Um das Jahr 100 nach Christus fixiert sich der Kanon der alttestamentlichen Schriften. Auch die Christen übernehmen ihn als *ihr* Heiliges Buch. Bereits hundert Jahre später liegt im Muratorischen Fragment der erste Kanon der christlichen Schriften vor. Am Ende des vierten Jahrhunderts ist der Kanon des Neuen Testaments endgültig festgelegt. Die Christen haben nun ihr eigenes Heiliges Buch.

Entscheidend für die Auswahl waren der liturgische Gebrauch und die – meist vermeintliche – Verfasserschaft durch einen Apostel. Die Heilige Schrift galt als von Gott inspiriert, unter seiner Leitung geschrieben und damit als ein irrtumsloses Zeugnis der religiösen Wahrheiten. Zum unfehlbaren religiösen Lehrer tritt ergänzend das heilige unfehlbare Buch.

Jesu Stellvertreter

Damit aber ist dem geschichtlichen Verlauf bereits vorgegriffen. Der Kanon wäre nicht möglich geworden ohne eine Autorität, die aus den verschiedenen Schriften eine Wahl traf und willkürliche Grenzen zog. Auch diese kirchliche Autorität entwickelte sich nur langsam. Zunächst herrschte das freie Charisma. Die Gemeinde lebte im Glauben, ihr Herr, Jesus Christus, leite sie durch seinen Geist. Als entscheidend galt, Jesus als den Herrn zu verkünden, und nicht, sich als Amtsträger legitimieren zu können.

Es ist leicht einzusehen, warum es nicht lange so bleiben konnte. Jeder einzelne Christ, jede Gemeinde konnte sich auf die Geistleitung berufen. Wer aber entschied bei Meinungsverschiedenheiten? Eine Lösung dieses Dilemmas wurde um so dringender, je mehr das christliche Denken sich von der hellenistischen Umwelt beeinflussen ließ, in der die philosophische Spekulation viel wichtiger war als in der jüdischen Umgebung. Allmählich vollzog sich ein Wandel: Die Meinung, Jesus selbst leite durch seinen Geist die Kirche, machte der Auffassung Platz, er habe seine Jünger zu Aposteln, zu seinen *Stellvertretern* bestellt und sie mit der Leitung der Kirche betraut. Diese hinwiederum legitimierten sich nicht mehr durch das, was sie verkündeten, sondern durch Jesu Auftrag. Damit verlagerte sich das Kriterium für die richtige Lehre vom Inhalt auf das gültige Amt.

Anstoß für die weitere Entwicklung gibt der Kampf gegen Häresie und Ketzerei. Wo ist – so wird immer wieder gefragt – die wahre Lehre zu finden? Der heilige Irenäus von Lyon (gestorben um 202) ist einer der ersten, der sich mit dieser Frage auseinandersetzt. Er gibt den Rat, sich an die Kirchen zu halten, die von einem Apostel gegründet worden seien. Er hat damit unter anderen vor allem die römische Kirche im Auge. Tatsächlich gibt jedoch nicht der apostolische Ursprung, sondern die politische Stellung den Ausschlag dafür, wer Autorität in der Kirche gewinnt. Konstantinopel ist dafür das sprechendste Beispiel. Obwohl die dortige Gemeinde auf keinen Apostel zurückgeht – der Apostel Andreas sollte später diesen Mangel verbrämen –, rückte diese als neue Hauptstadt des römischen Ostreiches doch bald an die zweite Stelle innerhalb der Christenheit.

Konstantinische Wende – Staatskirchentum

Die Aussöhnung des römischen Reiches mit dem Christentum unter Kaiser Konstantin dem Großen (um 280–337) und dessen spätere Erhebung zur Staatsreligion veränderten den Charakter der kirchlichen Ämter. Diese paßten sich mehr und mehr den seit Jahrhunderten geltenden römischen Formen an. In Analogie zur staatlichen Hierarchie entstand eine solche der Kirche. Die kirchlichen Amtsträger erhielten zahlreiche Privilegien; sie rückten zum Teil auf in den Rang von Senatoren. Staatliche und religiöse Gesetze wurden nun oft identisch; das Kirchenrecht erlebte einen großen Aufschwung. Nach dem teilweisen Zusammenbruch des römischen Reiches übernahmen kirchliche Würdenträger auch politische Funktionen.

Am folgenreichsten war wohl, daß durch diese Entwicklung innerhalb der Kirche zwei Klassen entstanden: die Amtsträger und die

Nicht-Amtsträger, die Laien. Die einen, die Meister, hatten zu lehren, zu befehlen; sie waren aktiv. Die anderen, die Laien, galten als die Ungebildeten. Sie hatten sich passiv zu verhalten und gehorsam zu sein.

Doch träumte noch jahrhundertelang kein Mensch von einem unfehlbaren Lehramt in der Kirche – und dies, obwohl es an religiösen Lehrstreitigkeiten wahrhaftig nicht mangelte. Nachdem das Christentum Staatsreligion geworden war, drohten Abweichungen von der richtigen Doktrin nun ebenso die Einheit des Reiches zu zerreißen. So war es denn auch der Kaiser, der das größte Interesse an deren Beilegung hatte. Er berief ökumenische Konzilien und bestimmte meist auch weitgehend deren Ergebnisse. Die Entscheidungen einiger Konzilien erhielten mit der Zeit verpflichtenden Charakter. Von ihrer Unfehlbarkeit sprach noch niemand. Eher legte man dem Kaiser Unfehlbarkeit zu.

Rechtsdenken im zweiten Jahrtausend

Vom vierten Jahrhundert an machten die Bischöfe von Rom wiederholt den Versuch, die Unwiderrufbarkeit und Allgemeingültigkeit ihrer Dekrete zu propagieren. Sie begannen, sich auf Bibelstellen wie Mt 16,18 und Lk 21,22 zu berufen. Im Westen drangen sie nicht durch, im Osten stießen sie auf entschiedenen, erbitterten Widerstand. Im ersten Jahrtausend aber sprachen selbst die Päpste noch nicht von ihrer Unfehlbarkeit. Der Grund dafür lag wohl darin, daß im ganzen ersten Jahrtausend der Christenheit der Inhalt wichtiger blieb als die Form, die richtige Lehre entscheidender als die rechtliche Autorität.

Um die Jahrtausendwende verschoben sich allmählich die Akzente. Im 11. Jahrhundert, vor allem unter dem Pontifikat Gregors VII. (1073–1085), begann das rechtliche Denken wie ein breiter Strom in die Kirche einzudringen. Fortan prägten die Kanonisten, die Lehrer des Kirchenrechts, weitgehend das Bild. Neue Fragen tauchten auf: Wer hat die oberste Lehrgewalt in der Kirche? Wo ist die Instanz, die das letzte Wort zu sagen hat?

Johannes XXII.: Unfehlbarkeitslehre ist Teufelswerk

Interessanterweise sprach als erster der Franziskanerpater Petrus Olivi (1248/49–1298) aus nicht ganz uneigennützigen Motiven dem Papst die Unfehlbarkeit zu. Im Jahre 1279 hatte Papst Nikolaus III. (1277–1280) im Armutsstreit zugunsten der Franziskaner entschieden, indem er lehrte, auch der gemeinschaftlich geübte Verzicht auf Besitz sei ein möglicher Heilsweg. Ein Jahr später versuchte Petrus Olivi diesen päpstlichen Entscheid unrevidierbar zu machen, indem er behauptete, für alle Katholiken sei der Papst in Fragen des Glaubens und der Sitten untrüglicher Maßstab. Gut vierzig Jahre später entschied Papst Johannes XXII. (1316–1334) in der Armutsfrage anders. Die Franziskaner beriefen sich auf die »unrevidierbaren« gegenteiligen Äußerungen seines Vorgängers Nikolaus III. Doch Johannes XXII. wollte von seiner eigenen Unfehlbarkeit nichts wissen. Er empfand das als ungehörige Einschränkung seiner Souveränitätsrechte und verurteilte in der Bulle »Qui quorundam« 1324 die franziskanische Lehre von der päpstlichen Infallibilität als Teufelswerk.

So grotesk der päpstliche Protest heute anmuten mag, so richtig war es gesehen, daß die Unfehlbarkeit immer auch eine Einschränkung der Macht des einzelnen Papstes bedeutet, der nun an die unfehlbaren Äußerungen seiner Vorgänger gebunden bleibt. Die Bischöfe Roms hatten vorläufig kein Interesse an dieser Lehre. Die Diskussion darüber trat für Jahrhunderte zurück.

Freilich kamen auf das Papsttum auch ganz andere Sorgen zu. Zahlreiche Schismen erschütterten die Einheit der abendländischen Christenheit. Papst stand gegen Papst. Das Papsttum selbst wußte keine Lösung mehr für diese ausweglose Situation. Nur noch das vom deutschen Kaiser nach Konstanz einberufene allgemeine Konzil (1414–1418) vermochte die Rettung zu bringen. Alle drei sich befehdenden und gegenseitig exkommunizierenden Päpste wurden abgesetzt; das Konzil wählte einen neuen Papst. Muß man sich wundern, daß das Papsttum in Mißkredit geriet? Daß viele nun wieder das Konzil als oberste Autorität in der Kirche geltend machten? Bald tauchte nun auch die Meinung auf, im Konzil liege die unfehlbare Instanz. Der französische Theologe Johannes Charlier Gerson (1363–1429) sprach als erster vom Konzil als von der Glaubensregel, die keinem Irrtum unterliege. Kardinal Nikolaus von Kues (1401–1464) brauchte dafür bereits den Ausdruck »unfehlbar«.

Im Spätmittelalter wird damit die Tendenz sichtbar – sei es im Papst, sei es im Konzil – eine unfehlbare Instanz zu suchen, die das große religiöse System abstützen soll. Die ursprüngliche religiöse Kraft ist verloren, und doch beruht das ganze gesellschaftliche Gebäude noch immer auf der Religion. Hinter der völlig intakten Fassade breiten sich Zweifel und Unsicherheit aus. Auflösungserscheinungen machen sich in der Philosophie und Theologie bemerkbar. Die Spontaneität und Selbstverständlichkeit des Glaubens gibt es weithin nicht mehr. Die Suche nach Unfehlbarkeit erscheint so wie der verzweifelte Versuch, die verlorengegangene Sicherheit zurückzugewinnen.

Das Bemühen um Stabilisierung des Lehrgebäudes galt deshalb als außerordentlich wichtig, weil die Religion nach wie vor eine unvergleichliche Rolle spielte. Für die meisten hing davon das persönliche Glück ab, zunächst im Diesseits, vor allem aber im Jenseits. Die große Masse konnte und wollte Glaubensfragen nicht beurteilen, sondern wünschte sich auf autorisierte Lehrer zu verlassen. Damit aber steigerten sich Macht und Einfluß der religiösen Elite, die die Geschicke der vielen in ihrer Hand behielt. Das lag durchaus im gegenseitigen Interesse. Nur wer Sicherheit in den Fragen des Heils geben konnte, war den Menschen der damaligen Zeit eine Hilfe. Und deshalb tönte es nicht blasphemisch, wenn Kirchenmänner mit dem Anspruch auftraten, ihnen sei alle Gewalt im Himmel wie auch auf Erden gegeben (Bonifazius VIII.).

Unfehlbarkeit als Kampfmittel gegen die Protestanten

Im Schoße der Kirche waren aber auch – wie bereits angedeutet – viele andere Kräfte am Werk. Schlagartig traten sie ans Licht, als der Augustinermönch Martin Luther (1483–1546) mit seinen Thesen über den Ablaß im Jahre 1517 die gewaltige Bewegung der Reformation einleitete. Diese war in erster Linie ein Protest gegen die kirchliche Autorität, gegen deren vermittelnde Stellung zwischen Gott und den Menschen. Allein der Glaube, allein die Gnade, allein die Schrift, allein Christus, allein Gott! In ihnen lag die letzte absolute Autorität und nicht mehr in historisch festmachbaren und konkreten Personen und Instanzen. Für das religiöse Denken war dies keine bloße Akzentverschiebung, es war eine Umwälzung von revolutionierender Bedeutung.

In der katholischen Restkirche ließ die reformatorische Bewegung das Pendel auf die andere Seite ausschlagen. Je mehr die Protestanten die Autorität der Kirche und des Papstes bestritten, um so mehr betonten die Katholiken diese. In ihrem Abwehrkampf gegen die Reformation besannen sich die Päpste wieder auf die Unfehlbarkeitslehre. Doch an deren förmliche Dogmatisierung war vorläufig nicht zu denken. Die Ideen des Konziliarismus waren noch zu einflußreich. In den einzelnen Landeskirchen regte sich allenthalben Widerstand gegen die Zentralgewalt in Rom. Auf dem Konzil von Trient (1545–1563) scheiterte selbst die Definition des päpstlichen Primates am Widerstand der Bischöfe, besonders aus Frankreich. Seit dieser Zeit jedoch liebäugelte das Papsttum stets mit dem Gedanken der eigenen Unfehlbarkeit. Es fand Schützenhilfe besonders bei den Italienern und bei den Theologen aus dem Jesuitenorden. Die Kardinäle Robert Bellarmin (1542–1621) und Caesar Baronius (1538–1607) standen an vorderster Front im Kampf für die Vorrechte des Papstes. Doch sie vermochten sich nicht durchzusetzen. Im 18. Jahrhundert brachte die Aufklärung erneut einen entscheidenden Rückschlag. Weihbischof Johann Nikolaus von Hontheim (1701–1790) – unter dem Pseudonym »Febronius« hatte er ein berühmtes Buch gegen die Ansprüche Roms geschrieben – berichtete, seit 1769 werde auf Befehl der Kaiserin Maria Theresia (1717–1780) in ganz Österreich nur der Gesamtkirche Unfehlbarkeit zugesprochen. Ein Blick in die damaligen Handbücher der Theologie und des Kirchenrechts bestätigt diese Auskunft. Noch zu Beginn des 19. Jahrhunderts wurde die Lehre von der päpstlichen Irrtumslosigkeit mit Ausnahme der meisten Gebiete Italiens und Spaniens allgemein abgelehnt.

Tendenzwende durch die Französische Revolution

Daß es zu einem Wandel kam, hat das Papsttum vor allem der vielgeschmähten Französischen Revolution zu verdanken. Diese zerstörte die jahrhundertealten kirchlichen Strukturen in den wichtigsten europäischen Ländern. Auch das Papsttum schien zunächst am Ende zu sein. Doch der entstandene kirchliche Leerraum bot dem Römischen Pontifex bald völlig unerwartete Möglichkeiten zum

Ausbau seiner Machtbefugnisse. Das zeigte sich vor allem im Konkordat, das Napoléon (1769–1821) im Jahre 1801 mit Pius VII. (1800–1823) abschloß. Dem Papst gelang es, die während der Revolution eingesetzten Bischöfe zum Rücktritt zu zwingen. Mit Napoléon einigte er sich über die Neubesetzung der Bischofsstühle und über die Neuordnung des gesamten kirchlichen Lebens in Frankreich. Dadurch demonstrierte er nicht nur das Ausmaß seiner Macht, er traf auch den Gallikanismus tödlich. Mit ihm endete die vom 15. bis zum 19. Jahrhundert tonangebende Richtung innerhalb der französischen Kirche; sie war auf relative Unabhängigkeit von Rom bedacht, lehrte die Oberhoheit der Konzilien über den Papst und machte unfehlbare Entscheidungen von der Zustimmung der Gesamtkirche abhängig.

Das Papsttum erschien nicht mehr als eine zu ignorierende oder gar ausländische Macht, sondern als wichtiger Partner im Kampf für die kirchlichen Anliegen. Durch das Konkordat mit Napoléon zog Pius VII. vor allem den niederen Klerus auf seine Seite. Der Wegfall der Pfründen und die Bestimmungen der napoleonischen Kirchengesetze (»Organische Artikel«) lieferten die Pfarrer der Willkür der Bischöfe aus. Diese suchten deshalb Schutz in Rom und zogen es vor, *einen* Despoten in der Ferne zu haben als *hundert* in der Nähe.

Auch in Deutschland führte die nach der napoleonischen Säkularisation notwendig gewordene Neuordnung zu einem engeren Anschluß der Kirche an Rom. Der Plan der Schaffung einer Reichskirche auf dem Wiener Kongreß (1814/15) scheiterte am Widerstand des päpstlichen Unterhändlers, des Kardinals Ercole Consalvi (1757–1824), und der meisten deutschen Staaten. So mußten in Rom einzeln Abkommen geschlossen werden, wodurch die Kurie eine stärkere Position bekam und vermehrt Einfluß auf die Bischofsernennungen nehmen konnte. Aber auch die Katholiken selbst suchten oft Halt in Rom, um ein Gegengewicht zum nicht selten drückenden Staatskirchentum zu schaffen. Sie förderten damit eine zentral von der Kurie aus regierte Kirche. Staatskirchentum und papalistisches System bedingten sich gegenseitig.

Es versteht sich von selbst, daß die Kirche den neuen Zentralismus in den Diasporagebieten Hollands, Englands und Nordamerikas sowie in den Missionsländern sehr viel müheloser durchsetzen konnte. Solche Strukturveränderungen wirkten sich freilich erst mit der Zeit aus. Noch herrschten weitgehend gallikanische und episkopalistische

Strömungen. In Frankreich blieben gemäßigt gallikanische Thesen auch nach 1815 tonangebend, obwohl die Zerstörung der alten theologischen Fakultäten und der damit verbundene Niedergang der historischen Bildung dem Gallikanismus den Nährboden entzogen hatten.

Freilich war der große Umschwung durch die geistige Tendenzwende im Anschluß an die Französische Revolution nicht zu übersehen. Diese hatte die von der Aufklärung hochgepriesene Vernunft in Mißkredit gebracht. Zu deutlich war geworden, welche Greueltaten in deren Namen verübt werden konnten. Die Aufklärung wurde unmodern, die Menschen suchten nach neuen Autoritäten. Zum großen Teil fanden sie diese in der Tradition, auch in der katholischen Tradition. Vor allem in Frankreich zeigte sich eine neue Hinwendung zur katholischen Kirche.

Der französische Schriftsteller François René Vicomte de Chateaubriand (1768–1848) pries die Schönheit der katholischen Dogmen, Riten und Sakramente. Das Christentum entspreche dem Gefühl, der Phantasie und dem Herzen: Für Louis Graf de Bonald (1754–1840) vermag der Mensch nur durch die Tradition zur Wahrheit zu gelangen. Äußere Autorität ist für de Bonald deshalb entscheidend: »An die Stelle der Autorität der Evidenz hat die Evidenz der Autorität zu treten.« Der Savoyarde Joseph Graf de Maistre (1753–1821) verlieh solchen Postulaten den konkretesten Ausdruck: Er forderte den unfehlbaren Papst. De Maistre tat das aus politischen und sozialpsychologischen Gründen. Die Gesellschaft sollte durch die unfehlbare Autorität des legitimsten Vertreters der souveränen Monarchie gegen jeden neuen Versuch einer Revolution gefeit werden. Um eine biblische oder historische Begründung kümmerte sich de Maistre nicht. Angesichts einer derartigen Vernachlässigung der theologischen Komponente konnte sich Rom nur langsam mit de Maistres Buch »Vom Papste« befreunden. Erst unter dem Einfluß von Félicité Robert de Lamennais (1782–1854) erfaßten de Maistres Gedanken auch kirchliche Kreise, vor allem weite Teile der französischen Katholiken.

In den deutschen Ländern bildeten sich ähnliche Bewegungen, besonders in Wien um den Kreis von Klemens Maria Hofbauer (1751–1820) und Friedrich Schlegel (1772–1829), weiter in München und Münster. Nachhaltigen Einfluß gewann auch die von Jesuiten und Jesuitenschülern getragene Mainzer Schule mit ihrer Zeitschrift »Der Katholik«.

Ultramontane Offensive

Diese ultramontane Bewegung – so wird sie zumeist genannt wegen ihrer Ausrichtung nach Rom »ultra montes« (jenseits der Berge) – setzte sich für ein zentralistisches und autoritäres Kirchensystem ein. Die päpstlichen Privilegien sollten möglichst ausgebaut werden. Der Ultramontanismus wandte dabei auch die neuen Mittel der Massenbeeinflussung und Massenorganisationen (Katholische Vereine, Katholikentage) an. Diese Politik entsprang jedoch nicht einer demokratischen Grundüberzeugung, sondern diente lediglich zur Durchsetzung kirchlicher Ziele.

Rom stand den Ideen de Maistres zunächst eher ablehnend gegenüber. Doch mit Papst Gregor XVI. (1831–1846) begann die Kurie die ultramontane Bewegung nachdrücklich zu fördern und wirksam für die eigenen Ziele zu steuern. Als unbekannter Kamaldulensermönch mit dem Namen Mauro Cappellari hatte Gregor XVI. mitten

Päpstlicher Segen auf dem Petersplatz im Jahre 1869

in den napoleonischen Wirren ein Buch mit dem Titel »Der Triumph des Heiligen Stuhls und der Kirche gegenüber den Angriffen der Neuerer« geschrieben. Darin vertrat er die These, der Papst sei als wahrer Monarch notwendigerweise auch unfehlbar; andernfalls könne er seine Funktionen nicht ausüben. Dieses schon längst vergessene Buch, nun aber durch die Avancierung des Autors zum Papst stark aufgewertet, wurde geschickt im Propagandafeldzug der Ultramontanen eingesetzt.

Gregor XVI. förderte auch sonst die neue intransigente Bewegung. In der Enzyklika »Mirari vos« verurteilte er die Ideen des Liberalismus. In der Gewissensfreiheit sah er »eine absurde und falsche Auffassung«, ja »eine Wahnidee« (delirium). Und die Pressefreiheit konnte nach ihm nie genug verabscheut und verdammt werden. In der Kirche selbst sorgte er dafür, daß nur Männer mit »gesunden Prinzipien« hochkamen.

Was Gregor XVI. begonnen hatte, setzte sein Nachfolger Pius IX. (1846–1878) sehr viel konsequenter fort. Man muß geradezu von einer massiven ultramontanen Offensive sprechen, der ein systematischer Plan zugrunde lag. Pius IX., aufgeschreckt durch die Revolution von 1848, sah die Kirche von allen Seiten her belagert. Deshalb wollten er und seine Sympathisanten gegen die Gefahren der Säkularisierung, gegen Liberalismus, Rationalismus und Naturalismus einen Damm aufrichten: die unfehlbare Autorität des Papstes.

Wenn irgendwie möglich, ernannte auch Pius IX. nur Priester der ultramontanen Richtung zu Bischöfen. Gemäß der alten römischen Maxime »Teile und herrsche« verbot er die Bildung von nationalen Bischofskonferenzen. Die Bischöfe sollten untereinander möglichst wenig Kontakt haben, dafür aber um so mehr die Verbindung mit Rom pflegen. Deshalb führte Pius IX. die Verpflichtung regelmäßiger Besuche beim Heiligen Stuhl ein. Im Grunde ging es darum, die bischöfliche Selbständigkeit möglichst zu beseitigen. Die Bischöfe hatten ihre Diözesen nur in strikter Unterordnung unter den Papst zu verwalten. In fein abgestufter Weise wurden die verschiedenen kurialen Mittel zur Erreichung dieses Zieles eingesetzt: Lob, Tadel, Druck, Verurteilungen. Die Nuntien mit ihren vielen über das gesamte Gebiet verstreuten Spitzeln leisteten wichtige Hilfe. Theologie und Katechese wurden ebenfalls so weit wie möglich auf zentralistischen Einheitskurs gebracht. Episkopalistisch gesinnte Handbücher mußten revidiert werden, gerieten auf die Verbotsliste des Index oder wurden gar im Stile von Autodafés verbrannt. Die intransigente kuriale Richtung setzte in vielen Katechismen die Aufnahme der päpstlichen Unfehlbarkeitslehre durch.

Pius IX. mit der Tabakdose (ca. 1855). Der Mastai-Papst liebte den Schnupftabak

Mehr und mehr wurde deutlich: Pius IX. förderte bewußt die Lehre von der päpstlichen Unfehlbarkeit. Rom sorgte direkt oder indirekt dafür, daß in den vielen Provinzialkonzilien, die unter Pius' Pontifikat stattfanden, die päpstliche Autorität genügend ins Rampenlicht gestellt wurde. Die Provinzialkonzilien aber sprachen nur ausnahmsweise dem Papst ausdrücklich Unfehlbarkeit zu. Ihre Texte wurden jedoch später auf dem 1. Vatikanum gern und häufig zum Beweis der Infallibilität angeführt. Im Hinblick auf dieses Ziel waren sie nicht selten auch formuliert worden.

Bereits im Jahre 1854 wagte Pius IX. einen Test. Aus eigener Machtvollkommenheit erhob er die Lehre von der Unbefleckten Empfängnis Mariens – die Mutter Jesu sei ohne jeden Makel der Erbsünde geboren worden – zum Dogma. Kardinal Vincenzo Macchi, Dekan des Heiligen Kollegs, sprach bei der feierlichen Definition vom höchsten und unfehlbaren Urteil Seiner Heiligkeit. Die Bischöfe hatten zwar bei einer Befragung zu neunzig Prozent zugestimmt, eine Diskussion aber schien dem Papst der negativen Stimmen wegen – sie kamen meist aus dem deutschen Sprachraum – zu riskant. Er verbot sie. Theologen wie Ignaz von Döllinger schwiegen,

Pius IX. verkündet das neue Dogma von der Unbefleckten Empfängnis Mariens

obwohl sie viele historische Schwierigkeiten sahen. Sie fürchteten, nach erfolgter Dogmatisierung in eine ausweglose Situation zu geraten.

Pius IX. hatte mit dem Dogma der Unbefleckten Empfängnis seine eigene Unfehlbarkeit faktisch demonstriert. Da der Protest beinah völlig ausblieb, konnte er nun davon ausgehen, die Kirche werde auch sein weiteres Vorgehen auf diesem Gebiet akzeptieren. Deshalb genügte ihm eine faktische Anerkennung der Unfehlbarkeit seines Lehramtes nicht. Diese sollte vielmehr ausdrücklich festgestellt werden, möglichst ohne Diskussion durch feierliche Akklamation der Bischöfe. Als die Bischofsversammlung von 1862 in Rom ihn darin enttäuschte, setzte Pius IX. seine ganze Hoffnung auf die erneute große Zusammenkunft der Bischöfe zur Zentenarfeier der Apostelfürsten Petrus und Paulus im Juni 1867 in Rom. Eine entsprechende Adresse war bereits vorbereitet. Durch Indiskretion aber wurden die päpstlichen Absichten ruchbar. Bischof Félix Dupanloup, Mitglied der Redaktionskommission für die Bischofsadresse, verhinderte das ganze Unternehmen. Bereits im April 1867 hatte Bischof Wilhelm Emmanuel Freiherr von Ketteler aus Mainz Dupanloup beschworen, alles zu tun, um eine Definition der Unfehlbarkeit zu verhindern. Er selbst habe wenig Lust, lediglich nach Rom zu fahren, um den päpstlichen Pomp zu erhöhen.

Das war kein Einzelfall. Seit langem stießen die päpstlichen Wünsche auf erbitterten Widerstand, nicht nur bei einem Teil des Episkopats, sondern auch bei sehr vielen Professoren. Vor allem in Deutschland widersetzten sich die meisten Theologen im Namen der Geschichte und der Geschichtswissenschaft der Zentralisierung der Kirche und der damit verbundenen Steigerung der päpstlichen Gewalt, allen voran der Münchener Kirchenhistoriker Ignaz von Döllinger. In Frankreich bildete sich besonders um die theologische Fakultät der Sorbonne in Paris eine starke Opposition zur päpstlichen Politik. Selbst vielen Ultramontanen gingen die Augen auf. Die in weiten Kreisen herrschende Papolatrie habe nichts mehr mit dem Christentum zu tun. Charles Forbes René Graf de Montalembert, der sich im Kampf um mehr Freiheit für die Kirche sehr verdient gemacht hatte, sprach vom Idol, das die Laientheologen (er dachte vor allem an den Chefredakteur des »Univers«, Louis Veuillot) im Vatikan errichtet hätten und dem sie die Gerechtigkeit und Wahrheit, den Verstand und die Geschichte zu opfern bereit seien.

Die verschiedenen Erdteile huldigen Pius IX., der die Jahre des Petrus auf dem Papstthron überschritten hat

Die Ultramontanen bedachten Pius IX. nicht nur mit Titeln wie »König«, »Papst-König«, »Souverän«, »Cäsar«, sie machten ihn nicht nur zum »erhabenen König«, zum »geliebtesten unter den Königen«, zum »herrlichsten Fürsten«, zum »erhabensten Regenten«, zum »höchsten Herrscher der Welt«, ja zum »König der Könige«[3], sie wandten auf ihn auch Hymnen an, die im Römischen Brevier von Gott selbst galten, um noch deutlicher zum Ausdruck zu bringen, daß Pius IX. für sie Stellvertreter Gottes auf Erden sei. Einer sprach vom Papst als vom »Vizegott der Menschheit«. Solche Exzesse fanden sich nicht nur bei einigen wenigen überspannten Katholiken, die keine Verantwortung trugen. Selbst die offiziöse Vatikanzeitschrift »La Civiltà Cattolica« wagte zu schreiben: »Wenn der Papst meditiert, ist es Gott, der in ihm denkt.« Bischof Berteaud von Tulle bezeichnete den Papst als »das fleischgewordene Wort [Gottes], das fortlebt«. Und der Genfer Weihbischof Gaspare Mermillod zögerte nicht, von einer dreifachen Inkarnation des Sohnes Gottes zu sprechen: im Schoße der Jungfrau, in der Eucharistie und im Greis des Vatikans[4].

Damit identifizieren die Ultramontanen den Papst gleichsam mit Christus, lassen ihn an seine Stelle treten. Schriftworte, die von Jesus gelten, werden auf ihn angewandt; er wird »Erlöser« genannt, hängt am Kreuz wie Christus usw[5]. Von da ist es nur noch ein kleiner Schritt, den Papst gleichsam in die göttliche Sphäre zu heben[6]. Der heilige Don Bosco spricht vom Papst als vom »Gott auf Erden« und meint weiter: »Jesus hat den Papst höher gestellt als die Propheten, den Vorläufer Johannes den Täufer, die Engel. Jesus hat den Papst auf die gleiche Stufe mit Gott gestellt.«[7]

Es ist nur logisch, wenn Pius IX. auch als voll von Wunderkraft gilt. Viele, darunter auch der Generalvikar von Nîmes, Emmanuel d'Alzon, verschicken Wäschestücke Pius' IX. zu Heilungszwecken; andere, wie Léon Dupont, der »heilige Mann von Tours«, versenden aus den gleichen Gründen des Papstes Haare[8]. Schon zu seinen Lebzeiten steht Pio Nono im Rufe, Wunder vollbracht zu haben, oft allein schon durch seinen Segen[9]. Auch der unter den Infallibilisten führende Erzbischof von Mecheln, Victor Dechamps, ist überzeugt, die Benediktion des Heiligen Vaters könne wie »der Schlag der Vorsehung« wirken.

Aber trotz solcher Exzesse – sie machen das Streben nach päpstlicher Unfehlbarkeit erst recht verständlich – und trotz intensiver

Vorbereitung der Dogmatisierung war am Vorabend des 1. Vatikanums, das am 8. Dezember 1869 im rechten Seitenschiff des Petersdomes in Rom zusammentreten sollte, das Spiel für die Infallibilisten noch keineswegs gewonnen. Beträchtlicher Widerstand war bereits vorhanden. Nachdem die römischen Absichten immer deutlicher geworden waren, sandte der Ministerpräsident und Außenminister Bayerns, Chlodwig Fürst von Hohenlohe-Schillingsfürst, am 9. April 1869 eine Zirkulardepesche an die europäischen Regierungen, in der er besonders angesichts der drohenden Unfehlbarkeitsdefinition die Möglichkeit gemeinsamer Beratungen abtastete. Die Anfrage Hohenlohes fand jedoch bei den Mächten wenig Beachtung.

Um so größer war die Aufregung unter den Katholiken, besonders in Deutschland. Viele katholische Laien sprachen sich in mehreren Eingaben an die Bischöfe (Koblenzer Laienadresse, Bonner Adresse, Stellungnahme katholischer Mitglieder des Zollparlaments) gegen das geplante neue Dogma aus. Auch auf literarischem Feld tobte der Kampf hin und her. In dieser Situation richteten vierzehn von den zwanzig in Fulda versammelten Mitgliedern der deutschen Bischofskonferenz am 4. September 1869 ein vertrauliches Schreiben an den Papst, worin sie zu bedenken gaben, eine Definition der päpstlichen Unfehlbarkeit berge für Deutschland sehr große Gefahren in sich und sei deshalb für die gegenwärtige Zeit ungünstig.

Pius IX. eröffnet das 1. Vatikanische Konzil

Ihre Gläubigen jedoch beschwichtigten sie in einem eigenen Hirtenbrief: »Nie und nimmer wird und kann ein allgemeines Konzil eine neue Lehre aussprechen, welche in der Heiligen Schrift oder der apostolischen Überlieferung nicht enthalten ist . . . Nie und nimmer wird und kann ein allgemeines Konzil Lehren verkündigen, welche mit den Grundsätzen der Gerechtigkeit, mit dem Rechte des Staates und seiner Obrigkeiten, mit der Gesittung und mit den wahren Interessen der Wissenschaft oder mit der rechtmäßigen Freiheit und dem Wohle der Völker im Widerspruche stehen.«

Auch in anderen Ländern, vor allem in Frankreich, war der Widerspruch beträchtlich. Wurde erst einmal die Streitfrage ausdrücklich zur Diskussion gestellt, war mit einer noch viel größeren Opposition zu rechnen. Die Schlacht war also noch in keiner Weise geschlagen. Die Infallibilisten mußten sich deshalb sehr viel Mühe geben, wollten sie ihre Pläne durchsetzen. Bisher hatten sie wenig auf die Überzeugungskraft ihrer Argumente gebaut und andere Mittel zur Erreichung ihrer Ziele vorgezogen. Das sollte sich auch während des Konzils nicht ändern.

Neunzehn Jahrhunderte gewartet?

Warum kam es gerade im Jahre 1870 zur Dogmatisierung der päpstlichen Unfehlbarkeit? Die Frage mag zunächst vor allem für diejenigen recht ungewöhnlich erscheinen, die bisher angenommen haben, das Dogma sei viel älter als 100 Jahre. Aber auch die vielen anderen werden sich daran stoßen, die stets der Meinung waren, der Papst habe schon seit Jahrhunderten allgemein und unangefochten als unfehlbar gegolten, und die das Unfehlbarkeitsdogma lediglich als Krönung einer säkularen Entwicklung sehen wollen. Solche Geschichtsvergessenheit ist nicht zuletzt von der Hierarchie selbst verursacht. Die Fakten sprechen eine andere Sprache.

Es ist keineswegs selbstverständlich und leicht zu erklären, daß es noch 1870 zu einer solchen Definition kommen konnte. Viele historische Studien hatten inzwischen gezeigt, auf welch brüchigem Fundament die Ansprüche des Papsttums beruhten. Man wußte nun viel mehr als früher. Das in die Zeit des Urchristentums hineinprojizierte Papstbild hatte sich zum größten Teil als Resultat von Fälschungen erwiesen. Behauptete man aber 1870 die päpstliche Unfehlbarkeit

Christus beschwört den Papst: »Mein Reich ist nicht von dieser Welt!«

als konstant katholische Lehre, ging man weit hinter den Wissensstand der Zeit zurück.

Manche sehen eine Erklärung im Untergang des Kirchenstaates. Der Papst habe als Ausgleich, als Kompensation zum Verlust der weltlichen Macht seine geistlichen Kompetenzen gesteigert. Doch dieser Deutung widersprechen die Fakten. Papst und Kurie hatten sich bei Einberufung des 1. Vatikanischen Konzils noch keineswegs mit dem Verlust des größeren Teils des Kirchenstaates abgefunden. Im Gegenteil betrachteten sie die Bischofsversammlung als ein Mittel zur Zurückgewinnung der verlorenen Territorien. Die Unfehlbarkeitsdefinition sollte dem Papst neuen Glanz geben, nicht zuletzt zur erhöhten Wirksamkeit der Erklärung, die weltliche Herrschaft sei für die Ausübung des päpstlichen Amtes absolut notwendig. Ein entsprechender Text lag vor, bereit zur Verabschiedung auf dem Konzil.

Plausibler ist die Erklärung, daß der Kreis der Infallibilisten zusammen mit dem Papst durch das Unfehlbarkeitsdogma eine Tendenzwende in der gesamten Gesellschaft herbeizuführen hoffte. Gegen die Prinzipien der Französischen Revolution, Prinzipien, die allenthalben die sozialen Unruhen und Revolutionen der Zeit verursachen würden, sollte das Prinzip der Autorität gestellt werden. Dem zügellosen Journalismus gegenüber wünschte man im unfehlbaren Papst einen Damm aufzurichten. Mit einer in diesem Sinn erneuerten Gesellschaft verbanden sich dann aber letztlich doch wieder irdische Interessen. Zusammen mit dem Papst hofften auch andere italienische Fürsten auf den Zusammenbruch der »italienischen Revolution« und damit auf eine Rückkehr in ihre Ländereien.

Freilich vermögen auch diese schwärmerischen Erwartungen – sie wurden nur von wenigen geteilt – nicht zu erklären, wie es gelingen konnte, ein Dogma, das derart in die Rechte der Bischöfe eingriff und das auf solch schwerwiegende historische und theologische Bedenken bei ihnen stieß, 1870 durchzusetzen. Ein ausschlaggebendes Moment bildet der damalige Papst. Ohne die Persönlichkeit Pius' IX. ist die Definition nicht zu verstehen.

II

Die Manipulation der Unfehlbarkeitsdebatte

Manipulation? War nicht die überwältigende Mehrheit der Bischöfe von vorneherein für das Unfehlbarkeitsdogma eingenommen? So oder ähnlich werden sich manche Leser fragen. Und in der Tat geben sie damit nur die übliche Darstellung des 1. Vatikanischen Konzils wieder. Diese entspricht darin aber nicht den Fakten.

Abwartende Haltung der Kurie und der Mehrzahl der Bischöfe

Reserve und Widerstand gegenüber dem neuen Dogma waren viel verbreiteter. Das zeigte sich bereits innerhalb der römischen Kurie. Am 6. Dezember 1864 befragte Pius IX. die Kardinäle der Riten-Kongregation zu seinem Konzilsplan. Nur einer der fünfzehn Kardinäle schlug die päpstliche Unfehlbarkeit zur Definition vor. Von den 32 konsultierten, meist ultramontanen Bischöfen taten dies ganze sieben.

Die Angst vor den Ungewißheiten eines Konzils spielte da wohl die Hauptrolle, ähnlich wie fast 100 Jahre später vor dem 2. Vatikanischen Konzil. Und dazu dann noch eine so heikle Frage vor ein solches Gremium bringen! »Was! ein Konzil zusammenrufen!«, sagte Kardinal Giovanni Battista Pitra zu Bischof Charles Colet von Luçon. »Aber die französischen und deutschen Theologen werden unsere Kongregation über den Haufen werfen.« Der zweite Mann im Vatikan, Kardinal Staatssekretär Giacomo Antonelli, dachte ähnlich. Es war vor allem Pius IX., der das Konzil wollte.

Die Römer waren von jeher große Pragmatiker. Nur von daher ist ihr Lavieren in der Unfehlbarkeitsfrage verständlich. Mit der Zeit wurde es natürlich jedem Kurienmitglied klar, daß Pius IX. auf eine Definition der Unfehlbarkeit hinsteuerte. Die Klugheit verbot, sich

Pius IX. und das Kardinalskollegium

diesem Bestreben offen zu widersetzen. Bedenken jedoch blieben auch bei ihnen, theologischer oder politischer Art. An der theologischen Gegnerschaft der Kardinäle Filippo Maria Guidi und Gustav Adolf Hohenlohe-Schillingsfürst kann trotz zuweilen schwankender Haltung kein Zweifel bestehen. Ähnlich wie Guidi dachten Berichten zufolge auch die Kardinäle Antonio Maria Panebianco, Giuseppe Berardi, Angelo Quaglia, Camillo Di Pietro, Pietro De Silvestri und Domenico Carafa. Kardinal Antonelli war aus politischen Gründen gegen eine Unfehlbarkeitsdefinition.

Unter den kurialen Erzbischöfen waren der päpstliche Almosenmeister François Xavier de Mérode, der Hofprediger des Papstes, Luigi Puecher-Passavalli, und der Kirchengeschichtsprofessor Vincenzo Tizzani eindeutige Gegner des neuen Dogmas. Nicht weniger prononciert war die Stellung von Guglielmo Audisio, Rechtslehrer an der Universität Rom und Kanoniker von St. Peter.

Als der Widerstand gegen die Unfehlbarkeitsdefinition auf dem Konzil unerwartet heftig wurde, verdeutlichten sich die Bedenken innerhalb der Kurie. Viele begannen ein Schisma zu befürchten. Die Sorgen waren so verbreitet, daß der mit den Minoritätsbischöfen sympathisierende spanische Geschäftsträger José Fernandez Ximenes und der fanatisch kämpferische ultramontane Assumptionistenbegründer Emmanuel d'Alzon zum gleichen Urteil kamen: Die Römer wollen keine Unfehlbarkeitsdefinition. Laut Ximenes sagten viele kuriale Prälaten ganz offen: »Der Papst hat sie [die Unfehlbarkeitsdefinition] gewollt, und seiner Gewalt kann nicht widerstanden werden; jetzt kommt es darauf an, in gute Bahnen zu lenken, was nicht zu verhindern war.«

Ximenes war der Ansicht, daß die römische Prälatur sich dem Papst nur dann widersetzt und damit seinen Zorn riskiert hätte, wenn höchste Gefahr eingetreten wäre. Die da und dort aufflackernden Drohungen eines Schismas wurden jedoch nie so ernst, daß diese die Kurie aus ihrer Lethargie hätten aufschrecken können.

Angst vor einem Schisma drang allerdings hinauf bis zur Konzilsspitze; die Kardinäle Luigi Bilio, Filippo De Angelis und Antonio De Luca – drei der fünf Konzilspräsidenten – waren von ihr nicht unberührt. »Gegen Ende der Karwoche« – so schreibt Bischof Senestrey –, »als die ganze Sache schon sichergestellt schien, begab sich der Bischof von Regensburg wieder zum Kardinal Bilio, um ihn zu bitten, daß am Ostermontag oder -dienstag eine Sitzung der Glaubenskongregation stattfinde, in welcher die Diskussion des Schemas beginnen

Kardinal Staatssekretär
Giacomo Antonelli

Emmanuel d'Alzon,
Begründer der Assumptionisten

sollte. – Aber welche Veränderung war geschehen! Der Kardinal, erschreckt, ängstlich, voll von Skrupeln, zögert, hat Angst, wagt fast keinen Schritt mehr. ›Aber Monsignore‹ – so seine Worte –, ›es handelt sich um eine Definition, darum, die Gläubigen zum Glauben zu verpflichten; was wird geschehen? Wir bekommen ein Schisma – ich kann nicht mehr ruhig schlafen; haben Sie nicht solche Eile! *Wir haben noch zwei Monate!* etc.‹. Der Bischof von Regensburg ging von ihm weg mit den Worten: ›Eminenz, überlassen Sie dies der Kongregation; an den Rest denkt der Heilige Geist!‹« [10] Solche Hemmungen zeigen deutlich, daß die Kurie nicht als die treibende Kraft der Unfehlbarkeitsdogmatisierung gelten darf.

Infallibilisten im Angriff

Es war in erster Linie der Papst selbst, der das Dogma wollte. Ihm zur Seite stand ein kleiner, aber zu allem entschlossener Kreis von etwa 50 bischöflichen Mitstreitern. Ihnen gegenüber befanden sich ungefähr 130 Gegner der Definition und 500 Bischöfe, die zunächst

Ignatius von Senestrey,
Bischof von Regensburg

unentschieden und indifferent waren. Freilich blieben die 50 Bischöfe nicht allein. Ihre Stärke lag darin, daß sie den Papst auf ihrer Seite hatten. Sie konnten aber auch mit der tatkräftigen Hilfe einer großen Zahl von Jesuiten, besonders von der »Civiltà Cattolica«, der offiziösen Zeitschrift des Vatikans, rechnen.

Will man das Aktionsprogramm der Infallibilisten verstehen, muß diese Ausgangsposition im Auge behalten werden. Am Vorabend des Konzils begannen die Jesuiten, weitausgreifende Aktivitäten zu entfalten, um dem vom Papst gewünschten Dogma zum Sieg zu verhelfen. Ihre Hauptmittel waren die Kanzel, der Beichtstuhl, die Presse und die religiösen Vereine. Die eigentlichen Urheber der Kampagne wollten jedoch im Hintergrund bleiben. Es sollte nicht der Eindruck entstehen, alles sei von Rom aus gelenkt. Darum galt es zunächst vor allem, Bischöfe zu finden, die sich bedingungslos für das Anliegen einsetzten. Die Jesuiten der »Civiltà Cattolica« kamen auf einen ausgefallenen, aber wirksamen Gedanken: Sie propagierten im Sommer 1867 unter den Bischöfen und Priestern das Gelübde, für die Dogmatisierung der päpstlichen Unfehlbarkeit zu kämpfen »usque ad effusionem sanguinis«, bis zum Vergießen des Blutes. Tatsächlich fanden sich bereits am 29. Juni 1867 Erzbischof Henry Edward Manning von Westminster und Bischof Ignatius von Senestrey von Regensburg dazu bereit. Sie gehörten später zum harten Kern der Infallibilisten, die das Dogma durchsetzten.

Am 8. September 1868 erließ Pius IX. seine Berufungsbulle »Aeterni Patris« zum Konzil. Auch darin fand sich noch kein Wort über die Definition der päpstlichen Unfehlbarkeit. Der Wunsch dazu sollte von den Bischöfen und vom Kirchenvolk kommen.

Am 6. Februar 1869 ergriff die »Civiltà Cattolica« in dieser Sache erneut die Initiative. Sie publizierte einen vom Staatssekretariat in Paris bestellten Bericht, laut dem die wirklichen Katholiken Frankreichs die Dogmatisierung der Unfehlbarkeit des Papstes wünschten und hofften, daß eine solche Definition durch die einstimmige Akklamation der Väter zustande kommen werde. Mit Recht sah man hinter diesem Artikel den Wunsch des Papstes und der Ultramontanen. Die Jesuiten handelten nicht von sich aus, sondern hatten das volle Einverständnis des Papstes und seines Kardinal Staatssekretärs Antonelli, was beide nicht hinderte, gegenüber sich beschwerenden Diplomaten die Unwissenden zu spielen. Pius IX. entschuldigte sich zudem mit der Pressefreiheit, die leider auch er in seinem Staate zu tolerieren habe.

Henry Edward Manning,
Erzbischof von Westminster

Victor Dechamps,
Erzbischof von Mecheln

Der »Civiltà Cattolica«-Artikel bildete lediglich den Auftakt. Nun sollten die Bischöfe und Priester mobilisiert werden. Unter der Leitung der Erzbischöfe Manning von London und Victor Dechamps von Mecheln begann ein »wahrer Kreuzzug« in den ultramontanen Blättern Englands, Frankreichs und Italiens. Schon am 22. November 1869 konnte Manning an Louis Veuillot, Chefredakteur des »Univers«, schreiben: »Wir sind also gut in den Kampf eingetreten. Aber der letzte Schlag ist Sache der Vorsehung.«

Hauptmittel der bischöflichen Aktion waren die Hirtenschreiben. Besonders Claude Plantier, Henry Edward Manning und Victor Dechamps traten für die päpstliche Unfehlbarkeit in die Schranken. Das Hirtenschreiben von Dechamps erfolgte in geheimer Absprache mit dem Papst und mit Kardinal Karl August Graf von Reisach, einem der ernannten Präsidenten des Konzils, der jedoch kurz vor dessen Eröffnung starb. Später dankte Pius IX. Dechamps wiederum öffentlich für die geleisteten Dienste. Er lobte ihn, nicht nur die Frommen, sondern selbst die Rationalisten von der Wahrheit der päpstlichen Unfehlbarkeit überzeugt zu haben. Auf seine Kosten ließ Pius IX. eine italienische Übersetzung des Hirtenschreibens drucken. Auch die anderen Pastoralschreiben dürften von Rom aus gesteuert worden sein.

Die bischöflichen Gegner der päpstlichen Unfehlbarkeit zögerten lange, offen in den Kampf einzutreten. Auch wer nur die Opportunität einer Definition in Frage stellte, wie Félix Dupanloup und Wilhelm Emmanuel Freiherr von Ketteler, verscherzte sich des Papstes Sympathien.

Ein wohldurchdachtes Mittel der Massenbeeinflussung bildete weiter die Adressenbewegung. Die Infallibilisten brachten Klerus und Volk dazu, in besonderen Eingaben an Pius IX. die Dogmatisierung der päpstlichen Unfehlbarkeit zu verlangen. Sie leiteten die ganze Aktion von Rom aus. Hauptstützen waren die ultramontanen Zeitungen »L'Univers« und »L'Unità Cattolica«. Auch die Nuntiaturen stellten ihre Dienste zur Verfügung. Der Papst sparte nicht mit Lob und gab damit stets den Anreiz zu neuen Adressen. Diese päpstlichen Bullen wurden meist eilends veröffentlicht. Geschah es einmal nicht, half man von Rom aus nach. Häufig kamen solche Adressen nach den ersten Aufrufen nicht spontan zustande und mußten dann von Aktivisten organisiert werden. Zuweilen wurden sie direkt von den Bischöfen in ihren Diözesen bestellt.

Mit der Adressenbewegung verfolgten die Infallibilisten noch einen Nebenzweck. Mit Vorliebe verlegten sie ihre Tätigkeit in die Diözesen der Unfehlbarkeitsgegner. Damit vermochten sie auch die Minoritätsbischöfe in die Zange zu nehmen. Pius IX. antwortete naturgemäß auch auf die Adressen aus solchen Diözesen, selbst wenn diese ihren eigenen Bischof anklagten. Es kümmerte ihn wenig, daß er damit die Bischöfe indirekt aufs schärfste tadelte.

Pius IX. griff auch in den literarischen Kampf ein. Wer mit seiner Feder die päpstliche Unfehlbarkeit verteidigte, durfte mit einem Breve des Dankes und Lobes aus dem Vatikan rechnen. Unter den theologischen Schriftstellern gewann der Benediktinerabt Prosper Guéranger den Preis. An ihn schrieb der Papst am 12. März 1870 den bekanntesten Brief dieser Art. Er lobte darin aber nicht nur Guéranger, sondern griff zugleich die Unfehlbarkeitsgegner aufs heftigste an. Er warf ihnen Verwegenheit, Torheit, Unvernünftigkeit und größte Unverschämtheit vor. Guéranger habe für die Kirche ein äußerst nützliches Werk getan, indem er diese Schriften mit ihren Verstellungskünsten, Irreführungen und Kniffen widerlegt habe.

Auch die Journalisten, die sich im Kampf für die Infallibilität

Louis Veuillot,
Chefredakteur des »Univers«

engagierten, erhielten päpstliche Anerkennungsschreiben, so vor allem Louis Veuillot, der Chefredakteur der wichtigsten ultramontanen Zeitung, des »Univers«. Ihn empfing der Papst schon am zweiten Tag nach seiner Ankunft in Rom mit den Worten: »Sie haben sich in dieser Sache gut geschlagen wie in allen anderen.« Unter den übrigen Journalisten sind vor allem William George Ward, Herausgeber der »Dublin Review«, und Herbert Vaughan, Redakteur des »Tablet«, zu erwähnen. Besonders Ward erregte die Aufmerksamkeit der Nachwelt durch seinen Wunsch, jeden Morgen zum Frühstück auch eine unfehlbare Erklärung des Papstes in der »Times« lesen zu können.

Hilfen des Kurienapparates

Umgekehrt wurden kritische Schriften vom päpstlichen Mißfallen getroffen. Der gefährlichste Angriff auf die päpstliche Unfehlbarkeit, das unter dem Pseudonym »Janus« erschienene Werk »Der Papst und das Konzil« vom Münchener Kirchengeschichtsprofessor Johann Joseph Ignaz von Döllinger, kam am 26. November 1869 auf die Liste der verbotenen Bücher, »quocumque idiomate«, in jeder Sprache, wie eigens betont wurde. Nicht besser erging es dem Orientalisten und Theologen Peter Le Page Renouf. Er hatte auf Anraten des späteren Kardinals John Henry Newman eine Untersuchung über Papst Honorius I. (625–638) geschrieben, der vom 6. ökumenischen Konzil (678–687) als Ketzer verurteilt worden war. Le Page Renouf kam zur Überzeugung, Honorius I. habe wirklich eine Häresie vertreten. Am 14. Dezember 1868 wurde sein Buch »The Condemnation of Pope Honorius« auf den Index gesetzt. Bischof Henri Maret, Dekan der theologischen Fakultät der Sorbonne, entging mit seinem Buch über das Konzil und die Unfehlbarkeitsfrage dem gleichen Schicksal nur, weil sich eine ganze Reihe von französischen Bischöfen und die französische Regierung in Rom für Maret stark machten.

Auch wer sehr wohlgemeinte und weniger kontroverse Diskussionsbeiträge für das kommende Konzil publizierte, wie der Bamberger Domkapitular Georg Carl Mayer, sein Kollege Johann Spörlein oder Professor Friedrich Michelis in Braunsberg, konnte auf die Verbotsliste gelangen. In Deutschland gerieten weiter Werke des Philosophen Jakob Frohschammer und des Kirchenhistorikers Aloys Pichler auf den Index, in Frankreich die gallikanisch gesinnten Werke von André Dupin, die kirchenreformerischen Schriften von Jean Baptiste Bordas-Demoulin und die Geschichte Frankreichs von Henri Bordier und Edouard Charton.

Bischöfliche Sanktionen trafen die Briefe des Philosophen und Theologen Alphonse Gratry, Mitglied der Académie Française. Er hatte darin Bischof Félix Dupanloup gegen Erzbischof Victor Dechamps verteidigt. Der Straßburger Bischof Andreas Raess verbot seinem Klerus deren Lektüre. Viele Bischöfe schlossen sich ihm an. Waren diese Aktionen auch nicht sicher vom Papst ausgegangen, so hatte er sie zumindest genehmigt.

Bei den Mitgliedern religiöser Orden und Kongregationen standen auch andere Mittel zur Verfügung, den vermißten rechten Geist wieder herzustellen. Als Beispiel dafür darf der Fall des Münchener Franziskanerlektors für Philosophie und Theologie, Alois Matthias Hötzl, gelten. Als er in einer Schrift Döllinger verteidigte, wurde er von seinem Ordensgeneral nach Rom beordert. Schon vorher hatte der Münchener Nuntius Pier Francesco Meglia der Kurie empfohlen, Hötzl von seinem Lehrstuhl absetzen zu lassen. Hötzl wurde in Rom zu einer Art Zwangsexerzitien in einem Kloster auf dem Palatin verurteilt, die lediglich erleichtert wurden durch das persönliche Interesse, mit dem der bayerische König Ludwig II. die ganze Angelegenheit verfolgte. Wiederholt gab er dem bayerischen Botschafter in Rom die Anweisung, für Hötzl zu intervenieren. Aber auch so konnte Hötzl Rom nicht mehr verlassen, ohne seine Ansichten widerrufen und sich den Konzilsbeschlüssen von vorneherein unterworfen zu haben. Was für ausländische Professoren galt, traf in vermehrtem Maß für ihre römischen Kollegen zu. Wer in der Unfehlbarkeitsfrage nicht parierte, wurde mit der Absetzung bedroht.

Wovon bisher die Rede war, gehörte zum großen äußeren Rahmen, der die Dogmatisierung der päpstlichen Unfehlbarkeit vorbereiten sollte. Er galt zunächst nicht den Konzilsvätern, berührte sie aber doch. Vor allem auf die Vertreter der konziliaren Opposition konnte damit ein recht unangenehmer Druck ausgeübt werden.

Infallibilisten als Pressure Group auf dem Konzil

Kehren wir nun aber zum Konzil selbst zurück. Es war den Infallibilisten klar, daß eine Dogmatisierung der päpstlichen Unfehlbarkeit nur dann zustande kommen konnte, wenn sie im Konzil die wichtigsten Schaltstellen der Macht innehatten. Zumeist weiß man nur vom Abwehrkampf der Konzilsminorität und ihren internationalen Versammlungen. Aber lange bevor sich die Minorität zu organisieren begann, hatte die Majorität ein internationales Komitee gebildet, dem unter anderem die Erzbischöfe und Bischöfe Henry Edward Manning, Ignatius von Senestrey, Victor Dechamps, Gaspare Mermillod, Nikolaus Adames und Etienne Marilley angehörten. Seit November 1869 lag ein wohldurchdachter konkreter Aktionsplan vor. Am 6. Dezember 1869 traf man sich zum ersten Mal in der Wohnung des Bischofs von Regensburg in der Via Gregoriana Nr. 13, später auch in der Villa Caserta, dem Generalat der Redemptoristen in Rom. Ziel der Aktion war, den Konzilsapparat und die kirchlichen Informationsmedien fest in die Hand zu bekommen. Tatsächlich wurden diese Ziele mit der Hilfe des Papstes, des größten Teils der Kurie und der Jesuiten weitgehend erreicht. Hinsichtlich der Mittel war man nicht wählerisch. Das internationale Komitee der Infallibilisten handelte wie eine Pressure Group. Um Stimmen zu gewinnen, scheute es nicht vor Intrigen, Versprechungen und Drohungen zurück.

In Rom hatte die infallibilistische Richtung in diesem Sinne bereits

Kardinal Giuseppe Bizzarri,
einer der Konzilspräsidenten

vorgearbeitet. Die vorbereitenden Kommissionen des Konzils waren fest in ihrer Hand. Das infallibilistisch-römische Element herrschte vollständig vor. Von den 96 Konsultoren entfielen 59 auf die italienische und 37 auf andere Nationalitäten. Sechs dieser Ausländer, wenn man den Jesuitenpater Clemens Schrader dazuzählt, sogar sieben, waren allerdings an der römischen Kurie tätig. Von den erwähnten 59 Italienern arbeiteten bis auf vier alle anderen 55 ebenso in den römischen Dikasterien.

Die Hälfte der Konsultoren der wichtigsten dieser Kommissionen, der theologisch-dogmatischen, kam aus den römischen Kongregationen der heiligen Inquisition und des Index. Der Ratschlag des Kardinals Giuseppe Bizzarri, das Heilige Offizium müsse den Mittelpunkt der mit den doktrinellen Fragen betrauten Kommission bilden, war voll befolgt worden. Elf Mitglieder dieser Kommission taten mehr als von ihnen verlangt worden war. Sie legten das Gelübde ab, für die päpstliche Unfehlbarkeit zu kämpfen, und forderten in einer besonderen Eingabe die Definition des neuen Dogmas. Auf diese einseitige Zusammensetzung hin erhob sich der Protest von außen. Besonders der Prager Kardinal Friedrich von Schwarzenberg intervenierte bei Kardinal Staatssekretär Antonelli. Daraufhin wurden einige Theolo-

Joseph Karl Hefele,
Bischof von Rottenburg

gen von auswärts geholt, wie Joseph Karl Hefele, Professor in Tübingen und späterer Bischof von Rottenburg. Nicht berufen wurde Professor Ignaz von Döllinger aus München. In Rom schützte man vor, Döllinger wäre zur Mitarbeit nicht bereit. Tatsächlich hintertrieb Kardinal Karl August Graf von Reisach seine Ernennung zum Konsultor. Die wenigen von außen geholten Konsultoren vermochten das bisher gezeichnete Bild nicht zu ändern. Verschiedentlich schrieb Hefele nach Deutschland, die auswärtigen Konsultoren seien nur berufen worden, um vor der Welt den Schein der Unparteilichkeit zu wahren. Seinem Kollegen in Tübingen, Professor Johann Kuhn, vertraute er am 27. Dezember 1868 an: »Je länger ich hier bin, um so deutlicher sehe ich, daß meiner Berufung als Consultor Concilii ein unehrliches Spiel zugrunde liegt. Rom wollte sich damit vor der Welt nur den Schein der Unparteilichkeit geben. In Wirklichkeit weiß ich gar nicht, was ich hier zu schaffen habe. Von den theologischen Fragen, welche das Konzil beschäftigen sollen, erfahre ich so viel wie nichts. Als Aufgabe hat man mir bloß zugewiesen, aus den Akten des Tridentinum das Ceremoniale zu exzerpieren. Kann ich darauf stolz sein? Mit Lösung dieser Aufgabe hätte der nächste beste Kaplan aus der Anima [deutsches Priesterkolleg in Rom] fertig werden können.

Ich glaube, die schlauen Jesuiten lachen sich eines ins Fäustchen über den Tübinger Professor, der hier so hübsch lahmgelegt ist.«

Im Grunde war das genau die Rolle, die Bischof Wilhelm Emmanuel Freiherr von Ketteler Hefele zugedacht hatte, als er ihn zusammen mit den Professoren Johann Baptist Alzog (Freiburg) und Franz Xaver Dieringer (Bonn) dem Münchener Nuntius Pier Francesco Meglia zum Konsultor vorschlug. Die Ernennung Hefeles werde weder schaden noch nützen, aber sie stopfe allen Jüngern des deutschen wissenschaftlichen Fortschritts das Maul. »Trösten Sie sich«, meinte der deutsche Kurienkardinal Gustav von Hohenlohe zu Hefele, »es gibt auch manche Kardinäle, welche mit dem Konzil blutwenig zu tun bekommen haben, weil sie nicht zur Partei gehören.«

So konnte die theologisch-dogmatische Kommission ohne Opposition verschiedene Entwürfe zur Definition der päpstlichen Unfehlbarkeit ausarbeiten, diskutieren und gutheißen. Die Definition der päpstlichen Unfehlbarkeit war beschlossene Sache, bevor das Konzil überhaupt zusammentrat. »Alles ist hier vorbereitet zur Proklamation der päpstlichen Unfehlbarkeit«, schrieb Lord Acton am 24. November 1869 an den englischen Premierminister William Ewart Gladstone, »und der Operationsplan ist bereits festgelegt, in einer Art, die ein aufmerksames Studium der Geschichte des Trienter Konzils von Sarpi zeigt.«

Diese Tatsache hinderte allerdings den offiziellen Konzilshistoriker Theodor Granderath, der vor mehr als 80 Jahren Zugang zu sämtlichen Archivalien des Konzils hatte, nicht, zu schreiben: »Was dagegen den allgemeinen Kirchenrat vom ersten Augenblicke seines Zusammentritts bis zu seiner Auflösung tatsächlich fast allein in Anspruch genommen hat, das hatte in keinem der vielen Entwürfe gestanden, das hatte man in Rom gar nicht der Beratung der Konzilsväter unterbreiten wollen. Eines steht heute zweifellos fest: daß nämlich die Unfehlbarkeitsfrage *von außen her* in die Konzilsverhandlungen hineingetragen worden ist.«

Türen zum Päpstlichen Geheimarchiv zugemauert

»Alles wird so organisiert und gelenkt sein«, schrieb Odo Russell, englischer Geschäftsträger beim Heiligen Stuhl, im Januar 1869 nach

P. Augustin Theiner,
Präfekt des Päpstlichen
Geheimarchivs

London, »daß die auswärtigen Bischöfe ihrer individuellen und unabhängigen Meinung ganz unmöglich Ausdruck geben können. Sie werden unangenehm überrascht sein, sich gezwungen zu sehen, das zu sanktionieren, was sie eigentlich verurteilen wollten.« Ganz erreichten die Infallibilisten dieses Ziel später zwar nicht, aber sie konnten aufs ganze gesehen doch recht große Erfolge für sich buchen.

Bevor die Bischöfe überhaupt in Rom eingetroffen waren, erließ der Papst am 27. November 1869 im Gegensatz zu den Gepflogenheiten der früheren Konzilien eine Geschäftsordnung. Auf dem fünften Laterankonzil (1512–1517) war sie den Bischöfen noch zur Annahme vorgelegt worden, und in Trient (1545–1563) entschieden die Bischöfe gar selbst darüber. Die Trienter Bestimmungen waren viel freiheitlicher als die von Pius IX. den Konzilsvätern aufoktroyierte Geschäftsordnung. Deshalb wurden diese auch vom Vatikan streng geheimgehalten. Als dann Oratorianerpater Augustin Theiner, Präfekt des päpstlichen Geheimarchivs, seine Freunde von der Minderheit doch Einblick nehmen ließ, war das nicht zuletzt der Grund seiner Entlassung. In einer wütenden Szene zwang Pius IX. am 5. Juni 1870 Theiner in die Knie und erklärte ihn seines Postens enthoben. Er ließ ihm die Archivschlüssel abnehmen und die direkten Zugänge von seiner Wohnung im Turm der vier Winde zu den Archivräumen vermauern – »aus Furcht, ich hätte mir die Schlüssel nachmachen lassen können«, wie Theiner am 29. November 1872 an Professor Johann Friedrich in München schrieb.

In der Geschäftsordnung des 1. Vatikanischen Konzils unterwarf der Papst die Diskussion einer erheblichen Reglementierung. Es konnte nicht in kleineren Gruppen diskutiert, die Konzilsreden durften nicht gedruckt werden, und die Bischöfe waren unter Androhung einer Todsünde gehalten, über die Geschehnisse in der Konzilsaula Schweigen zu bewahren. Diese Geheimniskrämerei machte eine Mitarbeit der Theologen weitgehend unmöglich. Was noch schwerer wog: Aufgrund der Geschäftsordnung entschied praktisch der Papst allein, was auf dem Konzil behandelt wurde. Die Kommission, die Programmvorschläge machen sollte, wurde ausschließlich vom Papst ernannt. Hefele hatte noch vorgeschlagen, eine teils vom Papst ernannte, teils vom Konzil gewählte Kommission über das Programm entscheiden zu lassen.

Der Protest der Minoritätsbischöfe blieb nicht aus, verhalten in der Öffentlichkeit, vehementer in der privaten Sphäre. Der römische Erzbischof Vincenzo Tizzani sprach von Praktiken der Inquisition, Erzbischof Georges Darboy von Paris vom Grab der Bischöfe. In seinen Augen wäre es besser gewesen, man hätte sie zu Hause gelassen. Für Bischof Henri Maret war bereits in der Geschäftsordnung die Superiorität des Papstes über das Konzil verwirklicht. Aber was kann man – so fragten viele – gegen den Befehl des Papstes tun? »Alles ist völlig neu für ein ökumenisches Konzil«, meinte Tizzani zu Darboy, »aber in Rom darf man darüber nicht reden.«

Am 20. Februar 1870 wurde die Geschäftsordnung verschärft. Die Ergänzungen brachten eine weitere Reglementierung der Diskussion und die Möglichkeit, die Debatte auf Antrag von nur 10 Konzilsvätern zu beschließen. Zudem sollte auch in dogmatischen Fragen die Entscheidung durch Mehrheitsbeschluß geschehen. Die Minoritätsbischöfe sahen in diesen Zusatzbestimmungen eine Bedrohung, ja Zerstörung der Freiheit des Konzils und damit seiner Ökumenizität. Am deutlichsten von allen war Bischof Joseph Georg Stroßmayer von Diakovar in Kroatien. Die neuen Bestimmungen apostrophierte er als »Grabhügel des Konzils«.

Tatsächlich war die vorgesehene Majorisierung in dogmatischen Fragen für die Minderheit tödlich. Viele wollten noch lange nicht glauben, daß man es wagen würde, sich über eine bedeutende Opposition hinwegzusetzen. Mit verschiedenen Schriften suchten sie deshalb die Notwendigkeit moralischer Einmütigkeit bei dogmatischen Konzilsentscheidungen aufzuzeigen. Die Infallibilisten konnten sich jedoch auf so etwas nicht einlassen; das ersehnte Dogma wäre nie zustande gekommen. Der Papst selbst griff in den über diesen Streitpunkt entbrannten literarischen Kampf ein und beauftragte die »Civiltà Cattolica«, Gegenartikel zu schreiben.

Wahlmanipulation

Die Infallibilisten hatten durch Vorbereitung und Geschäftsordnung des Konzils die wichtigsten Trümpfe in der Hand, bevor die vatikanische Bischofsversammlung überhaupt eröffnet war. Aber noch blieb vieles zu tun. Es hatte kein großes Geschick gekostet, die vorbereitenden Kommissionen mit Leuten »der gesunden Prinzipien« zu besetzen. Schwieriger wurde das für die Konzilskommissionen, denn diese waren von allen Teilnehmern zu wählen. Die Infallibilisten hatten die erklärte Absicht, keinen Unfehlbarkeitsgegner in die Kommissionen gelangen zu lassen. Wie war das zu erreichen? Zunächst versuchte die infallibilistisch-kuriale Partei, die Wahlen möglichst schnell durchzuziehen, noch bevor sich die Bischöfe gegenseitig bekannt gemacht hatten. Stroßmayer und anderen Bischöfen, die eben zu diesem Zweck einen Aufschub der Wahlen wünschten, wurde das Wort abgeschnitten.

Als dann die Bischöfe zur Selbsthilfe schritten und Wahlversammlungen zu organisieren begannen, wußten die Infallibilisten diese Zusammenkünfte weithin wirkungslos zu machen. Die Kurie ließ verlauten, der Papst wünsche keine Zusammenkünfte von mehr als 15 bis 20 Bischöfen. Kardinal Staatssekretär Giacomo Antonelli begründete dieses Verbot damit, jede Nationalität müsse vor der Ökumenizität des Konzils weichen.

Die Franzosen ließen sich beeindrucken und spalteten sich in zwei Gruppen auf. Als die beiden Führer, Kardinal Jacques Mathieu und Kardinal Henri de Bonnechose, übereinkamen, dennoch gemeinsame Wahlvorschläge zu machen, wurden diese von infallibilistischer Seite boykottiert. In den französischen Gruppen nominierte Kandidaten gelangten trotzdem nicht auf die allgemeine Wahlliste, wenn sie Unfehlbarkeitsgegner waren.

Der beste Einfall in dieser ganzen Wahlmanipulation war jedoch

Kardinal Filippo De Angelis, erster Präsident des Konzils

die Idee, die eigene Wahlliste mit der Aura der höchsten offiziellen Approbation zu umgeben. Auch darin fanden die Infallibilisten die Bundesgenossenschaft des Papstes. Es ist nicht an der Auskunft Senestreys zu zweifeln, daß ihre Liste vom Papst selbst begutachtet war. Dazu kam die massive Unterstützung durch wichtige Exponenten der Kurie. Kardinal De Angelis, der spätere erste Präsident des Konzils, organisierte zusammen mit Erzbischof Manning und Bischof Senestrey die ganze Wahlstrategie. »Das Haus von Kardinal De Angelis bildete« – so Senestrey – »das Zentrum der Verständigung.« So gelang es, der infallibilistischen Liste, auf der nur Leute waren, die als päpstlich gesinnt galten, einen amtlichen, offiziellen Anstrich zu geben. Den Bischöfen wurde klar, daß dies die bevorzugte Liste war. Und die meisten wählten entsprechend. Dadurch gerieten alle Konzilskommissionen ganz in die Hand der Infallibilisten. In der wichtigsten, der theologisch-dogmatischen Kommission, gab es einen einzigen Unfehlbarkeitsgegner, Primas Johannes Simor von Ungarn. Die Infallibilisten hatten ihn fälschlicherweise für einen der ihren gehalten.

Dieses einseitige Wahlverfahren konnte und wollte nicht auf das Anliegen eingehen, die einzelnen Länder und Meinungen in den Kommissionen angemessen zu vertreten. Während zum Beispiel in Deutschland die überwiegende Zahl der Bischöfe eine Dogmatisierung der päpstlichen Unfehlbarkeit ablehnte, saßen in der theologisch-dogmatischen Kommission die beiden sehr infallibilistisch gesinnten Bischöfe Ignatius von Senestrey (Regensburg) und Konrad Martin (Paderborn).

»Den Wahlen gebricht es an Aufrichtigkeit«, schrieb Erzbischof Georges Darboy von Paris am 20. Dezember 1870 in sein Tagebuch. Und Félix Dupanloup sprach Kardinal Staatssekretär Giacomo Antonelli gegenüber von »der großen Würdelosigkeit dieser Wahllisten«. Doch die Infallibilisten jubelten im Bewußtsein, mit dem Ausgang der Wahlen die ganze Macht über das Konzil bereits in den Händen zu haben. »Die Majorität hat die vier großen Kommissionen des Konzils gemacht, sie wird auch den Rest machen«, schrieb der Chefredakteur des »Univers«, Louis Veuillot. Und Bischof Louis Pie meinte: »Alle diese Wahlen sind zu sehen wie der Musikschlüssel des Konzils; sie geben an, welches die dominierende Note sein wird.«

Geheime Unterschriftensammlung für das Unfehlbarkeitsdogma

Nach den gewonnenen Wahlen galt es, die Wege zu ebnen, die zur Aufnahme des Unfehlbarkeitsschemas in das Konzilsprogramm führen konnten. Dabei sollte möglichst der Eindruck vermieden werden, die Initiative gehe vom Papst aus. Im Gegenteil versuchten die Infallibilisten die Bischöfe zu bewegen, spontan und von sich aus die Unfehlbarkeitsdefinition zu wünschen.

Um zu diesem Ziel zu gelangen, hatten ihre Führer einen originellen Einfall. Sie dachten sich eine geheime Unterschriftensammlung für die Petition der Unfehlbarkeitsdefinition aus. Wie bei der Wahlmanipulation zogen es die Hauptakteure auch hier vor, im Untergrund zu arbeiten. Koordinator der ganzen Unternehmung war der Jesuitenpater Matteo Liberatore, Redakteur bei der »Civiltà Cattolica« und Konzilstheologe von Erzbischof Manning. Oberster Schutzherr jedoch war wiederum Papst Pius IX. selbst. Für die nicht ganz risikolose Ausführung »opferte« sich Bischof Ignatius von Senestrey von Regensburg. Senestrey schrieb nach getaner Arbeit in sein Tagebuch: »So wurde das Werk vollbracht, das vielen ›importun‹, den meisten unklug erschien. Denn tatsächlich äußerte der Erzbischof von Westminster in einer Privatunterhaltung mit dem Bischof von

Jesuit Matteo Liberatore, Redaktionsmitglied der »Civiltà Cattolica«, hinter den Kulissen einer der Hauptdrahtzieher in der Kampagne für das Unfehlbarkeitsdogma

Regensburg, als es um die Vorlage der Petition, um die Sammlung der Unterschriften, um den Modus des Vorangehens ging: ›Es handelt sich darum, daß einer von uns eine größte Unklugheit begehen muß‹, worauf der Bischof von Regensburg erwiderte: ›Diese Unklugheit nehme ich gerne auf mich.‹ Denn niemand konnte mit Sicherheit wissen, ob eine genügende Anzahl von Konzilsvätern zusammenkommen würde, die es wagten, zu unterschreiben. Niemand wollte die erste Rolle spielen außer dem Erzbischof von Westminster, obwohl sehr viele sehnlichst wünschten, daß die Sache dem Konzil vorgelegt werde.«[11]

Nachdem die Petition von mehreren Theologen der infallibilistischen Partei ausgearbeitet worden war, setzte Senestrey ohne vorherige Konsultation die Namen von 15 bischöflichen Kollegen darunter, von denen er annahm, daß sie unterschreiben würden. Bei zweien täuschte er sich. Die Bischöfe Johann Baptist Zwerger von Seckau und Philipp Krementz von Ermland verlangten von Senestrey, sofort ihre Namen zurückzuziehen. Bewaffnet mit diesen fingierten Unterschriften gingen Senestrey und seine Helfer auf die Suche nach neuen Namen. Sobald eine genügende Anzahl weiterer Befürworter gefunden war, wurde die Petition erneut gedruckt. Innerhalb von 14 Tagen wiederholte Senestrey diesen Prozeß fünfmal.

Pater Liberatore empfahl Senestrey und seinen Adjutanten die Taktik, zunächst vor allem die Vorsitzenden der verschiedenen Kirchenprovinzen zur Unterschrift zu bewegen. Auf die Untergebenen konnte dann ein moralischer Druck ausgeübt werden. Je größer die Zahl der zusammengekommenen Namen war, um so mehr lief die Unterschriftensammlung von selbst. Bald brauchte es Mut dazu, nicht zu unterschreiben, zumal niemand ernstlich in Zweifel darüber sein konnte, auf welcher Seite der Papst stand. Die Pression betraf besonders jene Bischöfe, die vom Vatikan auch finanziell abhängig waren. Mit dieser Unfehlbarkeitsadresse seien die Bischöfe »an der Gurgel gepackt« worden, meinte der Benediktiner Simplicio Pappalettere in einem Brief vom 17. Februar 1870 an Giuseppe Colucci, Präfekt von Caserta.

Vor jeglicher Diskussion wurden die Bischöfe damit auf einen Weg festgelegt, den der größte Teil von ihnen im Grunde genommen gar nicht gehen wollte. Den Führern der Infallibilisten galten sie als amorphe, träge Masse und wurden dementsprechend verachtet. Besonders Bischof Ignatius von Senestrey tat sich darin hervor; er hielt auch die außerkonziliare Aktion für viel wichtiger als das, was auf dem Konzil geschah. Manche, die unterschrieben, mochten sich damit herausreden, die Petition fordere ja gar nicht so viel. In der Tat vermied sie den Ausdruck »Unfehlbarkeit« und gab sich überhaupt recht gemäßigt. Aber das war Berechnung. Spätere Verschärfungen waren von vorneherein eingeplant.

Die ganze Aktion kam einer deutlichen Manipulation der Bischofsversammlung gleich. Untrügliches Zeichen dafür war die strenge Geheimhaltung der ganzen Unternehmung, wodurch die Minorität tatsächlich überrascht wurde. Die Infallibilisten konnten in kurzer Zeit über 400 Stimmen für sich gewinnen. Die gegnerische Seite brachte nur 137 Unterschriften zusammen, die forderten, die Unfehlbarkeit nicht zu definieren. Die Infallibilistenführer, wie Manning und Senestrey, verteidigten später die Maßnahmen mit den Umtrieben der Minorität. Tatsächlich aber hatten die Infallibilisten weitaus früher als ihre Gegner mit der Unterschriftenaktion begonnen. Und dann: Wozu sollte die strenge Geheimhaltung dienen? Aber die Untergrundarbeit zahlte sich aus. Am 9. Februar 1870 faßte die vom Papst ernannte Kommission für das Programm des Konzils, die »Deputatio pro Postulatis«, den Entschluß, die Unfehlbarkeitsfrage Pius IX. zur Behandlung zu empfehlen.

Unter Zeitdruck

Damit war viel, aber noch nicht alles gewonnen. Das Konzil war am 8. Dezember 1869 feierlich eröffnet worden und hatte zunächst mit der Besprechung eines Dokumentes über den katholischen Glauben begonnen. Nachher prüfte es kurz Entwürfe über die Rolle und Stellung der Bischöfe und der Priester sowie über einen gemeinsamen Katechismus. Die Unfehlbarkeitsfrage, von der alles sprach, kam aus taktischen Gründen nicht gleich aufs Programm. So erschienen die Diskussionen über den Glauben vielen nur als ein Vorgeplänkel. Einige andere waren auch sonst unzufrieden, weil sie glaubten, es gäbe brennendere Fragen zu besprechen. Dieser Meinung war zum Beispiel Augustin Vérot, Bischof von Savannah (Georgia), das enfant terrible des Konzils. Er hielt die Verurteilung deutscher Idealisten und Rationalisten für Haarspaltereien. Viel wichtiger wäre für ihn eine Erklärung des Konzils gewesen, daß auch Neger eine Seele haben, – verständlich für einen Bischof, der aus den Südstaaten Amerikas kam, wo bis vor kurzem wegen der Sklavenfrage der Bürgerkrieg getobt hatte [12].

Augustin Vérot,
Bischof von Savannah

Kardinal Antonio De Luca,
einer der Konzilspräsidenten

Doch solche Fragestellungen lagen nicht im Horizont der Konzilsleitung. Nach Verabschiedung der Konstitution über den katholischen Glauben war die Debatte über ein großes Kirchenschema vorgesehen; erst an dessen Ende gehörte logischerweise die päpstliche Unfehlbarkeit. Wenn man diese Ordnung befolgte, rückte die Unfehlbarkeitsdefinition in weite Ferne. Bei den unsteten politischen Verhältnissen aber war das gefährlich. Es galt daher, dafür zu kämpfen, daß die Unfehlbarkeitsfrage allen anderen vorgezogen wurde.

Was sich bisher bewährt hatte, das wandten die Infallibilisten auch jetzt an: Sie veranstalteten mehrere Unterschriftensammlungen für die sofortige Behandlung der Unfehlbarkeitsfrage. Auch bei diesen Aktionen fanden sie die volle Unterstützung des Papstes. Ja, im Gegensatz zum Beginn des Konzils trat der Papst mehr und mehr aus seiner Reserve heraus und ergriff die Initiative. So animierte er Gaspare Mermillod und andere Bischöfe sowie ihre Vertrauenspersonen, wie den Generalvikar von Nîmes, Emmanuel d'Alzon, die Konzilsväter auf die Unfehlbarkeit zu stoßen. Bereits in den ersten Monaten des neuen Jahres kursierten Gerüchte eines baldigen Krieges zwischen Deutschland und Frankreich. Damit aber waren die Existenz des Kirchenstaates und die Fortführung des Konzils gefährdet. Deshalb drängte der Papst selbst mehr und mehr auf einen

Abschluß und damit zur Behandlung der päpstlichen Unfehlbarkeit. Ende April war es soweit. Er befahl, den normalen Verlauf des Konzils zu unterbrechen und die Konstitution »Pastor Aeternus« mit den beiden neuen Dogmen der päpstlichen Universaljurisdiktionsgewalt und der Unfehlbarkeit in die Debatte einzuführen.

Dieser Entschluß zeigt sehr deutlich, wie der Papst sich als Herr des Konzils fühlte und auch entsprechend handelte. Aus Furcht vor einem Schisma waren nämlich zu diesem Zeitpunkt weite Teile des Episkopats gewillt, die Unfehlbarkeitsfrage aufzuschieben und zuerst über die Kirche im allgemeinen zu sprechen. Selbst die zentralitalienischen Bischöfe machten unter der Führung ihrer Kardinäle Cosimo Corsi und Carlo Luigi Morichini eine entsprechende Eingabe. Sie wußten dabei, daß drei der Konzilspräsidenten, die Kardinäle De Angelis, De Luca und Bilio, auf ihrer Seite standen.

Nichts erzürnte Pius IX. mehr als dieser Defaitismus im eigenen Lager. »Diese Petition ist für die Bischöfe Italiens eine Schande und für die Bischöfe des Kirchenstaates eine Infamie!«, meinte Bischof Antonio Maria Valenziani, Bischof von Fabriano-Matelica, laut Tagebuch von Senestrey.

Der Papst war nun von der Schlappheit der Konzilspräsidenten überzeugt und daher fest entschlossen, das Heft selbst in die Hand zu nehmen, um zur gewünschten Definition zu gelangen. »Wir haben keine Männer. Auf dem Konzil von Trient gab es mehr Männer, jetzt haben wir mehr Heilige; man muß sich damit zufriedengeben«, meinte der Papst. Er hielt es auch in diesem Fall für notwendig, »Feuer unter die Bäuche der Präsidenten zu legen« – so ein drastischer Ausdruck von Emmanuel d'Alzon. Trotz dieses Eifers in eigener Sache war er aber immerhin noch Diplomat genug, die Abstimmung über die Glaubenskonstitution und den Sturz Darus als französischer Außenminister abzuwarten. Unter dessen Nachfolger Emile Ollivier war die Gefahr einer französischen Intervention gebannt.

Kein Interesse an einer wirklichen Diskussion

So erfüllte sich der Wunsch der Infallibilisten; die päpstliche Unfehlbarkeit wurde endlich zur Debatte gestellt. Aber wollten die Infallibilisten eine wirkliche Auseinandersetzung, eine sachliche Diskussion, in der die vorgebrachten Argumente bedacht und gewogen wurden?

In der Petition an Kardinal Costantino Patrizi, den Präsidenten der Programmkommission des Konzils, zur Definition der päpstlichen Unfehlbarkeit erklärte die Majorität die Frage für gelöst. Dies alles geschah, bevor die Unfehlbarkeitsgegner überhaupt die Möglichkeit bekommen hatten, ihre Argumente vorzulegen. Damit aber war die Diskussion von vornherein präjudiziert, ja desavouiert. Viele Infallibilisten hielten ihre Gegner sowieso für Häretiker. Und selbst der Papst behauptete, nur Protestanten und Ungläubige würden die päpstliche Unfehlbarkeit ablehnen. Damit fehlte das wichtigste Element jedes Dialogs, die Bereitschaft, auf die Gegenargumente zu hören. »Man spricht, aber man diskutiert nicht«, schrieb Albert du Boÿs, ein Freund von Bischof Dupanloup, am 29. Januar 1870 an den französischen Außenminister Napoléon Daru.

Neben den psychologischen fehlten auch die materiellen und formellen Voraussetzungen für eine wirkliche Diskussion. Die Konzilsaula war akustisch ungenügend; die Bischöfe konnten sich darin größtenteils nicht verstehen. »Ich sitze jetzt unmittelbar neben dem Secretärtisch«, schrieb Bischof Hefele, »in nächster Nähe der Cardinäle und Cardinal-Legaten oder Präsidenten, aber ich höre häufig nicht, was auf der Rednerbühne gesprochen wird.« Sehr vielen anderen erging es nicht besser. Einige wiesen Pius IX. vor dem Konzil auf diesen Übelstand hin. »Der h. Vater hat dann darauf sie ziemlich mißvergnügt gefragt, daß man also sich in neue Ausgaben stürzen müsse, um einen Saal zu Beratungen herzustellen, wo die Bischöfe sich auch nach Belieben zanken könnten.« So berichtete der preußische Botschafter Friedrich Graf zu Limburg-Stirum am 5. Oktober 1869 an Otto Fürst von Bismarck. Spätere Versuche, die Akustik der Konzilsaula zu verbessern, brachten keine wirkliche Änderung.

Die Diskussion war weiter sehr erschwert durch die Geschäftsordnung. Nur den Kommissionsmitgliedern war das Recht auf unmittelbare Gegenrede zugestanden. Alle anderen mußten sich einen Tag vor der Kongregation anmelden und wurden dann nach ihrer Rangfolge zum Vortrag zugelassen. Durch das Druckverbot der Reden war es zudem unmöglich, die vorgebrachten Argumente genau zu kennen und auf sie einzugehen.

Die Konzilsminderheit forderte daher verschiedentlich Diskussionen in kleineren Gruppen. Papst Pius IX. wollte jedoch von solchen Vorschlägen, im Gegensatz zu einigen Kurienkardinälen wie Antonelli und Bilio, nichts wissen: »Der Heilige Geist ist auf dem Konzil

Kardinal Luigi Bilio, Präsident der Glaubensdeputation und einer der Konzilspräsidenten

und nicht auf nationalen Versammlungen«, gab er zur Antwort. Als die Unfehlbarkeitsfrage immer unausweichlicher auf das Konzil zukam, forderten Mitglieder des internationalen Komitees der Minderheit am 11. März 1870 in einem offiziellen Schreiben an die Konzilspräsidenten die Bildung einer Kommission aus Vertretern der Minorität und der Glaubensdeputation. Sie sollte die kontroversen Punkte eingehend besprechen. Auch diesem Vorschlag gegenüber war die Mehrheit der Konzilspräsidenten, Bilio, De Angelis und De Luca, nicht abgeneigt.

Eine vermittelnde Antwort lag bereits im Entwurf vor, aber Pius IX. lehnte ab und brachte seine Präsidenten wieder auf einen härteren Kurs. Konzilssekretär Joseph Feßler, Bischof von St. Pölten, mußte im Namen der Konzilspräsidenten den Führern der Minorität die verletzende Antwort geben, in Rom seien genügend ausgezeichnete Prälaten und Theologen, mit denen man über eventuelle Schwierigkeiten sprechen könne. Die Glaubensdeputation leide an Arbeitsüberlastung und habe dafür keine Zeit. Damit ist völlig klar: Der Papst wollte keine Diskussion. »Der Papst glaubte, man würde nur nach Rom kommen, um *Amen* zu sagen«, schrieb Bischof Félix Dupanloup am 2. Januar 1870 in sein Tagebuch. Und Erzbischof Darboy sprach davon, wie wenig Vertrauen die Majorität in ihre

Kardinal Annibale Capalti, einer der Konzilspräsidenten

Lehre haben müsse, daß sie die vorgeschlagene gemeinsame Kommission ablehne und nicht fünf oder sechs Männer zu finden wisse, welche die päpstliche Unfehlbarkeit verteidigten.

Auch in der praktischen Leitung der Debatten in der Konzilsaula brach die Parteilichkeit immer wieder durch. Wichtige Vertreter der Minderheit, wie die Bischöfe Joseph Georg Stroßmayer, Augustin Vérot, Henri Maret, Ludwig Haynald, Giovanni Pietro Sola, Giovanni Pietro Losana, wurden zum Teil wiederholt unterbrochen und am Weiterreden gehindert, häufig mit der Begründung, es sei nicht erlaubt, derart abträglich über den Heiligen Stuhl zu sprechen. Besonders autoritär gebärdete sich Kardinal Annibale Capalti, einer der fünf Konzilspräsidenten. Ihm fehlte jedes Verständnis für die Motive der Minderheit. Dementsprechend war die Atmosphäre in der Konzilsaula. In gleicher Weise reagierte auch die Mehrheit öfters mit Zeichen der Zustimmung oder Ablehnung, sie klatschte Beifall, murrte, schrie, ja steigerte zuweilen ihre Entrüstung bis zu tumultartigen Szenen. Der größte Sturm brach aus, als Bischof Joseph Georg Stroßmayer am 22. März 1870 in der Konzilsaula behauptete, auch unter den Protestanten gebe es manche, die Jesus liebten. Als er dann auch noch die Möglichkeit bestritt, dogmatische Probleme durch Mehrheitsbeschluß der Bischöfe zu entscheiden, begrub ihn die Mehrheit unter ihrem Lärm. Manche schrien: »Er ist Luzifer.

Anathema, Anathema!« Wieder andere: »Er ist ein zweiter Luther, laßt ihn hinausjagen!« Alle Infallibilisten aber forderten laut: »Herunter, herunter!«

Klagen über die fehlende Diskussion finden sich allenthalben. Laut Bischof Dupanloup gab man den Bischöfen zwar die Freiheit zu reden, nicht aber die Freiheit zu diskutieren. In sein Tagebuch notierte er, man habe den Bischöfen die Zunge nicht abgeschnitten, sie ihnen aber festgeklemmt. So könnten sie sich ihrer nicht bedienen und sich nicht erklären. Bischof Maret hielt das Konzil für eine Akklamation, versteckt unter den Erscheinungsformen einer Diskussion.

Pius IX. agiert für das Unfehlbarkeitsdogma

An dieser Situation hatte der römische Pontifex persönlich keinen unbedeutenden Anteil, wie schon seine abwürgende Reglementierung der Diskussion zeigte. Er ging aber noch viel weiter. Er setzte sich persönlich für das Unfehlbarkeitsdogma ein.

Der Privatzug Pius' IX. in Velletri, 1863

Schon in seiner ersten Enzyklika vom 9. November 1846 hatte er implizit Anspruch auf Unfehlbarkeit erhoben. Drei Jahre später sprach er in seiner Enzyklika »Nostis« vom 8. Dezember 1849 von seinem »irreformabile magisterium«, von seinem Lehramt, das keiner Reform unterworfen sei. Vor allem jedoch nahm er faktisch Unfehlbarkeit für sich in Anspruch durch die Dogmatisierung der Unbefleckten Empfängnis Mariens am 8. Dezember 1854. Als Mutter Jesu sei Maria stets ohne den Makel der Erbsünde geblieben.

So machte denn Pius IX. auch vor und während des Konzils kein Hehl daraus, daß er die päpstliche Unfehlbarkeit für ein Dogma halte. Ja noch mehr, er war derart entschieden, die Dogmatisierung durchzusetzen, daß er dem Chefredakteur der »Civiltà Cattolica« verriet: »Ich bin so entschlossen voranzugehen, daß ich gegebenenfalls die Definition selbst vornehme und das Konzil entlasse, wenn dieses zu schweigen wünscht.«

In seiner »humorvollen« Art markierte er zuweilen sein völliges persönliches Desinteresse gegenüber einer Definition. Zum belgischen Gesandten meinte er noch im Sommer 1869: »Man will mir die Unfehlbarkeit beilegen. Ich brauche sie gar nicht. Bin ich denn nicht schon unfehlbar? Habe ich nicht vor einigen Jahren das Dogma von der Unbefleckten Empfängnis der Jungfrau selbständig stabilirt?« Und gegenüber dem österreichischen Botschafter Ferdinand Graf Trauttmansdorff äußerte er Ende 1869: »Man spricht über die Unfehlbarkeit des Papstes. Ich glaube daran; aber in meinen Vorschlägen findet sich darüber kein Wort. Ich weiß nicht, ob das auf uns zukommen wird.« Das war diplomatisches Spiel, nicht des Heiligen Vaters Ernst. »Der Papst wünscht sie [die Unfehlbarkeitsdefinition]«, schrieb Bischof MacQuaid später, »und läßt jeden sehen, daß er das tut.« Er glaubte, eine besondere göttliche Mission erhalten zu haben, das neue Dogma definieren zu müssen. Wer immer sich für die päpstliche Unfehlbarkeit einsetzte, wurde deshalb mit Lobsprüchen aus dem Vatikan eingedeckt. Das galt – wie bereits erwähnt – für die Adressen des Klerus, für Bücher der Theologen und für Artikel der Journalisten. Das galt aber auch für Bischöfe, die in der Konzilsaula im richtigen Sinne gesprochen hatten. Oft beglückwünschte Pius IX. sie persönlich, wie im Falle der Bischöfe Charles Emile Freppel, Michael Payá y Rico, Louis Pie, Pierre Henri Gérault de Langalerie und des Kardinals Henri Marie Gaston de Bonnechose. Bischof Ignatius von Senestrey lobte er öffentlich, als dieser seinen Theologiestudenten verbot, die Vorlesungen Döllingers in München zu besuchen.

Ganz anders verhielt er sich gegenüber den Gegnern der Unfehlbarkeit. Er scheute sich nicht, sie bei hochoffiziellen Reden mehrfach zu tadeln und sie als Führer der Blinden und als Freunde dieser Welt, als Unwissende und Kleinmütige zu apostrophieren. In der Rede zu seinem Wahltag im Juni 1870 tadelte er sie als voll von »Verwegenheit, Verrücktheit, Unvernünftigkeit, Unklugheit, Haß und Gewalttätigkeit«. Er hielt ihnen vor, alle Mittel zu gebrauchen, die üblich seien, um auf Volksversammlungen sich Stimmen zu ergattern. Am 18. Juli 1870 warf der Papst ihnen erneut gottferne Leidenschaftlichkeit und Widerspruch zu früheren Urteilen vor.

Individuell behandelte er sie nicht besser. Wenn Pius IX. mit Minoritätsbischöfen zusammentraf, gab er deutlich zu spüren, daß sie nicht auf der rechten Seite waren. Es genügte, die »falsche« Petition unterschrieben zu haben. Gern insistierte er bei solchen Gelegenheiten auch auf dem damals noch üblichen Fußkuß. Wer nicht auf der richtigen Linie lag, konnte zudem nicht ohne weiteres mit einer Papstaudienz rechnen. Bischof Henri Maret wurde trotz mehrfacher Bitten während des ganzen Konzils nicht empfangen. Pius IX. über ihn: »Er ist eine Viper.« Bot sich eine Gelegenheit, bearbeitete er die Bischöfe im Sinne der Unfehlbarkeit, so zum Beispiel Wilhelm Emmanuel von Ketteler, Augustin David, François Victor Rivet und Alessandro Riccardi sowie die Kardinäle Henri de Bonnechose, Gustav Adolf von Hohenlohe und Jacques Mathieu. Erzbischof Gregor Scherr von München trieb er zu Sanktionen gegen Döllinger an.

Schimpfwörter

In seinem Urteil über die Minoritätsbischöfe hielt sich Pius IX. nicht zurück. Er hatte von ihnen und ihrem Widerstand keine hohe Meinung. Die sogenannte Opposition existiere nicht. »Gott hauchte sie an und sie zerstreuten sich«, fügte er hinzu und brach in Lachen aus. Er fühlte sich von den Minoritätsbischöfen nicht viel besser behandelt als von Giuseppe Garibaldi, dem italienischen Patrioten und Freiheitskämpfer, der mehrfach versucht hatte, den Restkirchenstaat und vor allem Rom zu erobern. Nur das Messer würden ihm die Bischöfe ersparen.

Giuseppe Garibaldi,
Kämpfer für die italienische Einheit

Der französische Episkopat war in seinen Augen nicht nur von falschen Ideen infiziert, sondern auch böswillig. Bischof Félix Dupanloup habe ihm einen Judaskuß gegeben. Auch den Pariser Erzbischof Georges Darboy hielt er für unaufrichtig. Er tue nur so, als sei er gemäßigt, fahre aber fort, böse zu sein und falsch zu denken. Er könne ihn nicht täuschen; er werde den roten Hut eines Kardinals nicht haben. Vor Pariser Diözesanpriestern meinte Pius IX. über Darboy: »Er bleibt sehr lange hier.« Den Theologen Alphonse Gratry, Mitglied der Académie Française, der in berühmten Briefen Bischof Félix Dupanloup gegen Erzbischof Victor Dechamps verteidigt hatte, bezeichnete er als verrückt und als Spitzbuben. Vor Klerikern der Diözese Marseille und Perpignan erklärte er, ihre Bischöfe hätten den Kopf verloren. Bischof Charles Philippe Place von Marseille beschwerte sich in einem Brief an den Papst über diesen Vorfall. Pius IX. leugnete alles ab. Bischof Augustin David forderte er auf, sich weiterhin dem Studium zu widmen. Er empfahl ihm dazu extrem ultramontane Werke. Priester aus den Diözesen der infallibilistischen Bischöfe hofierte er, die anderen ließ er oft ohne Grußwort stehen.

Die Bischöfe seiner engsten Umgebung kamen nicht besser weg. Am 18. Juli 1870 wurde sein Hofprediger, Erzbischof Luigi Puecher-Passavalli – er war Gegner der Unfehlbarkeit –, vor der feierlichen Sitzung krankgemeldet. Der Papst murrte: »Ja, er ist krank im Kopf. Das ist eine Schurkerei.« Seinen Almosenmeister, Erzbischof François Xavier de Mérode, betrachtete er als Kreuz, das ihm Gott auferlegt habe. »Er ist verrückt.« Als de Mérode sich während des Konzils das Bein brach, kommentierte Pius IX.: »Es wäre besser gewesen, er hätte die Zunge gebrochen.«

Bei einer Audienz von Klerikern warf er Bischof William Clifford von Clifton vor, gegen ihn zu arbeiten, da er Clifford nicht zum Erzbischof von Westminster gemacht habe. »Aber wie hätte ich das tun können« – so fragte der Papst –, »da er weder lesen noch schreiben kann.« Unter Anspielung auf die Lukasstelle 22,31 – der Satan führe mit Gottes Erlaubnis die Apostel in Versuchung und schüttle sie im Sieb wie den Weizen – warf Pius IX. Erzbischof Johannes Simor vor, gut angefangen aber schlecht geendet zu haben. Erst habe er geglaubt, Simor liebe ihn ein wenig, jetzt aber müsse er feststellen, daß der Primas der Ungarn unter diejenigen gegangen sei, die Krieg gegen ihn führten.

Auch die deutschsprachigen Bischöfe und ihre Opposition galten Pius IX. nicht viel: »Mich machen diese deutschen Bischöfe lachen.« Ganz so harmlos schien ihm der Widerstand in Deutschland aber doch nicht zu sein. »Die Deutschen sind die schlechtesten, die schlechtesten von allen; der deutsche Geist hat alles verdorben.«

Kardinal Joseph Othmar Rauscher von Wien hielt er für einen bedeutungslosen Mann, der seine Bildung sehr überschätze, Joseph Georg Stroßmayer für das Haupt der Sektierer, der gekommen sei, um in Rom Altar gegen Altar zu errichten. Pius IX. sprach auch von diesem Schurken Stroßmayer, der ein politischer Agent sei und alle Regierungen kenne. Er wisse die Namen aller, die Stroßmayer beim Betreten der Konzilsaula die Hand geben würden. Erzbischof Paul Melchers von Köln war für ihn ein Ignorant, Kardinal Friedrich Schwarzenberg von Prag »Subdiakon in der Krippe«, das heißt ein Esel, Fürstbischof Heinrich Förster von Breslau ganz und gar ein wildes Tier, ebenso ein Schwachkopf. Erzbischof Friedrich Fürstenberg von Olmütz taugte in seinen Augen nur auf der Jagd etwas.

Von Kardinal Gustav Adolf von Hohenlohe hielt er nicht mehr: »Er ist ein verrückter Kerl, aber ein Engel.« Und obwohl er ihn

Kardinal
Gustav Adolf von Hohenlohe-Schillingsfürst

zuweilen »unseren lieben Gustav« nannte, kam es zur grotesken Szene, daß sich der Kardinal nach päpstlichem Tadel wegen seiner Haltung in der Unfehlbarkeitsfrage dem Heiligen Vater zu Füßen warf, worauf dieser ihn bei einem Ohr nahm und sagte: »Warum bist Du so gegen Deinen Vater, der Dich so sehr geliebt hat und liebt?« Nicht weniger lächerlich wirkt der Auftritt, bei dem der Papst seinem Unmut über Bischof Joseph Karl Hefele von Rottenburg freien Lauf ließ. Der bayerische Botschafter, Karl Graf von Tauffkirchen-Guttenburg, berichtete am 20. Juni 1870 an König Ludwig II. von Bayern: »Vorgestern hatte ein deutscher Geistlicher eine Audienz bei Seiner Heiligkeit. Er erklärte auf Befragen, er sei der Secretair des Bischofs von Rottenburg, worauf sich der Papst mit einem ›pfui‹ von ihm abwendete und ihn stehenließ.«

»Ich mag diesen mageren Priester aus München nicht leiden«, meinte Pius IX. über den Münchener Professor Johann Friedrich, Konzilstheologe von Kardinal Hohenlohe. »Da gefällt mir selbst Günther [gemeint ist der Philosoph und Theologe Anton Günther in Wien, der von Rom verurteilt wurde] besser, der spricht wenigstens nicht mehr.« Mit dem Ausdruck »dieser Schurke von Actonuccio« beehrte der Papst den einflußreichen englischen Laien Lord Acton, der viel zur Organisation des Widerstandes beitrug.

Es blieb nicht immer bei Worten. Besonders dann nicht, wenn die Bischöfe sehr arm und damit finanziell vom Heiligen Stuhl ganz abhängig waren, wie das für die meisten der 285 Italiener und ungefähr 70 Prälaten aus den Missionsländern zutraf. Allein während des Konzils lebten gegen 300 Bischöfe auf Kosten des Papstes in Rom. Da es selbst unter diesen Konzilsvätern noch Widerstrebende gab, sah sich Pius IX. zur Bemerkung veranlaßt: »Sie fürchten, den Papst für infallibel zu erklären, nicht aber, ihn fallieren zu lassen.« Doch häufig verlor der Papst den Humor. Sein Unwille steigerte sich zu Drohungen.

Päpstliche Maßregelungen

Bereits am 26. Januar 1870 spielte sich ein schwerwiegender Vorfall ab. Der chaldäische Patriarch Joseph Audu wurde wegen seiner Konzilsrede am Vortage und wegen seines Widerstandes gegen die Bulle »Reversus«, die Rom bei der Besetzung der Patriarchen- und Bischofssitze bedeutend mehr Rechte einräumte als bisher, vom

Lord John Emmerich
Edward Acton,
Schüler Döllingers

Joseph Audu,
chaldäischer Patriarch
von Babylon

Papst zu sich zitiert. Sobald Audu in den päpstlichen Gemächern erschien, kam es zu einer heftigen Szene. Nach den Aussagen von Bischof Félix Dupanloup riegelte der Papst die Türe hinter sich zu und drohte dem 78jährigen Patriarchen, er werde hier nicht mehr herauskommen, bevor er nicht sein schriftliches Einverständnis zur fraglichen Bulle gegeben habe. Während der Patriarch äußerlich ruhig blieb, zitterte der Papst vor Wut. Audu blieb nur die Alternative, abzudanken oder sich zu unterwerfen. Aus Furcht wählte er das Zweite. Doch in der Folgezeit kam es zu weiteren Konflikten zwischen Patriarch und Papst. Schließlich enthob ihn Pius IX. einige Jahre später seines Amtes[13].

Der Vorfall vom Januar 1870 erregte die Gemüter außerordentlich. Dies war in den Augen der Konzilsväter ein erneuter Beweis für die auf dem Konzil herrschende Unfreiheit. Erzbischof Georges Darboy sprach von einer Räubersynode. Am meisten entrüstete sich Audus Kollege, der griechisch-melkitische Patriarch Gregor Jussef. Er werde nicht nachgeben, er sei noch nicht 80jährig, meinte er gegenüber dem französischen Botschafter Gaston de Banneville in Rom. Mutig widerstand er ersten Pressionen und trat am 14. Juni

1870 in der Konzilsaula ganz offen für die alten Patriarchenrechte ein. Doch da kam es zur wahrscheinlich peinlichsten Szene des ganzen Konzils. Der Papst ließ den Patriarchen in höchster Erregung zu sich kommen. Als Jussef Pius IX. in der vorgeschriebenen Weise den Fuß küßte, setzte dieser nach der Art heidnischer Siegergesten dem Patriarchen den Fuß auf den Kopf oder Nacken mit den Worten: »Gregor, Du harter Kopf.« Dann fuhr er dem Patriarchen mit dem Fuß eine Zeitlang auf dem Kopf herum. Zweimal reichte die heilige Synode der griechisch-melkitischen Kirche unter dem Vorsitz des Patriarchen Maximos IV. Saigh in Rom einen Bericht über dieses Ereignis ein, um den Heiligsprechungsprozeß Pius' IX. zu blockieren. Aus Furcht vor einem Schisma in seiner Kirche hatte sich Jussef selbst lange Zeit nicht getraut, über diesen Zwischenfall zu reden[14].

Unter solchen Umständen wagten viele Bischöfe nicht mehr, frei ihre Meinung zu sagen. Manche, vor allem orientalische Bischöfe, reisten vorzeitig ab. Die Heimreise solcher »gallikanischer Störenfriede« förderte Pius IX.; die Bischöfe mit »gutem Geist« hingegen sollten in Rom zurückbehalten werden.

Gregor II. Sayour Jussef, griechisch-melkitischer Patriarch von Antiochien

Kardinal Filippo Maria Guidi

Papst Pius IX. und Kardinal Guidi – ein Vater-Sohn-Konflikt?

Am 18. Juni 1870 herrschte in der Konzilsaula große Aufregung. Der Dominikanerkardinal Filippo Maria Guidi war als bisher einziger römischer Prälat gegen Papst und Infallibilisten aufgetreten und hatte mit Nachdruck behauptet, der Papst sei nicht aus sich allein, unabhängig und getrennt von der Kirche, unfehlbar, sondern nur, wenn er den Rat der Bischöfe und die Tradition der Kirche wiedergebe. Viele glaubten, nun endlich sei die ersehnte Kompromißformel gefunden, sie fielen sich in die Arme, weinten vor Freude. Diese war jedoch nur von kurzer Dauer. Noch am gleichen Abend ließ Pius IX. Kardinal Guidi voller Zorn zu sich rufen und tadelte ihn wegen seiner Rede aufs schärfste. Auf Guidis Beteuerung, er habe nur als Zeuge der Tradition gesprochen, warf ihm der Papst das berühmte und oft kolportierte Wort entgegen: »Die Tradition bin ich.« Der Zwischenfall setzte Pius IX. hart zu. Mehrfach wird berichtet, er sei darauf erkrankt.

Die Intervention Guidis erschien Papst und Infallibilisten als außerordentlich gefährlich, dazu angetan, andere zu Gleichem zu ermutigen. Pius IX. ließ deshalb nicht nur das Dominikanerkloster S.

Maria sopra Minerva, wo Kardinal Guidi wohnte, streng überwachen, er wußte auch am gleichen Tag bereits genau, wer Guidi nach seiner Rede die Hände geküßt hatte. Auch in der Konzilsaula ließ der Tadel nicht auf sich warten. Bischof Bartolomeo D'Avanzo warf Guidi schon auf der nächsten Versammlung im Namen der Glaubensdeputation vor, schlimmer als ein Gallikaner zu sein. Eine Gelegenheit, darauf zu antworten, bekam Guidi nicht. Dafür wurde das Ansinnen an ihn gestellt, seine Rede in einer Zeitung öffentlich zu widerrufen. Guidi blieb zunächst fest, doch schließlich gab auch er dem Druck nach. Am 13. Juli 1870 stimmte er noch mit Vorbehalt der Konstitution zu, am 18. Juli 1870 gab er endlich sein volles Ja. So sah die Freiheit der Meinungsäußerung bei Prälaten aus, die auch materiell vom Vatikan abhängig waren.

Über diesen Kardinal, der als einziger römischer Prälat Pius IX. eine Zeitlang öffentlich die Stirn zu bieten wagte, weiß man erstaunlich wenig. In der Forschung wird er praktisch totgeschwiegen. Eine Biografie über ihn gibt es nicht, und Nachfragen in Archiven förderten nur sehr spärliches Material zutage.

Hat diese merkwürdige Situation ihren Grund vielleicht darin, daß Kardinal Guidi tatsächlich der Sohn Pius' IX. war, wie dies der polnische Graf Ladislaus Kulczycki in mehreren Depeschen an den italienischen Außenminister Emilio Visconti Venosta behauptete? Kulczycki konnte von solchen Verhältnissen durchaus wissen, war er doch seit 1855 in Rom, gehörte seit 1862 als Geheimkämmerer zur Päpstlichen Familie, stand in Verbindung mit dem Italien gegenüber freundlich gesinnten Teil der römischen Prälaten und war mit dem päpstlichen Archivpräfekten Augustin Theiner eng befreundet. Auch andere Indizien machen die Behauptungen des Grafen Kulczycki nicht ganz unwahrscheinlich[15]. Es ist unbestritten, daß Giovanni Maria Mastai – so hieß Pius IX. mit seinem bürgerlichen Namen – Frauen gerne mochte, bevor er relativ spät sein Theologiestudium begann. In der Literatur ist ab und zu von Kindern dieses Papstes die Rede. Das scheint auch einer der Gründe zu sein, weshalb der Heiligsprechungsprozeß Pius' IX. nicht vorankommt. Merkwürdigerweise hat man die Briefe Kulczyckis bisher verschwiegen und übergangen, obwohl alles andere Material des italienischen Außenministeriums zum 1. Vatikanischen Konzil veröffentlicht worden ist.

Kardinal Guidi, Sohn Pius' IX. und dessen Gegenspieler auf dem Konzil? Das Faktum ist noch nicht bewiesen, aber auch nicht ganz

Pius IX. segnet am 2. Juli 1868 seine knienden Truppen auf den Campi di Annibale (in der Nähe von Frascati)

unwahrscheinlich. Freilich geriete die beklemmendste und symbolträchtigste Szene des Konzils in ein noch grelleres Licht: Ein Papst, der seinem Sohn entgegenschleudert: »Die Tradition, das heißt die Kirche, bin ich.« Ein Kardinal, der seinem Vater gegenüber auf das Zeugnis der Tradition pocht und behauptet, dieses widerstreite den päpstlichen und väterlichen Ambitionen. Der autoritäre Charakter der Begegnung wäre kaum mehr zu überbieten.

Die weltliche Herrschaft im Dienste der guten Sache

Am 6. April 1870 schrieb der preußische Gesandte in Rom, Harry Graf von Arnim-Suckow, an Otto Fürst von Bismarck: »Der König von Rom stellt also seine Post, wie bei anderen Gelegenheiten seine Douane, seine Censur oder auch seine Polizei dem Papst von Rom behufs Maßregelung des Concils zur Disposition. Das würde natürlich nicht geschehen, wenn der König und der Papst in weniger nahen Beziehungen zueinander ständen. Die Beschränkung, welche auf diese Weise aber dem Concil auferlegt wird, ist eine sehr ernsthafte, da die Väter verhindert werden, sich die Belehrung zu verschaffen, welcher sie bedürfen.«

Dieser auf Informationen von Bischof Heinrich Förster von Breslau beruhende Bericht entsprach weitgehend der Wirklichkeit. Bischöfe, Theologen, Journalisten und Botschafter, die nicht auf der herrschenden Parteilinie lagen, wurden überwacht. Selbst bei großer Diskretion konnte das den Betroffenen nicht ganz verborgen bleiben. Das gegenseitige Mißtrauen wurde dadurch um so größer. Der Rumpf-Kirchenstaat war sowieso kein idealer Platz freiheitlicher Diskussion. Es gab kein politisches Leben, keine Versammlungsfreiheit, keine Religionsfreiheit, keine Pressefreiheit. Verhaftungen aus politischen Gründen waren an der Tagesordnung. Der Paternalismus der Regierung ging so weit, den Ärzten vorzuschreiben, ihre Kranken nur dann weiterzubehandeln, wenn diese spätestens nach der dritten Visite einen Beichtvater zuzogen.

Besonderes Augenmerk richtete die päpstliche Polizei auf die Presse. Monsignore Lorenzo Randi, päpstlicher Polizeiminister und später Kardinal, ließ auf der Post alle Korrespondentenbriefe abfangen und unterdrückte die negativsten Berichte. Den Informationsfluß vermochte er damit freilich nicht zu stoppen. Es hatte sich bald herumgesprochen, wie unzuverlässig die päpstliche Post war, und die

Kardinal Alessandro Barnabò, Präfekt der Missionskongregation »Propaganda Fide«

Antonius Petrus IX. Hassun,
armenischer Patriarch
von Konstantinopel

Korrespondenten fanden andere Mittel, ihre Nachrichten den Zeitungen zukommen zu lassen. Das bewiesen am besten die »Römischen Briefe vom Concil« in der »Augsburger Allgemeinen Zeitung«. Die Polizei versuchte deshalb, die Informanten zu ermitteln, um sie ausweisen zu können. Sie verdächtigte Dr. Albert Dressel, den langjährigen Korrespondenten der »Allgemeinen Zeitung«, Msgr. Nikolaus Vorsak, Konzilstheologe Bischof Stroßmayers, Professor Johann Friedrich, Lord Acton, ja sogar den bayerischen Botschafter, Karl Graf von Tauffkirchen-Guttenberg. Daß dann doch niemand den Kirchenstaat verlassen mußte, war der Intervention der deutschen Botschaften in Rom zu verdanken.

Als einfacher erwies es sich für die Polizei, von Rom mißliebige Zeitungen und andere unerwünschte Druckerzeugnisse fernzuhalten. Dieses Mittel wurde oft angewandt und traf besonders häufig die »Allgemeine Zeitung«. Die im Auftrage Bischof Kettelers von Jesuitenpater Francesco Quarella verfaßte Kampfschrift »Quaestio« blieb wochenlang auf dem Postamt liegen, wurde dann aber auf die Proteste und Drohungen Kettelers hin freigegeben. Das ging nicht immer so leicht. Kardinal Pietro De Silvestri sprach von ganzen Stößen von

Broschüren und Schriften auf dem Postamt, die man in der guten Absicht zurückbehalte, die Konzilsväter nicht zu verwirren. Gelegentliche Übergriffe auf die persönlichen Freiheitsrechte, besonders die Verweigerung der Ausreisegenehmigung, verstärkten den Eindruck, nicht frei zu sein.

Dieses Gefühl hatten ganz besonders die Bischöfe, die der Kongregation für die Missionen (Propaganda Fide) unterstanden, sofern sie das neue Dogma nicht akzeptieren wollten. Zur Mißgunst des Papstes gesellte sich das autoritäre Regiment des Propaganda-Präfekten, des Kardinals Alessandro Barnabò. Ähnlich wie der Papst bearbeitete Barnabò seine Untergebenen, die Gegner der Unfehlbarkeitsdefinition waren. Aufs heftigste tadelte er den griechisch-melkitischen Patriarchen Jussef, weil dieser auf dem Konzil gesprochen hatte, ohne ihm den Text vorher zu zeigen. Ohne seine Erlaubnis dürfe er nicht reden. Barnabò riet Jussef drohend, sich in Zukunft anders zu verhalten. Der Papst kenne die Besuche, die er mache. Mit ähnlichen Androhungen der Ungnade der Propaganda Fide bearbeitete er Erzbischof Connolly von Halifax. Auch Erzbischof Peter Richard Kenrick von St. Louis und viele andere Bischöfe suchte er umzustimmen.

Giuseppe Valerga,
lateinischer Patriarch von
Jerusalem

Placidus Casangian,
armenischer Erzbischof von
Antiochien

Ganz besonders wurden die orientalischen Bischöfe in die Zange genommen. In diesem Bereich konnte Barnabò auf zwei besonders treue Helfer zurückgreifen, auf den armenischen Patriarchen Antonius Petrus Hassun von Konstantinopel und den lateinischen Patriarchen Giuseppe Valerga von Jerusalem. Unter besonderen Druck gerieten die Bischöfe, die das Postulat gegen die Unfehlbarkeitsdefinition unterschrieben hatten. Die Propaganda Fide brachte es fertig, auch mit der Drohung, die finanzielle Unterstützung zu sistieren, daß die meisten ihre Unterschrift wieder zurückzogen.

Die schwersten Zwischenfälle betrafen die Armenier. Diese zeigten sich nicht nur in der Unfehlbarkeitsfrage widerspenstig, sie wollten auch nicht den ihnen von Rom aufoktroyierten Patriarchen Hassun akzeptieren. Als Placidus Casangian, Generalabt aller armenischen Antonianer, gegen die Unfehlbarkeitsdefinition sprach, wurde ihm mehrfach mit Absetzung gedroht, falls er nicht widerrufe. Casangian weigerte sich, ebenso wie er keine Apostolische Visitation des Antonianerklosters in Rom zulassen wollte. Pius IX. war darob so erzürnt, daß er Casangian und Abt Hanemian Zwangsexerzitien in einem Kloster verordnete.

Daß solche päpstlichen Erlasse ernst gemeint waren, sollten die Armenier bald zu spüren bekommen. Die päpstliche Polizei veranstaltete Hausdurchsuchungen und versuchte die Verordnungen Pius' IX. mit aller Gewalt durchzusetzen. Auch der armenische Erzbischof Grégoire Bathiarian von Diarbekir (Mesopotamien) gehörte zu den Gegnern der Unfehlbarkeit. Die Propaganda Fide führte die Haltung vor allem auf den Einfluß seines Generalvikars und Sekretärs Johann Stefanian zurück. Auf Betreiben von Patriarch Hassun entschloß man sich, Stefanian von seinem Erzbischof zu trennen und ihm ebenfalls Zwangsexerzitien zu verordnen. Als sich Stefanian weigerte, diese anzutreten, versuchte die päpstliche Polizei ihn auf offener Straße zu verhaften. Stefanian wehrte sich, das entstehende Handgemenge führte zu einem Volksauflauf. Erst als Erzbischof Bathiarian dazwischentrat, ließen die päpstlichen Polizisten von Stefanian ab. Beide wollten daraufhin in die Türkei zurückkehren. Auch die anderen armenischen Bischöfe fühlten sich nicht mehr sicher und wünschten, Rom zu verlassen. Als ihnen die Ausreisegenehmigung verweigert wurde, flüchteten zwei von ihnen, darunter Erzbischof Casangian. »Jenseits der römischen Grenzen« schrieb Casangian je

Grégoire Bathiarian,
Erzbischof von Diarbekir
(Mesopotamien)

einen Brief an den Papst und an das Konzil. Angesichts der dauernden Drohungen mit Kerkerhaft und wegen seiner schweren Krankheit habe er um sein Leben gefürchtet und seine Rettung nur noch in der Flucht gesehen. In seinem Falle könne von freier Meinungsäußerung keine Rede sein. Bald darauf brach unter den katholischen Armeniern das Schisma aus. Ein Großteil kehrte zu ihren nicht mit Rom unierten Glaubensbrüdern zurück.

Nuntien als Denunzianten

Auch die Außenposten der Kurie, die Nuntien, waren zuverlässige Helfer im Kampf um die Unfehlbarkeitsdefinition. Ihren Gesinnungsgenossen gegenüber sparten sie nicht mit Lob. Verhielten sich diese zu still, regten sie Adressen an, in denen die Unfehlbarkeitsdefinition verlangt wurde. Gegner der päpstlichen Unfehlbarkeit verdächtigten sie der Häresie und denunzierten sie in Rom. Nuntius Pier Francesco Meglia in München hielt den Stolz für die dominierende Eigenschaft der deutschen Theologieprofessoren und beklagte sich

Louis Pie,
Bischof von Poitiers

mehrfach während des Konzils darüber, daß die Bischöfe nichts gegen die Universität München unternahmen, diese »Schule der Pestilenz«, wie er sich ausdrückte. Er empfahl, Franziskanerpater Hötzl, der es gewagt hatte, Döllinger zu verteidigen, von seinem Lehrstuhl zu entfernen. Und sie alle, die Nuntien Meglia in München, Giovanni Battista Agnozzi in Luzern, Giacomo Cattani in Brüssel, Flavio Chigi in Paris, schlugen Bücher, die nicht auf der Parteilinie der Infallibilisten lagen, in Rom zur Indizierung vor. Einen besonders heftigen Kampf führte Nuntius Chigi in Paris gegen den Dekan der Sorbonne, Titularbischof Henri Maret. Er lieferte der »Civiltà Cattolica« das Material für verleumderische Artikel gegen Maret. Mit Hilfe des spanischen Botschafters in Paris, Alejandro Mon, versuchte er sogar den Verleger Marets, Henri Plon, zu bestechen, um in den Besitz der Druckfahnen von Marets Buch »Vom allgemeinen Konzil und dem religiösen Frieden« zu kommen. So berichtet wenigstens Maret selbst und fügt bei, die ganze Aktion sei vom Papst ausgegangen. Als Marets Werk erschien, schickte der Nuntius es sofort nach Rom mit der Bemerkung, es handele sich um ein völlig unwissenschaftliches Machwerk. Bischof Louis Pie von Poitiers, der gegen Maret eine Kampfschrift veröffentlichte, lobte er mit den Worten: »Sie haben etwas sehr Gutes getan, und das wird bleiben.«

Die Manipulation der Presse

Pius IX. war sich der steigenden Bedeutung der Presse wohl bewußt. Das hatte er schon 1869 bewiesen, als die »Civiltà Cattolica« mit seiner Gutheißung die Unfehlbarkeitsdefinition in die Debatte warf. Auch während des Konzils blieb der Chefredakteur der »Civiltà Cattolica«, Jesuitenpater Carlo Piccirillo, einer der häufigsten Besucher des Apostolischen Palastes. Pius IX. gab ihm genaue Anweisungen, was und in welchem Ton in der »Civiltà Cattolica« geschrieben werden sollte.

»Dann kam Pater Piccirillo« – so notierte der Jesuit Franco in sein Tagebuch – »auf die Angelegenheiten der ›Civiltà Cattolica‹ zu sprechen und sagte, er sei gekommen, dafür des Papstes Licht und Leitung zu erfragen. Gratry und Döllinger haben nun ihre Masken abgelegt; sollen wir sie angreifen? . . . Der Heilige Vater forderte, sie

Carlo Piccirillo,
Chefredakteur der »Civiltà Cattolica«

zu widerlegen, und zwar gut zu widerlegen. – In der ›Civiltà Cattolica‹ oder außerhalb? In der ›Civiltà Cattolica‹, und vor allem in klarer Weise, und so, daß es mit den Händen zu greifen ist.«

Die vom Papst aus gesteuerte Politik richtete sich weiter gegen den französischen Politiker und Schriftsteller Charles de Montalembert, die aus französischen Bischofskreisen stammende anonyme Schrift »Ce qui se passe au concile« (Was auf dem Konzil geschieht) und gegen die von der Minorität vertretene Meinung, bei dogmatischen Konzilsbeschlüssen sei moralische Einmütigkeit erforderlich. Selbst Bischöfe wie Maret, Hefele und Rauscher wurden nicht verschont.

Pius IX. liebte es dabei, möglichst direkten persönlichen Einfluß zu nehmen. Er schaltete die Zwischeninstanzen aus, so seinen mit der Zensur beauftragten Hoftheologen, den Dominikaner Mariano Spada. Er wollte die Druckfahnen selbst lesen und die Entscheidungen selbst treffen. Er händigte selbst die Dokumente aus, deren Veröffentlichung in der »Civiltà Cattolica« ihm nützlich erschien. Auch an finanzieller Unterstützung fehlte es nicht.

Die »Civiltà Cattolica« war jedoch keineswegs die einzige Zeitung, die der Pressekampagne für die päpstliche Unfehlbarkeit diente. Nicht weniger große Bedeutung kam den Zeitungen »L'Univers« und »L'Unità Cattolica« zu. Auch sie genossen zusammen mit »La Correspondence de Rome« vatikanische Finanzhilfe. Zuweilen führten sie ebenso direkte päpstliche Aufträge aus. So schrieb Louis Veuillot in seiner Zeitung auf »höheres Geheiß« eine Artikelserie über die Freiheit des Konzils. Es nützte nichts, daß Bischöfe und Diplomaten wiederholt den Haß und die Zwietracht beklagten, die eine solche Art der Presse unter den Katholiken förderte.

Um ein Gegengewicht gegen die liberale Presse zu schaffen, schlugen die Infallibilisten, besonders Emmanuel d'Alzon, die Errichtung eines internationalen Pressebüros vor. Sie fanden beim Papst Gehör. Er beauftragte den Genfer Weihbischof Gaspare Mermillod mit dessen Bildung. Mermillod nahm zur praktischen Durchführung Kontakt auf mit dem Chefredakteur der »Civiltà Cattolica«, Pater Carlo Piccirillo. So gelang es ihm, ein großes Pressekomitee zu schaffen. Dazu gehörten neben den Bischöfen Manning, Dechamps und Pie der Italiener Paolo Mencacci, Direktor der Zeitschrift »Il Divin Salvatore«, Pater Emmanuel d'Alzon, Begründer der Assumptionisten, Johann Anton Graf von Pergen aus Wien, Luca Graf Gozze aus

Gaspare Mermillod,
Weihbischof von Genf

Dalmatien, Berater bei der österreichischen Botschaft, Paul Graf de Breda, Lord Dingsbey und Lord Brodenham aus England, Giovanni Marchese Patrizi-Montoro, Scipione Herzog Salviati und andere. Sie trafen sich jede Woche, zudem stets, wenn Mermillod es für nötig hielt, der katholischen Presse Nachrichten oder Weisungen zu geben.

In diesem Zusammenhang entband der Papst je einen Bischof der italienischen, spanischen, französischen, deutschen und englischen Sprache vom Eid auf das Secretum, von der Geheimhaltungspflicht. So durfte zum Beispiel Erzbischof Manning dem englischen Geschäftsträger in Rom, Odo Russell, alles über das Konzil erzählen. Als sich Kardinal Henri de Bonnechose ganz deutlich auf die Seite der Infallibilisten geschlagen hatte, kam auch er in den Genuß dieses Privilegs. Es ist nicht bekannt, daß Pius IX. einem Bischof der Minorität je diese Gunst gewährt hätte.

III

Pius IX.

Pius IX. ist die Schlüsselfigur des 1. Vatikanischen Konzils. Ohne ihn wäre es nicht zum Unfehlbarkeitsdogma gekommen. Gerade seine Persönlichkeit aber gibt zahlreiche Probleme auf.

Die Epilepsie des Papstes

Giovanni Maria Mastai-Ferretti, der spätere Pius IX., wurde am 13. Mai 1792 mitten in den Wirren der Französischen Revolution in der kleinen Stadt Senigallia nahe Ancona als letztes von neun Kindern geboren. Seit 1705 führte das Geschlecht der Mastai-Ferretti den Grafentitel, gehörte jedoch zum kleinen Provinzadel. Mit 11 Jahren, 1803, kam Giovanni Maria auf das Gymnasium San Michele in Volterra. Vier Jahre später traten zum ersten Mal epileptische Anfälle auf. Sie hielten die ganze Jugendzeit über an und dauerten bis in seine dreißiger Jahre. Noch 1825 berichtete Giovanni Maria Mastai-Ferretti von einer epileptischen Störung. Im gleichen Jahr schrieb er an Papst Leo XII., durch die Auswirkungen der Epilepsie habe er ein sehr schwaches Gedächtnis und könne sich nicht längere Zeit auf einen Gegenstand konzentrieren, ohne eine große Konfusion der Ideen befürchten zu müssen.

Nicht zuletzt war es die Epilepsie, die Mastai bestimmte, die kirchliche Laufbahn einzuschlagen. Die Aufnahme in die Nobelgarde des Papstes war dem jungen Grafen wegen seiner Krankheit abgeschlagen worden. Im Jahre 1816 entschloß er sich, Priester zu werden. Drei Jahre später, nach einem recht summarischen Studium der Theologie, bat er um die heiligen Weihen. Am 4. Juli 1819 erhielt er das Indult (kirchlicher Gunsterweis), trotz der epileptischen Anfälle die Priesterweihe empfangen zu dürfen. Allerdings war damit die

Pius IX., 18 Jahre alt

Auflage verbunden, nie allein, sondern stets nur zusammen mit einem anderen Priester oder Diakon die Messe zu lesen. In der ersten Zeit arbeitete Giovanni Maria Mastai-Ferretti im römischen Waisenheim »Tata Giovanni«, in den Jahren 1823 bis 1825 begleitete er den Apostolischen Delegaten Muzi als Uditore (diplomatischer Rang zwischen Nuntiatursekretär und -rat) auf einer Reise nach Chile.

Nach 1825 verstummen Berichte über epileptische Anfälle für lange Zeit. Giovanni Maria Mastai machte in der Kirche rasch Karriere. Daß er gleich zwei Onkel in hohen geistlichen Stellungen hatte, dürfte dabei nicht unwichtig gewesen sein. Der eine war Bischof, der andere Kanoniker von St. Peter. Im Jahre 1827, nach einem kurzen Intermezzo als Direktor des Ospizio San Michele, war Mastai bereits Bischof von Spoleto, 1832 Bischof von Imola, 1840 Kardinal. Relativ jung (mit 54 Jahren!) wurde er 1846 Papst.

In seiner Bischofszeit scheint sich Giovanni Maria Mastai einer guten Gesundheit erfreut zu haben. Erst mit dem Jahr 1849 treten wieder einzelne Berichte über Ohnmachtsanfälle auf. Im Konzilsjahr 1870 ist erneut von Epilepsie die Rede. Der österreichische Gesandte beim Heiligen Stuhl, Ferdinand Graf Trauttmansdorff, berichtete am 4. Juni 1870 nach Wien, der Papst sei in der vergangenen Fastenzeit erneut von epileptischen Anfällen bedroht gewesen. Auch andere berichten von momentanen Bewußtseinsstörungen und einem Wiederauftreten der Epilepsie. Im ganzen scheint es jedoch, als habe die damalige Öffentlichkeit von solchen Vorgängen keine Kenntnis gehabt, was durch Abschirmung leicht möglich gewesen sein dürfte. Auch in der Literatur herrscht darüber zumeist Schweigen. Hingegen werden die Auswirkungen der früheren Epilepsie keineswegs geleugnet. Auch papstfreundliche Autoren sehen Spuren davon sogar in der körperlichen Konstitution Pius' IX. Die ganze rechte Seite seines Körpers sei etwas weniger entwickelt als die linke. Selbst im Gesicht habe sich das niedergeschlagen. Es sei asymmetrisch, der Kopf neige zur rechten Seite, die Lippen seien schief. Der römische Prälat Francesco Liverani, Vertrauter Pius' IX., hält den Papst aufgrund seiner früheren epileptischen Anfälle immer noch für krank.

Wichtiger sind die psychischen Auswirkungen der früheren Krankheit. Sie werden auch leichter zugegeben. Pius IX. gilt als leicht zu beeindrucken, launenhaft, impulsiv und unberechenbar. In die gleiche Richtung deutet sein mystisch-enthusiastisches Wesen.

Das Verhalten Pius' IX. während des Konzils ist nicht leicht zu verstehen. Wahrscheinlich bietet die Epilepsie einen der Schlüssel dazu. Aber auch andere Fakten und Phänomene sind mindestens ebenso zu bedenken.

Dem Papst ausgeliefert

Die jahrzehntelange »heilige« Krankheit der Epilepsie mußte den Papst ohne Zweifel entscheidend geprägt haben. Ohne sie wäre er ja auch kaum Priester geworden. Von ähnlich einschneidender Bedeutung wurden die Erlebnisse, die Pius IX. in seinen ersten Pontifikatsjahren hatte. Am 16. Juni 1846 trat Giovanni Maria Mastai als Pius IX. die Nachfolge des erzreaktionären Gregor XVI. an. In der Erwartung auf eine Kursänderung jubelte das Volk dem neuen Papstkönig zu. Pius IX. ließ sich zunächst von diesen Wogen der Begeisterung tragen und begann, Reformen durchzuführen (Amnestie der politischen Gefangenen, Lockerung der Pressezensur, Errichtung einer Consulta, Schaffung einer Guardia civica). Es entstand die Legende

Jubel des römischen Volkes zu Beginn des Pontifikats Pius' IX.

vom liberalen Papst. Doch mit den päpstlichen Zugeständnissen wuchsen die Reformwünsche. Den Demokraten gelang es, Pius IX. eine Verfassung abzutrotzen. Aber damit war es nicht genug. Sie verlangten allgemeine und uneingeschränkte Wahlen, ein Parlament mit größerer Vollmacht und die Ersetzung des Heeres durch Volkswehren. Vor allem aber forderten sie von Pius IX., daß er sich an die Spitze der italienischen Einigungsbewegung stelle und Österreich den Krieg erkläre. Als Oberhaupt der katholischen Kirche scheute Pius IX. vor dem Krieg gegen eine katholische Macht zurück. Da verlor er alle Sympathien. Sein Ministerpräsident Pellegrino Rossi wurde ermordet. Die Revolution brach aus. Pius IX. wußte sich nur noch durch die Flucht zu retten. Heimlich schlich er sich aus dem Quirinal-Palast und setzte sich in der Diplomatenkutsche des bayerischen Botschafters, des Grafen Karl von Spaur, als einfacher Priester verkleidet nach Gaeta ab, das zum Königreich beider Sizilien gehörte.

Die Ereignisse des Jahres 1848 wurden dem Papst zum Trauma. Liberal war Pius IX. nie gewesen, hatte aber doch einige Sympathien für die Bewegung gehabt. Diese schlugen nun ins Gegenteil um. Seit

1848 saß Pius IX. die Revolutionsangst im Nacken. Kaum war er 1850 nach Rom zurückgekehrt, das französische Truppen unter blutigen Gefechten für ihn wieder eingenommen hatten, widerrief er die von ihm gegebene Verfassung und brandmarkte die Presse- und Vereinsfreiheit als in sich schlecht. Der Liberalismus galt ihm nun als der Todfeind des Papsttums und der Kirche. Um so mehr betonte er seine eigene Autorität. Seine Herrschaft nahm autoritär-reaktionäre Züge an.

Dennoch oder gerade deswegen übte Pius IX. auf einen großen Teil der Katholiken eine außerordentlich starke Faszination aus. Unter seinem Pontifikat erreichte der Papstkult einen Höhepunkt. Pius IX. galt bei vielen als heiligmäßig, selbstlos, fromm, voll Charme und Humor. Die Feindschaft der Liberalen machte ihn zum Märtyrer.

Diese panegyrischen Töne, die sich oft bis zur Papstidolatrie steigern, sind aber nur die eine Seite. Viele Zeitgenossen, unter ihnen die bedeutendsten Bischöfe der Zeit, sehen in Pius IX. das größte Unglück für die katholische Kirche. Das gilt besonders für seine Rolle auf dem 1. Vatikanischen Konzil. Sie finden sich einem Mann ausge-

Der ermordete Ministerpräsident Pellegrino Rossi erscheint Pius IX. im Traum. Der Papst befürchtet ein ähnliches Schicksal liefert, dem gegenüber sie machtlos sind. Einziger Ausweg wäre, mit ihm zu brechen und ein Schisma in Kauf zu nehmen. Ihre Verzweiflung geht so weit, daß sie versuchen, eine Konzilsentscheidung in der Hoffnung hinauszuschieben, der Papst könnte in der Zwischenzeit sterben.

Pius IX. war für viele vor allem deshalb so gefährlich, weil er eine Lehre zum Dogma erheben wollte, die historisch mehr als bedenklich war und die Grundordnung der Kirche umstürzte. Dadurch aber verlor die katholische Kirche in ihren Augen jede Glaubwürdigkeit in der Welt.

Die Krankheit der Epilepsie und die Lebensgeschichte sind wichtig, um die Psyche Pius' IX. zu verstehen. Aber sie reichen nicht aus. Sie vermögen nicht zu erklären, weshalb sich viele Bischöfe auf dem 1. Vatikanischen Konzil in einer hoffnungslosen Lage gegenüber Pius IX. sahen. Des Papstes Taten und Worte und der Eindruck, den er auf viele andere machte, werfen neues Licht auf die Gestalt dieses Pontifex, schaffen aber auch neue Probleme. Das Bild wird dramatischer.

»Ich habe die Mutter Gottes auf meiner Seite«

Pius IX. war zweifellos ein frommer Mann. Aber ebensowenig kann übersehen werden, daß seine Frömmigkeit oft krankhafte Züge annahm. Allzu bereitwillig schenkte er den Geschichten seiner Hofprälaten über Visionen und Prophezeiungen Glauben[16]. Kreuzeserscheinungen am Himmel oder die Bewegung des Leichnams einer heiligen Frau wie der heiligen Klara von Montefalco (um 1275–1308) waren für ihn stets ernstzunehmende Zeichen, sowohl in der Zeit, als er Bischof in Spoleto und Imola war, als auch später während seines Pontifikats. »Häufig verfiel er in Mystizismus«, schrieb der italienische Nationalökonom und Staatsmann Marco Minghetti über die Zeit bis 1848, »und es war eines Abends während der Sitzung des Ministerrates, wenn mich das Gedächtnis nicht täuscht, daß er plötzlich das Fenster öffnete, da ein Komet am Himmel erschienen war, niederkniete, alle Anwesenden ebenfalls niederknien ließ und zu Gott betete, er möge die Geißel abwenden, für die der Komet das verhängnisvolle Vorzeichen war. Wenn er hörte, daß in den Revolutionen Gott verehrt und die Priester geachtet und respektiert wurden, freute er sich und versprach sich auch zeitliches Glück; wenn das Gegenteil eintraf, brach er in Klagen aus und sah die Welt dem Ruin entgegengehen.«[17]

Im Jahre 1848 hatten auch die »Erleuchtungen« einer neapolitanischen Klosterfrau besonderen Einfluß auf ihn. Das Trauma des Revolutionsjahres verstärkte in der folgenden Zeit solche mystischen Tendenzen. An die Stelle eines gesunden Realismus trat immer mehr ein gefährlicher ungesunder Mystizismus[18].

Ohne diesen Mystizismus läßt sich auch die Rolle Pius' IX. auf dem 1. Vatikanischen Konzil nicht erklären. Der Papst glaubte offenbar, von Gott mit der Mission beauftragt worden zu sein, die päpstliche Unfehlbarkeit zum Dogma zu erheben. Verschiedene Visionen spielen dabei eine Rolle. Möglicherweise hatte bereits die Muttergottes-Erscheinung von La Salette damit etwas zu tun. Maria »zeigte sich« 1846 zwei Hirtenkindern in den Savoyischen Bergen. Im Geheimnis, das eines dieser Kinder, Mélanie Mathieu-Calvat, für den Papst aufschreiben mußte, kommt das Wort »unfehlbar« vor. Wichtiger sind die Hinweise, daß Pius IX. selbst glaubte, eine Vision der Jungfrau Maria gehabt zu haben, die ihn der Unfehlbarkeitslehre vergewisserte. Er betrachtete Maria ganz und gar als seine Bundesgenossin. Als Kardinal Staatssekretär Antonelli und andere Kardinäle ihn auf die großen Schwierigkeiten aufmerksam machten, die eine Definition bei den verschiedenen Regierungen verursachen würde, antwortete er: »Ich habe die Mutter Gottes auf meiner Seite, ich werde vorangehen.«

Am 5. Januar 1870 hatte auch Giovanni Don Bosco (Begründer der Kongregation der Salesianer, im Jahre 1934 heiliggesprochen) eine Vision. Er erhielt darin die Botschaft, die Zeit sei für Pius IX. gekommen, die päpstliche Unfehlbarkeit zum Dogma zu erheben. Der Papst solle zur Definition schreiten, auch wenn er nur zwei Bischöfe auf seiner Seite hätte. Er dürfe des göttlichen Schutzes und der Hilfe Marias stets sicher sein. Innerhalb kurzer Zeit empfing Pius IX. Don Bosco dreimal in Privataudienz. Am 12. Februar 1870 erhielt der Papst den Text der Offenbarung, am 21. Februar fügte Don Bosco zu seiner Vision noch ergänzend hinzu, Preußen werde sich bekehren, die Kirche einen großen Sieg und das Papsttum einen glänzenden Triumph erleben. Die Visionen Don Boscos waren auch kurialen Kreisen wichtig. Zwei Jahre später berichtete selbst die »Civiltà Cattolica« darüber. Auch andere Visionäre, frühere und

Pius IX. sieht das Reich Bismarcks stürzen

zeitgenössische, wie Bartholomäus Holzhauser (1613–1658) und Louise Beck (1822–1879), scheint der päpstliche Hof zu Rate gezogen zu haben.

Don Bosco bestärkte den Papst lediglich auf seinem Weg. Schon vorher wird mehrfach berichtet, der Papst halte sich für inspiriert und glaube an seine besondere göttliche Mission, die Unfehlbarkeit definieren zu müssen. Davon könne ihn nichts mehr abbringen. Nach zahlreichen Berichten sprach Pius IX. sogar davon, daß er fühle, unfehlbar zu sein. Er hielt sich offenbar als von Gott in besonderer Weise erleuchtet. Bischöfe und Diplomaten sprachen von überspanntem Mystizismus und ungesundem Illuminismus.

Pius IX. war mit solchen Überspanntheiten auf dem Konzil nicht allein. Gerade beim engsten Kern der Kämpfer für die Unfehlbarkeit begegnen ähnliche Phänomene. Es brauchte bereits eine besondere psychische Struktur, um ein Gelübde abzulegen, daß man für die Unfehlbarkeit des Papstes, wenn nötig, in den Tod zu gehen bereit sei. Nicht weniger exzentrisch war es, in der Unfehlbarkeit ein Allerweltsheilmittel zu sehen, nach Erzbischof Henry Edward Manning sogar zur Bekehrung der Anglikaner geeignet. Dazu kommen Wundergläubigkeit und Mystizismus. Kardinal Karl August Graf von Reisach – als ernannter Konzilspräsident spielte er vor dem 1. Vatikanum eine große Rolle – gehörte zum Kreis der »Seherin« Louise Beck in Altötting. Der Kurienkardinal, der bei Konzilsbeginn starb, war es offenbar auch, der vom Vatikan aus den Rat der niederbayerischen Visionärin in der Unfehlbarkeitsfrage eingeholt hatte. Nach dem Konzil wurde ebenfalls Bischof Ignatius von Senestrey ein »Kind« der »Mutter« Louise Beck und nahm damit am »Geheimnis der höheren Leitung« teil. Obwohl sich Louise Beck ganz in der Hand von ein paar Redemptoristenpatres befand und es zu erotisch-mystischen Exzessen kam – Louise schlief mit zweien von ihnen zur Sühne für die Sünden der Welt, was als »Geheimnis im Geheimnis« galt –, übte sie jahrelang, vor allem durch Reisach und seinen Generalvikar Friedrich Windischmann, maßgebenden Einfluß auf die hohe Kirchenpolitik Bayerns aus. Senestreys Verhalten gegenüber Louise Beck läßt sich nur noch durch religiöse Wahnvorstellungen erklären[19].

Solche Anfälligkeiten finden sich auch bei anderen Infallibilisten. Der Assumptionist Emmanuel d'Alzon traute Pius IX. Wunderkraft zu und hielt viel von Prophezeiungen. Für Erzbischof Victor Dechamps wirkte – wie schon angedeutet – ein päpstlicher Segen wie ein

Kardinal Karl August
Graf von Reisach

Schlag der Vorsehung. Bischof Claude Plantier von Nîmes schrieb seine Rede über des Papstes Unfehlbarkeit auf seinem Krankenbett im Zustand göttlicher Erleuchtung nieder. Bischof Louis Pie von Poitiers war von den Prophezeiungen des Mystikers Bartholomäus Holzhauser beeindruckt.

Despotische Züge – Verlust des Augenmaßes

Pius IX. verband mit seinem Sendungsbewußtsein stark autoritäre Züge. »Das ist das umschmeicheltste Zentrum . . . dadurch am meisten entstellt . . . keiner, der ein Wort zu sagen wagte . . . Diese weltliche und geistliche Allmacht vernichtet Kopf und Herz des Menschen . . . und alles was ihn umgibt«, schrieb Bischof Dupanloup am 17. Dezember 1869 über den Papst in sein Tagebuch.

Die Schmeicheleien fielen bei Pius IX. auf fruchtbaren Boden. Immer wieder ist von Eitelkeit die Rede. »Der Papst«, schrieb Graf Arnim am 15. Mai 1869 an Bismarck, »welcher, so weit er Mensch sein kann, von der Art persönlicher Selbstüberschätzung nicht frei ist, welche man Eitelkeit zu nennen pflegt, ist mit der Anerkennung nicht zufrieden, die er sich selbst zollt. Er legt großen Wert auf die Successe seiner Person und – ich weiß keinen deutschen Ausdruck – il pose devant l'histoire.« Die Hofprälaten unterstützten mit ihren Schmeicheleien solche päpstlichen Neigungen. Pius IX. hatte auch entsprechende Leute ausgewählt. Mittelmäßig, wenig vertrauenerweckend und unausgewogen, zuweilen sogar mit neurotischen Zügen. Ihr Einfluß auf den Papst schien so bestimmend, daß Bischof Dupanloup klagte, der Papst sei ihnen ganz ausgeliefert.

Diese Abhängigkeit beeinträchtigte das Selbstbewußtsein des Papstes nicht. Im Gegenteil gab er sich autoritär. Besonders in der Unfehlbarkeitsfrage kam diese Haltung zum Ausdruck, da Pius IX. darin seine eigene Angelegenheit sah. Er setzte sich derart für eine Definition ein, daß viele den Eindruck bekamen, es handele sich um seine persönlichen Ambitionen. »Nie hatten die Päpste für die fundamentalen Dogmen des Christentums so viel Eifer gezeigt«, meinte Bischof Maret dazu. Der preußische Gesandte Graf Arnim sprach von einer Marotte des Papstes.

Pius IX. wollte unter allen Umständen das neue Dogma. Er setzte nicht nur recht fragwürdige Mittel ein, er war auch blind für alle Gefahren, die aus einer Definition entstanden. Vor allem aber legte er eine solche Leidenschaftlichkeit an den Tag, daß sich alle verletzt fühlen mußten, die nicht der Meinung des Papstes waren. Ein französischer Bischof sprach von »fiebernder Ungeduld«, »Eigensinn« und »blindem Fanatismus«. Bischof de Las Cases nannte den Papst eine Autorität, die keine andere Kontrolle mehr anerkennen könne als sein eigenes Gutdünken und seine Kapriolen. Das neue Dogma müsse zum Despotismus führen. Durch die massiven Pressionen des Papstes erschien anderen bereits die Beherrschung des Konzils despotisch. Ab und zu versuchte Pius IX. den Unbeteiligten zu spielen, dann aber ließ er wieder keinen Zweifel daran aufkommen, daß alles von ihm abhänge. »Weder Majorität noch Minorität zählen. Der Papst ist alles.« Mehrere Bischöfe berichten diese Worte aus der Umgebung des Papstes.

Das Konzil dauerte länger als erwartet. Die Unfehlbarkeitsdebatte

Pius IX. mit den Prälaten der Anticamera segreta (ca. 1862). Von links nach rechts: Mons. Francesco Ricci Paracciani; Mons. Giuseppe Stella; Mons. François Xavier de Mérode; kniend Mons. Antonio Cenni; Mons. Edoardo Borromeo, Maggiordomo; Mons. George Talbot de Malahide; Mons. Gustav Adolf von Hohenlohe-Schillingsfürst; kniend Mons. Augusto Negrotto; Kardinal Staatssekretär Giacomo Antonelli; Mons. Bartolomeo Pacca, Maestro di Camera; Mons. Marinelli, Sakristan zog sich bis in den römischen Hochsommer hinein. Viele Bischöfe wurden krank wegen des damals in Rom noch grassierenden Sumpffiebers. Doch der Papst wollte von einer Vertagung des Konzils nichts wissen. »Che crepino pure« (dann mögen sie halt zugrunde gehen), soll er ohne Mitgefühl gesagt haben.

Wie schon berichtet, trug sich der Papst mit dem Gedanken, die Unfehlbarkeitsdefinition notfalls auch allein, ohne das Konzil, zu vollziehen. Er hätte darin nur den Ratschlag der Privatoffenbarung des heiligen Don Bosco befolgt. Solche Entschlossenheit verleitete Lord Acton zum Ausruf: »Welch wilde Leidenschaft«. Bischof Dupanloup meinte darauf: »Das ist nicht allein die Leidenschaft, das ist die Persönlichkeit.« Der griechisch-melkitische Patriarch Gregor Jussef ging noch weiter und sprach von der Tyrannei des Papstes.

»Das ist wahrhaftig eine schwierige Situation für die Kirche«, schrieb der Pariser Sulpizianer Henri Icard in sein Konzilstagebuch. »Die absoluteste Macht, und diese in der Hand eines Mannes, der nur jene hören will, die in seinem Sinne denken, oder besser gesagt, reden.« Pius IX. hielt eine Auseinandersetzung mit den Argumenten der Opponenten nicht der Mühe wert. Er war sich bewußt, als Papst in einer solchen Position der Macht zu sein, daß er kraft seines Amtes siegreich bleiben würde. Der österreichische Botschafter, Ferdinand Graf Trauttmansdorff, stellte bei Pius IX. in diesem Zusammenhang Großsprecherei und stark autoritäre Züge fest.

Der Papst habe geglaubt, die Bischöfe seien nur nach Rom gekommen, um Ja und Amen zu sagen, schrieb Bischof Dupanloup am 2. Januar 1870 in sein Konzilstagebuch. Als das nicht der Fall war, behandelte er die Widerstrebenden wie persönliche Gegner. Nur Protestanten und Ungläubige würden die päpstliche Unfehlbarkeit leugnen. Seinen bischöflichen Opponenten warf er theologische und historische Unkenntnis sowie gottferne Leidenschaft und Inkonsequenz vor. Zuweilen nannte er sie gar Freimaurer und Werkzeuge der Freimaurer. Die päpstliche Presse stand dahinter nicht zurück. Der »Osservatore Romano« erklärte die Bischöfe der Minderheit für Verbündete der Logen.

Noch peinlicher wirkten die vielen Schimpfwörter, mit denen Pius IX. die Minoritätsbischöfe bei privaten Gesprächen und öffentlichen Anlässen bedachte. Sie reichen von »verrückt« über »Esel« bis zu »Verräter« und »Haupt der Sektierer«. Mit seinen beißenden Bemerkungen kränkte der Papst die Bischöfe schwer.

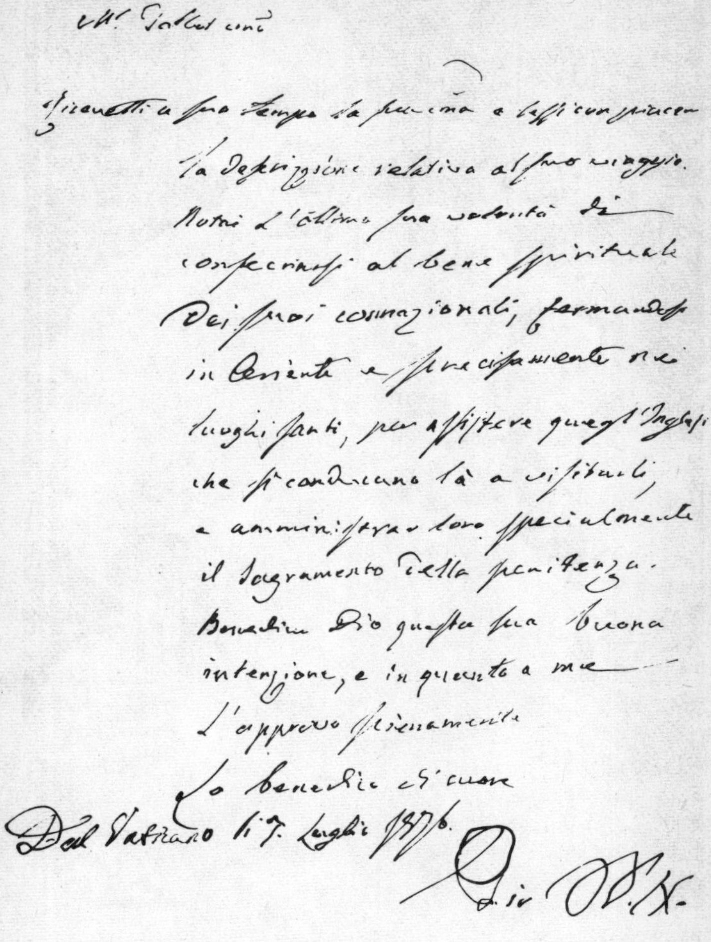

Mr. Talbot cam.

Ricevetti a suo tempo la preg.ma e lessi con piacere
la descrizione relativa al suo viaggio.
Notai l'ultima sua volontà di
consacrarsi al bene spirituale
dei suoi connazionali, fermandosi
in Oriente e specialmente nei
luoghi santi, per assistere quegl'Inglesi
che si conducano là a visitarli,
e amministrar loro specialmente
il Sagramento della penitenza.
Benedica Dio questa sua buona
intenzione, e in quanto a me
l'approvo pienamente.
La benedico di cuore
Dal Vaticano li 7. Luglio 1876.
Pius PP. IX.

Pius IX. dankt am 7. Juli 1876 seinem Freund George Talbot de Malahide für den Bericht über dessen Reise nach Jerusalem. Während Jahrzehnten hatte Talbot als Hofprälat zur engsten Umgebung des Papstes gehört, befand sich nun aber schon seit einigen Jahren meistens in einer psychiatrischen Klinik in Paris

Pius IX. (Mai 1876)

Deutlicher als die Worte zeigten die Wutausbrüche die ganze Leidenschaftlichkeit Pius' IX. Bereits in Spoleto und Imola, wo Giovanni Maria Mastai Erzbischof war, hatte man seinen Zorn gefürchtet. Seine Entladungen waren als »Mastaina« bekannt. Als Papst besserte er sich darin nicht. In den Akten seines Heiligsprechungsprozesses ist mehrfach davon die Rede. Seine Zornesausbrüche bei Privataudienzen konnten so heftig sein, daß ältere Prälaten darob Herzattacken erlitten und zuweilen nach kurzer Zeit verstarben. Dies soll bei den Kardinälen Vincenzo Santucci und Girolamo D'Andrea – sie hatten zur Aussöhnung mit dem neuen Staat Italien geraten – sowie beim Dekan der päpstlichen Antikammer, Traversari, und bei einem päpstlichen Zeremonienmeister der Fall gewesen sein[20].

Hinter solchen Wutausbrüchen stand offenbar nicht nur die impulsive Natur Pius' IX., sondern auch Gefühlsarmut. Bischof Dupanloup sprach in seinem Konzilstagebuch von einem Herzen aus Stein. Gefühle der Zuneigung, der Dankbarkeit und der Wertschätzung würden völlig fehlen. Andere hatten den gleichen Eindruck. Nach einem Christenmassaker in Peking habe der Papst in seiner üblichen Gefühllosigkeit gesagt: »Wir werden einige dieser neuen Martyrer heiligsprechen.«

In den Heiligsprechungsakten des Papstes ist auch von seinem beißenden, verletzenden Spott die Rede. Pius IX. machte sich auf Kosten anderer lustig. Als er zum Beispiel dem Franzosen Frédéric de Falloux den Kardinalshut aufzusetzen hatte, sorgte er dafür, daß diesem vor allen Anwesenden die Perücke auf den Boden fiel. Wenn von der großen Indifferenz Pius' IX. berichtet wird, bedeutet das keinen Widerspruch zum bisherigen Bild. Was ihn nicht persönlich berührte, ließ ihn kalt.

Das traf für die päpstliche Unfehlbarkeit sicher nicht zu. Alle jene, die es wagten, dieser seiner Lieblingsidee entgegenzutreten, mußten seinen Zorn fühlen. Am 22. Juni 1870 schrieb der französische Botschafter beim Heiligen Stuhl, Gaston de Banneville, nach Paris, der Papst begegne allem mit kindlichen Zornesausbrüchen, was seiner favorisierten Idee entgegenstehe. Selbst der Humor verließ ihn da. Er befahl, Zündhölzer zu konfiszieren, die als unfehlbar, als »fiammiferi infallibili« angeboten wurden.

Tatsächlich kam es auch zu schweren Zwischenfällen. Erinnert sei nur an die Szenen mit dem Präfekten des Vatikanischen Archivs, mit den Kardinälen Gustav Hohenlohe und Filippo Maria Guidi und den Patriarchen Josef Audu und Gregor Jussef. Pius IX. zeigte damit in aller Deutlichkeit seine Unangepaßtheit an die Realität. Päpstliche Diplomatie und kurialer Stil, gewachsen in jahrhundertelanger Erfahrung, waren stets auf die Vermeidung unnötiger Härten bedacht gewesen.

Die Zornesausbrüche des Papstes waren keineswegs gespielt. Sie erregten ihn mindestens ebenso wie seine Opfer. Pius IX. machte in der entscheidenden Zeit von Mitte Juni bis Anfang Juli 1870 eine gesundheitliche Krise durch.

Täuschungsmanöver

In seinem Konzilstagebuch versuchte sich Dupanloup wiederholt Klarheit über die Persönlichkeit Pius' IX. zu verschaffen. Er fragte sich, ob vieles aus professioneller Heuchelei oder aus großer Dummheit zu deuten sei. Schließlich neigte er zur Ansicht, beides treffe zu, allerdings gepaart mit einem gewalttätigen Willen und einer Vorliebe für beeindruckende Aufmachung und Größe.

Dupanloup stand mit seiner Ansicht nicht allein da. Auch andere Bischöfe hatten den Eindruck, der Papst sei nicht aufrichtig, sondern strebe die Unfehlbarkeitsdefinition mit List und Verschlagenheit an. Vor vielen Zeugen nannte Bischof Maret Pius IX. falsch und einen Lügner.

Es gibt mehrere konkrete Beispiele dafür, wie der Papst über seine wahren Absichten hinwegzutäuschen versuchte. Im Februar 1869 startete die »Civiltà Cattolica« – wie bereits erwähnt – eine Kampagne für die Unfehlbarkeitslehre. Diese sollte durch Akklamation der Bischöfe – also ohne Diskussion – auf dem kommenden Konzil zum Dogma erhoben werden. Pius IX. spielte gegenüber den Botschaftern den Unwissenden, obwohl er selbst ausdrücklich sein Einverständnis zum entsprechenden Artikel gegeben hatte. Und als die Bischöfe Clifford, Ramadié und Place gegen schwer beleidigende Ausdrücke protestierten, die der Papst in öffentlichen Audienzen gegen sie gebraucht hatte, leugnete dieser alles ab. »Ich brauche kein anderes Argument für mich«, meinte Kurienkardinal Gustav von Hohenlohe zu Professor Johann Friedrich in seiner Ablehnung des geplanten Unfehlbarkeitsdogmas, »als das einzige, daß mir in meinem ganzen Leben kein Mensch vorgekommen ist, der es mit der Wahrheit weniger genau nahm als gerade Pius IX.«

Diese zwiespältige Haltung kam auch darin zum Ausdruck, daß der Mastai-Papst bis zum Schluß davon sprach, dem Konzil die ganze Freiheit lassen zu wollen. Viele konnten das nicht mehr glauben. »Die Tatsachen, die das Gegenteil beweisen, sind zu zahlreich und

Pius IX. (1871)

liegen zu offen zutage«, schrieb der sonst zurückhaltende Ferdinand Graf Trauttmansdorff am 22. Juni 1870 nach Wien. Bischof Dupanloup sprach deswegen von einer berufsmäßigen Heuchelei und einer langen und tiefgreifenden Konspiration. Selbst in den letzten Tagen spielte der Papst den völlig Unbeteiligten. Am 12. Juli 1870 behauptete er gegenüber Erzbischof Georges Darboy von Paris, die neue Fassung der Konstitution »Pastor Aeternus« noch gar nicht gelesen zu haben. Tatsächlich aber hatte er am 8. Juli gegen die Entscheidung der Glaubensdeputation protestiert, durch die eine Stelle in der neuen Version gestrichen worden war. Der Papst wollte sie unbedingt aufrechterhalten haben. In gleicher Weise gab er sich am 15. Juli vor der Abordnung des Internationalen Komitees der Minorität unwissend.

Angesichts solcher Fakten wirkt es nicht mehr ganz unwahrscheinlich, wenn in diplomatischen Berichten nach Berlin und Florenz behauptet wird, der Papst selbst habe für verschiedene Zeitungen polemische Artikel gegen die Minoritätsbischöfe geschrieben. So sollen die Artikel gegen die Opposition in der »Unità Cattolica« vom Papst selbst diktiert worden sein.

Die Heucheleien Pius' IX. interessieren hier nicht als moralische, sondern als psychische Kategorie. Sie waren zu offensichtlich und bewirkten das Gegenteil ihrer Absicht. Im Grunde waren sie der Situation so wenig angepaßt wie die Zornesausbrüche.

Mangelnde theologische Bildung

In seinem Konzilstagebuch erklärt Bischof Félix Dupanloup die Handlungsweise des Papstes auch mit seiner geistigen Bedürfnislosigkeit. Der Papst sei auf politischem wie religiösem Gebiet ohne Instruktion und Einsicht. Er habe sich seinen Lakaien ausgeliefert. Seine Information beziehe er aus drei Zeitungen und aus anonymen Briefen. Pius IX. besitze zwar genug »esprit courant«, gepaart mit persönlichem Charme, um den Eindruck zu erwecken, etwas zu begreifen. Im Grunde verstehe er aber nichts. Er gebe sich über nichts Rechenschaft, nicht einmal über seine Worte. »Man muß beten . . . und sich allein Gott anvertrauen«, fügt Dupanloup an den Schluß seiner Analyse einer Situation, die er für die Kirche als höchst gefährlich ansieht. Von anderen Bischöfen sind ähnliche Urteile überliefert. Und Archivpräfekt Augustin Theiner spricht von Pius IX. als »einem Papste, der von Geschichte, kirchlicher wie weltlicher, von Theologie und Kirchenrecht fast keine Ahnung oder nur sehr oberflächliche Kenntnisse besitzt und sich bloß durch einen Köhlerglauben alter Weiber auszeichnet, ja öfters sich lächerlich macht«.

Selbst über die päpstliche Unfehlbarkeit hatte Pius IX. undifferenzierte Vorstellungen; er wollte nichts von Einschränkungen und Bedingungen hören.

Auswirkungen des hohen Alters und Verstiegenheiten

Als Pius IX. das Vatikanische Konzil eröffnete, stand er bereits im 78. Lebensjahr. Dieses hohe Alter blieb nicht ohne Konsequenzen.

Pius IX. als Greis im Jahre 1877

Die intellektuellen Fähigkeiten des Papstes ließen nach. »Er erinnert sich nicht mehr von einem Tag auf den anderen«, meinte Bischof William Clifford. Viele Bischöfe sprachen von einem Greis, der zur Kindheit zurückkehre. Pius IX. konnte sich nicht mehr länger auf einen Gegenstand konzentrieren und wirkte sprunghaft. Seine Reden – auch bei offiziellen Anlässen – machten oft einen peinlichen Eindruck; der Papst wog seine Worte nicht mehr ab. Nur zu häufig mußte Kardinal Staatssekretär Giacomo Antonelli zurechtbiegen, was Pius IX. bei Audienzen durch unbedachte Äußerungen an Schaden angerichtet hatte. Zuweilen wird gar berichtet, der Papst habe irr geredet. Aus den Reden selbst ist das schwer nachzuweisen. Sie wurden meist nicht so veröffentlicht, wie sie gehalten worden waren.

Diese physische und psychische Situation des Papstes war auch für das Unfehlbarkeitsdogma wichtig. Viele – darunter nicht wenige Bischöfe – sahen in der Entschlossenheit Pius' IX. zur Definition nicht so sehr wohlbedachte Überlegung, sondern vielmehr Altersstarrsinn, der ihn von seiner fixen Idee nicht mehr abrücken ließ.

Dazu werden Fälle von Selbstüberschätzung erwähnt, die nur noch schwer zu deuten sind. 1866, einige Jahre vor Konzilsbeginn, wandte Pius IX. das Christuswort »Ich bin der Weg, die Wahrheit und das Leben« auf sich an. Harry Graf von Arnim-Suckow berichtete am 8. Februar 1871 an Reichskanzler Otto Fürst von Bismarck, wie sich Pius IX. als Wundertäter versuchte: »Allgemein wird hier erzählt, daß der Papst im Laufe des vorigen Jahres im Vorübergehen einem vor der Kirche Trinità dei Monti liegenden Krüppel geboten habe: ›Steh auf und gehe!‹ Das Experiment ist damals aber mißglückt.« Der Historiker Ferdinand Gregorovius hatte schon am 19. Juni 1870 in sein Tagebuch notiert: »Der Papst hat vor kurzem seine Infallibilität probiren wollen, wie die Franzosen ihre neuen Chassepots; auf einem Spaziergange hat er einem Paralytischen zugerufen: Erhebe dich und wandle. Der arme Teufel versuchte es und stürzte zusammen. Das hat den Vicegott sehr verstimmt. Die Anecdote wird bereits in Zeitungen besprochen. Ich glaube wirklich, daß er verrückt ist.« Wenn diese Berichte auch sehr unglaubwürdig klingen, sie zeigen doch, wie viele über den Papst dachten. Pius IX. erweckte auch sonst den Eindruck, an Größenwahn zu leiden. Manche, selbst Bischöfe hielten ihn für verrückt oder sprachen von krankhaften Erscheinungen. »In bezug auf Pius IX. stimmt Du Camp meiner Ansicht bei, daß derselbe seit

Ferdinand Gregorovius,
Historiker in Rom

1848 geisteskrank war und boshaft«, notierte der katholische Kirchenhistoriker Franz Xaver Kraus in sein Tagebuch.

Nur noch zum Teil zurechnungsfähig?

Würden die vielen negativen Berichte über Pius IX. nur von den wohlbekannten Kirchenfeinden stammen, so wäre es ein leichtes, sie auf das Konto des Kirchenhasses zu buchen. Dem ist aber nicht so. Abgesehen davon, daß viele Fakten nicht bestritten werden können, sind es vor allem über den Durchschnitt herausragende und sehr um das Wohl der Kirche besorgte Mitglieder des Episkopats, die nicht nur die harten Urteile fällen, sondern die in Pius IX. auch die größte Gefahr für die Kirche sehen. Sie machen den Eindruck, in einer Falle zu sitzen. Sie fühlen sich machtlos gegenüber einem Papst, der von seiner fixen Idee besessen und keinen rationalen Argumenten mehr zugänglich ist. Buchstäblich wissen sie nicht mehr, was sie gegen diesen 80jährigen tun können. »Oh, dieser unglückselige Papst«, schreibt Felix Dupanloup in sein Tagebuch, »welches Übel hat er angerichtet! . . . Das bedeutet, die Kirche diesen drei oder vier Jesuitenprofessoren auszuliefern, die ihm nun ihre Lektion auferlegen wollen! . . .« Bereits früher hatte Dupanloup notiert: »Von da bei [Bischof] Mérode . . . Die Beschreibung, die er von diesem Heiligen Vater gibt, macht zittern . . . ›das ist eine der größten Gefahren, die die Kirche gekannt hat‹, sagt er.« Ja, mehrere Bischöfe äußern: »Ich würde lieber sterben als all das sehen.« So eine Notiz Dupanloups vom 25. April 1870. Nicht wenige Bischöfe lassen sich aus Ärger und Verzweiflung verbittern oder werden krank. Andere reisen aus Überdruß vorzeitig ab. Manchen erscheint das Konzil als unwürdiges Spiel und als tragische Komödie.

Es kann kein Zweifel bestehen: Die Schuld dafür liegt in ihren Augen vor allem bei Pius IX. Die Anklage lautet auf Amtsmißbrauch. Angenommen, der Papst müßte sich für dieses Delikt vor einem modernen westeuropäischen Gericht verantworten, wären ihm dann nicht viele mildernde Umstände zuzubilligen? War er denn während des Konzils überhaupt noch voll zurechnungsfähig? Manche Züge seiner Persönlichkeit deuten darauf hin, daß das nicht mehr zutraf. Der ungesunde Mystizismus, die kindischen Wutausbrüche, die Gefühlsverflachung, die zeitweiligen Absenzen, das häufige Sich-Vergreifen im angemessenen Ton auch bei hochoffiziellen Reden und der Altersstarrsinn signalisieren einen Verlust der richtigen Einschätzung der Realität. Diese auf eine Paranoia hinweisenden Züge verbinden sich mit einer starken Fixierung auf das eigene Ich. Bei Pius IX. scheint auch eine narzißtische Störung vorgelegen zu haben, möglicherweise vor allem verursacht durch den Versuch, seine epileptische Krankheit und seine Mißerfolge zu Beginn seines Pontifikats zu kompensieren.

Professor Dr. Dr. Paul Matussek, Leiter der Forschungsstelle für Psychopathologie und Psychotherapie in der Max-Planck-Gesellschaft, dem meine Ausführungen über Pius IX. vorlagen, erklärte am 10. September 1975 dazu: »Das unterbreitete Material läßt auf eine abnorme Persönlichkeit schließen, wobei ohne nähere Kenntnis der Krankengeschichte nicht zu entscheiden ist, ob die abnormen Züge mit dem Krampfleiden (Epilepsie?) oder anderen mehr psychogenen Ursachen zusammenhängen.« Und Professor Dr. Ludwig J. Pongratz, Vorstand des Instituts für Psychologie der Universität Würzburg, schrieb mir am 16. Oktober 1975: »Was Sie vorbringen, ist alles sauber belegt, und Ihre Interpretation dadurch sehr gut vorbereitet und überdies vorsichtig. Die Krankheit, die Sie beschreiben, ist so vielfältig in der Symptomatik, daß es schwerfällt, sie in das übliche Klassifikationsschema einzuordnen. Zum Teil handelt es sich wohl um Folge- und Begleitumstände der Epilepsie, andere Symptome würde man unter den schizophrenen Formenkreis rubrizieren.«

IV

Das 1. Vatikanum – ein freies Konzil?

Selbst Geheimhaltungspflicht und restriktive Pressepolitik konnten nicht verhindern, daß bekannt wurde, wieviele Druckmittel und Manipulationen zur Durchsetzung der Unfehlbarkeitsdefinition angewandt wurden. In den Augen der Infallibilisten war das nicht ungefährlich. Sollte in der Zukunft die Freiheit des Konzils ernsthaft in Frage gestellt werden, dann war es auch um die Gültigkeit des mit so viel Mühe erkämpften Unfehlbarkeitsdogmas geschehen. Ein unfreies Konzil konnte nämlich keinen ökumenischen Charakter und damit auch keine Gültigkeit seiner Dekrete beanspruchen. Die Infallibilisten suchten dieser Gefahr zuvorzukommen, indem sie gleichsam vor Torschluß einen aufschlußreichen Versuch unternahmen: Das Konzil sollte sich selbst als freies Konzil bestätigen. Aber auch hier kam es nicht zur gewünschten Einstimmigkeit.

Das Konzil soll sich selbst für frei erklären

Auf der letzten Generalkongregation des Konzils am 16. Juli 1870 wurde an alle Bischöfe eine von den fünf Konzilspräsidenten unterschriebene Erklärung verteilt. Diese richtete sich gegen verschiedene Flugschriften, welche »die Würde und volle Freiheit des Konzils mit schmutzigsten Lügen bekämpften und die Rechte des Apostolischen Stuhles verletzten, aber auch selbst die Person des Heiligsten Herrn [des Papstes] mit schweren Schmähungen überhäuften«.

Dieser von den Erzbischöfen Henry Edward Manning und Victor Dechamps angeregte Protest richtete sich zwar formell gegen Konzilsbroschüren, tatsächlich aber sollten die Minderheitsbischöfe dadurch auf ein Bekenntnis zur Freiheit des Konzils festgelegt werden. Alle Konzilsväter erhielten zwei Exemplare des Protestes. Kardinal

Filippo De Angelis, erster Präsident, verlas den Text und forderte dann alle auf, als Zeichen der Zustimmung aufzustehen und anschließend ein unterschriebenes Exemplar für das Archiv abzugeben – ad perpetuam rei memoriam (zu ewigem Andenken). Wie reagierten die Minderheitsbischöfe? Das offizielle Konzilsprotokoll behauptet, alle Bischöfe seien aufgestanden und hätten ihre Zustimmung gegeben. Das entspricht aber nicht den Tatsachen, wenn auch einige der oppositionellen Bischöfe überrascht wurden. »Gar manche von der Minorität ließen sich überrumpeln«, schrieb Bischof Joseph Hefele am 10. August 1870 an Ignaz von Döllinger, »und gaben dem fanatischen Gebrüll nach. Es gehörte wirklich etwas Kraft dazu, um sich der Zudringlichen zu erwehren und sitzen zu bleiben ohne Unterschrift.« Schaut man jedoch in der Sammlung dieser unterschriebenen Proteste, die heute als zwei große Quartbände im Vatikanischen Geheimarchiv liegen, nach, so findet man keinen einzigen Minoritätsbischof, der vorbehaltlos zugestimmt hätte. Von den weitaus meisten ist überhaupt kein Exemplar vorhanden. Viele gaben keines ab, manche andere fehlten bereits auf dieser Sitzung.

Das alles hinderte die offizielle päpstliche Zeitung »Giornale di Roma« nicht, tags darauf zu schreiben: »Auf diese Einladung hin haben die Väter ganz allgemein dem Protest ihre vollste Zustimmung erteilt.«

Die ganze Aktion hatte also keinen Erfolg. Damit fehlt die von den Infallibilisten so sehr gewünschte Absicherung. Was liegt heute näher, als auf diesen wunden Punkt von neuem einzugehen, nachdem es jahrzehntelang nicht mehr möglich war, über die Freiheit des Konzils zu diskutieren? Nichts könnte die Schwäche der eigenen Position deutlicher machen als dieses zwiespältige Vorgehen der Infallibilisten.

Manchen Bischöfen der Majorität kamen wohl solche Manipulationen gar nicht richtig zu Bewußtsein. Sie waren so sehr von der Wahrheit und Richtigkeit ihrer Ansicht überzeugt – vor allem auch, weil sie den Papst an ihrer Seite wußten –, daß sie der anderen Meinung überhaupt keine Existenzberechtigung zuerkannten.

Moralische Einmütigkeit bei dogmatischen Entscheidungen war für sie unwichtig. »Bischöfe, die mit dem Papst verbunden sind, sind immer in der Wahrheit«, schrieb Erzbischof Régnier von Cambrai. Bischof Ignatius von Senestrey will zwar die Forderung nach moralischer Einstimmigkeit aufrechterhalten, in der Sache stimmt er aber völlig mit Régnier überein: »Die Einstimmigkeit wird erzielt dadurch, daß der Papst *eine* Ansicht adoptiert, und die Opponenten sich unterwerfen, oder aus der Kirche ausscheiden. Ob dieser Opponenten viele oder wenige waren, ist völlig gleich.«

Interessanterweise verschiebt sich der Freiheitsbegriff bei manchen Infallibilisten vom Formalen auf das Inhaltliche. Frei ist allein, wer das Richtige tut. Die ultramontane Zeitung »L'Univers« pries die Freiheit, die der Papst für das Konzil wolle, als höchste Verkörperung dieses Ideals, da sie nur die Freiheit zum Guten meine und diejenige zum Bösen ausschließe. Pius IX. dachte nicht anders. Auf einer Audienz meinte er zu den Bischöfen: »Ihr seid frei auf dem Konzil, aber Ihr müßt die guten Prinzipien aufstellen, damit die Welt, die sich verirrt hat, den guten Weg wiederfindet.«

»Wir sind nicht frei auf dem Konzil«

Mit der Eröffnung des Konzils begann auch die Klage vieler Bischöfe über die mangelnde Freiheit. Grund dazu war bereits die Geschäftsordnung. Im Verlaufe der Versammlung nahmen diese Klagen stetig an Stärke zu. Bischof François Lecourtier sprach für viele, als er schrieb: »Unsere Schwäche kommt in diesem Zeitpunkt weder von den Schriften noch von der Tradition der Väter noch von den Zeugnissen der allgemeinen Konzilien und der Geschichte. Sie kommt von unserem Mangel an Freiheit, der radikal ist. Eine imposante Minorität, welche den Glauben von mehr als 100 Millionen Katholiken vertritt, das heißt, fast die Hälfte der gesamten Kirche, ist erdrückt durch das Joch restriktiver Geschäftsordnungen, die den konziliaren Traditionen widersprechen; sie ist erdrückt durch Deputationen, die nicht wirklich gewählt wurden und die es wagen, in den diskutierten Text nichtdiskutierte Paragraphen einzufügen; sie ist erdrückt durch eine Kommission für die Postulate, die durch die Autorität aufoktroyiert wurde; sie ist erdrückt durch den absoluten Mangel an Diskussion, Replik, Einwänden, der Möglichkeit, Erklärungen zu verlangen; durch Zeitungen, die aufgefordert werden, eine Treibjagd auf die Bischöfe zu veranstalten und den Klerus gegen sie aufzuwiegeln; durch die Nuntiaturen, die zu Hilfe kommen, wenn die Zeitungen nicht mehr genügen, um alles durcheinanderzubringen, und die versuchen, die Priester gegen die Bischöfe zu Zeugen des Glaubens

Georges Darboy,
Erzbischof von Paris

zu erheben, den wirklich göttlichen Zeugen hingegen nur noch die Rolle von Delegierten des niederen Klerus zu belassen, ja sie zu tadeln, wenn sie sich nicht entsprechend verhalten. Die Minorität wird vor allem erdrückt durch das ganze Gewicht der obersten Autorität, die auf ihr die Lobsprüche und Ermunterungen lasten läßt, die sie in Form von Breven an die Priester richtet. Sie ist erdrückt durch die Manifestationen zu Gunsten von Dom Guéranger und gegen M. de Montalembert und andere.«

Die französischen Minoritätsbischöfe begannen eine Eingabe an den Außenminister ihres Landes vom 20. März 1870 mit dem lapidaren Satz: »Wir sind nicht frei im Konzil.« Und Ministerpräsident Emile Ollivier klagten sie: »Das neue Dogma, das zu so großen Konsequenzen führen muß, wird von einem Konzil verlangt, das nicht frei und das tief gespalten ist. Wer in Europa kennt nicht die Nachteile der Konzilsaula, die restriktiven Bestimmungen der Reglemente, die Ablehnung, den viermal wiederholten Protesten von überaus autorisierten Bischöfen Recht widerfahren zu lassen, die geschickte Zusammensetzung der Majorität, den vom römischen Hof und den Ultramontanen ausgeübten Druck?« Bischof Charles Philippe Place von Marseille verglich das Konzil mit einem Lahmen, der wohl die Freiheit des Wortes, nicht aber diejenige der Bewegung habe. Nicht minder deutlich waren die Bischöfe Félix Dupanloup und Henri Maret. Auch Erzbischof Georges Darboy sprach in mehreren Briefen an Kaiser Napoléon III. von der Verletzung der Freiheit. Die Art der Diskussion, die auf dem Konzil noch möglich sei, habe mit dem Bemühen, die Wahrheit zu finden, nichts mehr zu tun. »Es gibt eine Freiheit der Worte, aber keine Freiheit der Diskussion«, meinte Dupanloup. Erzbischof Peter Richard Kenrick von St. Louis betrachtete das Werk des Konzils als null und nichtig und weigerte sich deshalb auch, in der Zeit nach dem 4. Juni 1870 auf den Generalkongregationen das Wort zu ergreifen. Bischof Joseph Georg Stroßmayer von Diakovar war gleicher Meinung. Lord Acton vertraute er an: »Es ist unläugbar, daß das Concil von Anfang an bis zu seinem Ende unfrei war.« Gegenüber Professor Joseph Hubert Reinkens, dem späteren altkatholischen Bischof, sprach Stroßmayer von seiner festen und unerschütterlichen Überzeugung, die er in Rom vertreten habe und die er auch vor dem Richterstuhl Gottes vertreten werde, »daß das Concil vom Vat.[ikanum] jener Freiheit entbehrt hat, die nothwendig war, um es zu einem wahren Concil zu machen, und um es zu berechtigen, Beschlüsse zu fassen, die geeignet wären, das Gewissen der ganzen katholischen Welt zu binden. Die Beweise dafür liegen vor Aller Welt Augen.« Auch Bischof Joseph Hefele leugnete die Freiheit und Gültigkeit des Konzils. In einem Brief vom 10. August 1870 an Ignaz von Döllinger forderte er: »1. daß möglichst viele deutsche, österreichische, ungarische Bischöfe die Unterwerfung verweigern, und 2. daß zugleich von den Gelehrten die Verbindlichkeit der Concilsbeschlüsse beanstandet wird, sowohl wegen mangelnder Freiheit, als wegen mangelnder Unanimität.« Erzbischof Friedrich Schwarzenberg und Bischof Heinrich Förster wünschten das gleiche. Für Kardinal Gustav von Hohenlohe war der »konziliarische Bestand dieser traurigen Versammlung« seit dem Erlaß der Geschäftsordnung nicht mehr gegeben. Solche Stimmen finden sich allenthalben, auch im englischen Sprachraum. Es wäre ermüdend, sie hier alle aufzuzählen.

Die Minderheitsbischöfe bestritten nicht nur für sich die Freiheit, in ihren Augen war die Mehrheit ebensowenig frei. In der Tat war ein großer Teil des Episkopats auch finanziell vom Vatikan abhängig und fühlte sich nicht frei, einem Wunsch des Papstes entgegenzutreten. Sein Brot sei auf der einen, seine Überzeugung auf der anderen Seite, erklärte ein orientalischer Bischof.

Die Gefahr, gegen die eigene Überzeugung zu handeln, war um so größer, als die Abstimmungen nicht geheim waren. »Die Öffentlichkeit der Abstimmungen ist unter den gegebenen Umständen sehr gefährlich, denn . . . diejenigen, die . . . von der Römischen Kurie abhängig sind, müssen wohl oder übel nach dem Wunsch des Papstes stimmen«, meinte Stroßmayer. Zweifellos wäre das Ergebnis bei geheimer Abstimmung anders ausgefallen. Bischof Luigi Riccio von Cajazzo rechnete für diesen Fall mit 150 Nein-Stimmen italienischer Bischöfe. Er war mit solchen Schätzungen nicht allein.

Bischof Henri Maret trieb die Analyse der Freiheitsfrage tiefer. Seiner Meinung nach konnte die Mehrheit gar nicht frei sein, wenn die Minderheit dies nicht war. Wurden nämlich die Rechte einer so zahlreichen Minorität derart beschnitten – so meinte er –, dann konnte die Majorität gar nicht mehr von sich behaupten, die zur Diskussion stehende Frage reiflich überlegt und mit allen Mitteln abgeklärt zu haben. Der Majorität sei es um so weniger möglich gewesen, das für sich in Anspruch zu nehmen, als sie sich bereits vor jeder Diskussion festgelegt habe. Die Freiheit der Minderheit erscheint Maret als eine Bedingung für die Freiheit der Mehrheit. Man wird ihm die Richtigkeit seiner Überlegungen nicht abstreiten können.

Der Papst äußerte, er wolle dem Konzil so viel Freiheit geben, daß es davon ganz gesättigt sei. Das konnte nur als Hohn wirken. Die Minoritätsbischöfe waren gerade wegen der Freiheitsbeschränkung durch Pius IX. verzweifelt.

»Der Papst verschlingt uns«

Für viele Bischöfe bedeuteten die neuen Dogmen des Primats und der Unfehlbarkeit des Papstes eine Verletzung der göttlichen Ordnung der Kirche und eine Entmachtung des Episkopats. Sie hatten den Eindruck, zur Abdankung gezwungen zu werden. »Der Papst verschlingt uns«, meinte Erzbischof Jacques Marie Achille Ginoulhiac von Lyon. Diese Änderung des Aufbaus der Kirche sollte mit biblischen, historischen und theologischen Argumenten erzwungen

Félix Dupanloup,
Bischof von Orléans

werden, die in ihren Augen nichts taugten. Damit aber verliere die Kirche ihre Glaubwürdigkeit. Die neuen Dogmen seien deshalb das größte Unglück, das die Kirche seit langem getroffen habe, denn man gebe damit dem Unglauben recht. Bischof Wilhelm Emmanuel Freiherr von Ketteler sprach von einem Verbrechen gegen Kirche und Menschheit.

Zweifellos zwang der Papst viele Bischöfe auf einen Weg, den diese nicht gehen wollten. »Wir müssen essen, was wir erbrochen haben«, kommentierte Bischof Michael Domenec von Pittsburgh. Eine Rettung wäre ihnen nur möglich gewesen, wenn sie sich von Pius IX. getrennt hätten. Dazu aber fanden sie nicht den Mut. So wurde vielen das Konzil zum Trauma ihres Lebens. Bischof Félix Dupanloup hielt es noch ein Jahr später für die größte Prüfung und grausamste Enttäuschung seines Lebens.

Für manche war das Konzil gar kein Konzil mehr. Dupanloup sprach von einer Komödie, Erzbischof John Baptist Purcell von Cincinnati von einer Komödie, die als Tragödie ende. Erzbischof Georges Darboy hielt das ganze für eine frivole Sache und sprach von einem Konzil der Sakristane und von einer Räubersynode. Bischof Wilhelm Emmanuel Freiherr von Ketteler bezeichnete das Konzil als eine niederträchtige Versammlung, und Bischof François Lecourtier von Montpellier prägte den Ausdruck »Vatikanischer Schwank«. In der Meinung Joseph Georg Stroßmayers degenerierte das Konzil »zu einer Art entehrendem Spiel«.

Mit dem Fortgang der Kirchenversammlung wuchs die Gereiztheit gegenüber Papst und Infallibilisten. »Ich gehe nicht mehr zum Konzil . . .«, notierte Dupanloup am 28. Juni 1870 in sein Tagebuch. »Die Gewalttätigkeit, die Unverschämtheit, und noch mehr die Falschheit, Eitelkeit und dauernde Lüge halten davon fern.«

Im Laufe der Zeit sahen die Bischöfe der Opposition, daß sie nicht mit einem Ausgleich, einer Kompromißformel rechnen konnten. In ihrer Verzweiflung griffen sie zu Mitteln, die man nur noch als Notmaßnahmen deuten kann. Manche Bischöfe, vor allem aus Deutschland und Österreich-Ungarn, drohten mit ihrem Rücktritt, falls die päpstliche Unfehlbarkeit definiert würde. An ein Schisma dachten sie dabei kaum. Aber immerhin nahmen gewisse infallibilistische Kreise ihre Worte so ernst, daß sie schismatische Bewegungen unter bischöflicher Führung nicht ausschlossen.

Wiederholt erhob die Minorität ihren Protest gegen die Geschäftsordnung, die Beschränkung der Freiheit, die Majorisierung in dogmatischen Fragen. Er verhallte stets ungehört. Sie erwog deshalb, das Konzil bereits in seinen früheren Phasen en bloc zu verlassen. Der

Empfang auf der französischen Botschaft in Rom. In der Mitte in Zivil der französische Botschafter Gaston Robert Marquis de Banneville

Plan wurde nie ausgeführt, die Minderheit war nicht geschlossen genug; ihre Einheit wäre bei solch eindeutiger Stellungnahme gegen den Papst wohl zerbrochen.

Damit blieb die Opposition auf dem Konzil. Sie wußte: Vom Papst und von den Infallibilisten hatte sie nichts oder kaum mehr etwas zu erwarten. Deshalb nahm sie ihre Zuflucht zu den Regierungen und bat diese, in Rom zu intervenieren, um das Unglück zu verhindern. Am ehesten konnten die französischen Bischöfe etwas erreichen, blieb doch der Kirchenstaat nur durch den militärischen Schutz Frankreichs weiter am Leben. Tatsächlich brachten diese es fertig, daß die französische Regierung dem Vatikan im geheimen mit Truppenabzug drohte, falls die päpstliche Unfehlbarkeit dogmatisiert würde. Eine Wirkung blieb diesem Schritt ebenso versagt wie den beiden Protestnoten des französischen Außenministers Napoléon Daru. Im April 1870 wurde Daru nicht ohne Mithilfe kurialer und ultramontaner Kreise gestürzt. Ministerpräsident Emile Ollivier übernahm vorläufig auch das Außenministerium. Obwohl sich damit die Chancen einer Intervention wesentlich verringerten, versuchten die Bischöfe weiterhin über die Regierung wenigstens eine Vertagung des Konzils zu erreichen, in der stillen Hoffnung, der Papst könnte bald sterben. Als mögliches Druckmittel dachte man an die Abberufung des französischen Botschafters in Rom. Ein Bischof schlug sogar vor, die Regierung solle wegen der dauernden Mißachtung ihrer Proteste die Trennung von Kirche und Staat in Frankreich vollziehen.

Die deutschen, österreichischen und ungarischen Bischöfe unterstützten ihre französischen Kollegen. Der preußische Botschafter beim Heiligen Stuhl, Harry Graf von Arnim-Suckow, stand im Zentrum der Bemühungen um eine gemeinsame Intervention der europäischen Regierungen. Sein harter Kurs fand bei den deutschen Bischöfen durchaus Zustimmung. Bischof Heinrich Förster zeigte Arnim gegenüber sogar Verständnis für die Trennung von Kirche und Staat, sollte die Unfehlbarkeit des Papstes definiert werden. Selbst der preußische Ministerpräsident und spätere Reichskanzler Otto Fürst von Bismarck wurde von der Großzahl der deutschen, österreichischen, ungarischen und einigen französischen Prälaten um Unterstützung und Vorbereitung einer gemeinsamen Intervention der europäischen Mächte gebeten. Bismarck fühlte sich dadurch sehr geschmeichelt und äußerte dem französischen Botschafter in Berlin,

Heinrich Förster,
Bischof von Breslau

Vincent Benedetti, sein Erstaunen darüber, daß sich selbst die Bischöfe Österreichs und Ungarns an ihn gewandt hätten, lediglich vier Jahre nach der Niederlage der Truppen ihres Landes in Königgrätz.

Solche Bittgesuche selbst gegenüber Staatsmännern, denen man nicht sehr viel Sympathie für die katholische Kirche nachsagen konnte, zeigen nur, bis zu welchem Ausmaß viele Bischöfe verzweifelt waren. Sicher hat der Luzerner Kirchenhistoriker Viktor Conzemius recht, wenn er schreibt: »Bei ihrem Werben um die Unterstützung der Diplomaten und Staaten hatten die meisten Bischöfe ein schlechtes Gewissen; die letzte Verantwortung für die ihrer Sache unangemessene Partnerschaft aber tragen nicht sie, sondern die verantwortlichen Leiter des Konzils, die sie zuerst in die Isolierung und dann in jene seltsame Bundesbrüderschaft hineingetrieben haben.«

Mit ihren Demarchen bei den Regierungen hatten sich die Bischöfe gründlich verrechnet. Pius IX. wurde im Gegenteil auf dem eingeschlagenen Weg bestärkt. Auch die letzten Versuche, den Papst umzustimmen, schlugen fehl. Es nützte nichts mehr, daß sich Bischof Wilhelm Emmanuel Freiherr von Ketteler von Mainz am 15. Juli 1870 dreimal vor dem Papst auf die Knie warf und – wie Bischof

François Lecourtier,
Bischof von Montpellier

François Victor Rivet von Dijon berichtet – gleich einem bittenden Engel, kniend und mit gefaltenen Händen, Pius IX. zusammen mit den anderen Abgeordneten des Internationalen Komitees der Minorität um eine akzeptable Formulierung bat. Es nützte nichts mehr, daß Bischof Félix Dupanloup den Papst noch am Abend vor der feierlichen Definition beschwor, die Dogmatisierung nicht zu vollziehen. Pius IX. soll auf dieses Ansinnen geantwortet haben: »Er ist verrückt, oder er hält mich für verrückt.«

Je auswegloser die Situation wurde, um so mehr steigerte sich die Verzweiflung der Bischöfe. Sie äußerte sich bald in heftiger Erregung, bald in großer Niedergeschlagenheit. Bischof Dupanloup von Orléans spricht in seinem Konzilstagebuch auf fast jeder Seite von tiefer Traurigkeit. Es gab Bischöfe, die weinten, andere wollten sterben. Bischof François Lecourtier warf aus Wut seine Konzilsdokumente in den Tiber und reiste vorzeitig ab. Die Papiere wurden aus dem Wasser gefischt und ins Römische Vikariat gebracht. Drei Jahre später bekam Lecourtier dafür die Rechnung präsentiert. Er wurde als Bischof von Montpellier abgesetzt.

Der Primas von Ungarn, Erzbischof Johannes Simor, war über die Eingriffe des Papstes so erregt, daß er längere Zeit weder essen noch schlafen konnte. Vom 22. Mai 1870 an besuchte er die Sitzungen der Glaubensdeputation nicht mehr. Einige Bischöfe, wie Félix de Las Cases, Félix Dupanloup und Joseph Georg Stroßmayer, wurden krank; manchen anderen, wie Kardinal Friedrich Schwarzenberg und Bischof Giovanni Pietro Losana, verbitterte das Konzil das Leben.

Ein Großteil der Minorität verließ Rom vor der feierlichen Definition in großer Erregung. Ihre Verstimmung richtete sich vor allem gegen den Papst, der sie nicht nur wie Schüler behandelte, sondern der sie auch in eine moralische Konfliktsituation brachte. Ja, der sie vergewaltigte, weil er sie dazu zwang, auf ihre eigenen wesentlichen Rechte zu verzichten. Die Bischöfe hätten sich nur um den Preis des Schismas vor der Entmachtung retten können.

Kein freies Konzil!

Die Infallibilisten behaupteten die Freiheit des Konzils, die Minderheitsbischöfe bestritten sie. Wer von ihnen hat recht?

Die Frage ist nicht so einfach zu beantworten, denn wann ist eine Versammlung als frei zu bezeichnen? Sicher nicht schon dann, wenn kein physischer, materieller Druck ausgeübt wird. Auch moralische Pressionen können die Freiheit stark einschränken, ja geradezu aufheben. Wenn eine Versammlung eine theoretische Frage klären soll, müssen zudem noch andere Kriterien ins Spiel kommen. Wurden die Mittel, die zur Klärung eines Problems notwendig sind, angewandt, wie Ermöglichung einer uneingeschränkten, freien, unvoreingenommenen Diskussion, ernsthafte Prüfung der Argumente und Gegenargumente, Mithilfe der besten Experten? Im Hinblick auf die Lösung einer Sachfrage ist eine Versammlung wohl auch nur dann frei, wenn sie überhaupt willens ist, die zur Debatte stehenden Probleme zu prüfen. Ist jedoch eine Frage vor Beginn der Diskussion bereits völlig präjudiziert, kann es trotz fehlendem äußerem Zwang nicht mehr zu einem freiheitlichen Entscheid kommen.

Aber es gibt noch eine weitere Schwierigkeit, die Freiheit des 1. Vatikanums zu beurteilen. Für die römisch-katholische Kirche gelten die Dogmen dieses Konzils als streng verpflichtend. Wer sie nicht annimmt, wird mit der Exkommunikation, das heißt dem Ausschluß aus ihrer Gemeinschaft bedroht. Im Verpflichtungscharakter ist die Gültigkeit dieses Konzils eingeschlossen, damit aber auch seine Ökumenizität und Freiheit. Deshalb half es den Bischöfen der Opposition nicht, die Freiheit des Konzils zunächst zu bestreiten. Mit der Dogmatisierung war die Frage nicht mehr offen. Mit ihrer Unterwerfung begaben sie sich vollends der Möglichkeit, die Freiheit des Konzils in Frage zu stellen. Für die heutigen katholischen Historiker, vor allem, wenn sie von der Kirche abhängig sind, sieht die Situation nicht besser aus.

Freilich betreiben diese keine voreilige Apologetik mehr wie noch der offizielle Konzilshistoriograph, der Jesuit Theodor Granderath, der behauptete, die Freiheit der Konzilsväter sei heilig bewahrt worden. Das wäre doch zu unglaubwürdig. Eine gewisse Einschränkung der Freiheit wird heute durchaus zugegeben. Die Unfreiheit sei jedoch nie so groß gewesen, daß die Ökumenizität und damit die Gültigkeit des Konzils in Frage gestellt werden könne. Offenbar übersehen die katholischen Kirchenhistoriker dabei, daß die Formulierung, das Konzil habe genügend Freiheit für die Gültigkeit seiner Dekrete gehabt, mißtrauisch machen muß. Dieser Argwohn wird noch größer, wenn beim Pariser Sulpizianer Henri Icard – er ist Urheber dieser Formulierung und gilt dem angesehenen Kirchenhistoriker Roger Aubert als Gewährsmann – nachgelesen werden kann, man dürfe im eigenen Interesse nie von einem Mangel an Freiheit auf dem Vatikanischen Konzil sprechen, obwohl dieser für Icard unzweifelhaft gegeben war. Immer wieder kommt er darauf zurück, wie gefährlich es wäre, die Freiheit des Konzils zu bestreiten. »Aber behaupten, daß das Konzil der notwendigen Freiheit für die Gültigkeit seiner Akte entbehrte, ist unmöglich . . . Gott wird seine Kirche auf keinen Fall derart verlassen, daß man eines Tages berechtigt wäre, darauf zurückzukommen, was die große Mehrheit der Bischöfe zusammen mit dem Papst in Sachen des Glaubens entschieden haben! . . . Kann man es auf einen solchen Skandal ankommen lassen, und was würde dann aus der heiligen Kirche?« Selbst die von Aubert angeführte Stelle ist in ihrem vollen Wortlaut deutlich apologetisch. Icard fragt gleich anschließend, was denn mit der Autorität der Kirche geschähe, wenn man die Gültigkeit der Konzilsdekrete diskutieren dürfte. Diese Stellen hat Aubert nicht zitiert . . .

Solche Zurechtbiegungen bestärken in der Überzeugung, daß die These von der Freiheit des 1. Vatikanischen Konzils nur dann aufrechtzuerhalten ist, wenn zugleich manche Tatsachen verschwiegen, andere verharmlost und beschönigt werden. Ein typisches Beispiel für ein solches Vorgehen findet sich beim Freiburger Kirchenhistoriker Remigius Bäumer. Er gibt eine Einengung der Freiheit durch die Geschäftsordnung, den moralischen Druck des Papstes und die zeitweilige Beschränkung der Redefreiheit zu, geht den Fakten aber in keiner Weise ernsthaft nach. Auch Bäumer zitiert Icards Wort von der Gültigkeit der Dekrete, ohne zu wissen, in welchem Zusammenhang es steht. Bischof Lecourtiers Klage über die päpstliche Pression verharmlost er völlig. Von dessen vielen anderen Äußerungen und Handlungen weiß er offenbar nichts. Um zum gewünschten Urteil zu kommen, hält er sich lieber an seinen Fachkollegen August Franzen, der der Debatte eine große Offenheit bestätigt und die Freiheit schon dadurch als gegeben ansieht, daß zahlreiche Bischöfe mit Non Placet gestimmt hätten. Nach einer sehr kurzen und oberflächlichen Behandlung der Manipulation durch den Papst und die Kurie wendet sich Bäumer den Interventionen der Staaten zu. Aufgrund weniger Beispiele kommt er zum Schluß, »daß die Freiheit des Konzils in einem viel stärkeren Maße durch die politischen Mächte beeinträchtigt wurde als durch die Kurie«. Tatsächlich aber waren es die Minoritätsbischöfe meist selbst, die in ihrer Verzweiflung Hilfe bei den Regierungen suchten und Interventionen anregten. Davon ist bei Bäumer nichts zu lesen.

Aufs ganze gesehen fiel jedoch der staatliche Druck gegenüber dem der Infallibilisten, der Kurie und des Papstes kaum ins Gewicht. Nicht nur die Zeugnisse der Bischöfe, auch die der Diplomaten lassen daran keinen Zweifel. Mit wenigen Ausnahmen ist in den Berichten der Botschafter in Rom immer wieder vom starken moralischen Druck und mangelnder Freiheit die Rede. Selbst in kurialen und der Kurie nahestehenden Kreisen war man sich von Anfang an der Gefahr durchaus bewußt, daß eines Tages die Gültigkeit der Konzilsbeschlüsse wegen fehlender Freiheit angezweifelt werden könnte.

In der von der Kirche unabhängigen nachkonziliaren Geschichtsschreibung wird die Freiheit des 1. Vatikanums jedenfalls fast ausnahmslos bestritten. Vor allem der Münchener Kirchengeschichtsprofessor und Altkatholik Johann Friedrich zeigte in seiner vierbändigen »Geschichte des Vatikanischen Konzils«, in welchem Ausmaß das Konzil manipuliert war. Man habe zwar die Unfehlbarkeitsgegner bis zu einem gewissen Grad reden lassen, aber mit allen Mitteln dafür gesorgt, daß solche kritischen Stimmen keine Auswirkungen hatten. Die Professoren Joseph Hubert Reinkens (Breslau) und Jo-

Johann Friedrich Ritter von Schulte,
Professor des kanonischen Rechts
in Prag und Bonn,
einer der Führer der Altkatholiken

hann Friedrich von Schulte (Prag), beide später Altkatholiken, vertraten in ihren Schriften den gleichen Standpunkt. Ihre Bücher wurden ebenso wie diejenigen Friedrichs auf die Verbotsliste des Index gesetzt. Doch die Altkatholiken blieben mit solcher Auffassung nicht allein. »Auch von einer *eigentlichen Freiheit* des Concils konnte keine Rede sein, wo Alles von vornherein unter den allmächtigen Einfluß des päpstlichen Willens gestellt war«, urteilte wenige Jahre nach Konzilsabschluß der protestantische Theologe Theodor Frommann. Und einige Jahrzehnte später meinte der orthodoxe Theologe Sergej Bulgakow: »Das Vatikanische Konzil kann mit soviel Recht den Namen ›Konzil‹ für sich beanspruchen, wie die gegenwärtigen Treffen der Delegierten der Sowjetrepubliken als freier Ausdruck des Volkswillens gelten können.«

Solche Urteile stehen in einer längeren Tradition. Bereits am 26. August 1870 erklärten 14 deutsche Theologen in Nürnberg zum 1. Vatikanischen Konzil: »Jene Freiheit von jeder Art moralischen Zwangs und jeder Beeinflussung durch höhere Gewalt, welche zum Wesen eines ökumenischen Concils gehört, ist auf dieser Versammlung nicht vorhanden gewesen, unter anderem: a) weil der Versammlung von dem Papst im Widerspruch mit der Praxis der früheren Concilien eine die Freiheit hemmende Geschäftsordnung auferlegt, trotz Protestes einer großen Anzahl von Bischöfen belassen, und nachher wiederum ohne Zustimmung der Versammlung modificiert und gegen den abermaligen Protest aufrechterhalten wurde; b) weil in einer erst zu entscheidenden und den Papst persönlich betreffenden Lehre durch die mannigfachsten, dem Papste zu Gebote stehenden Mittel ein moralischer Druck auf die Mitglieder ausgeübt worden ist.«

War das 1. Vatikanum ein freies Konzil? Es geht in dieser Studie um die Unfehlbarkeitsdefinition, den Hauptpunkt dieser Kirchenversammlung. Deshalb kann die Frage auch anders formuliert werden: Waren die Bischöfe frei von materiellem und moralischem Druck, ihre Meinungen hinsichtlich der päpstlichen Unfehlbarkeit darzulegen?

Nach den bisherigen Ausführungen besteht kein Zweifel, daß man von einer solchen Freiheit nicht reden kann. Materieller Druck (zum Beispiel durch Drohung des Entzugs der finanziellen Unterstützung) und vor allem moralischer Druck wurden auf die verschiedenste Weise ausgeübt. Ihm vermochten sich nur die in ihrer Position auch finanziell gesicherten Bischöfe, und auch diese nur teilweise, zu entziehen. Die anderen konnten sich weder frei äußern noch frei abstimmen. Daß der Papst die Bischöfe zum Teil reden ließ, darf darüber nicht hinwegtäuschen. Das gehörte zur Taktik Pius' IX., der sein Verdikt nur dann aussprach, wenn er sein Ziel gefährdet sah.

Damit waren bereits die äußeren Voraussetzungen für eine Diskussion nicht gegeben. Noch wichtiger scheint mir zu sein, daß auch die innere Freiheit fehlte, die Lehre von der päpstlichen Unfehlbarkeit wirklich zu diskutieren und zu prüfen. Die Maßnahmen von Papst, Infallibilisten und Kurie zeigen, daß man daran nicht interessiert war. Es gelang ihnen, darin einen Großteil der Bischöfe zu beeinflussen. Eine solche Einstellung führte zu einer Diskussion, die weder wirkliche Diskussion sein konnte noch sein durfte. Insofern wird durch die Analyse der Unfehlbarkeitsdebatte eine noch größere Unfreiheit sichtbar werden.

V

Die Argumente für und gegen die päpstliche Unfehlbarkeit

Die Streitfrage

Auf dem 1. Vatikanischen Konzil gab es trotz mannigfacher Schattierungen und schillernder Haltungen zwei klar unterscheidbare Positionen. Die einen – die Minderheit – hatten grundsätzliche Bedenken gegen eine Definition der päpstlichen Unfehlbarkeit. Die anderen hingegen – die Mehrheit – hielten eine Dogmatisierung für möglich. Widerstand lediglich aus Opportunitätsgründen, nur weil man die Unfehlbarkeitsdefinition im Augenblick nicht für günstig hielt, gab es in dieser Reinheit kaum. Praktisch verbanden sich damit immer grundsätzliche Bedenken. Die Bischöfe gebrauchten das Motiv der Inopportunität schon während des Konzils auch aus taktischen Gründen, versteckten sich gleichsam dahinter. Für alle Fälle wollte man sich eine Tür offenlassen, sollte eine Definition doch erfolgen.

Die sogenannte dritte Partei, die zwischen den beiden gegnerischen Positionen zu vermitteln suchte, brachte es nie zu einer akzentuierten eigenen Meinung und löste sich im Laufe des Konzils in die Majorität auf. De facto hatte sie schon von Anfang an dorthin gehört.

Natürlich fanden sich auch innerhalb der Majorität erhebliche Verschiedenheiten. Die Palette reichte von äußerst intransigenten und aggressiven Kämpfern vom Schlage eines Ignatius von Senestrey oder eines Henry Edward Manning über relativ gemäßigte Bischöfe wie Konrad Martin von Paderborn bis zu Konzilsvätern, die sich der Majorität kurz vor der Definition eher aus Resignation als aus Überzeugung anschlossen, wie etwa der Salzburger Erzbischof Maximilian Joseph Tarnóczy. Hauptstreitpunkt dieser verschiedenen infallibilistischen Richtungen – die Meinungen prallten vor allem in den Sitzungen der Glaubensdeputation aufeinander – war die Ausdehnung der päpstlichen Unfehlbarkeit. Die ganz intransigenten Bischöfe unter der Führung von Ignatius von Senestrey wollten die päpstliche Unfehlbarkeit weit über das Gebiet der geoffenbarten Wahrheiten ausdehnen. Der Papst sollte in seinen Enzykliken – man dachte dabei besonders an den Syllabus, die Liste moderner Irrtümer aus dem Jahre 1864 –, bei Heiligsprechungen und bei der Beurteilung theologischer Irrtümer unfehlbar sein. Schließlich ließ man die Frage in weiser römischer Art offen. Dem Papst komme auf allen Gebieten Unfehlbarkeit zu, auf denen auch die gesamte Kirche Unfehlbarkeit beanspruchen könne. Nur, daß dieser zweite Punkt nicht weniger ein Problem darstellt, das nie gelöst worden war . . .

Für die Gegner des neuen Dogmas war das 1. Vatikanische Konzil ein Gewissenskampf. Ist der Papst allein oder nur zusammen mit den Bischöfen unfehlbar? Das war – auf eine kurze Formel gebracht – die ganze Frage der Auseinandersetzung. Auch Bischof Vinzenz Gasser sieht es so in seiner Schlußrelation. Während die Vertreter der Konzilsminderheit eine strikte und absolute Notwendigkeit der Beratung und Zustimmung der Bischöfe fordern, damit päpstliche Entscheidungen unfehlbar sind, sehen die Vertreter der Mehrheit darin nur eine relative Notwendigkeit. Der Papst ist nach ihrer Auffassung in Kathedralentscheidungen über Fragen des Glaubens und der Sitten aus sich unfehlbar, unabhängig von der Zustimmung der Bischöfe und der Kirche. Daran ändert sich nichts, wenn gesagt wird, der Papst stütze sich in seinen Entscheidungen auf das Zeugnis der Schrift und der kirchlichen Tradition. Abgesehen davon, daß die Notwendigkeit dieser Bindung in der Konstitution »Pastor Aeternus« nicht einmal ausgesprochen wird, fehlt jede Instanz, die eine Übereinstimmung der päpstlichen Entscheidungen mit der Schrift und der Tradition überprüfen und feststellen oder verneinen könnte.

Zwischen beiden Konzeptionen liegt insofern ein großer Unterschied. Auf der einen Seite steht ein ganz klares und deutliches Kriterium, nämlich die Entscheidung eines Mannes, der aus sich und ohne Zustimmung der Kirche unfehlbar ist. Die Position der Minderheit schließt ein derart eindeutiges Kriterium aus. Nach ihr wäre eine päpstliche Entscheidung nur unfehlbar mit Zustimmung eines ökumenischen Konzils und damit letztlich der Kirche. Darin wird aber gerade das offenere Verhältnis zur Wahrheit, der größere Raum der Freiheit sichtbar.

Es ist leicht zu sehen, daß der Machtsteigerung eines allein unfehlbaren Papstes eine Machteinbuße der Bischöfe gegenübersteht. Insofern hatte die Entscheidung dieser Frage auch einschneidende praktische Konsequenzen. Zudem muß stets der innere Zusammenhang zum zweiten Dogma des 1. Vatikanums bedacht werden, dem Universaljurisdiktionsprimat des Papstes, der die Bischöfe weithin zu Satrapen machte. »Aus dieser Lehre folgt – so Kardinal Staatssekretär Ludovico Jacobini am 13. April 1885 an den Nuntius in Madrid –, daß der Papst immer und bei jeder Gelegenheit in allen Angelegenheiten jeder Diözese autoritativ eingreifen kann, und daß die Bischöfe in allen Angelegenheiten, in die der Papst eingreift, zu gehorchen und seinen Entscheidungen sich zu unterwerfen verpflichtet sind.«[21]

Aber es ging um mehr. Das Ringen der Konzilsminorität galt nicht in erster Linie ihren eigenen Bischofsrechten. Die Glaubwürdigkeit der Kirche stand für sie auf dem Spiel. Es gab in ihren Augen kein gesichertes Fundament für dieses neue Dogma, weder in der Heiligen Schrift noch in der Tradition der Kirche. Nichts aber darf ihrer Meinung nach definiert werden, von dem nicht absolut sicher feststeht, daß es sich um eine geoffenbarte Wahrheit handelt. Die weitaus meisten Argumente der Minorität bestreiten diese Sicherheit. Die Majorität ihrerseits versucht mit Hunderten von Argumenten die These zu beweisen, die päpstliche Unfehlbarkeit sei geoffenbart.

Evangelisten als Unfehlbarkeitszeugen

Die Infallibilisten sind davon überzeugt, die Lehre von der päpstlichen Unfehlbarkeit in der Heiligen Schrift zu finden. Damit gilt sie ihnen als geoffenbart. Manche glauben sogar, diese finde sich darin deutlicher als andere Glaubensdogmen, wie etwa die stete Jungfräulichkeit Mariens und ihre Unbefleckte Empfängnis. Kardinal Henri Marie Gaston de Bonnechose entdeckt bereits im Alten Testament Ansätze für die päpstliche Unfehlbarkeit, und Bischof Nicolas Joseph Dabert von Périgueux glaubt, Christus habe auch den israelitischen Magistern eine Art Unfehlbarkeit zuerkannt.

Sonst jedoch beschränken sich die Infallibilisten auf das Neue Testament. Die klassischen Stellen sind dabei Mt 16,18–19, Lk 22, 32 und Joh 21, 15–17.

Die Konzilsminderheit ist von einer solchen Argumentation keineswegs zu überzeugen. Für sie können die angeführten Schriftstellen nicht im Sinne einer persönlichen Unfehlbarkeit des Papstes gedeutet werden.

»Du bist Petrus der Fels . . .«

Die wichtigste Beweisstelle der Infallibilisten für die päpstliche Unfehlbarkeit steht im Matthäusevangelium: »Du bist Petrus der Fels, und auf diesem Felsen werde ich meine Kirche bauen, und die Pforten der Hölle werden sie nicht überwältigen. Und ich werde Dir die Schlüssel des Himmelreiches geben. Was immer Du auf Erden binden wirst, wird auch im Himmel gebunden sein; und was immer Du auf Erden lösen wirst, wird auch im Himmel gelöst sein« (Mt 16,18–19). Die Minorität weist eine Ableitung der Infallibilität aus dieser Stelle mit mehrfacher Begründung zurück: Nicht nur Petrus, sondern auch die anderen Apostel würden Fundament genannt; ihnen sei zudem in gleicher Weise die Binde- und Lösegewalt zugesprochen worden. Die Kirchenväter hätten das Wort Fels zumeist auf Christus und auf den Glauben an Christus gedeutet. Aber auch dann, wenn es auf Petrus bezogen würde, sei nicht zu sehen, wie daraus eine persönliche Unfehlbarkeit des Papstes abgeleitet werden könnte.

Obwohl die heutige exegetische Forschung die Deutung des Felsenwortes auf Petrus allein für sinnvoll hält, bestätigt sie das abschließende Urteil der Minorität doch vollauf. Für sie ist das Felsenwort meist keine Äußerung Jesu, sondern eine Bildung der nachösterlichen palästinensischen oder syrischen Gemeinde beziehungsweise des Matthäus. Die Felsenfunktion Petri sei zudem kein Kirchenamt, sondern diene Matthäus dazu, den Zusammenhang seiner Überlieferung mit dem irdischen Jesus zu zeigen. Eine Unfehlbarkeit Petri und seiner Nachfolger aus der erwähnten Matthäusstelle ableiten zu wollen erscheint katholischen Exegeten heute so abwegig, daß sie darüber kein Wort mehr verlieren.

Jesus betet, daß der Glaube des Petrus nicht wanke

Als noch problematischer gilt der Minorität die zweite biblische Beweisstelle der Infallibilisten. Diese berufen sich auf Lukas, der die Worte Jesu an Petrus überliefert: »Ich habe für Dich gebetet, daß Dein Glaube nicht wanke; Du aber, wenn Du Dich bekehrt hast, stärke Deine Brüder« (Lk 22,32). Die Unfehlbarkeitsgegner tragen eine Reihe von Bedenken vor. Ihre wichtigsten sind: Der Kontext zeige, daß die Fürbitte Jesu Petrus persönlich gegolten habe. Von einer Amtsübertragung könne keine Rede sein. Zudem meine das Wort Glaube hier Vertrauen und Treue gegenüber Christus, in keiner Weise jedoch einen unfehlbaren theologischen Glauben. Weiter spreche die Stelle nur von einer Fürbitte Jesu. Daraus könne man nicht auf deren Verwirklichung schließen.

Auch hier bestätigt die moderne Exegese dieses Urteil. Eine Deutung im Sinne der damaligen Konzilsmehrheit wird heute nicht mehr diskutiert. Offenbar ist kein katholischer Exeget mehr gewillt, die Interpretation des 1. Vatikanischen Konzils zu verteidigen.

»Weide meine Lämmer, weide meine Schafe«

Als dritte Beweisstelle gilt Joh 21,15–17. Jesus beauftragt Petrus dreimal mit dem Weiden der Lämmer und der Schafe. Petrus könnte – so die Infallibilisten – diesen Auftrag nicht erfüllen, wenn er nicht unfehlbar wäre. Die Minorität vermag ebenso mit dieser Bibelstelle nichts anzufangen. Sie besage nichts zur Unfehlbarkeit und sei im ganzen Altertum nie in diesem Sinn interpretiert worden. Auch hier geben die heutigen Exegeten der Minorität recht. Die von Johannes erwähnte Beauftragungsgeschichte steht im Zusammenhang mit der Unfehlbarkeit gar nicht mehr zur Debatte.

Gegen die Einwände der Minorität beruft sich die Konzilsmehrheit verschiedentlich auf das Argument, die erwähnten Stellen aus der Heiligen Schrift müßten gemäß den Dekreten des kirchlichen Lehramtes interpretiert werden. Das Lehramt habe sie aber auf die päpstliche Unfehlbarkeit hin gedeutet. Mit dieser Forderung wird eine Petitio principii sichtbar, die in der Argumentation der Infallibilisten immer wieder auftaucht. Es wird vorausgesetzt, was zu beweisen wäre. Eine Lehre ist wahr, weil die Kirche sagt, sie sei wahr. Die Schrift wird nur mehr im Sinne des kirchlichen Lehramtes ausgelegt und dadurch jeder kritischen Funktion entkleidet. Dieser Rückzug auf das Selbstzeugnis des Lehramtes kann jedoch nicht darüber hinwegtäuschen, daß der Versuch der Infallibilisten, die Unfehlbarkeit des Papstes aus der Heiligen Schrift zu erweisen, auf der ganzen Linie scheiterte.

Die Überlieferung der Kirche: Zweiter Grundpfeiler der Unfehlbarkeitslehre

Viel umfangreicher und breiter ist der Traditionsbeweis, den die Infallibilisten zu leisten versuchen. Die Tradition der gesamten Kirche bezeuge klar die Unfehlbarkeit des Papstes. Die Bischöfe der konziliaren Minorität sehen sich allerdings außerstande, eine solche Lehrtradition in der Geschichte der Kirche zu finden. In den ersten 800 Jahren gebe es dafür keine Zeugnisse. Erst im Mittelalter sei diese Lehre aufgekommen, aber bis ins 16. Jahrhundert selbst von den Päpsten nie deutlich gelehrt worden.

Nicht ohne innere Erregung äußert Bischof Joseph Hefele von Rottenburg, früher Kirchengeschichtsprofessor in Tübingen und Verfasser der bis heute umfangreichsten Konziliengeschichte, vor dem gesamten Konzil: »Verzeiht mir, wenn ich einfältig spreche; die alten Dokumente der kirchlichen Geschichte und Lehre, die Schriften der Väter und die Akten der Konzilien sind mir wohlbekannt, so daß ich mit Horaz sagen könnte, Tag und Nacht habe ich sie in den Händen gehabt. Jene Lehre aber [päpstliche Unfehlbarkeit] . . . ist mir dort nicht begegnet.«

Thomas Connolly, Kapuzinererzbischof von Halifax in Neuschottland, war als überzeugter Anhänger der Unfehlbarkeitslehre nach Rom gekommen. Durch eingehendes Studium wurde er zum erklärten Gegner. Da er im Grunde aber immer noch gern geglaubt hätte, verlangte er mehrfach von den Infallibilisten in der Konzilsaula klare Texte der ersten drei Jahrhunderte – stets vergeblich. Privat bot er jedem, der ihm den gewünschten Text bringen könne, tausend Pfund (nach heutigem Wert etwa 60000 DM). Er erhielt lediglich eine Fälschung.

Der Widerstand der Minorität stützt sich auf die Regel des heiligen Vinzenz von Lerin (gestorben 450), gemäß der nur definiert werden kann, was zu allen Zeiten, überall und von allen als geoffenbart geglaubt wurde. Die Majorität lehnt es ab, in dieser Regel Bedingungen für die Möglichkeit einer Dogmatisierung zu sehen. Wenn immer alle drei Bedingungen erfüllt sein müßten, gäbe es fast kein Dogma. Nur das Alter, nicht aber die Universalität und Einmütigkeit seien für eine Dogmatisierung notwendig.

Die Konzilsminorität gibt noch einen weiteren Grund an, der eine Dogmatisierung ausschließt: Viele Fakten der Kirchengeschichte wi-

Thomas Connolly, Kapuziner,
Erzbischof von Halifax (Kanada)

dersprächen der päpstlichen Unfehlbarkeit. Dem Einwand halten die Infallibilisten entgegen, diese Lehre sei klar und deutlich in den beiden Quellen der göttlichen Offenbarung, der Schrift und der Tradition, enthalten. Deshalb könne es ganz unmöglich Fakten der Kirchengeschichte geben, die zu ihr im Widerspruch ständen.

Solche apodiktischen Urteile erwecken Mißtrauen; auch die Analyse der Argumentation im einzelnen vermag es nicht auszuräumen.

Streit um die Kirchenväter

Die Infallibilisten behaupten, das einmütige Zeugnis aller Kirchenväter spreche für die päpstliche Unfehlbarkeit. Die Minorität kontert, es fänden sich bei ihnen keine klaren und deutlichen Beweise für diese Lehre; sie hätten davon nichts gewußt.

Um ihre These zu unterbauen, zählt die Konzilsmajorität gegen vierzig Kirchenväter auf. In manchen Fällen widerspricht die Minorität, in anderen hält sie eine Replik offensichtlich für nicht der Mühe wert. Die Auseinandersetzung dreht sich vor allem um drei Namen:

Irenäus von Lyon, Ambrosius von Mailand und Augustinus von Hippo.

Der heilige Irenäus, Bischof von Lyon (gestorben um 202), hatte geschrieben, alle Kirchen müßten mit der Kirche Roms übereinkommen wegen deren »potentior principalitas« (größerer Vorrang). Die Infallibilisten sehen darin ein Zeugnis für die päpstliche Unfehlbarkeit. Rom sei Glaubensregel für alle anderen Kirchen. Die Minorität vermag ihnen darin nicht zu folgen. Irenäus spreche auch von den anderen apostolischen Kirchen als Glaubensregel. Das Kriterium des wahren Glaubens liege für ihn im Konsens der Kirchen.

Die moderne Forschung hat die Einwände der Minorität verstärkt. Irenäus' Stelle wird als Zeugnis für die päpstliche Unfehlbarkeit gar nicht mehr diskutiert. Vielmehr wird die weitere Frage gestellt, ob Irenäus als Primatszeuge in Anspruch genommen werden könne. Die Tendenz geht dahin, bei Irenäus keine grundsätzliche Vorrangstellung der Kirche Roms, sondern eine Gleichberechtigung aller apostolischen Kirchen zu sehen. Theoretisch könne jede apostolische Kirche Modell des wahren Glaubens sein. Faktisch habe Rom allerdings einige Vorzüge: den doppelten apostolischen Ursprung, die Stellung als Welthauptstadt, den emsigen Verkehr mit den übrigen Christengemeinden. Dadurch werde Rom zum geeigneten Maß der Rechtgläubigkeit, habe aber deswegen keine einmalige Autorität.

Relativ häufig berufen sich die Infallibilisten auch auf Bischof Ambrosius von Mailand (um 339–397) und zitieren dabei gerne dessen vereinzeltes Wort »Wo Petrus, da die Kirche«. Die Minorität weist die Interpretation dieser Stelle im Sinne der päpstlichen Unfehlbarkeit zurück. Auch darin wird sie von der gegenwärtigen Forschung voll unterstützt. Die große Selbständigkeit, die Ambrosius für seinen Bischofssitz beanspruchte – er stellte zu seiner Zeit den Bischof von Rom in den Schatten –, läßt zudem die Interpretation der Majorität als ganz abwegig erscheinen.

Wichtiger als Ambrosius ist den Infallibilisten der größte lateinische Kirchenlehrer, der heilige Augustinus, Bischof von Hippo in Nordafrika (354–430). Besonders gern wird dessen vermeintlicher Ausspruch zitiert: »Rom hat gesprochen, die Sache ist erledigt.« Die Minorität weist nach, daß Augustinus dieses Wort so nie gebraucht hat. Für ihn sei der Konsens der Kirchen Glaubensregel gewesen. Auch hier unterstützt die neuere Forschung die Minorität. Augustinus habe zwar dem Urteil Roms eine wichtige Rolle eingeräumt, es aber nie als endgültig hingenommen. Wichtiger sei ihm die Autorität des Plenarkonzils gewesen. Die Frage, ob Augustinus eine päpstliche Unfehlbarkeit gekannt habe, ist gegenstandslos geworden.

Ökumenische Konzilien als Unfehlbarkeitszeugen

Die Infallibilisten halten auch die ökumenischen Konzilien für eine wichtige Stütze ihrer ganzen Beweisführung. Sie machen sich jedoch von ihnen ein recht ungeschichtliches Bild. Der Papst erscheint von Anfang an als Herr der Konzilien. Eine solch unhistorische Sicht wird dadurch möglich, daß die Bischöfe viel spätere Zustände in die Vergangenheit zurückprojizieren. Nie seien Dekrete ohne vorherige Bestätigung des Papstes von den Konzilien anerkannt worden; dessen Approbation allein habe sie auch irreformabel und unfehlbar gemacht.

Auf die Einwände der Minorität, die frühen Konzilien hätten die päpstlichen Schreiben einer wirklichen Prüfung unterzogen, antwortet die Glaubensdeputation des Vatikanischen Konzils mit einer Unterscheidung: Die Konzilien seien zwar in der Lage gewesen, die Dekrete zu approbieren, nicht aber, ihnen die Zustimmung zu verweigern. Begreiflicherweise bringt die Minorität für solche Interpretationskünste wenig Verständnis auf. Wer das Recht zur Approbation habe, müsse auch das Recht zum Widerspruch haben. Sonst sei das Recht zur Approbation rein fiktiv, ja lächerlich. Die Fakten zeigten klar, daß die Interpretation der Majorität nicht stimmen könne. Konzilien hätten nämlich päpstlichen Schreiben zuweilen die Zustimmung nicht nur verweigert, sondern diese gar verurteilt. Die Gegner der Unfehlbarkeitsdefinition erinnern an die Verdammung der Briefe des Papstes Honorius I. (625–638) an Patriarch Sergios I. von Konstantinopel (610–638) durch das 6., 7. und 8. ökumenische Konzil.

In der Beweiskette der Infallibilisten figurieren mehr oder weniger alle ökumenischen Konzilien. Die Liste beginnt mit dem Apostelkonzil zu Jerusalem. »Nicht Jakobus, Bischof von Jerusalem«, schrieb Erzbischof Giuseppe Cardoni, »sondern Petrus war das Haupt dieses Konzils, vor dessen Urteil sich alle beugten. Durch die Anwesenheit von Petrus hat dieses Konzil auch die göttliche Autorität erhalten, allen Andersdenkenden Schweigen und allen Gläubigen

Gehorsam aufzuerlegen.« Der Minorität jedoch gilt das Apostelkonzil als Gegenbeweis. Sein Verlauf würde sich nicht verstehen lassen, wenn Petrus für unfehlbar gehalten worden wäre.

Die Aufzählung der Infallibilisten geht weiter und reicht vom ersten ökumenischen Konzil von Nizäa (325) bis zum Konzil von Trient (1545–1563). Über die Konzilien von Konstanz (1414–1418) und Basel (1431–1437 bzw. 1448) schweigen sich die Infallibilisten aus. Nur Bischof Vinzenz Stephan Jekelfalusy von Stuhlweißenburg gesteht, damals sei die päpstliche Unfehlbarkeit geleugnet worden – zum erstenmal in der Geschichte. Die Gegner der Definition hingegen berufen sich gern auf das Konzil von Konstanz, um zu zeigen, wie in jener Zeit die päpstliche Unfehlbarkeit abgelehnt wurde. Laut Konstanz habe das Konzil seine Gewalt direkt von Christus, es stehe über dem Papst. Auch im Falle des Konzils von Trient befinden sich die Infallibilisten in deutlicher Defensive. Die Minorität betont, das Schweigen dieser Bischofsversammlung zeige, daß man damals nicht allgemein an die päpstliche Unfehlbarkeit geglaubt habe.

Die Majorität meint, ihre stärksten Argumente mit dem 4. Konzil von Konstantinopel, dem 2. Konzil von Lyon und dem Konzil von Florenz zu haben.

»Katholische Religion stets unversehrt bewahrt . . .«

Weil das 8. ökumenische Konzil, das 4. von Konstantinopel (869–870), die Formel des Papstes Hormisdas (514–523) approbierte, gilt dieses Konzil den Infallibilisten als Beweis der Unfehlbarkeitslehre. Die Hormisdas-Formel, die von Papst Hadrian II. (867–872) übernommen wurde, besagt, im Apostolischen Stuhl sei die katholische Religion stets unversehrt bewahrt worden.

Der Minorität wird die Beweiskraft dieses Textes besonders zweifelhaft durch die Umstände, unter denen die Zustimmung der Bischöfe zustande kam. »Alle griechischen Bischöfe«, schrieb Bischof und Konzilshistoriker Joseph Hefele, »die vorher auf seiten des Photius standen, mußten diese Formel unterschreiben, bevor sie zum Konzil zugelassen wurden. Nachher aber reute es sie, die Unterschrift geleistet zu haben; sie stahlen das Dokument mit den Unterschriften. Ob eine solche Unterschrift große Beweiskraft für die päpstliche Unfehlbarkeit hat, weiß ich nicht.«

Aber auch die Formel selbst sagt in den Augen der Minorität nichts aus über die päpstliche Unfehlbarkeit. Es sei nur vom Apostolischen Stuhl, nicht vom römischen Bischof die Rede. Der Papst könne wohl für kürzere Zeit irren, habe in einzelnen Fällen auch geirrt (Honorius!), ohne daß der katholische Glaube in Rom, im Apostolischen Stuhl, zerstört worden wäre.

Diese Argumente überzeugen. Die Minorität hätte freilich ihre Argumentation noch viel wirksamer machen können, wenn sie auf den fragwürdigen ökumenischen Charakter dieses Konzils hingewiesen hätte. Am 26. Januar 880 annullierten nämlich die päpstlichen Legaten im Namen von Papst Johannes VIII. (872–882) das 4. Konzil von Konstantinopel und ließen es aus der Liste der ökumenischen Konzilien streichen. Im gleichen Sinne schrieb Johannes VIII. an den Patriarchen Photius von Konstantinopel (um 820–901). Erst Ende des 11. Jahrhunderts fand das 4. Konzil von Konstantinopel durch einen »Irrtum« der Kanonisten allmählich wieder Eingang in die Listen ökumenischer Konzilien. Die neue Primatsauffassung Gregors VII. (1073–1085) weckte dafür das Interesse. Der Papst fand zudem im Kanon 22 dieses Konzils über die Laieninvestitur die stärkste Waffe gegen den westlichen Kaiser. Jedoch erst Ende des 16. Jahrhunderts wurde der Titel »VIII. ökumenisches Konzil« für das IV. Konstantinopolitanum wieder üblich.

Die Majorität schneidet sich mit ihrer Argumentation ins eigene Fleisch. Sie beruft sich auf ein Konzil, das während Jahrhunderten vom Papst annulliert war, also ihrer Auffassung gemäß nicht als ökumenisches Konzil gelten konnte. Auch die Minorität zeigt ihre Grenzen. Allzu kritiklos übernimmt sie die unter dem Einfluß des Jesuitenkardinals Robert Bellarmin zustande gekommene römische Liste der ökumenischen Konzilien.

Richter in Glaubensstreitigkeiten

Als zweites wichtiges Argument aus der Konziliengeschichte führen die Infallibilisten das 2. ökumenische Konzil von Lyon (1274) an. Im sogenannten Glaubensbekenntnis der Griechen wird nämlich der römischen Kirche der Primat des Glaubens vor den anderen Kirchen zugeschrieben. Glaubensstreitigkeiten müßten durch ihr Urteil entschieden werden.

Die Minorität ist von diesem Argument nicht überzeugt und macht verschiedene Schwierigkeiten. Das Glaubensbekenntnis sei nicht von den griechischen Bischöfen unterschrieben, sondern allein vom byzantinischen Kaiser Michael VIII. Palaiologos (1224/25–1282) angenommen worden. Insofern sei es auch kein Konzilsbeschluß. Zudem spreche der Text des Glaubensbekenntnisses in keiner Weise von einer unabhängigen und persönlichen Unfehlbarkeit des Papstes unter Ausschluß einer Partizipation der Bischöfe und Konzilien. Es sei nicht vom Papst, sondern von der Kirche Roms die Rede. Die Forderung, Streitfragen seien durch den Entscheid Roms zu beenden, impliziere noch keine Unfehlbarkeit und Unwiderrufbarkeit dieses Urteils.

Die Antworten der Majorität vermögen diese Bedenken nicht auszuräumen. In der Tat wurde das Glaubensbekenntnis des byzantinischen Kaisers Michael auf dem Konzil weder diskutiert noch von diesem rechtswirksam verkündet. Aus Angst, sein Imperium durch den Zugriff der westlichen Fürsten zu verlieren, nahm Michael Palaiologos alle dogmatischen Forderungen des Papstes an. Die griechische Kirche stand nicht hinter ihm. Die erzwungene Union mutet eher wie eine Komödie an. Das griechische Glaubensbekenntnis von Lyon ist lediglich ein Selbstzeugnis des Papsttums; es wurde weder von den Griechen akzeptiert noch war es Konzilsbeschluß.

»Oberster Lehrer«

Die Infallibilisten behaupten, das Konzil von Florenz (1438–1445) habe implizit die päpstliche Unfehlbarkeit bereits definiert. Es erklärte nämlich, der Papst sei der höchste Lehrer aller Christen.

Auch in diesem Fall lassen sich die Minoritätsbischöfe nicht beeindrucken. Florenz besage nicht, daß dem Papst die oberste Lehrgewalt zukomme unter Ausschluß einer Teilnahme der Bischöfe und Konzilien. Die Majorität verteidigt sich, der Primat des Petrus sei auch ein Primat des Glaubens. Die Unfehlbarkeit sei aufgrund göttlichen Rechts mit dem Primat des Papstes verbunden.

Es ist leicht zu sehen, daß diese Argumentation voraussetzt, was sie zu beweisen sucht. Auch der heutigen Forschung gilt die florentinische Einigungsformel über den römischen Primat als derart zweideutig, daß jede Seite ihre Auffassung herauslesen konnte. Auf keinen Fall hatten die Griechen den Eindruck, nun den päpstlichen Lehrprimat definiert zu haben.

Die Minorität stellte die Ökumenizität des Konzils von Florenz nicht in Frage. In Wirklichkeit aber kam das Unionsdekret nur unter stärkstem politischem Druck zustande. Der damalige byzantinische Kaiser Johannes VIII. Palaiologos (1392–1448) brauchte unbedingt die päpstliche Hilfe gegen die Türken, die nun Byzanz selbst einzunehmen drohten. Wegen dieser kaiserlichen Pression auf die orientalischen Mitglieder der Kirchenversammlung wurde Florenz im Osten in der Folgezeit nicht als ökumenisches Konzil gezählt. Auch im Westen blieb es keineswegs unbestritten, war es doch ein zu deutliches politisches Mittel von Papst Eugen IV. (1431–1447) gegen die Reformpolitik des Konzils von Basel. Zudem nahmen außer Griechen praktisch nur italienische Bischöfe teil. In Frankreich galt Florenz jahrhundertelang als nicht ökumenisch. Vor dem 1. Vatikanischen Konzil meldete der Kirchengeschichtsprofessor Ignaz von Döllinger seine Zweifel an. Sie sind bis heute nicht ausgeräumt. Daß die Minorität es vermied, auf dem Konzil diese Frage aufzuwerfen, zeigt – abgesehen von eventuellen taktischen Überlegungen – einmal mehr ihre Befangenheit gegenüber römischen Traditionen.

Das je andere Bild von der Kirche in ihrer Geschichte

Die bisherige Argumentation macht deutlich, daß die Infallibilisten – im Gegensatz zur Minorität – der Meinung sind, die päpstliche Unfehlbarkeit sei durch alle Jahrhunderte der Geschichte der Kirche gelehrt und praktiziert worden. Dieser fundamentale Gegensatz ist nur möglich, weil sich Majorität und Minorität von der Kirchengeschichte ein ganz verschiedenes Bild machen. Die Infallibilisten zeichnen es so: Seit den frühesten Zeiten brachten die Lokalkirchen ihre Streitfragen vor den Apostolischen Stuhl und akzeptierten dessen Entscheidung als endgültig. Es war der Papst, der die Häresien der ersten drei Jahrhunderte besiegte und vernichtete, denn ökumenische Konzilien gab es noch nicht. In den folgenden Jahrhunderten behielt der römische Pontifex seine führende Rolle. Die ökumenischen Konzilien nahmen die Entscheidung des Papstes an, ohne sie einer Prüfung zu unterziehen. Überhaupt erhielten sie ihre ganze bindende Kraft allein durch die Autorität des Bischofs von Rom.

Die päpstliche Unfehlbarkeit wurde in der gesamten Kirche durch alle Jahrhunderte gelehrt, von den Martyrern mit ihrem Blut bekräftigt und sowohl in der lateinischen als auch in der griechischen Liturgie bezeugt. Diese Situation blieb durch mehr als 1800 Jahre gleich. Die Päpste handelten im Bewußtsein ihres obersten unfehlbaren Lehramtes und begingen als öffentliche Lehrer nie einen Irrtum in Fragen des Glaubens und der Sitten. Daher ist die Lehre von der päpstlichen Unfehlbarkeit keine freie Meinung mehr, sondern muß geglaubt werden.

Luigi Natoli, Erzbischof von Messina, gibt solches Denken nur in besonders krasser Form wieder, wenn er sich am 14. Mai 1870 in der Konzilsaula zur Behauptung versteigt, es habe keine Zeit gegeben, in der die Leute seiner Stadt nicht die päpstliche Unfehlbarkeit aus Leibeskräften verteidigt hätten, und weiter von einer Delegation der Vornehmen seiner Stadt spricht, die vor der Jungfrau Maria diesen Glauben bekannt hätten – kurz nach der Bekehrung durch den Apostel Paulus. Nicht weniger simpel denkt der irische Bischof William Keane von Cloyne: »Als Petrus nach Rom kam, um vom Zentrum des römischen Reiches aus die gesamte Kirche leichter regieren zu können, brachte er – niedergeschrieben oder mündlich überliefert – das ganze, wirklich das ganze Glaubensgut (Depositum Fidei!) mit sich.«

Ein ganz anderes Bild entwerfen die Bischöfe der Minorität: In den ersten Jahrhunderten waren die Kirchen bemüht, die Einheit des Glaubens durch Synoden und Konzilien zu bewahren. Von einer Unfehlbarkeit der Päpste wußte man nichts. Glaubensstreitigkeiten wurden durch Konzilien und nicht durch die Autorität der Päpste beigelegt. Selbst römische Bischöfe beriefen sich auf den Konsens der Kirche und erwarteten von den Konzilien Bestätigung ihrer Dekrete. Die Konzilien ihrerseits scheuten sich nicht, Urteile der Päpste zu verwerfen. Zuweilen widerriefen die Päpste selbst ihre eigenen Urteile oder die ihrer Vorgänger. Sogar bei ihren feierlichen Definitionen ist nicht immer ein Irrtum auszuschließen.

Es ist unverkennbar, daß das Kirchenbild der Majorität von den Fälschungen Pseudo-Isidors und anderer geprägt ist. Die Infallibilisten stellen die Kirchengeschichte so dar, als sei das Leben der frühchristlichen Kirche bereits durch päpstliche Dekretale geregelt worden. Mit Recht wehrt sich die Minorität gegen eine solche Geschichtsverfälschung.

Die Päpste als Zeugen in eigener Sache

In allen Jahrhunderten finden die Infallibilisten Päpste, die ihre Unfehlbarkeit gelehrt und/oder danach gehandelt haben. Die Liste beginnt mit Petrus, dem Apostelfürsten, und endet mit Pius IX. Ab und zu entbehren die angeführten Beispiele nicht der heiteren Seiten. So wird etwa als Beweis gebracht, die Korinther hätten sich bei ihren Glaubensstreitigkeiten im ersten Jahrhundert nicht an die noch lebenden Apostel, etwa an den in der Nähe wohnenden Johannes, sondern an den römischen Papst Clemens gewandt. Dieser habe dann auch als oberster Richter in Glaubensfragen sein Urteil gefällt.

Die Infallibilisten ernten mit ihren Behauptungen sehr häufig den Widerspruch der Minorität. Die gegnerischen Bischöfe finden bis zum 16. Jahrhundert keinen einzigen Papst, der klar und deutlich die Unfehlbarkeitslehre vertreten hätte. Aber nicht nur das. Viele Fakten der Kirchengeschichte lassen sich in ihren Augen nur erklären unter der Voraussetzung, daß die päpstliche Unfehlbarkeit unbekannt war. So etwa könne der Taufstreit zwischen Papst Stephan I. (254–257) und Bischof Cyprian, Bischof von Karthago (um 200/10–258) nur unter dieser Annahme verstanden werden.

»Bin ich unfehlbar? . . .
bin ich nicht unfehlbar? . . .
bin ich unfehlbar? . . .
bin ich es nicht? . . .«
(zeitgenössische Karikatur)

Ein besonders wichtiger Zeuge schien der Majorität Papst Leo I. (440–461) zu sein. Sein Brief an Patriarch Flavian von Konstantinopel (446–449) sei ohne Prüfung vom Konzil von Chalzedon (451) akzeptiert worden. Die Minorität ist ganz anderer Meinung. Chalzedon habe Leos Schreiben einer wirklichen Prüfung unterzogen, es auf seine Orthodoxie hin untersucht und es schließlich approbiert. Papst Leo selbst sei sich dessen durchaus bewußt gewesen.

Noch schwerer wiegt der Einwand der Minorität, einige Päpste seien selbst zu Irrlehrern geworden. Der berühmteste Fall ist Papst Honorius I. (625–638). Er soll gesondert zur Sprache kommen. Daneben wird aber auch Papst Liberius (352–366) als Ketzer erwähnt. Er habe gemeinsame Sache mit der Häresie des Arianismus gemacht, die behauptete, Jesus Christus sei nicht wesensgleich mit Gott Vater. Papst Vigilius (537–555) gilt nicht weniger als Irrlehrer. Unter dem Druck des byzantinischen Kaisers verurteilte Vigilius aus Schwäche die »Drei Kapitel« (Werke von drei Theologen aus der Zeit zwischen den Konzilien von Ephesus 431 und Chalzedon 451). Faktisch desavouierte er damit die auf dem Konzil von Chalzedon beschlossene Lehre. Daraufhin exkommunizierten ihn die nordafrikanischen Bischöfe.

Für die spätere Zeit zählen die Minderheitsbischöfe eine ganze Reihe von Päpsten auf, die in den Fragen der Ehemoral, des Sakraments der Weihen und in den Belangen des Völker- und Naturrechtes irrten. Als besonders kompromittierend erachtet die Minorität den Fall des Papstes Bonifaz' VIII. (1294–1303). Wenn der Papst unfehlbar sei, dann müsse auch dessen Bulle »Unam Sanctam« als unfehlbar gelten. Darin aber nehme Bonifaz VIII. die weltliche Herrschaft über alle Christen in Anspruch und erkläre den gläubigen Gehorsam gegenüber dem Papsttum für heilsnotwendig. Bonifaz VIII. und seine Nachfolger, die seine Bulle bestätigten, seien durch falsche Berichte über die ersten Jahrhunderte zu solchen Ansichten gelangt. Heute bestehe niemand mehr auf dieser Bulle.

Die Minorität leistet keinen Widerspruch, wenn die Bischöfe Roms von der Reformationszeit an als Vertreter der Unfehlbarkeitslehre genannt werden. Hingegen unterstreicht sie immer wieder, daß die Päpste bis in die Zeit vor dem 1. Vatikanischen Konzil die gegenteilige Meinung dulden mußten. Rom verurteile die Deklaration der Gallikanischen Artikel, nicht aber deren Lehre. Noch 1820 und 1831 erkläre die Heilige Poenitentiarie, die gallikanische Lehre sei von Rom mit keiner Zensur belegt worden. Papst Innozenz XI. (1676–1689) lobe zweimal Bischof Bossuets (1627–1704) Darlegung des katholischen Glaubens, obwohl dieser nicht von der päpstlichen Unfehlbarkeit spreche.

Bereits die Argumente der Minorität machen sichtbar, wie weit sich die Infallibilisten von der Geschichte der Realität entfernen. Die Ergebnisse der neueren Forschung zeigen dies noch deutlicher. So etwa finden Spezialisten der frühen Kirchengeschichte beim afrikanischen Bischof Cyprian, der im Streit mit Papst Stephan I. lag, nicht nur keine Lehre von der päpstlichen Unfehlbarkeit; Cyprian kennt nach ihnen auch keinen römischen Jurisdiktionsprimat. Ein Liebesbund gleichrangiger Bischöfe hatte seiner Meinung nach die Kirche zu leiten, und die notwendigen Entscheidungen waren durch Synoden zu treffen. Dieser Auffassung blieb die afrikanische Kirche noch jahrhundertelang treu. Das karthagische Konzil von 424 verbat sich römische Legaten; es verbot die Appellation nach Rom.

In den kommenden Jahrhunderten versuchen die Päpste zwar mit unterschiedlichem Erfolg ihre Leitungsfunktion auszubauen, aber von der eigenen Unfehlbarkeit sprechen sie nicht, nicht einmal Papst Gregor VII. (1073–1085). Ja, Papst Johannes XXII. (1316–1334) wies – wie erwähnt – die Unfehlbarkeit als eine Einschränkung seiner Souveränitätsrechte zurück und verurteilte in der Bulle »Qui quorundam« 1324 die franziskanische Infallibilitäts- und Irreformabilitätsdoktrin als ein Werk des Teufels. Die Päpste besannen sich erst wieder im Kampf gegen Protestantismus und Gallikanismus der Unfehlbarkeitsthese als einer nützlichen Waffe. Die gegenteilige Meinung mußten sie allerdings bis zum Vorabend des 1. Vatikanischen Konzils dulden.

Papst Honorius I. als Ketzer verurteilt

Im jahrhundertelangen Bemühen, die Verbindung der göttlichen und menschlichen Natur in Jesus Christus zu klären, tauchte der Lösungsversuch auf, nur noch von *einem* Willen Christi zu sprechen. Dadurch sollte die Einheit der beiden Naturen der einen Person kräftig unterstrichen werden. Auch Papst Honorius I. (625–638) ging auf diesen Versuch ein und erklärte in einem offiziellen Schreiben an Patriarch Sergios von Konstantinopel (610–638), an *einen* Willen in Jesus

Christus zu glauben. Wenige Jahrzehnte später wurde diese Lehre, bekannt unter dem Namen Monotheletismus, vom 6. ökumenischen Konzil, dem 3. von Konstantinopel (668–681), als Häresie verurteilt. Das Anathem, das Verdammungsurteil des Konzils, traf dabei auch ausdrücklich Papst Honorius I. Das 7. ökumenische Konzil, das 2. von Nizäa (787), und das 8. ökumenische Konzil, das 4. von Konstantinopel (869–870), wiederholten die Verurteilung.

Diese nicht bestreitbaren Fakten machten den Infallibilisten schon bei der Vorbereitung des 1. Vatikanischen Konzils erheblich zu schaffen und warfen ihre Schatten über die ganze Unfehlbarkeitsdebatte. Die Konzilsbeschlüsse selbst wagte die Majorität nicht mehr zu leugnen, wie das noch die Kardinäle Robert Bellarmin (1542–1621) und Caesar Baronius (1538–1607) getan hatten. Nur Erzbischof Georgios Ebedjesu Khayatt von Diarbekir scheute sich nicht, von einer Interpolation, einer späteren Einschiebung, zu sprechen. Die Infallibilisten versuchten nun aber trotzdem, Papst Honorius vom Makel der Häresie zu befreien. Honorius sei kein Irrlehrer gewesen, er habe sich nur nachlässig im Kampf gegen die Ketzerei gezeigt und sei deshalb von der Verurteilung des Konzils getroffen worden. Das Wort Häretiker habe in der damaligen Zeit eine weitere Bedeutung gehabt. Aber so ganz sicher fühlte man sich in dieser Sache doch nicht. Man hielt für alle Fälle ein zweites Argument bereit. Sollte Honorius I. doch Ketzer gewesen sein, so widerlege das die päpstliche Unfehlbarkeit nicht. Sein Schreiben an Patriarch Sergios, worin er von dem *einen* Willen Christi spreche, könne in keiner Weise als Kathedralentscheidung bewertet werden.

Die Defensivhaltung der Infallibilisten offenbart deren prekäre Situation. Die Minorität besteht darauf, daß Honorius I. in Glaubensfragen irrte. Für Bischof Joseph Hefele ist das erwähnte Schreiben an Sergios mit dem häretischen Ausdruck »ein Wille« eine Kathedralentscheidung. Für die Unfehlbarkeitsgegner ist jedoch noch entscheidender, daß drei ökumenische Konzilien und mehrere Päpste Honorius einen Ketzer nannten. Diese Tatsache kann auch mit noch so geschickten Interpretationen nicht aus der Welt geschafft werden. »Die historisch gesicherte Tatsache«, schreibt Georg Kreuzer 1975, »daß Honorius I. vom Konstantinopolitanum III in aller Form als Häretiker verurteilt wurde, weil er nach den Vorstellungen dieses Konzils Häretiker war, muß nachdrücklich betont werden gegen sämtliche Versuche, die über Honorius verhängte Sentenz zu verharmlosen.«

Die Entscheidung von Konstantinopel war Rom schon lange ein Dorn im Auge. Seit Mitte des 17. Jahrhunderts verhinderte die römische Kurie während mehr als 200 Jahren die Publikation des »Liber Diurnus Pontificum Romanorum«, dessen Formular 84 das Anathem über Honorius I. ausspricht. Noch heute ist nicht zu sehen, wie diese Verurteilung mit einem damaligen Glauben an die päpstliche Unfehlbarkeit zu vereinen wäre.

Eine Wolke von Zeugen: Die Theologen

Zum Traditionsbeweis der Infallibilisten gehören auch die Kirchenlehrer und Theologen. Die Befürworter des neuen Dogmas bemühen sich, deren moralischen Konsens in der Unfehlbarkeitsfrage zu zeigen. Sie nehmen ganze Theologenschulen, wie die Augustiner, Thomisten, Skotisten und die Franziskaner in der Nachfolge ihres großen Ordenstheologen Bonaventura (1217/18–1274), für sich in Anspruch. Das gleiche geschieht für die wichtigsten katholischen Universitäten, für die Sorbonne in Paris, für die Universität von Löwen, für diejenigen Spaniens. Manche scheuen sich nicht zu behaupten, daß alle Theologenschulen und alle besseren Theologen die päpstliche Unfehlbarkeit lehrten. Die Minorität läßt sich von solchen Behauptungen nicht beeindrucken. Den vielen Unfehlbarkeitszeugen könne eine nicht geringere Zahl von nicht weniger bedeutenden Unfehlbarkeitsgegnern gegenübergestellt werden. Der Wert der angerufenen Zeugen sei zudem fragwürdig. Diese würden häufig ihre angeblich beweisenden Texte verstümmeln, verfälschen, interpolieren, durch Interpretation ins Gegenteil verkehren. Aber überhaupt – so fragt die Minorität –, was soll diese ganze Argumentation? Selbst wenn praktisch alle Theologen die päpstliche Unfehlbarkeit lehrten, würde das nichts bedeuten. »Zehntausend Theologen des 16. Jahrhunderts ohne eindeutige Zeugnisse der göttlichen Tradition gelten zwar für den Aufweis der damaligen scholastischen Meinungen, können aber von gar keiner Bedeutung sein, wo es um die Gewißheit des göttlichen Glaubens geht«, meint Erzbischof Thomas Connolly von Halifax in der Konzilsaula.

Diese grundsätzlichen Bedenken erklären das erlahmende Interesse gegenüber der »Wolke« von Unfehlbarkeitszeugen. Die Infallibilisten führen aus der Zeit des frühen Mittelalters bis zum 19. Jahrhundert gegen 100 Theologen an; meist tun sie das völlig unbehelligt. Nur bei Theologen von größerer Wichtigkeit meldet sich der Widerspruch der Gegenseite. So nehmen beide Parteien den größten lateinischen Kirchenlehrer, den heiligen Thomas von Aquin (um 1225–1274), für sich in Anspruch. Aber obwohl Thomas von Aquin aufgrund pseudo-isidorischer und pseudo-cyrillischer Fälschungen ein eifriger Förderer des päpstlichen Universaljurisdiktionsprimates war und beispielsweise dem Papst das alleinige Recht, ökumenische Konzilien einzuberufen, zuschrieb, kann er nicht als Vertreter der päpstlichen Unfehlbarkeit gelten. Seine Äußerungen sind zu sporadisch und zu unklar. Das Thema war für ihn in keiner Weise zentral. Er gesteht zwar dem Papst oberste Lehrautorität zu, spricht aber nie von der Unfehlbarkeit päpstlicher Lehrentscheidungen.

Wie wenig in der Zeit nach Thomas von Aquin die päpstliche Unfehlbarkeit allgemein theologische Meinung war, zeigen die Konzilien von Konstanz, Basel und Trient.

Vereinzelt berufen sich Infallibilisten sogar auf Jacques Bénigne Bossuet (1627–1704), den führenden Theologen Frankreichs im 17. Jahrhundert. Doch die Minorität pocht mit Recht darauf, Bossuet sei lebendiger Beweis für die gegenteilige Meinung. Bossuet war der Hauptverfasser der Deklaration des französischen Klerus von 1682. Im zweiten dieser gallikanischen Artikel wird die Oberhoheit des Konzils über den Papst festgestellt und im vierten die Endgültigkeit päpstlicher Glaubensentscheide von der Zustimmung der Kirche abhängig gemacht. In einem eigenen Buch untermauerte Bossuet diese Auffassungen mit historischen Argumenten.

Die gallikanischen Thesen blieben in Frankreich bis in die Mitte des 19. Jahrhunderts tonangebend und bestimmten weitgehend auch die Länder der deutschen und englischen Sprache, ja selbst Norditalien. Episkopalismus, Febronianismus, Josephismus – alles Strömungen, die die Rechte der Bischöfe gegenüber dem Papst sehr stark betonten –, und die theologische Aufklärung taten ein übriges, die Lehre von der päpstlichen Unfehlbarkeit nicht herrschend werden zu lassen. Die Behauptung der Infallibilisten, von einer Einstimmigkeit der Theologen in diesem Punkt reden zu können, erweist sich als völlig abwegig.

Der Glaubenssinn der Kirche

Wenn die weitaus größte Zahl der Katholiken eine Lehre für geoffenbarte Wahrheit hält, kann diese dogmatisiert werden. Auf dieses Prinzip, dem die Annahme zugrunde liegt, die Kirche könne in ihrer Gesamtheit im Glauben nicht fehlgehen, berufen sich die Infallibilisten auch in der Unfehlbarkeitsfrage: Sowohl jetzt wie auch in der gesamten Vergangenheit der Kirche haben die Katholiken in ihren Augen einmütig an die Unfehlbarkeit des Papstes geglaubt. Nur in allerneuester Zeit hätten einige Katholiken angefangen, diese Wahrheit zu leugnen. Deshalb müsse sie jetzt zum Dogma erhoben werden.

Die Konzilsminorität bestreitet den behaupteten Konsens der Gläubigen rundweg. Bis zum gegenwärtigen Zeitpunkt könne die Lehre von der päpstlichen Unfehlbarkeit als Schulmeinung, nicht aber als kirchlich offiziell gelten. Im 16., 17. und 18. Jahrhundert habe die gegenteilige Ansicht sogar vorgeherrscht. In vielen Gegenden sei die Unfehlbarkeitslehre bis heute den Gläubigen unbekannt geblieben. In der Auseinandersetzung mit den Andersgläubigen habe man bisher diese Lehre als bösartige Verleumdung der Protestanten zurückweisen können. Zudem finde sie sich weder in der Verkündigung der Kirche noch in ihren Glaubensbekenntnissen, Liturgiedokumenten und gebräuchlichsten Katechismen. Auch in den wichtig-

Kardinal Paul Cullen,
Erzbischof von Dublin

John Baptist Purcell,
Erzbischof von Cincinnati

sten theologischen Fakultäten der Welt – erwähnt werden die Sorbonne, Alcala, Kilmacduagh, Löwen und Salamanca – sei stets anders gelehrt worden.

Im Laufe der Unfehlbarkeitsdebatte suchen beide Parteien die einzelnen Länder für sich in Anspruch zu nehmen. Zur Unterstützung ihrer Thesen trägt vor allem die Majorität eine überbordende Vielzahl von Argumenten vor.

Ohne Auseinandersetzung nehmen die Infallibilisten den katholischen Orient, Jugoslawien, Holland und Luxemburg für sich in Anspruch. Im Falle der Länder Italien, Spanien, Ungarn, England, Vereinigte Staaten und Kanada meldet die Minorität entschiedenen Widerspruch an. Portugal gilt eher als Land, in dem die Lehre von der päpstlichen Unfehlbarkeit nicht akzeptiert ist. Die größten Kontroversen betreffen Irland, Frankreich und Deutschland.

Die Infallibilisten behaupten, auch in Irland sei in den letzten Jahrhunderten stets an der Unfehlbarkeitslehre festgehalten worden. Erzbischof Paul Cullen von Dublin weiß gar zu berichten, bereits der heilige Patrick (385–461), der Apostel Irlands, habe die päpstliche

Unfehlbarkeit verkündigt, als er die irische Kirche aufbaute. Auf die schwache Quellenlage der Behauptung Cullens anspielend, kontert Erzbischof John Baptist Purcell von Cincinnati nicht ohne Ironie, Patrick habe sich um die kleinsten Dinge seines Volkes gekümmert und zum Beispiel den Priestern eingeschärft, sie müßten beim Messelesen Unterhosen tragen; die päpstliche Unfehlbarkeit aber habe er nicht gefordert. Diese Lehre sei ihm eben unbekannt geblieben, sonst hätte er sie sicher seinen Leuten vorgetragen. Anders könne man das nicht erklären. »Die Iren glauben an die Unfehlbarkeit des Papstes«, räumt Bischof Augustin Vérot von Savannah (USA) ein und fügt hinzu: »Sie glauben aber auch an die Unfehlbarkeit ihrer Pfarrer.«

In Frankreich konstruieren die Infallibilisten einen einmütigen Unfehlbarkeitsglauben vom 9. bis ins 19. Jahrhundert. Die gallikanischen Artikel stünden dieser Deutung nur scheinbar im Wege. Sie seien nicht in Freiheit zustande gekommen, und die wirklichen Katholiken hätten sie nie akzeptiert. Die Minorität ist ganz gegenteiliger Meinung. In Frankreich sei die Unfehlbarkeitslehre nie allgemein geglaubt, sondern im Gegenteil oft einmütig abgelehnt worden.

Die Kontroverse um Deutschland bietet das gleiche Bild. Die Infallibilisten reihen Argument an Argument, um die ununterbrochene Tradition aufzuzeigen. Die Konzilsminorität hält nichts davon. Bischof Johannes Beckmann findet in seiner Diözese Osnabrück nicht einmal die Spur einer Tradition der päpstlichen Unfehlbarkeit. Auch Bischof Philipp Krementz von Ermland kann nicht verschweigen, daß in seiner Diözese die besagte Lehre weder in der Predigt noch in der Katechese überliefert wurde; auch aus den theologischen Lehranstalten sei sie verschwunden.

Bischof Ignatius von Senestrey hatte sich bemüht, den gleichen Beweis für Bayern anzutreten. Sein bischöflicher Kollege Pankraz Dinkel aus Augsburg weist seine Argumente als nicht beweiskräftig zurück. Für sechs Jahrhunderte führe Senestrey sechs Autoren an. Man hätte jedoch die Bischöfe und Priester der damaligen Zeit fragen müssen. Zudem verliere der Katechismus des Petrus Canisius, in Bayern seit langer Zeit obligatorisch, kein Wort über die päpstliche Unfehlbarkeit. »Wie kann da Senestrey noch von einer konstanten Tradition reden«, fragt sich Dinkel.

Zur weiteren Untermauerung ihrer Thesen beriefen sich die Infallibilisten auf 10 Provinzialkonzilien in den letzten Jahrzehnten vor dem Vatikanischen Konzil. Die Minoritätsbischöfe ließen sich auch davon nicht umstimmen. Wie deren Beschlüsse zu deuten waren, wußten sie zu gut, hatten sie doch zum Teil noch selbst an diesen Versammlungen teilgenommen. So bestritten Kardinal Friedrich Schwarzenberg von Prag und Bischof Johann Valerian Jirsik von Budweis, daß die Prager Synode im Jahre 1860 irgend etwas in der Unfehlbarkeitsfrage festgelegt hatte. Für die Minorität genügte zudem die Tatsache, daß das 1. Vatikanische Konzil selbst gegen den behaupteten einmütigen Konsens der Gläubigen in der Unfehlbarkeitsfrage sprach. Über hundert Bischöfe würden das neue Dogma ablehnen. In diesem Zusammenhang erhoben sie erneut die Forderung, dogmatische Entscheidungen nur mit moralischer Einmütigkeit zu treffen. Andernfalls geschehe ein Verbrechen gegen die Kirche, meinte Bischof Ketteler von Mainz.

Die Notwendigkeit eines unfehlbaren Oberhauptes

Die Argumente aufgrund von Schrift und Tradition stehen im Zentrum der Unfehlbarkeitsdebatte. Zuweilen werden jedoch auch spekulativ-dogmatische Beweisführungen erwähnt.

In der Sicht der Infallibilisten muß die Kirche als Gemeinschaft, die im Glauben nicht fehlgehen kann, ein unfehlbares Haupt, einen unfehlbaren Schiedsrichter besitzen. Sonst wäre sie vor Irrtum nicht sicher, und es gäbe in ihr weder Einheit noch Ordnung, kurz, sie wäre ebenso von der Gefahr der Zersplitterung bedroht, wie das der Protestantismus so deutlich veranschauliche.

Die Minoritätsbischöfe werfen ihrerseits den Infallibilisten vor, durch das geplante Dogma werde eine doppelte Unfehlbarkeit eingeführt; zur unbestrittenen Unfehlbarkeit der Kirche komme nun auch eine solche des Papstes. Es sei zu fragen, ob die päpstliche Unfehlbarkeit nicht diejenige der Kirche überflüssig mache. Noch tiefer geht der Vorwurf, die Unfehlbarkeitsdefinition zerstöre die gottgewollten Strukturen der Kirche, indem sie die Rechte der Konzilien und der Bischöfe aufhebe und den Papst vom Bischofskollegium trenne und unabhängig mache.

Die Beweisgänge der Infallibilisten sind oft arg spekulativ. Bischof Louis Pie von Poitiers beispielsweise will in seiner Eröffnungsrede zur Unfehlbarkeitsdebatte mit dem historischen Hinweis, Paulus und nicht Petrus sei enthauptet worden, begründen, Petrus und damit der

Papst als das Haupt könne nie von der Kirche, dem Rumpf, getrennt werden. Und mit Papst Leo IX. (1049–1054) deutet er die Tatsache, daß Petrus mit dem Kopf nach unten gekreuzigt wurde, dahin, dieser sei der fundamentale Eckstein, der den ganzen Bau der Kirche trage.

In den anderen Konzilsdebatten sind die Argumente oft noch kurioser. Bischof Pierre Simon Dreux-Brézé von Moulins plädiert für einen einzigen Generalvikar in der Diözese unter Anspielung auf den Epheserbrief 4,4–6: »Ein Gott, ein Christus, ein Glaube, eine Taufe, ein Papst, ein Bischof in jeder Diözese, ein Generalvikar, damit das Gebet Christi seine Wirkung habe.« Und aus der gleichen Einheitsideologie heraus postuliert der Bischof von Havana, Hyazinth Maria Martinez, am 21. Februar 1870 in der Konzilsaula einen Einheitskatechismus für die ganze Welt. Die Mütter seien zwar von verschiedener Rasse und Farbe, ihre Milch sei jedoch immer weiß. So müsse auch der Katechismus, die Milch der Kirche, für alle gleich sein. Bischof Gennaro Acciardi von Anglona und Tursi bricht am 31. Januar 1870 eine Lanze für den Talar der Priester. Seine Begründung: Jesus trug immer einen Talar. Auch auf der Insel Patmos erschien er dem Apostel Johannes in diesem Gewand.

Doch zurück zur Unfehlbarkeit. Die Infallibilisten führen einen zweiten, ähnlichen Beweisgang auch aufgrund des päpstlichen Primats. Da der Papst den Universaljurisdiktionsprimat und damit das oberste Lehramt innehabe, müsse er unfehlbar sein. Wäre er es nicht, könnte er alle Gläubigen in die Irre führen und die ganze Kirche in den Abgrund mitreißen, da ja alle Katholiken ihm in Glaubensfragen zum Gehorsam verpflichtet seien.

Die Minorität weist diesen Schluß vom obersten Lehramt auf die Unfehlbarkeit als unmöglich zurück. Primat und Infallibilität seien ganz verschiedene Dinge. Die Infallibilisten bringen in den Augen der Minorität nicht nur keine wirklichen Beweise vor, sie beschwören mit ihrem angestrebten Dogma neue Schwierigkeiten herauf. Wenn der Papst unabhängig vom Bischofskollegium unfehlbar sei, müsse man sich fragen, wer ihn dann noch beurteilen könne, falls er der Häresie anheimfalle, eine Möglichkeit, mit der selbst Päpste und kuriale Theologen gerechnet hätten. Nicht weniger dornenvoll erscheint der Fall eines zweifelhaft gewählten, eines der Freiheit beraubten und zu Erklärungen gezwungenen, vor allem aber eines von einer Geisteskrankheit heimgesuchten Papstes.

Henri Maret,
Dekan der Sorbonne,
Titularbischof

Unfehlbarkeitsdefinition und Logik

Am 3. Juni 1870 erregte der Dekan der Sorbonne, Bischof Henri Maret, den Zorn der Konzilspräsidenten und der Infallibilisten. Er wurde von Kardinal Luigi Bilio unterbrochen und zurechtgewiesen, als er in der Konzilsaula die Meinung vertrat, das Vatikanische Konzil erweise sich als über dem Papste stehend, wenn es diesen durch einen dogmatischen Beschluß für unfehlbar erkläre. Im Akte der Definition grenze das Konzil nämlich die Rechte des Papstes ab, gebe ihm im eigentlichen Sinn Rechte.

Kardinal Bilio tadelte Maret öffentlich; was er sage, sei unerträglich und stelle eine große Ungerechtigkeit gegenüber dem Heiligen Stuhl dar. Das Konzil gebe dem Papst keine Rechte, sondern anerkenne nur die Rechte, die der Papst bereits habe.

Bilio täuschte mit dieser Attacke auf Maret zu große Sicherheit vor. In der Vorbereitungszeit hatten genau die gleichen Fragen selbst die Infallibilisten beschäftigt. Auch damals schon hatte man sich mit dem Gedanken beruhigt, der Papst habe die Unfehlbarkeit ja schon; das Konzil könne sie ihm deshalb auch nicht zusprechen. Um das möglichst klar zu machen, schlugen die Konsultoren der Vorbereitungszeit vor, die Unfehlbarkeit aufgrund des Rates und nicht aufgrund der Zustimmung des Konzils zu definieren.

In der Folgezeit akzeptierten die Infallibilisten jedoch den Weg des Konzilsbeschlusses. Da aber das Konzil wiederum nur zusammen mit dem Papst als unfehlbar galt, so entging man doch nicht der Gefahr, das neue Dogma aufgrund des Selbstzeugnisses des Papstes bekennen zu müssen. Der Papst ist demnach unfehlbar, weil er sagt, er sei unfehlbar. Aber woher kann ich wissen, daß der Papst damit die Wahrheit sagt? Allerdings wäre die Gewißheit im anderen Fall auch nicht größer: Weil das 1. Vatikanische Konzil sagt, der Papst sei unfehlbar, ist er unfehlbar. Ohne Glauben können solche Aussagen nie mit Sicherheit als wahr erkannt werden. Leichter möglich ist es, ihre Falschheit zu erweisen.

VI

Die Unfehlbarkeitsdebatte und die Geschichtswissenschaft

Fälschungen und Fehlinterpretationen

Lange sind wir nun den Argumenten der Bischöfe gefolgt. Was vor allem auffällt, ist die überraschend große Zahl der Argumente und Gegenargumente. Auf beiden Seiten sind es über 200. Die Infallibilisten versuchen zu überzeugen, aber die große Zahl ihrer Beweisstükke hat genau die gegenteilige Wirkung. Man wird skeptisch. Alle nur möglichen Texte, Fakten und Personen werden zum Beweis der päpstlichen Unfehlbarkeit angeführt, darunter sogar Stellen aus dem Alten Testament. Das ganze Unternehmen zeugt von wenig Ernsthaftigkeit, sieht aus wie eine Spielerei; die völlige Wertlosigkeit der meisten Argumente macht es oft schwer, an die volle Lauterkeit der Vortragenden zu glauben.

Was wollen die Infallibilisten mit ihrem Beweisgang? Nach offizieller Darstellung soll damit die geoffenbarte Wahrheit der päpstlichen Unfehlbarkeit aus Schrift und Tradition, d. h. aus der Geschichte, erwiesen werden, sind doch Schrift und Tradition geschichtliche Quellen, auch wenn sie für den Gläubigen Offenbarungscharakter haben. Gerade zur Geschichte aber stehen die Infallibilisten in einem gespannten Verhältnis. Die Unfehlbarkeitsgegner machen immer wieder darauf aufmerksam, daß die Argumente der Majorität der geschichtlichen Wirklichkeit nicht entsprechen, ja daß viele Fakten aus der Geschichte im Gegensatz zum geplanten Dogma stehen. Es regt sich daher der Verdacht, daß es nicht die Geschichte ist, die für die Infallibilisten den Ausschlag gibt. Schlagartig erhellt ein Bericht der infallibilistischen Glaubensdeputation die Situation. Den Schwierigkeiten aus der Geschichte, welche die Minorität vorbringt, hält der Bericht entgegen, die Unfehlbarkeit des Papstes stehe als göttlich geoffenbarte Wahrheit fest. Historische Fakten könnten sie deshalb nie als falsch erweisen. Soweit geschichtliche Tatsachen der

Offenbarung widersprechen, seien sie als falsch anzusehen. Damit ist die Geschichte entthront.

Das Verhältnis zur Geschichte erweist sich als neuralgischer Punkt der ganzen Unfehlbarkeitsdebatte. Majorität und Minorität berufen sich beide auf die Geschichte. Die Ergebnisse sind diametral entgegengesetzt. Wie ist das zu erklären? An der geschichtlichen Realität selbst kann es nicht liegen. Die Ursachen der Diskrepanz können nur bei den Konzilsvätern liegen, bei ihren verschiedenen Methoden, die Geschichte zu befragen.

In der Tat müssen sich die Infallibilisten vorwerfen lassen, sich auf Texte zu berufen, die gefälscht, unecht, verstümmelt und interpoliert sind. Bei Erzbischof Giuseppe Cardoni, dem wichtigsten Gutachter für die Unfehlbarkeitsfrage, finden sich zudem eindeutig von Pseudo-Isidor gefälschte und erdichtete Zeugnisse der Päpste Lucius (253–254), Felix I. (268/69–273/74) und Markus (336) sowie des Patriarchen Athanasius von Alexandrien (295–373). Die infallibilistischen Konzilsväter zitieren zwar nicht direkt Pseudo-Isidor, sie sind aber ebenso von ihm und anderen Fälschern abhängig. Sie glauben bereits, in den Zeiten des Anfangs sei die Kirche von den päpstlichen Dekreten geregelt worden. Vor allem aber vertrauen und stützen sie sich auf Theologen, die ihre Thesen über die päpstliche Autorität aufgrund von Pseudo-Isidor und Pseudo-Cyrill aufstellten. Beispiel dafür ist der heilige Thomas von Aquin. Auf erdichteten Dokumenten des Pseudo-Cyrill fußend, steigerte er die päpstliche Autorität bis an die Grenze der Unfehlbarkeit. Spätere kuriale Theologen wie Juan de Torquemada (1388–1468), Thomas Cajetan (1469–1534), Robert Bellarmin und Caesar Baronius stützen sich in noch größerem Maße auf Fälscherwerke zugunsten des Papsttums. Obwohl ihre Thesen auf Material fußen, das schon längst als gefälscht entlarvt ist, bleiben sie Kronzeugen der Infallibilisten. Diese vergessen solche Tatsachen, oder besser, wollen sie vergessen und zeigen damit einen erheblichen Mangel an quellenkritischem Sinn.

Die Art und Weise, wie die Infallibilisten die Texte interpretieren, heitert das Bild nicht auf, im Gegenteil. Häufig reißen sie die Beweisstellen aus ihrem Zusammenhang und überinterpretieren sie. Überall finden sie die päpstliche Unfehlbarkeit bereits gegeben, selbst wenn nicht einmal von einem päpstlichen Primat die Rede ist. Grund für diese häufig grotesken Fehlinterpretationen ist die Methode, gegenwärtige Lehren in frühere Zeiten hineinzutragen, statt die Texte aus ihrer Zeit und ihrem Kontext zu verstehen. Von der Gegenwart aus zimmern sich die infallibilistischen Bischöfe ein Bild von der Vergangenheit zurecht, das mit der historischen Realität nicht mehr viel zu tun hat. Kaum einer von ihnen wird dabei argwöhnisch. Ihre geschichtlichen Kenntnisse sind im allgemeinen sehr gering.

Liegt der Grund für dieses Vorgehen der Infallibilisten darin, daß sie die Tradition nur nach der herrschenden Meinung des kirchlichen Lehramtes interpretieren? Daß sie die kirchliche Überlieferung so darstellen, weil die tonangebende Partei innerhalb der Kurie es so wünscht? Die Vermutung verstärkt sich durch einen Blick auf die Interpretation der Heiligen Schrift. Auch hier stellen die Infallibilisten die Forderung auf, die Schrift sei auszulegen gemäß dem Verständnis des kirchlichen, das heißt des päpstlichen Lehramtes. Das 1. Vatikanische Konzil sanktionierte in der Glaubenskonstitution ausdrücklich das kirchliche Interpretationsmonopol.

»Das Dogma hat die Geschichte besiegt«

Das gespannte Verhältnis der Infallibilisten zur Geschichte kommt nicht von ungefähr. Seit längerer Zeit schon, vor allem aber ab Mitte des 19. Jahrhunderts, hatten römische Theologen den Begriff der Tradition so ausgeweitet, daß er den ganzen katholischen Glauben umfaßte, wie er autoritativ vom kirchlichen Lehramt verkündet wurde. Was die Kirche lehrt, verkündet, hat nach dieser Auffassung als göttliche Tradition zu gelten. Damit aber entscheidet nicht mehr die historisch-kritische Erforschung der alten Texte und Dokumente, was als Tradition gelten kann, sondern das kirchliche Lehramt.

Mit aller wünschenswerten Deutlichkeit wurde diese schöpferische Rolle des kirchlichen Lehramtes bei der Dogmatisierung der Unbefleckten Empfängnis Marias im Jahre 1854 demonstriert. Ausgangspunkt des auch in diesem Fall geforderten Traditionsbeweises waren nicht die Dokumente und Akten der Vergangenheit, sondern die kirchliche Verkündigung und Praxis der Gegenwart. Weil die Kirche nun die Unbefleckte Empfängnis Mariens glaubte und predigte, mußte diese Wahrheit auch früher geglaubt und gepredigt worden sein. Trotz solch interner Immunisierungsstrategien hielt Pius IX. auch eine äußere Abschirmung vor historischer Kritik für notwendig. Er wünschte zwar die Bischöfe für den 8. Dezember 1854 nach Rom;

diese sollten aber nicht diskutieren, sondern lediglich dem neuen Dogma zustimmen. Bei der vorausgegangenen Befragung hatte es neben den 546 Ja-Stimmen der Bischöfe doch auch 56 ablehnende Voten gegeben. Ebenfalls Universitätsprofessoren äußerten historische Bedenken, besonders in Deutschland. Pius IX. wollte davon nicht behelligt werden. So gelang es dem Papst, das neue Dogma trotz zweifelhafter Argumente aus Schrift und Tradition als ununterbrochene Überlieferung der Kirche zu verkünden.

Die Animosität römischer Jesuitentheologen wie Giovanni Perrone, Carlo Passaglia, Clemens Schrader und Johann Baptist Franzelin gegenüber der historisch-kritischen Methode und Geschichtswissenschaft übertrug sich auf ihre Schüler. Auch die Bischöfe Henry Edward Manning und Ignatius von Senestrey, zusammen mit Erzbischof Victor Dechamps wohl die wichtigsten Führer der Infallibilisten, hatten bei ihnen studiert.

Vor allem der spätere Kardinal Manning macht aus seiner tiefen Abneigung gegenüber den Historikern kein Hehl. Seine Thesen sind eindeutig und ohne jesuitische Subtilitäten. Die historische Kritik untergräbt in seinen Augen den Glauben. »Es ist Zeit, daß die Anmaßungen der ›historischen Wissenschaft‹ und der ›wissenschaftlichen Historiker‹ auf ihre eigene Sphäre und in ihre Grenze verwiesen werden«, fordert er. »Und das wird dieses Konzil tun, nicht durch Streitereien und Verurteilungen, sondern mit den Worten ›dem Heiligen Geist und uns hat es gefallen‹.« Manning hat mit solchen Sätzen vor allem Ignaz von Döllinger und die historische Schule im Auge.

In seinen Notizen zum Konzilsverlauf schreibt Manning, es bestehe eine ungeheure Kluft zwischen Tradition und Geschichte. Tradition sei göttlich, Geschichte menschlich. Tradition könne nie mit historischen Zeugnissen bewiesen noch widerlegt werden. Das göttliche Lehramt – Garant der kirchlichen Tradition – überrage jede menschliche Geschichte und hänge in keiner Weise von ihr ab. Nicht die Geschichtswissenschaft noch eine andere Instanz, allein das kirchliche Lehramt könne entscheiden, was Tradition sei. »Es ist keinem erlaubt«, behauptet Manning, »der nicht auf seinen katholischen Namen verzichten will, vom unerschütterten Felsen der Wahrheit des kirchlichen Lehramtes in den Sumpf der menschlichen Geschichte herabzusteigen, wenn es sich um Glaubenswahrheiten handelt.« Und zu den historischen Schwierigkeiten, die Bischof Hefele in der Konzilsaula vorträgt, bemerkt der Erzbischof von Westminster erregt: »Wir sind nicht in der Schule, sondern auf einem ökumenischen Konzil. Nicht die Historiker und Kritiker sind zu befragen, sondern das lebendige Orakel der Kirche.«

Hatte die Kirche gesprochen, dann waren für Manning alle historischen Schwierigkeiten beseitigt. Solche Gewißheit schöpfte er aus seinem Glauben, der Heilige Geist sei so eng mit der Kirche verbunden, daß jeder Irrtum und jede Fehlentwicklung unmöglich werde. Es wirkt nicht unglaubwürdig, wenn Manning und seinem Kreis das Wort zugeschrieben wird: »Das Dogma mußte die Geschichte überwinden«, oder: »Das Dogma hat die Geschichte besiegt.« Bischof Félix Dupanloup berichtet vom nicht weniger intransigenten Weihbischof von Genf, Gaspare Mermillod, das ähnliche Wort: »Die Unfehlbarkeit befreit die Völker von der Geschichte.«

Bei Bischof Ignatius von Senestrey von Regensburg begegnet das gleiche organologische Denken wie bei Manning. Auch er glaubt, daß der Beistand des Heiligen Geistes in der Kirche jede Fehlentwicklung ausschließt. Dadurch aber entzieht Senestrey die kirchlichen Lehraussagen jeder historischen Kritik.

Erzbischof Victor Dechamps von Mecheln zeigt kaum mehr Verständnis für die historisch-kritische Methode. Um die abstruse These aufzustellen, das Zölibatsgesetz habe in der lateinischen Kirche immer, in der griechischen in ihren Anfängen gegolten, genügt es ihm, sich auf zwei zeitgenössische ultramontane Theologen zu berufen. Bischöfe, die auf dem Konzil historische Bedenken gegen die Unfehlbarkeit vortragen, finden bei ihm kein Gehör. Nervös kritzelt er auf sein Exemplar des entsprechenden Konzilsdokuments: »Wiederum ein Deutscher, der nicht zu wissen scheint, daß diese Arbeit getan und vollendet ist ›usque ad nauseam‹« (bis zum Überdruß).

Daß die Gegner der Unfehlbarkeitsdefinition ein anderes Verhältnis zur historisch-kritischen Methode haben, springt in die Augen. Sie machen sich zum Anwalt der Geschichte und verlangen nicht nur eine Klärung der historischen Schwierigkeiten, sondern fordern auch klare Texte, besonders aus den ersten christlichen Jahrhunderten. Bei der Interpretation der Quellen gelingt es ihnen in viel größerem Maße, diese selbst sprechen zu lassen und sie in ihren Zusammenhang zu stellen. Einige ihrer Vertreter, wie die Erzbischöfe und Bischöfe Joseph Hefele, Joseph Othmar Rauscher, Henri Maret und Jean Baptiste Landriot, erweisen sich zudem in der Konzilsdebatte als gute Kenner der Kirchengeschichte.

Wohl am deutlichsten kommt diese verschiedene Haltung zur Geschichte beim Münchener Kirchenhistoriker Ignaz von Döllinger zum Ausdruck, einem der einflußreichsten Theologen auf seiten der Konzilsminorität. Döllinger stellt die Forderung auf, die Kirche dürfe nichts zum Dogma erheben, was sich weder in der Bibel noch in der Tradition finden lasse. Dies festzustellen sei aber – und hier liegt der entscheidende Unterschied zu den römischen Theologen – nicht die Aufgabe eines unfehlbaren kirchlichen Lehramtes, sondern der mit historisch-kritischen Methoden arbeitenden Wissenschaft.

Gerade die Unfehlbarkeitsfrage hat Döllinger auf diese ganze Problematik gestoßen: »Wir stehen hier auf dem festen Boden der Geschichte, der Zeugnisse, der Thatsachen.« Wo gesicherte Ergebnisse der kritischen Geschichtswissenschaft vorliegen, vermag Döllinger gegenteilig lautende Urteile des kirchlichen Lehramtes nicht mehr zu akzeptieren. »Ich müßte erst meine 50 Jahre theologische, geschichtliche, patristische Studien in den Lethe [Fluß des Vergessens] tauchen und als unbeschriebenes, weißes Blatt wieder hervorziehen«, schreibt Döllinger noch vor dem Konzil an Bischof Johann Baptist Greith, »ehe ich diese moderne Erfindung [Unfehlbarkeitslehre] auf die Tafel meines Geistes schreiben könnte.«

Vom gleichen Boden aus leistete Bischof Joseph Hefele von Rottenburg auf dem Konzil erbitterten Widerstand gegen die Unfehlbarkeitsdefinition. Hefele ist aber auch ein Beispiel dafür, wie lange noch apologetische Tendenzen diesen kritischen Ansatz überdecken konnten, ja daß sie sich teilweise nie auflösten. So verfälschten dogmatische und kanonistische Normen in manchen Punkten Hefeles berühmte Konziliengeschichte. In Anlehnung an Kardinal Robert Bellarmin sprach er dem Papst eine Rolle auf den ökumenischen Konzilien zu, die dieser nie innehatte. Auch die Zählung der ökumenischen Konzilien übernahm er ohne Prüfung von Bellarmin. Hefele gingen durch seine Erfahrungen auf dem 1. Vatikanischen Konzil allerdings die Augen auf, aber da war es zu spät für eine Revision seines großen Werkes über die Konzilien.

Ein anderer berühmter Theologe, der spätere Kardinal John Henry Newman, konnte sich nie freimachen. Auch er hatte die Art und Weise, wie das Unfehlbarkeitsdogma zustande gekommen war, als Skandal bezeichnet[22]. 1875 distanzierte er sich jedoch von Döllinger und trat für eine autoritative Interpretation der Geschichte ein. »Es ist der Kirche dogmatische Verwendung der Geschichte, an welche

Johann Joseph Ignaz von Döllinger, Professor für Kirchengeschichte in München der Katholik glaubt«, schrieb er 1875 in einem offenen Brief an den Herzog von Norfolk, Edward George Fitzalan Howard.

Mißbrauch der Geschichte

Das Dogma von der Unfehlbarkeit des Papstes ist im Unterschied zu anderen Dogmen in zweifacher Weise an die Geschichte gebunden. Erstens macht es Aussagen über eine Reihe ganz konkreter historischer Persönlichkeiten und behauptet: Wenn die Päpste der Vergangenheit, Gegenwart und Zukunft »ex cathedra« in Fragen des Glaubens und der Sitten sprechen, lehren sie immer nur die geoffenbarte Wahrheit. Logischerweise folgt daraus, daß sich die Nachfolger Petri nie widersprochen haben noch widersprechen werden. Und da auch die ganze Kirche als unfehlbar gilt, dürfen päpstliche Kathedralentscheidungen ebenso von ihr nie verworfen worden sein.

Zweitens bindet die Definition selbst das Dogma an die Geschichte, indem sie sich auf den konstanten Glauben der Kirche beruft.

Zunächst zum zweiten Punkt. Wir haben bereits gesehen, wie überzeugt die Infallibilisten davon sind, daß der Glaube an die päpstliche Unfehlbarkeit von Anfang an da war. Sie brauchen sich deshalb auch nicht auf die Versuche des englischen Theologen und späteren Kardinals John Henry Newman einzulassen, Geschichte und Dogma miteinander zu versöhnen. Die ganze Frage der Dogmenentwicklung spielt auf dem 1. Vatikanischen Konzil keine Rolle. Das Höchste, was die Infallibilisten noch zugeben: Es ist in der Vergangenheit nicht immer ausdrücklich von der päpstlichen Unfehlbarkeit die Rede. Aber diese ist in solchen Fällen unter anderen Worten enthalten, die lediglich erklärt zu werden brauchen. Es sind keine Schlußfolgerungen notwendig, sondern die bloße Explikation genügt; andere Ausdrücke implizieren die Unfehlbarkeitslehre.

So harmlos das in der Theorie aussieht, so abenteuerlich ist es oft in der Praxis. Zum Beispiel sieht die infallibilistische Glaubensdeputation in der Formel des Papstes Hormisdas, die Glaubenslehre sei im Apostolischen Stuhl zu Rom immer unversehrt bewahrt worden, bereits die päpstliche Unfehlbarkeit gegeben. Das gleiche gilt für das griechische Glaubensbekenntnis des zweiten Konzils von Lyon. Die Formel, der Papst müsse durch sein Urteil Glaubenskontroversen beenden, ist für sie gleichbedeutend mit päpstlicher Unfehlbarkeit.

Und weil das Konzil von Florenz den Papst obersten Lehrer nennt, ist damit seine Unfehlbarkeit miteingeschlossen, denn sonst könnte er seine Gläubigen in den Irrtum führen.

Noch deutlicher sind die Immunisierungsbestrebungen im zweiten Punkt, der das Unfehlbarkeitsdogma an die Geschichte bindet: Die Päpste dürfen sich in offiziellen Lehrentscheidungen nie widersprochen haben noch von der Kirche darin desavouiert worden sein. Das Zauberwort, das alle Schwierigkeiten aus dem Wege schafft, heißt hier »ex cathedra«. Nur »ex cathedra«-Entscheidungen sollen unfehlbar sein. Da es diesen Begriff bis ins 16. Jahrhundert überhaupt nicht gibt, kann von keiner einzigen päpstlichen Verlautbarung der ersten eineinhalb Jahrtausende mit Sicherheit gesagt werden, sie sei »ex cathedra« geschehen. Damit sind alle Unannehmlichkeiten aus dem Wege geschafft, wie etwa die Verurteilung des Papstes Honorius I. als Ketzer durch drei ökumenische Konzilien. Auch päpstliche Erlasse, die Mord und Totschlag zugunsten des Glaubens befürworten, können die Aura der Unfehlbarkeit nicht ankratzen. Es bleibt immer der Ausweg offen, sie nicht als Kathedralentscheidungen zu taxieren.

Damit ist das Unfehlbarkeitsdogma so vage geworden, daß es nie in Widerspruch zur Geschichte geraten kann. Mit beißender Ironie bemerkt Brian Tierney: »Alle unfehlbaren Aussagen sind gewiß wahr, aber keine Aussage ist gewiß unfehlbar.«

Aus allem ist klargeworden: Die Infallibilisten stützen ihren Beweis nicht auf die Geschichte und die Ergebnisse der historisch-kritischen Geschichtswissenschaft. Ihre Argumentation beruht grundlegend auf der aktuellen Lehrverkündigung der Kirche, insbesondere der des Papstes. Weil die herrschende Richtung innerhalb der Kirche die These von der päpstlichen Unfehlbarkeit vertritt, hat diese als wahr zu gelten. Diese Situation bleibt meist verdeckt. Nur ab und zu wird sie schlagartig beleuchtet, etwa durch das unbeherrschte Wort Pius' IX. zu Kardinal Filippo Maria Guidi: »Die Tradition (das heißt die Kirche) bin ich«, oder durch Kardinal Mannings Rede, das Dogma müsse die Geschichte besiegen.

Die Infallibilisten selbst tun alles, um das wirkliche Beweisfundament zu verdecken. Sie tragen Hunderte von geschichtlichen Beweisen vor und lassen ihre wirklich entscheidenden Gründe im Dunkeln. Man kann ihnen deshalb den Vorwurf nicht ersparen, die Geschichte zur Durchsetzung der Unfehlbarkeitsdefinition zu mißbrauchen. Sie

Kardinal Camillo Di Pietro

bauen die Fassade einer wissenschaftlichen, einer historischen Beweisführung auf und veranstalten eine »rituelle Diskussion«, eine Diskussion ohne wirkliche Tragweite, um den eigenen Dogmatismus – meist unbewußt – zu vertuschen.

Sehr viele Bischöfe der Majorität durchschauen solche Mechanismen kaum. Nicht zu übersehen ist jedoch, mit welcher Nachlässigkeit, geringen Ernsthaftigkeit und Ignoranz sie die geschichtlichen Argumente vortragen. Manche mögen dabei in gutem Glauben gehandelt haben, unterstützt durch geistige Trägheit und Kritiklosigkeit. Anderen halfen wohl die Furcht vor Sanktionen und ein schlau berechnender Opportunismus. Daß man es auch damals schon besser wissen konnte, dafür steht für immer das Zeugnis der Minorität.

Als ein besonders sprechendes Beispiel solcher Zurückhaltung darf Kardinal Camillo Di Pietro gelten. Gegenüber Lord Acton klagte er, er könne sich nicht so stark gegen die Unfehlbarkeitsdefinition einsetzen, wie er wolle; er dürfe es sich nicht leisten, dagegen zu sein, »denn er würde maßlos angegriffen werden, und da jeder in seinem Leben einen schwachen Punkt hat, darf er sich solchen rücksichtslosen Angriffen gegen Charakter und Ehre nicht aussetzen«[23].

Kardinal Di Pietro hatte – und das erhellt seine dunklen Andeutungen – 1845 als Nuntius in Portugal eine Beziehung zu einer Tänzerin, die ihn ihrerseits mit einem russischen General betrog. Dem Kardinal war es mit Mühe geglückt, dem Duell, nicht aber dem Skandal zu entgehen[24].

Der kleinen Gruppe der entschiedenen Infallibilisten, dem Kreis um Pius IX., Manning, Senestrey und die Jesuiten der »Civiltà Cattolica«, gelang es, die Sache für viele von vorneherein als erledigt, die Diskussion als gegenstandslos hinzustellen. Die Bischöfe der Mehrheit internalisierten diese Indoktrination schon während des Konzils. Bei den bischöflichen Unfehlbarkeitsgegnern brauchte es hingegen oft Jahre und führte in einigen Fällen nie ganz zum Erfolg.

VII

Wie das neue Dogma durchgesetzt wurde

Je näher der Tag der Abstimmung heranrückte, um so mehr löste sich der Widerstand auf. Manche Bischöfe drückten sich vor einer Entscheidung und reisten ab, andere wurden zum richtigen Zeitpunkt »krank«, wieder andere rangen sich doch noch ein »Ja« ab.

Dennoch stimmten am 13. Juli 1870 überraschend viele – 88 Bischöfe – mit »Nein« gegen die Konstitution »Pastor Aeternus«. Dazu kamen 62 Konzilsväter, die ihre Zustimmung nur unter Vorbehalt gaben. Auch von ihnen waren manche faktisch zu den Definitionsgegnern zu rechnen. Mit »Ja« stimmten nur 451 Bischöfe, nicht einmal die Hälfte der 1084 zur Teilnahme am Konzil Berechtigten und weniger als 2/3 der zu Beginn des Konzils regelmäßig anwesenden 700 Bischöfe.

In der Zeit bis zur feierlichen Abstimmung am 18. Juli 1870 versuchte die Minorität verzweifelt, den Papst doch noch zum Einlenken zu bewegen. Aber auch eine Delegation von sechs Erzbischöfen und Bischöfen richtete nichts mehr aus. Im Gegenteil, die Forderung, die Zustimmung der Kirche in die Definition miteinzubeziehen, verärgerte den Papst. Er gab Kardinal Luigi Bilio die Anweisung, die Formel zu verschärfen und jede Notwendigkeit einer kirchlichen Zustimmung auszuschließen.

Auf eine Eingabe verschiedener Infallibilisten vom 14. Juli 1870 – sie hatten darin gefordert, für einen unfehlbaren päpstlichen Entscheid sei jede Zustimmung der Bischöfe als ausdrücklich nicht notwendig zu erklären – schrieb Pius IX. am gleichen Tag eigenhändig: »Kardinal Bilio lese die beiliegenden Bemerkungen und versuche von ihnen Gebrauch zu machen. Der Kardinal überzeuge sich zudem davon, daß kaum je wie in unserem Falle die Weisung gilt: ›Verschwende Deine Worte nicht, wo man nicht zu hören bereit ist.‹« – Aufgrund dieses Befehls wurde in die Definitionsformel aufgenommen, der Papst sei »ohne Zustimmung der Kirche« unfehlbar

Dal Vaticano

14 Luglio 1890

Il Card. Bottolo legga

le unite osservazioni

e procuri di farne uso.

Si assicuri pure il Cardinale

che nel caso nostro è

più che mai vera

quella sentenza

= Ubi non est auditus

= non effundas

= sermonem =

Daraufhin erneuerten am 17. Juli 1870 55 Minoritätsbischöfe ihr Non-Placet, gaben ferner zu verstehen, aus Pietät gegenüber dem Heiligen Vater an der feierlichen Sitzung des kommenden Tages nicht teilnehmen zu wollen, und reisten unter Protest ab. Andere Bischöfe hatten Rom schon vorher verlassen.

Auf der letzten Zusammenkunft des Konzils am 18. Juli 1870 erhöhte sich die Zahl der Ja-Stimmen auf 535. Nur 2 Bischöfe stimm-

Augenblick der Proklamation des Dogmas der Unfehlbarkeit. Bischof Antonio Maria Valenziani von Fabriano und Matelica liest die Konstitution »Pastor Aeterten mit »Nein«, der italienische Bischof Luigi Riccio von Cajazzo und der Nordamerikaner Edward Fitzgerald, Bischof von Little Rock. Sie waren über die Vereinbarungen der Minorität nicht genau orientiert worden. Beide unterwarfen sich jedoch sofort nach erfolgter Definition. Im Vergleich zur ursprünglichen Teilnehmerzahl blieben somit immer noch 20 Prozent der Bischöfe der feierlichen Konzilssession fern. Ihre Bedenken waren nicht ausgeräumt worden.

nus«. Rechts außen auf dem Thron Pius IX. zwischen den Kardinaldiakonen Mertel und Grassellini. Die Fotomontage stammt von G. Altobelli, »Konzilsmaler«

Bei der Verkündigung des neuen Dogmas von der päpstlichen Unfehlbarkeit ging ein gewaltiges Gewitter über St. Peter nieder. Tief dröhnend rollte der Donner, und die hell zuckenden Blitze warfen ein gespenstisches Licht über die plötzlich hereingebrochene Dunkelheit – für die einen Zeichen von Gottes Wohlgefallen, für die anderen Ausdruck seines Zorns.

Pius IX. sanktioniert den Beschluß über die päpstliche Unfehlbarkeit

Widerstandspläne der Opposition

Mit der Definition der neuen Glaubenswahrheit war das Schicksal der Konzilsminorität besiegelt. Ihre Einheit zerbrach. Zwar hatten sich die Definitionsgegner noch getroffen, bevor sie am 17. Juli von Rom abreisten, und beschlossen, gemeinsam vorzugehen, in Kontakt zu bleiben und sich vor Entscheidungen gegenseitig zu verständigen. Aber bereits am gleichen Tag scherten Bischof Wilhelm Emmanuel Freiherr von Ketteler von Mainz und Erzbischof Paul Melchers von Köln aus, indem sie dem Papst schriftlich ihre Bereitschaft erklärten, die Konzilsbeschlüsse anzunehmen.

Den meisten Minoritätsbischöfen wollte ein so schneller Richtungswechsel nicht gelingen. Als sie in großer Erregung Rom verließen, waren sie noch keineswegs gewillt, sich den Konzilsbeschlüssen zu unterwerfen. »Personen des Vertrauens und von Autorität sagen mir«, schrieb der Wiener Nuntius Mariano Falcinelli am 22. Juli 1870 an Kardinal Staatssekretär Giacomo Antonelli, »daß beinahe alle Bischöfe von Österreich-Ungarn, die aus Rom zurückgekehrt sind, *wütend* seien über die Definition der Unfehlbarkeit. Die wenigen, die mich besucht haben, wagten nicht über das Konzil zu sprechen.« Und am 25. Juli berichtete der Nuntius Antonelli: »Die vom Konzil zurückgekehrten Bischöfe sind schon wieder alle von Wien abgereist, nachdem sie mit ihren Reden gegen Rom Klerikern und Laien, mit denen sie in Kontakt gekommen waren, Ärgernis gegeben hatten. Besonders in zwei Bischöfen erreichte die Verärgerung und fieberhafte Erregung einen solchen Grad, daß sie zu sagen wagten, man müsse von neuem über die Definition des Unfehlbarkeitsdogmas diskutieren und sie korrigieren. Die Personen, die mit den Bischöfen gesprochen haben, erhielten den Eindruck, daß *viele* nicht mehr zum Konzil nach Rom zurückkehren wollen. Ihrer Meinung nach werden die Bischöfe auch an dieser Intention festhalten.« Professor Friedrich Michelis von Braunsberg bezeichnete in einem Manifest Pius IX. als »Häretiker und Verwüster der Kirche«. Kardinal Friedrich Schwarzenberg und Bischof Joseph Hefele widersprachen ihm nicht. Der Rottenburger Bischof gebrauchte selbst den Ausdruck »perturbator ecclesiae« (Unruhestifter, Verwirrer der Kirche).

Da die Bischöfe nicht an das glauben mochten noch konnten, was sie noch wenige Tage zuvor als für nicht wahr gehalten hatten, sahen sie sich in einer ausweglosen Situation. Wie schon während des

Kardinal
Friedrich von Schwarzenberg,
Erzbischof von Prag

Konzils dachten manche an Resignation. In Briefen an befreundete Theologen und bischöfliche Kollegen kommt dieser tiefe Gewissenskonflikt in seinem ganzen Ausmaß zum Ausdruck. Die Bischöfe sprechen darin von ihren nicht behobenen historischen und theologischen Bedenken und bestreiten die Freiheit und Ökumenizität der Konzilsbeschlüsse.

Bei dieser Stimmungslage ist es nicht verwunderlich, wenn einzelne Bischöfe versuchten, den Widerstand zu organisieren. Zentrum dieser Bemühungen waren Bischof Félix Dupanloup von Orléans und Kardinal Friedrich Schwarzenberg von Prag. Schwarzenberg ließ zwei Gutachten über die Frage ausarbeiten, welche Schritte die Minorität bei einer Wiederaufnahme der konziliaren Beratungen unternehmen müßte. Beide Gutachter schlugen vor, die Ökumenizität der Konzilsbeschlüsse über Primat und Unfehlbarkeit feierlich zu bestreiten. Mit diesem Vorschlag konnten sie auf die Zustimmung der Bischöfe rechnen.

Sollte jedoch dieser Versuch scheitern, dann – so meinten die Gutachter – bleibe nur noch der »ärmliche Weg« der Interpretation. Die Minoritätsbischöfe sollten eine Auslegung verlangen, die den von ihnen vertretenen dogmatischen und kirchlichen Interessen entspreche und die Mitwirkung des Episkopats bei unfehlbaren dogmatischen Entscheidungen miteinbeziehe. Verlangt wurde ferner eine Garantie für die Wiederherstellung der Freiheit des Konzils und die Einbeziehung von theologischen Fachleuten aus aller Welt in die konziliare Arbeit.

Beide Gutachter schlugen ferner vor, mit den konkreten Vorbereitungen bereits vor dem erneuten Zusammentritt des Konzils anzufangen. Eine kleine Gruppe von Bischöfen sollte mit der Aktion beginnen – genannt wurden teils die Bischöfe Joseph Hefele, Pankraz Dinkel und Matthias Eberhard, teils Friedrich Fürstenberg und Heinrich Förster –, aufgrund von Vorschlägen aus einem weiteren Kreis ein endgültiges Programm ausarbeiten und es schließlich dem Internationalen Komitee der Minorität zukommen lassen.

So wohldurchdacht der Widerstand der Minorität im einzelnen auch sein mochte, er brach in wenigen Monaten zusammen. Grund dafür war nicht nur die innere Schwäche der Opposition. Äußere Ereignisse kamen dazu. Kaum hatte das Konzil die Unfehlbarkeit des Papstes proklamiert, brach der deutsch-französische Krieg aus und lähmte die Kommunikation zwischen den beiden wichtigsten Zentren des Widerstandes. Er lenkte zudem das öffentliche Interesse von

Friedrich Fürstenberg,
Erzbischof von Olmütz

den kirchlichen Problemen ab. Um so größere Chancen erhielt die Kurie, den neuen dogmatischen Bestimmungen ungestört Nachachtung zu verschaffen. Rom setzte eine ganze Maschinerie in Bewegung, um zögernde Bischöfe zur Unterwerfung zu bringen. Besonders geschickt war es, durch Suspension des Konzils den Opponenten erst gar keine Möglichkeit mehr zu geben, sich zu treffen. Die Begründung, das Konzil könne wegen der italienischen Besetzung Roms unmöglich fortgeführt werden, bot sich dabei unmittelbar als willkommener Vorwand an.

Der Widerstand einiger Bischöfe zog sich zwar noch lange hin, aber der Opposition war die Spitze abgebrochen. Die Bischöfe wurden nun »einzeln abgeschlachtet«, wie Hefele sich ausdrückte. Eine Ausnahme bildete lediglich der ungarische Episkopat; er blieb geschlossen und vermochte fast ein Jahr lang seine Unterwerfung hinauszuzögern. Ende 1871 war das Unternehmen praktisch abgeschlossen. Mit wenigen Ausnahmen hatten alle Minoritätsbischöfe ihre Zustimmungserklärungen in Rom eingereicht. »Ihr habt Euch alle unterworfen; das ist gut«, meinte Pius IX. voller Genugtuung im Jahre 1875 zu Bischof Augustin David von St. Brieuc.

Rom zwingt zum Nachgeben

Schon Monate bevor die päpstliche Unfehlbarkeit zum Dogma erhoben war, galt die gegnerische Ansicht den Infallibilisten als Ketzerei. Sie sehnten sich endlich nach einem Ende der »schlimmen Reden«. Die opponierenden Bischöfe sollten später Genugtuung leisten für ihre skandalösen Aussagen. Vor allem Papst Pius IX. dachte so. Während des Konzils habe er nichts dagegen tun können, aber es komme die Zeit, Rechenschaft über den gegebenen Skandal zu verlangen. Wer dem Glauben der Kirche widerstehe, werde getroffen werden, meinte er am 13. Juli 1870 zum Chefredakteur des »Univers«, Louis Veuillot. Und dem Untersekretär des Konzils, Monsignore Ludovico Jacobini, schrieb er eigenhändig: »Auch der Bischof von Cincinnati, Purcell, hat sich unterworfen. Aber es fehlt die Wiedergutmachung des Skandals, von der Kanzel gegen das Dekret gesprochen zu haben . . .«

Pius' IX. Verärgerung und Zorn über die Minoritätsbischöfe bekamen zunächst die am römischen Hof lebenden Prälaten zu spüren, die

François Xavier de Mérode,
Erzbischof,
päpstlicher Almosenmeister

es gewagt hatten, gegen die päpstliche Unfehlbarkeit zu opponieren. Er wünsche in seinem Hause keine Häretiker zu haben, erklärte der Mastai-Papst. Damit war unter anderem auch der päpstliche Almosenmeister, Erzbischof François Xavier de Mérode, gemeint. Dieser hatte sich von der feierlichen Sitzung am 18. Juli 1870 ferngehalten. Als sich de Mérode bei der nächsten amtsüblichen päpstlichen Audienz vor einer Zustimmung zu den Konzilsdekreten drücken wollte, warf ihm Pius IX. an den Kopf, der Kindereien seien es nun genug. Er erwarte von ihm einen Glaubensakt. Bereits am 2. August 1870 konnte die offizielle päpstliche Zeitung »Giornale di Roma« schreiben, de Mérode habe seine volle, ausdrückliche und klare Zustimmung zu den neuen Dogmen gegeben. De Mérode und seine Freunde entrüsteten sich über dieses doppelbödige Spiel.

Noch größeren Unmut empfand Pius IX. über den päpstlichen Hofprediger und Kapuziner-Erzbischof Luigi Puecher-Passavalli. Auch er war kein Freund des neuen Dogmas und hatte bei dessen feierlicher Verkündigung gefehlt. Zur Strafe setzte ihn der Papst kurzerhand als Vikar des Kapitels von St. Peter ab. Daß sich der Kapuziner in aller Form unterwarf, besänftigte den Papst nicht. Das 1. Vatikanische Konzil leitete eine lebenslange Entfremdung zwi-

Kardinal Joseph Othmar Rauscher,
Erzbischof von Wien

schen Pius IX. und seinem Hofprediger ein. Auch Guglielmo Audisio, Kanoniker von St. Peter, bekam die Rechnung für seine Opposition präsentiert. Er verlor seinen Rechtslehrstuhl an der römischen Universität »Sapienza«.

In seinem eigenen Hause Ordnung zu schaffen konnte für Pius IX. kein ernstliches Problem darstellen. Schwieriger war es, die unabhängigeren Kardinäle und Bischöfe außerhalb Roms an die Kandare zu nehmen. Eines der Mittel dazu war die päpstliche Presse. Um über die wirkliche Stärke der Opposition hinwegzutäuschen, streute der »Giornale di Roma« noch am Tage der Dogmenverkündigung aus, die 200 abwesenden Bischöfe seien in ihrer großen Mehrheit Befürworter der päpstlichen Unfehlbarkeit. Einige von ihnen hätten bereits ihre schriftliche Zustimmung gegeben. Die bewußt entstellende Berichterstattung – der preußische Botschafter Harry Graf von Arnim-Suckow sprach von einer herzhaften Lüge – nahm bald noch krassere Formen an.

Verschiedene ultramontane Zeitungen, wie die »Unità Cattolica«, der »Osservatore cattolico di Milano« und der »Giornale di Roma« streuten in der Zeit vom 22. Juli bis 22. August 1870 die Meldung aus, neben mehreren Bischöfen hätten sich auch alle Kardinäle der Minorität, nämlich Friedrich Fürst von Schwarzenberg, Jacques Mathieu, Joseph Othmar Rauscher und Gustav von Hohenlohe unterworfen. Im Falle von Schwarzenberg und Hohenlohe war das eine glatte Lüge, hinsichtlich Mathieu und Rauscher irreführend.

Die Zeitungskampagne war ein geschickter Schachzug gegen die Kardinäle der Opposition. Diese hätten sich nur noch durch ein offizielles Dementi vor der Meinung schützen können, die neuen Dogmen nicht bereits akzeptiert zu haben. Rom verrechnete sich nicht in der Annahme, keiner der Kardinäle werde dazu den Mut finden. Zudem gelang es dadurch, die immer noch opponierenden Bischöfe zu verunsichern und heilsamen Druck auf sie auszuüben. Für Erzbischof Johannes Simor von Gran war der Wink deutlich genug, als er die entsprechende Nummer des »Giornale di Roma« von anonymer römischer Seite zugeschickt bekam. Was sich so gut bewährt hatte, wurde dem Wiener Nuntius Mariano Falcinelli zur Pflicht gemacht. Um die hartnäckigen Ungarn zum Nachgeben zu zwingen, sollte er eine Liste von Bischöfen veröffentlichen lassen, die sich bereits unterworfen hatten.

Nicht immer ließ es Rom bei derart indirekten Aufforderungen zur Unterwerfung bewenden. Bald waren es die Nuntien, bald Kardinal Alessandro Barnabò von der »Propaganda Fide«, bald der Papst selbst, der die säumigen Bischöfe an ihre Pflicht erinnerte. In besonders hartnäckigen Fällen liebte es Rom, nicht selbst vorzugehen, sondern Drittpersonen einzuschalten. So war Kardinal Jacques Mathieu auf diese Weise zur Unterwerfung gebracht worden. Er hinwiederum sollte Bischof Félix Dupanloup bearbeiten. Der Münchener Nuntius Pier Francesco Meglia setzte den Kölner Erzbischof Paul Melchers auf Bischof Joseph Hefele an. Und als dies nichts fruchtete, übertrug er diese Aufgabe dem Freiburger Weihbischof Lothar Kübel.

Die Zustimmungserklärungen waren für Rom wichtig. Die Bischöfe sollten dadurch für immer gebunden werden. Bereits 1872 ging man daran, die entsprechenden Briefe sorgfältig zu sammeln. Die Kurie legte Wert darauf, sie alle vollständig zu besitzen. Bei solchen Bemühungen stieß der Wiener Nuntius Serafino Vannutelli 1883 auf eine Panne. Er mußte feststellen, daß es den drei Bischöfen Stephan Pankovićs von Munkács, Georg Smiciklas von Kreutz und Alexander Bonnaz von Csanád und Temesvár gelungen war, sich stets vor einer schriftlichen Erklärung zu drücken. Die große Ausgabe der Konzilsakten von Mansi druckte die entsprechenden Dokumente nicht ab und vertuschte damit diesen peinlichen Tatbestand.

Spaltung der deutschen Opposition in Fulda

Ein besonders glücklicher Schachzug gelang der römischen Kurie mit der Fuldaer Bischofskonferenz Ende August 1870. Mit ihr wurde ein Keil in den Widerstand der deutschen Bischöfe getrieben und diesem das Rückgrat gebrochen.

Bald nach der feierlichen Verkündigung der päpstlichen Unfehlbarkeit trat der Münchener Erzbischof Gregor Scherr mit dem Vorschlag an Erzbischof Paul Melchers von Köln und Bischof Wilhelm Emmanuel Freiherr von Ketteler von Mainz heran, eine Bischofskonferenz nach Fulda einzuberufen, um zu einer gemeinsamen Erklärung in der Unfehlbarkeitsfrage zu kommen. Dieser Plan mußte von langer Hand vorbereitet worden sein, konnte doch Ketteler bereits zwei gedruckte Entwürfe nach Fulda mitnehmen. Hinter der ganzen Aktion standen höchstwahrscheinlich das Staatssekretariat und Nuntius Pier Francesco Meglia von München. Auf alle Fälle bekam der Wiener Nuntius Mariano Falcinelli den Auftrag, in Österreich ebenfalls eine ähnliche Bischofskonferenz anzuregen. Auch den Nuntien Flavio Chigi von Paris und Giovanni Battista Agnozzi von Luzern wurde Fulda als nachahmenswertes Beispiel hingestellt. In Österreich hielt Falcinelli schon aus verkehrstechnischen Gründen nur Provinzversammlungen der Bischöfe für möglich. Aber auch diese scheiterten am Widerstand einzelner Bischöfe, als gemeinsame Erklärungen zur Unfehlbarkeitsdefinition verabschiedet werden sollten. In Frankreich kam ebenfalls nichts zustande. Nur in der Schweiz hatte Nuntius Agnozzi mehr Erfolg. 1871 erließen die schweizerischen Bischöfe zum erwähnten Thema einen gemeinsamen Hirtenbrief.

In Fulda bekannten sich nicht nur eine ganze Reihe ehemaliger Opponenten zum Dogma von der päpstlichen Unfehlbarkeit, sie anerkannten auch die Ökumenizität und Freiheit des 1. Vatikanischen Konzils. Für die im Widerstand verharrenden Bischöfe wirkte Fulda wie ein Schock. Dieser Einbruch in ihre Reihen schien ihnen das größte Unglück zu sein, das die Minorität hatte treffen können. Ein solcher Gesinnungswandel über Nacht wollte ihnen nicht ein-

Wilhelm Emmanuel
Freiherr von Ketteler,
Bischof von Mainz

leuchten. »Die Fuldaer, so wie sie weise vor dem Concil waren, so unweise und thöricht handelten sie nach dem Concil. Keiner Macht der Welt wird's je gelingen können, der Welt die Überzeugung beizubringen, daß das Concil wirklich frei war«, schrieb Joseph Georg Stroßmayer am 27. November 1870 an den Breslauer Kirchengeschichtsprofessor Joseph Hubert Reinkens. Der Eindruck war verbreitet, daß die Bischöfe in Fulda ihre Ehrenhaftigkeit und Überzeugung opferten.

Ehedispensen verweigert

Falls sich die oppositionellen Bischöfe trotz allem nicht willfährig zeigten, hatte die römische Kurie noch andere Mittel an der Hand, sie in die Zange zu nehmen. Sie verweigerte Vollmachten und Vergünstigungen.

Als einen Haupthebel, der gegen ihn in Bewegung gesetzt werde, bezeichnete Bischof Joseph Hefele von Rottenburg die Verweigerung von Ehedispensen. Bald schon konnten 16 Paare in seiner

Diözese nicht mehr heiraten. Gleiche Sanktionen trafen in Deutschland Johannes Beckmann von Osnabrück. Im Habsburger Reich wurde Bischof Joseph Georg Stroßmayer besonders hart angefaßt. Dringende Gesuche Stroßmayers blieben von Rom unbeantwortet. Auf eine erneute Anfrage hin teilte ihm sein römischer Vertrauensmann, Kanonikus Nikolaus Vorsak, mit, er habe so lange keine Antwort zu erwarten, bis er die Konzilsdekrete gehorsam angenommen habe. Auch gegen andere Bischöfe in Österreich-Ungarn sollte so vorgegangen werden. Die treibende Kraft hinter diesen harten Maßnahmen war Pius IX. selbst. Der zweite Mann in der Dataria Apostolica, Monsignore Carmine Gori-Merosi, vertraute dem österreichischen Botschaftsrat Joseph Palomba an, er brauche drei Audienzen, um den Papst von seiner Haltung in Sachen Ehedispensen abzubringen. Nicht immer gelang das. Erzbischof Friedrich Fürstenberg von Olmütz wurden die Vollmachten, von Ehehindernissen zu dispensieren, dennoch verweigert. Die Kurie setzte dieses Mittel öfters auch in Frankreich ein, wenn die dortigen Bischöfe trotz Isolierung und Mangel an Information dem römischen Druck immer noch nicht wichen.

Die Minoritätsbischöfe bekamen die Mißgunst Roms auch anderweitig zu spüren. Wenn sie sich noch nicht klar und deutlich unterworfen hatten, erhielten sie keine Weihbischöfe, keine Dispens vom Fastengebot für ihre Diözesen, keine Gedenkmedaillen an das Konzil wie alle anderen Bischöfe. Ja zuweilen verloren sie die Jurisdiktion über religiöse Kongregationen, wie Bischof François Lecourtier von Montpellier und Bischof Etienne Emile Ramadié von Perpignan. Vor allem aber schloß sie Rom auch bei nachträglicher Zustimmung für mehrere Jahre von jeder Beförderung aus. Wahrscheinlich wurde zudem Bischof Félix Dupanloup, einem der Hauptführer der französischen Minorität, die Ausübung wichtiger bischöflicher Funktionen untersagt. Die Mißgunst dauerte in seinem und in anderen Fällen so lange, wie Pius IX. lebte. Der Papst glaubte, Dupanloup konspiriere gegen ihn und die Kirche.

Widerruf von Konzilsschriften gefordert

Die Stunde der Abrechnung galt vor allem jenen Bischöfen, die – in den Augen der Infallibilisten ein wahrer Skandal – in öffentlichen

Schriften gegen die Unfehlbarkeitslehre aufgetreten waren. In erster Linie betraf das den Dekan der theologischen Fakultät der Sorbonne, Bischof Henri Maret. Die Indexkongregation eröffnete nach dem 1. Vatikanischen Konzil gegen sein Buch »Vom Konzil und dem religiösen Frieden« ein Verfahren. Maret wurde mit der Verurteilung bedroht, falls er nicht förmlich widerrufe. Alle Beteuerungen und Ausflüchte halfen ihm nichts. Rom gab sich erst zufrieden, als Maret sein Werk in aller Form desavouierte und es aus dem Verkauf zurückzog. Damit war dieser Pariser Titularbischof offensichlich wieder ganz auf römischen Kurs gebracht. Als erstes werde er bei der Wiedereröffnung der Sorbonne 1871 Zustimmungserklärungen aller Fakultätsmitglieder zur Unfehlbarkeit in das Beratungsprotokoll aufnehmen, teilte er dem neuen Pariser Erzbischof Joseph Hippolyte Guibert mit.

Auch Erzbischof Peter Richard Kenricks Schrift über die Unfehlbarkeit wurde von der Indexkongregation nachträglich verurteilt. Aus persönlichen Gründen wartete man aber mit der Urteilsverkündigung ab. Im Unterschied zu Maret gelang es Kenrick, die römische Kurie zu beschwichtigen, ohne einen förmlichen Widerruf leisten zu müssen.

Rücktritt von Bischöfen erzwungen

In Frankreich konnten trotz Unterwerfung die Strafen zuweilen noch härter ausfallen. Einige Bischöfe verloren ihre Diözesen. Die Nerven von Bischof Félix de Las Cases von Constantine waren durch den Krieg, die Schulden seiner Diözese, vor allem aber durch die Erlebnisse auf dem Konzil so zerrüttet, daß er sich in eine Heilanstalt begeben mußte. Hier wurde ihm in einem vorübergehenden Zustand der Erregung die Demission auf seine Diözese entlockt. Alles spätere Widerrufen nützte nichts mehr.

Eine ganz besondere Wiedergutmachung wünschte Pius IX. von Bischof François Lecourtier von Montpellier, hatte sich doch dieser Franzose 1865 beim französischen Kultusminister Pierre Jules Baroche über die Ultramontanen beklagt, später in anonymen Zeitungsartikeln über das Fehlen der Freiheit auf dem Konzil geschrieben und bei seiner vorzeitigen Abreise aus Verärgerung – wie bereits berichtet – seine Konzilsdokumente in den Tiber geworfen. Trotz besonders deutlich vollzogener Unterwerfung schwelte der kuriale Unwille

Félix de Las Cases,
Bischof von Constantine

weiter. 1873 wurde Lecourtier verleumdet, areligiöse Briefe an einen eben verstorbenen befreundeten Pfarrer geschrieben zu haben. Das benützte der Pariser Nuntius Flavio Chigi, um, im Einverständnis mit dem Staatssekretariat, nun zum endgültigen Schlage auszuholen. Kardinal Charles Lavigérie beauftragte auf Geheiß des Nuntius Lecourtiers früheren Generalvikar, Auguste Lamothe-Tenet, mit der Mission, den Bischof von Montpellier durch falsche Informationen, Drohungen und Einschüchterungen sowie unter Berufung auf den ausdrücklichen Willen Pius' IX. zum Rücktritt zu bewegen. Als der überrumpelte Bischof seine Demission unterschrieben hatte, nützten ihm alle späteren Widerrufe nichts mehr.

Nach dem Konzil trat auch Bischof Frédéric Marguerye von Autun zurück. Die Umstände, die dazu führten, sind recht wenig klar. Sicher drängte ihn dazu ein Teil des Klerus, noch mehr aber Nuntius Chigi in Paris. In ähnlicher Weise scheinen auch die französischen Bischöfe François Nicolas Gueulette, Giovanni Pietro Sola, Jean Pierre Bravard und Jean Jules Dours zur Demission gezwungen worden zu sein.

»Auch die Jesuiten zufriedengestellt«

Schon lange vor der feierlichen Verkündigung des neuen Dogmas von der päpstlichen Unfehlbarkeit machten sich die Minoritätsbischöfe Sorgen über die Rückkehr in ihre Diözesen. Manche stellten sich bereits während des Konzils auf den herrschenden Trend in ihren Bistümern um, andere drückten sich aus Furcht vor ihren Gläubigen vor einer Entscheidung und verließen Rom vorzeitig.

Die deutschen und österreichischen Bischöfe brauchten zunächst keine solche Angst zu haben, konnte doch Kardinal Friedrich Schwarzenberg von Prag nach dem Konzil an seinen Kollegen Joseph Othmar Rauscher in Wien schreiben: »Ich glaube behaupten zu können, daß die Mehrzahl der mir Anvertrauten die dogmatischen Dekrete nicht mit wahrer gläubiger Ergebung annehmen würde.« Und Bischof Philipp Krementz von Ermland sagte dem Münchener Nuntius Pier Francesco Meglia, er sei nicht sicher, ob auch nur ein Dutzend seiner 300 Priester an die neudefinierte Lehre glaube. Joseph Georg Stroßmayers Heimkehr gestaltete sich gar zu einem wahren Triumphzug.

Flavien Abel Antoine Hugonin,
Bischof von Bayeux

Peter Richard Kenrick,
Erzbischof von St. Louis

Ganz anders sah es freilich in Frankreich aus. Bischof Flavien Hugonin von Bayeux mußte sich monatelang verstecken, um dem Zorn seiner infallibilistischen Diözesanen zu entgehen. Und Bischof Frédéric Marguerye von Autun wurde bei Priesterexerzitien mit lautem Gepolter bedacht, als er seine Haltung auf dem Konzil erläutern wollte.

Aber selbst in Deutschland bekamen die Ultramontanen mehr und mehr Auftrieb, je deutlicher sich ein Sieg der römischen Partei abzeichnete. Diese intransigenten Kreise konnten stets auf die Hilfe des Nuntius in München rechnen. Als zum Beispiel Bischof Pankraz Dinkel von Augsburg dem Redakteur des Diözesanblattes, Professor Matthias Merkle, verbot, die vatikanischen Dekrete zu veröffentlichen, ließ Nuntius Pier Francesco Meglia auf Geheiß von Kardinal Staatssekretär Giacomo Antonelli die Dekrete an alle wichtigen Pfarreien der Diözese Augsburg verteilen. Damit sollten die abschätzigen Äußerungen des Bischofs über das Konzil ausgeglichen werden.

»Ich befinde mich auf einem Vulkan«, schrieb selbst Bischof Joseph Hefele von Rottenburg einige Monate nach Konzilsende. Er war sich zunächst seiner Diözesanen ganz sicher gewesen. Nun drängten ihn viele Geistliche mit Unterstützung des Münchener Nuntius zu einer Annahme der Unfehlbarkeitslehre.

In den Vereinigten Staaten waren es vor allem die Jesuiten, die Klerus und Volk gegen widerspenstige Bischöfe aufwiegelten und diese zur Unterwerfung zwangen. Bald fiel auch einer der wichtigsten Exponenten dieses Widerstandes, Erzbischof Peter Richard Kenrick von St. Louis. Die römische Inquisitionsbehörde akzeptierte seine Unterwerfungserklärung mit der Begründung, er habe nicht nur die Gläubigen, sondern auch die Jesuiten zufriedengestellt.

Immer an die päpstliche Unfehlbarkeit geglaubt!

Trotz Konzilsgeheimnis und restriktiver vatikanischer Pressepolitik war dem Kirchenvolk der Kampf vieler Bischöfe gegen das Unfehlbarkeitsdogma im Namen von Geschichte und Theologie nicht verborgen geblieben. Bald nach Beendigung des Konzils verlangten nun die gleichen Bischöfe gläubige Annahme der vatikanischen Dekrete. Begreiflicherweise hätten viele Katholiken gern eine Erklärung für diesen plötzlichen Gesinnungswechsel gehört.

Weitaus am einfachsten war es, wenn ein Bischof nach erfolgter Definition sagen konnte, er habe immer an die päpstliche Unfehlbarkeit geglaubt und lediglich deren Dogmatisierung für ungünstig gehalten. Der Versuchung, diesen einfachen Ausweg zu gehen, widerstanden nur wenige Bischöfe. Im Interesse des neuen Dogmas förderten auch die Infallibilisten nach Kräften diese Legende. Nicht einmal fünf Bischöfe könnten gerechterweise als Opponenten gegen die Unfehlbarkeitslehre selbst gelten, und nur in zwei oder drei Reden habe man grundsätzliche Bedenken gehört, schrieb Kardinal Henry Edward Manning schon einige Jahre nach Konzilsende. Diese grundlose Behauptung wurde von katholischen Kirchenhistorikern so häufig wiederholt, daß sie bald als unumstößliche Wahrheit galt. Erst in neuester Zeit haben Historiker wieder angefangen, sie ernsthaft in Frage zu stellen.

Wie die ganze bisherige Darstellung des Konzilsverlaufs gezeigt hat, könnte es kaum eine größere Entstellung der geschichtlichen

Tatsachen geben. Von äußerst seltenen Fällen abgesehen, sprachen die Bischöfe nicht nur gegen die Opportunität der Dogmatisierung, sondern brachten historische und theologische Gründe gegen eine Definition vor. Freilich taten es nicht alle mit der gleichen Vehemenz. Unter den vielen, die sich nachträglich zu bloßen Inopportunisten mauserten, waren manche, die nicht im Rampenlicht des Konzils gestanden hatten. Viel peinlicher wirkte dieser schnelle angebliche Gesinnungswandel bei Bischöfen, die vorher lauthals ihre schwerwiegenden historischen und theologischen Bedenken vorgetragen hatten. Bei einigen, wie bei den Erzbischöfen Thomas Connolly von Halifax und John MacHale von Tuam und bei den Bischöfen Michael Domenec von Pittsburgh und Matthias Eberhard von Trier, konnte man den Eindruck gewinnen, jemand habe alles aus ihrem Gedächtnis gelöscht, was sie noch einige Monate zuvor vertreten hatten.

Bei anderen ging diese Ablösung stufenweise vor sich. Das schönste Beispiel dafür ist der St. Galler Bischof Johann Baptist Karl Greith. Er hatte eine ganze Reihe von sachlichen Schwierigkeiten gegen das zu definierende Dogma vorgebracht und am 17. Mai 1870 mit besonderer Erregung in der Konzilsaula gesprochen. »Der Bi-

Matthias Eberhard,
Bischof von Trier

Johann Baptist Karl Greith,
Bischof von St. Gallen

schof von St. Gallen war in seiner Rede so heftig dagegen«, schrieb Bischof Jacob Chadwick von Hexham und Newcastle am 22. Mai 1870 nach England, »daß er durch das Sprechen einen falschen Zahn verlor. Er mußte ihn vom Boden aufheben und wieder einsetzen, bevor er weiterfahren konnte.«[25] Und der Konzilstheologe Victorin Galabert notierte am 17. Mai in sein Tagebuch: »Msgr. Greith von St. Gallen ... schreit wie ein Schwerhöriger.« Trotzdem sagte der St. Galler wenig später, er habe sich gehütet, gegen die Lehre selbst zu kämpfen. Seine Bedenken seien nicht »thetischer« Natur gewesen. Was Greith damit sagen will, ist schwer auszumachen. Auf alle Fälle möchte er jetzt nicht mehr auf seinen Schwierigkeiten insistieren. Wenig später geht er weiter und berichtet Bischof Félix Dupanloup, er habe lediglich die Bedenken anderer vorgetragen, um die Diskussion zu verlängern. Und schon bald vertritt er gegenüber dem Kirchenvolk die Meinung, es sei ihm wie auch allen seinen Kollegen in der Konzilsminorität im Grunde nur um die mangelnde Zweckmäßigkeit der Definition gegangen. In dieser Zeit weist er alle Angriffe auf seine Haltung während des Konzils zurück mit der Behauptung, nie die Lehre selbst, nur ihre Opportunität bestritten zu haben. Einige Jahre später fällt die letzte Reserve. Er preist nun Pius IX. als Propheten, den Gott in das Chaos der Welt gesandt habe, um das Licht von der Finsternis, den Tag von der Nacht zu scheiden.

Die Versuchung, die Bischöfe der Minorität nachträglich »reinzuwaschen« und zu bloßen Inopportunisten zu stempeln, war allenthalben groß, glaubte man dadurch doch der Glaubwürdigkeit des neuen Dogmas und der Ehre der Kirche zu dienen. Die Versuchung war so groß, daß es Bischof Félix de Las Cases für notwendig hielt, in seinem Testament ausdrücklich zu verbieten, ihn am Grabe zum Inopportunisten zu erklären, wie das jetzt schon für gewisse seiner Kollegen aus der Konzilsminorität geschehe.

Sachliche Bedenken behoben?

Auf dem Konzil hatten sich die Minoritätsbischöfe von den Argumenten der Infallibilisten nicht überzeugen lassen. Nach erfolgter Definition häuften nun aber viele von ihnen in ihren Hirtenbriefen an das Volk Zeugnis über Zeugnis aus Schrift und Tradition, die bis vor kurzem die Infallibilisten vorgetragen hatten. Wie ist dieser Gesinnungswechsel zu erklären?

Auf dem Konzil in Rom hatte Bischof Philipp Krementz von Ermland erklärt, aus der Geschichte ergäben sich große Schwierigkeiten für das neue Dogma, und die Verurteilung des Papstes Honorius I. durch das 6. ökumenische Konzil lasse die größten Zweifel an der päpstlichen Unfehlbarkeit aufkommen. »Mir fällt es schwer«, konnte er noch am 7. August 1870 an Erzbischof Johannes Simor, Primas von Ungarn, schreiben, »das in Rom Beschlossene mit meiner bisherigen Theologie und mit den Tatsachen der Geschichte in Einklang zu bringen.« Das hinderte ihn aber nicht, bereits in seinem Hirtenbrief vom 11. Dezember 1870 den Traditionsbeweis für das neue Dogma anzutreten. Besonders kraß widersprach er sich, als er auf die Tradition seiner Diözese Ermland zu sprechen kam. Auf dem Konzil hatte er noch beteuert, durch das Zeugnis vieler Bischöfe stehe es fest, daß in verschiedenen Diözesen Deutschlands, Frankreichs, Böhmens, Ungarns und Transsylvaniens sowie anderer Länder die päpstliche Unfehlbarkeit nicht einmal dem Namen nach bekannt sei. Auch in seiner Diözese – er könne es nicht verschweigen

Philipp Krementz,
Bischof von Ermland

– sei diese Lehre weder in der Katechese noch durch die Predigt überliefert worden. Aus den theologischen Schulen sei sie seit langem verschwunden. In völligem Gegensatz dazu bemühte sich Krementz im erwähnten Hirtenbrief, die ununterbrochene Tradition Ermlands aufzuzeigen. Er beginnt seine Zeugenliste für die päpstliche Unfehlbarkeit bei Anselmus, im Jahre 1250 erster ermländischer Bischof, erwähnt Kardinal Stanislaus Hosius (1504–1579) und gelangt schließlich zu den Jesuiten, die den ermländischen Klerus 200 Jahre lang im Sinne der päpstlichen Unfehlbarkeit unterrichtet hätten. Erst zu Beginn dieses Jahrhunderts sei diese Lehre verdunkelt worden, aber die Ermländer hätten der Sache nach an ihr stets festgehalten.

Ähnlich handelten die Erzbischöfe und Bischöfe Gregor Scherr von München, Paul Melchers von Köln, Michael Deinlein von Bamberg, Matthias Eberhard von Trier, Johann Baptist Karl Greith von St. Gallen, Pankraz Dinkel von Augsburg und Aimé Victor François Guilbert von Gap.

Die weitaus größten Anstrengungen, nachträglich den Traditionsbeweis zu erbringen, machte allerdings der Erzbischof von Gran und

Johannes Simor,
Erzbischof von Gran,
Primas Ungarns

Primas Ungarns, Johannes Simor. In seinem Hirtenbrief vom 8. September 1871 behauptete er, die päpstliche Unfehlbarkeit sei stets von allen in Ungarn geglaubt worden. Aus seinen angeführten Zeugnissen gehe das klarer hervor als das Mittagslicht. Offensichtlich hatte er ganz vergessen, daß er vor etwas mehr als einem Jahr in der Konzilsaula zu Rom erklärt hatte, das Volk in Ungarn wisse nichts von einer päpstlichen Unfehlbarkeit, eine Behauptung, die mehrere seiner bischöflichen Kollegen aus Ungarn ausdrücklich unterstützten. In seinen weiteren Hirtenbriefen vom 18. Dezember 1871 und 15. August 1872 vergaß Simor auch alle anderen früher geäußerten grundsätzlichen Bedenken gegen eine Unfehlbarkeitsdefinition. Zuweilen schlugen seine Argumente nun ins genaue Gegenteil um. Am 20. Mai 1870 hatte er zur Beweisführung aus dem 2. Konzil von Lyon erklärt, das sogenannte Glaubensbekenntnis der Griechen sei nur vom griechischen Kaiser Michael Palaiologos abgelegt worden. Die griechischen Bischöfe – auch die in der Union mit Rom verbliebenen – hätten sich trotz inständiger Bitten des Papstes Innozenz IV. geweigert, das Glaubensbekenntnis zu akzeptieren. Ein gutes Jahr später weiß nun Simor aber in seinem Hirtenbrief vom 18. Dezember 1871 zu berichten, die griechischen Bischöfe hätten das besagte Glaubensbekenntnis angenommen, ja sogar unterschrieben und damit die Unfehlbarkeit des Papstes anerkannt. In Rom wußte man solche Dienste zu schätzen. Simor wurde als erster Minoritätsbischof Kardinal.

Vielleicht beruhte solch abrupter Gesinnungswechsel einfach auf Verdrängung, wie sich das im Falle von Erzbischof Michael Deinlein in Bamberg nahelegt. Am 8. September 1870 hatte er Erzbischof Paul Melchers in Köln noch geschrieben, seine bisherigen historischen Studien würden ihm noch nicht erlauben, dem Unfehlbarkeitsdogma zuzustimmen. Doch schon einige Monate später erweckte er den Eindruck, bereits früher, seit Juli 1870, zur vollsten Überzeugung gelangt zu sein, »daß die Lehre des Vatikanum in Schrift und Tradition wohlbegründet sei«.

Oder war es die lehramtliche Entscheidung, die zu einer völlig neuen Einschätzung von Schrift und Tradition führte? Viele Bischöfe, auch aus den Kreisen der ehemaligen Opposition, legen das nahe. Verschiedentlich behaupten sie, mit der Definition der päpstlichen Unfehlbarkeit sei zugleich mit höchster Autorität festgelegt, daß

Michael Deinlein,
Erzbischof von Bamberg

Gregor Scherr,
Erzbischof von München-Freising

diese Lehre in Schrift und Tradition enthalten sei. »Da die Kirche diesen feierlichen Entscheid gegeben hat, so ist es sicher und selbstverständlich, daß ihr Beschluß sich auf die Heilige Schrift und Tradition gründet, auf diese beiden Quellen der Lehre Christi, deren untrügliche Auslegerin sie ist«, schrieb Bischof Philipp Krementz in seinem Hirtenbrief vom 8. November 1870. Noch deutlicher wurde Erzbischof Gregor Scherr im Kampf gegen Döllinger, der angeboten hatte, den Streit »durch Gutachten sämmtlicher wissenschaftlich gebildeten Historiker in Deutschland entscheiden zu lassen«. Die Frage, ob die Unfehlbarkeitslehre in der Tradition enthalten sei, habe keine Geschichtswissenschaft mehr zu prüfen. Sie sei ein für allemal entschieden worden durch das im Vatikan versammelte ökumenische Konzil. Damit waren aber auch alle geschichtlichen Bedenken grundsätzlich behoben, wie das logischerweise Kardinal Joseph Othmar Rauscher und die Bischöfe Johann Baptist Karl Greith und Matthias Eberhard ausdrücklich betonten.

Wer sich jetzt immer noch nicht in dieser Frage der Autorität des kirchlichen Lehramtes unterordnen wollte, den traf das bischöfliche Verdikt, er leide unter vernunftstolzem Wissenschaftsdünkel.

Aber selbst unter den Bischöfen gab es einige wenige, die ihre früheren theologischen und geschichtlichen Schwierigkeiten nicht vergessen konnten. Zu ihnen gehören Peter Richard Kenrick, Ludwig Haynald und Joseph Hefele. Erzbischof Kenrick von St. Louis hatte sich zwar aus Gehorsam unterworfen, er wollte aber die Unfehlbarkeit des Papstes nie lehren oder sie etwa gar aus Schrift und Tradition begründen und überließ es anderen, die Vereinbarkeit dieser Lehre mit den Fakten der Kirchengeschichte aufzuzeigen. Und Bischof Hefele schrieb am 20. April 1871 an den früheren Staatsminister Joseph Freiherr von Linden: »Noch jetzt bin ich überzeugt, daß die für dieses Dogma angeführten Beweise nicht stichhaltig sind.« Seinem Freund Ignaz von Döllinger hatte er am 14. September 1870 anvertraut: »Ich kann zu Ja nicht Nein sagen und vice versa . . . Etwas was an sich nicht wahr ist, für göttlich geoffenbart anerkennen, das thue wer kann, non possum« [ich bin dazu außerstande].

Der Autorität und Einheit der Kirche zuliebe

Die weitaus meisten Bischöfe der Minorität unterwarfen sich mit der Begründung, ein ökumenisches Konzil habe gesprochen. Damit sei die Streitfrage erledigt. Einige französische Bischöfe verdeutlichten ihre neue Haltung mit dem Hinweis, auf dem Konzil hätten sie die Rolle von Glaubensrichtern ausgeübt. Jetzt aber seien sie nur noch einfache Glieder des katholischen Volkes, denen die Haltung des Glaubens gebühre. Gehorsam, Demut, Frömmigkeit und Lernbereitschaft sind denn auch die anderen Worte, die als Motive der Unterwerfung erwähnt werden.

Aber hatten die Minoritätsbischöfe nicht vor kurzem selbst die Freiheit und Ökumenizität des 1. Vatikanischen Konzils in Frage gestellt? Viele von ihnen wollten nach erfolgter Definition davon nichts mehr wissen; im Gegenteil pochten sie nun gegenüber dem Volke auf die Ökumenizität und Verbindlichkeit der vatikanischen Dekrete. Einige verzichteten jetzt auch ausdrücklich auf die Notwendigkeit der Einmütigkeit in dogmatischen Beschlüssen. Es komme darauf an, auf welcher Seite der Papst stehe. Zudem habe sich die Minorität ihres Stimmrechtes begeben, da sie auf der feierlichen letzten Sitzung gefehlt habe. Andere, die eine solche verfälschende Deutung der Tatsachen nicht akzeptieren wollten, beriefen sich auf

Charles Philippe Place,
Bischof von Marseille

die nachträgliche Zustimmung fast aller Minoritätsbischöfe. Obwohl diese ehemaligen Opponenten sonst ein waches Auge für manipulative Prozesse bewiesen, wollten sie in diesem Falle nicht sehen, unter wieviel Zwang und Druck Roms dieser nachträgliche Konsens zustande gekommen war.

Die Angst, bald ganz allein im Widerstand zu bleiben, half Kardinal Friedrich Schwarzenberg und Bischof Joseph Hefele zum Nachgeben. »Die Lage eines suspendirten und exkommunicirten Bischofs scheint mir eine schreckliche, die ich kaum ertragen könnte«, meinte Hefele am 8. März 1871 gegenüber Ignaz von Döllinger.

Gerade aber bei Hefele gab ein anderes Motiv den Ausschlag, sich zu unterwerfen: die Angst vor einem Schisma, die Sorge um die Einheit der Kirche. Er halte ein Schisma für ein noch größeres Unglück als die Unfehlbarkeitsdefinition, schrieb er in einem vertraulichen Brief vom 21. April 1871 an Bischof Joseph Feßler von St. Pölten. Zwischen Skylla und Charybdis gesetzt, habe er lieber seinen Verstand zum Opfer gebracht als ein Schisma begünstigt. Wie Hefele meinte auch Bischof Charles Philippe Place von Marseille, das hohe Gut der kirchlichen Einheit rechtfertige viele Opfer.

Die Autorität der Kirche und die Sorge um ihre Einheit waren es also, die die Bischöfe zur Unterwerfung motivierten. Die Frage nach der Wahrheit der Unfehlbarkeitslehre, die auf dem Konzil eine so große Rolle gespielt hatte, trat völlig zurück. Damit aber erhebt sich der Verdacht, daß die Zustimmung der Bischöfe nur äußerlich blieb.

Interpretation als Ausweg

Als sich die beiden Gutachter Kardinal Schwarzenbergs im September 1870 darüber Gedanken machten, wie die Minoritätsbischöfe gegen das neue Dogma Widerstand leisten könnten, dachten sie – wie schon erwähnt – auch an den »ärmlichen« Ausweg der Interpretation. Freilich hatten sie dabei eine authentische Erklärung durch das Konzil selbst im Auge. Am 20. September 1870 eroberten jedoch italienische Truppen die Ewige Stadt, und der Papst vertagte das Konzil auf unbestimmte Zeit. Die Bischöfe konnten nun nur noch einzeln den Weg der Interpretation gehen.

Tatsächlich gingen ihn viele. Das begann schon während des Konzils. Je unausweichlicher eine Definition wurde, um so mehr beschäftigten sich die Bischöfe mit dem Nachher. Mancher dachte dabei an die Möglichkeit, den Texten einen solchen Sinn zu geben, daß diese für ihn annehmbar würden. So begann sich zum Beispiel Wilhelm Emmanuel Freiherr von Ketteler bereits in der letzten Phase des Konzils mit dem Dekret etwas mehr anzufreunden. Der Unfehlbarkeitsdefinition war nämlich am 7. Juli 1870 eine historische Notiz vorangestellt worden, in der die von den Päpsten angewandten verschiedenen Mittel der Wahrheitsfindung aufgezählt wurden. Ketteler sah darin die von ihm so heftig geforderte Rückbindung des Papstes an die Gesamtkirche. Andere beruhigten sich bei dem Gedanken, die extremen ultramontanen Forderungen seien nicht zum Zuge gekommen.

Dringender wurde der Weg der Interpretation nach erfolgter Definition. Viele Bischöfe versuchten zunächst, die Fälle unfehlbarer päpstlicher Entscheidungen möglichst einzuschränken. Dadurch entfielen die Konflikte mit der Geschichte. Noch wichtiger war ihnen jedoch, die Unfehlbarkeit des Papstes an die Gesamtkirche zu binden. Obwohl das Konzil klar definiert hatte, der Papst sei aus sich ohne die Zustimmung der Kirche unfehlbar, versuchten sie nun doch wieder, in ihren Auslegungen den Papst an den Konsens der Kirche zu binden.

Am entschiedensten beschritt Joseph Hefele den Weg der Interpretation. Aus der historischen Notiz, die Päpste hätten vor Kathedralentscheidungen durch Konzilien, Synoden usw. den Glauben der Kirche in Erfahrung gebracht, machte er eine Norm.

Bei keinem Bischof wird jedoch so deutlich wie bei Henri Maret, welcher Art der Weg, der zu einer solchen Interpretation führte, sein konnte. Maret befand sich nach erfolgter Definition in einer verzweifelten Situation. Sollte er das neue Dogma annehmen, dabei aber seine bisherige Überzeugung opfern? In dieser Zwangslage riet ihm sein Freund, Bischof Augustin David von St. Brieuc, das Dogma in Gehorsam anzunehmen, ohne daran zu glauben. Maret selbst dachte eher an einen inneren Vorbehalt. Er wollte das Dogma im Glauben annehmen, aber allerdings so, wie *er* es verstand. Letztlich jedoch fand er beides zwiespältig. »Offenherzige Erklärungen wären ohne Zweifel besser. Aber sind sie möglich?« Offensichtlich war Maret nicht dieser Meinung. In diesem Dilemma fand er schließlich das Ei

Augustin David,
Bischof von St. Brieuc

des Kolumbus: Die vatikanische Unfehlbarkeitsdefinition widerspreche gar nicht seiner eigenen Ansicht. Er fand – so wörtlich Maret – zu seinem großen Glück in den Dekreten genau das, was sich darin auch befinden mußte.

Was hatte Maret gefunden? Ähnlich wie Hefele, die Interpretation nur etwas weiter treibend, glaubte er feststellen zu können, daß das Konzil die vorhergehende und begleitende Zustimmung der Kirche nicht ausgeschlossen habe. Im Gegenteil seien diese notwendig. Fehlten sie, müsse die Kirche nachträglich zustimmen. Damit aber lehre das vatikanische Dekret keine persönliche und absolute Unfehlbarkeit des Papstes. Auf diese Weise wurde für Maret der Weg frei, dem neuen Dogma bedingungslos zuzustimmen. Er ließ sich von seinen Freunden nicht mehr beirren, als diese ihm verschiedentlich vorwarfen, seine Deutung widerspreche dem natürlichen und eindeutigen Sinn der vatikanischen Dekrete.

Bischof Maret hat bis heute Nachfolger gefunden. Auch die beiden Theologen Heinrich Fries und Klaus Schatz vertreten neben manchen anderen die These, das 1. Vatikanische Konzil habe nur die Notwendigkeit der nachträglichen kirchlichen Zustimmung verworfen. Heute kommt eine solche theologische Interpretationskunst gelegen, doch damals wagten Maret und seine Sekretäre aus Angst vor römischen Sanktionen nicht, ihre Erkenntnisse in irgendeiner Form zu publizieren. Daß mit seiner Interpretation etwas nicht stimmte, hätte Maret auch sonst merken können. Rom bestand gegenüber dem Dekan der Sorbonne darauf, sein Buch über Konzil und päpstliche Unfehlbarkeit zu desavouieren und aus dem Verkauf zurückzuziehen.

Es läßt sich verstehen, weshalb die geschlagene Opposition nachträglich die Tendenz zeigte, die Dekrete zu verharmlosen. Bischof Pankraz Dinkel verstieg sich gar zur Behauptung: »Das Dekret ist mehr ein Sieg der Minorität als der Majorität zu nennen.« Von einer solchen Stimmung war bei den Infallibilisten keine Spur zu finden. Ignatius von Senestrey und sein Kreis betrachteten die verabschiedete Formel als einen vollständigen Sieg. Nach einem Bericht Emmanuel d'Alzons war man bereits vor den letzten Verschärfungen allgemein über das vierte, das Unfehlbarkeitskapitel, entzückt. Selbst der extrem ultramontane George Ward wollte sich nicht beklagen. Nur wenige waren so ehrlich wie Kardinal Friedrich Schwarzenberg. Am 16. August 1870 schrieb er an seinen Wiener Kollegen Joseph Oth-

Pankraz Dinkel,
Bischof von Augsburg

mar Rauscher, die Ansicht der Minorität sei nun einmal vom Konzil verurteilt worden.

Römische Zugeständnisse in wichtigen Fällen

Wie reagierte die römische Kurie auf die abschwächenden Deutungsversuche der Minorität und die verschärfenden Auslegungen verschiedener Infallibilisten? In Rom beschäftigte sich vor allem die Inquisitionskongregation und die Kongregation für besondere kirchliche Angelegenheiten mit den Unterwerfungserklärungen der Bischöfe. Innerhalb der Inquisitionskongregation errichtete Pius IX. im Oktober 1870 eine spezielle Kommission »für alle Angelegenheiten des vatikanischen ökumenischen Konzils und der aktuellen Situation Roms«. Alle diese römischen Institutionen zeigten eine recht große Elastizität. Sowohl einschränkende wie verschärfende Interpretationen erhielten Anerkennungsschreiben. Selbst Joseph Hefele durfte ein in allgemeinen Ausdrücken sich ergehendes Lob in Empfang nehmen. Hefeles Interpretation wurde zwar der Inquisitionsbehörde übergeben, aber man drückte dort beide Augen zu. Kardinal Staatssekretär Giacomo Antonelli behauptete gar gegenüber dem bayerischen Botschafter Karl Graf von Tauffkirchen-Guttenburg wiederholt »die vollste Übereinstimmung der Curie mit der Erklärung des Bischofs von Rottenburg«. Aber das war nur diplomatisches Spiel. Niemand in Rom dachte im Ernst daran, sich die Interpretation Hefeles zu eigen zu machen.

Worauf es der Kurie vor allem ankam, war die tatsächliche Unterwerfung. Deshalb ging sie auch großzügig über Vorbehalte orientalischer Bischöfe hinweg oder insistierte in schwierigen und weniger bedeutenden Fällen nicht weiter auf der Verkündigung der vatikanischen Dekrete.

Auch als die sechs Münchener Universitätstheologen und später Erzbischof Ludwig Haynald den Verpflichtungscharakter der vatikanischen Dekrete mit der nachträglichen Zustimmung der Bischöfe begründeten, machte die Kurie gegenüber dieser in ihren Augen theologisch an sich völlig unhaltbaren Ansicht Konzessionen. Hauptsache war, die Bischöfe und die Professoren unterwarfen sich und schwiegen. Das galt auch gegenüber den Theologieprofessoren der

Ludwig Haynald,
Erzbischof von Kalocsa und
Bacs (Ungarn)

Universität Tübingen. Obwohl man wußte, daß diese nicht an das neue Dogma glaubten, ließ man sie in Ruhe, wenn sie sich nur still verhielten. Das veranlaßte Ignaz von Döllinger, gegenüber dem protestantischen Theologen Adolf von Harnack zu bemerken, die Tübinger dürften in ihrer Fachzeitschrift nur noch Allotria behandeln.

Andere Professoren, wie der spätere altkatholische Bischof Eduard Herzog in Luzern, hatten ein gleiches Angebot als unehrenhaft abgelehnt.

Nur äußerliche Unterwerfung?

Im Juli 1870 behaupteten die beiden diplomatischen Beobachter beim Heiligen Stuhl, der spanische Geschäftsträger José Fernandez Ximenes und der italienische Agent Imbro I. Tkalac, die Zustimmung der Bischöfe zur Unfehlbarkeitsdefinition werde nicht aufrichtig, sondern nur politischer Natur sein, um die Bischofsstühle zu behalten. Wegen der herrschenden religiösen Indifferenz sei aber kein Schisma zu erwarten. Waren sie im Recht? Der Ton vieler Unterwerfungserklärungen widerspricht den Behauptungen der beiden Diplomaten. Auf der anderen Seite aber hat die Analyse gezeigt, wie sachfremd die Motive der Unterwerfung zumeist sind. Die Bischöfe

Kardinal Jacques Mathieu,
Erzbischof von Besançon

akzeptierten die vatikanischen Dekrete nicht, weil sie deren Wahrheit nun einsahen, sondern aufgrund der kirchlichen Autorität, die diese sanktionierte. Sachfremd ist auch das weniger häufige Motiv der Sorge um die kirchliche Einheit. Ebensowenig lassen die verschiedenen Interpretationsversuche auf eine volle innere Zustimmung schließen. Aussagen der Bischöfe selbst und Stimmen aus ihrem engeren Kreis vermehren den Verdacht, daß manche von ihnen ihre Vorbehalte nie aufgaben.

Als einer der ersten unterwarf sich Kardinal Jacques Mathieu von Besançon. »Ich bekenne, den von seiner Heiligkeit auf der Sitzung des Vatikanischen Konzils vom 18. Juli vorgenommenen dogmatischen Definitionen einfach und schlechthin aus ganzem Herzen und ganzer Seele zuzustimmen«, schrieb er am 11. August 1870 dem Papst. Pius IX. war hocherfreut. Jeder unbefangene Leser mußte tatsächlich annehmen, daß der Kardinal mit einer solchen Formulierung eine vorbehaltlose Zustimmung zu den Konzilsdekreten meinte. Das war aber nicht der Fall. In mehreren Briefen vertraute er bischöflichen Kollegen an, er habe die früheren Ansichten der Minorität nicht aufgegeben. Das verbiete ihm seine Ehre wie sein Gewissen. Er verstehe die Definition mit Einschränkungen und gebührenden Begrenzungen und habe sich nur so unterworfen.

Mit der gleichen Formel wie Kardinal Mathieu und – wie er ausdrücklich in einem Brief an Bischof Félix Dupanloup erwähnte – mit den gleichen Einschränkungen unterwarf sich auch Bischof Henri Maret. Nach dreimonatiger Meditation glaubte er die innere Berechtigung gefunden zu haben, die vatikanischen Dekrete in seinem Sinne zu interpretieren. Viele der bischöflichen Kollegen vermochten Maret darin nicht zu folgen. Die meisten von ihnen leisteten mit der Unterwerfung einen bloßen Akt des Gehorsams gegenüber dem Papst, wie Maret selbst und sein Kreis annahmen.

Mathieus Formel taucht auch bei den Bischöfen Georges Darboy, Augustin David und Charles Théodore Colet auf. Am 21. September 1870 schrieb Mathieu an Kardinal Friedrich Schwarzenberg, es herrsche unter den französischen Minoritätsbischöfen allgemein die Meinung, die Dekrete »einfachhin« anzunehmen und sich nicht mehr auf den Verpflichtungscharakter der vierten Sitzung einzulassen, um Schwierigkeiten und Skandale zu vermeiden. Offenbar bestand unter mehreren Franzosen eine Absprache, zu der wohl auch die Bischöfe Charles Philippe Place von Marseille und Félix Dupanloup von Orléans gehörten. Viele Zeugnisse lassen vermuten, daß neben Mathieu und Maret auch David, Darboy, Dupanloup und Place trotz Unterwerfung dem Dogma innerlich nicht zustimmten.

Mathieus Formel begegnet selbst in Amerika, bei Erzbischof Peter Richard Kenrick von St. Louis, der nach mehreren Zeugen das Dogma ebenfalls nicht innerlich annahm. Laut Lord Acton stimmten auch die beiden englischen Bischöfe William Clifford von Clifton und Thomas Joseph Brown von Newport dem neuen Dogma nur äußerlich zu.

Besonders schwer fällt es zu glauben, daß Bischof Joseph Hefele das Unfehlbarkeitsdogma wirklich innerlich akzeptierte. Alle seine Motive bleiben äußerer Natur: die Sorge um die kirchliche Einheit, die Angst vor einem Schisma, die zu erwartende Exkommunikation bei weiterem Widerstand, der nachlassende Rückhalt beim Klerus und bei der württembergischen Regierung. Er brachte »das Opfer des Verstandes« – wie er sich ausdrückte – und unterwarf sich. Freunden gegenüber meinte er jedoch, das bedeute keine direkte Annahme der vatikanischen Dekrete. Auch später sagte er niemals

Joseph Georg Stroßmayer,
Bischof von Diakovar (Kroatien)

klar, er sei nun von der Wahrheit des Unfehlbarkeitsdogmas und der Argumente, die es stützen sollten, überzeugt worden. Hefele selbst erschwerte es der Nachwelt sehr, mehr Klarheit über sein wirkliches Denken zu gewinnen. Er verbrannte seinen Nachlaß und versuchte zu dem gleichen Zweck vertrauliche Briefe von Freunden zurückzuerhalten.

Nicht weniger Rätsel gibt die Haltung Bischof Joseph Georg Stroßmayers auf. Jahrelang konnten ihn weder Freund noch Feind zu einer Unterwerfungserklärung bewegen. Als Pater Augustin Theiner und Stroßmayers römischer Kontaktmann, der kroatische Domherr Nikolaus Vorsak, ihm zu einem bloßen Lippenbekenntnis rieten, da Rom zum äußersten entschlossen sei, wies Stroßmayer dieses Ansinnen entschieden zurück. »Lieber sterben«, beteuerte er am 1. März 1871 Pater Theiner, »als gegen mein Gewissen und gegen meine Überzeugung handeln. Lieber jeder Humiliation ausgesetzt sein, als vor dem Baal, vor dem verkörperten Hochmuth meine Knie beugen.«

Doch auch Stroßmayers Widerstand bröckelte zusehends ab. »Rom wird mich nie mehr sehen«, hatte er seinem Freund, Kanonikus Franjo Rački am 6. Juni 1870 geschrieben. 1871 war Stroßmayer bereits wieder in Rom. 1872 ließ er sich herab, die vatikanischen Dekrete in seinem Diözesanblatt »Glasnik« zu veröffentlichen, allerdings ohne jeglichen Kommentar. 1875 söhnte er sich mit Pius IX. aus. »Ich mache Frieden mit dem Papst aus Liebe zu meinen Freunden . . .«, berichtet er am 16. Januar 1875 Rački. Kanonikus Vorsak fügte hinzu: »Der Bischof schuldet es seiner Position innerhalb unseres Volkes, und auch meine Position würde noch schwieriger werden.« Eine Art Bekenntnis zur Unfehlbarkeitsdefinition legte Stroßmayer jedoch erst 1881 unter dem Pontifikat Leos XIII. ab. Am Ende seines Lebens wollte er nur die Opportunität bekämpft haben.

Von den beiden Kardinälen Friedrich Schwarzenberg von Prag und Joseph Othmar Rauscher von Wien fehlt eine ausdrückliche Zustimmungserklärung zum Unfehlbarkeitsdogma. Ihre persönliche Überzeugung bleibt im Dunklen. »Schwarzenberg hat an die neuen Dogmen nicht geglaubt, dieses von niemand gefordert, er fügte sich stillschweigend, weil er nicht die Kraft besaß, offen zu widerstehen, nachdem die übrigen Bischöfe gefallen waren«, notierte der mit dem Kardinal befreundete Prager Kirchenrechtsprofessor Friedrich von Schulte. Auch bei anderen Bischöfen, wie etwa bei Fürstbischof

Luigi Puecher-Passavalli,
Kapuzinererzbischof,
päpstlicher Hofprediger

Heinrich Förster, mag das äußere Bekenntnis nicht mit der inneren Überzeugung übereingestimmt haben.

Die innere Emigration machte selbst vor der römischen Kurie nicht halt. Obwohl Kardinal Gustav Adolf von Hohenlohe mehrfach versicherte, stets an die päpstliche Unfehlbarkeit geglaubt zu haben, anerkannte er die Gültigkeit der Beschlüsse des Vatikanischen Konzils nicht. Er vermied es aber, sich darüber öffentlich zu äußern. Noch zwiespältiger war die Haltung des Kapuziner-Erzbischofs und päpstlichen Hofpredigers Luigi Puecher-Passavalli, trotz offizieller Unterwerfung. In Reformthesen aus dem Jahre 1871 forderte er die Zurückweisung des Dogmas von der Unfehlbarkeit und einen feierlichen Protest gegen den Despotismus Roms. Solche Auffassungen können bei einem Erzbischof nicht überraschen, der den hauptsächlichen Irrtum der Katholiken in der fetischhaften Anbetung der kirchlichen Hierarchie, besonders des Papstes, sah und der noch 1891 die Unfehlbarkeitsdefinition für eine sakrilegische Beleidigung der Heiligsten Dreifaltigkeit hielt, die das Amt des obersten Hirten »in ein despotisches Sultanat Mohammeds und Christi Schafstall in eine Sklavenherde« umgewandelt habe.

Trotz alldem, es gab keinen einzigen Bischof, der bis zuletzt widerstanden hätte. Alle gaben äußerlich nach. Manchen erschien diese Haltung als unverzeihliche Schwäche, als Preisgabe der Ehrlichkeit, als moralische Fäulnis, ja als Abfall. Auf katholischer Seite pries man die Bischöfe als eindrucksvolle Zeugen fester Glaubens- und Kirchentreue.

Der Widerstand der Professoren oder Es hätte auch anders ausgehen können

Nachdem das neue Dogma von der päpstlichen Unfehlbarkeit verkündet, vor allem aber, nachdem der Protest der Bischöfe verhaltener als erwartet ausgefallen war, bröckelte die Opposition der Professoren ebenfalls ab. Die konzilsfreundlichen Erklärungen der Fuldaer Bischofskonferenz taten ein übriges. Die Nürnberger Theologenversammlung vom 25. August 1870 konnte nur noch 14 Teilnehmer auf sich vereinigen. Alle lehnten die vatikanischen Dekrete scharf ab mit der Begründung, das Konzil sei nicht frei und ökumenisch gewesen und habe eine Lehre definiert, die nicht in der Tradition enthalten sei und die die göttlichen Rechte des Episkopats zerstöre.

Der Widerstand der Bischöfe schwächte sich weiter ab, und damit zerfiel auch die Opposition der Professoren. Alle Motive, die Definition anzunehmen, die uns bei den Bischöfen begegnet sind, finden sich auch bei ihnen wieder. Und viele, zum Beispiel die Professoren der katholisch-theologischen Fakultät der Universität Tübingen, gingen in die innere Emigration. Wie manche andere glaubten sie zwar nicht, widersprachen aber auch nicht.

Im Unterschied zu den Bischöfen aber gab es auf der Seite der Professoren eine ansehnliche Zahl, die nicht schweigen konnte und die auch nicht schweigen wollte. Innerhalb kurzer Zeit wurden allein im deutschsprachigen Raum zwanzig Professoren der Theologie und geistliche Lehrer der Philosophie exkommuniziert. Zwei Drittel aller katholischen Historiker, die an deutschen Universitäten lehrten, traten aus der Kirche aus. In München vollzogen fünf Historiker diesen Schritt. Auch in anderen Ländern verließen Theologen aus Protest gegen das Unfehlbarkeitsdogma die Kirche.

Der Widerstand der Professoren verlagerte sich von der formalen auf die inhaltliche Seite. Im Vordergrund stand nicht die mangelnde

Paul Melchers,
Erzbischof von Köln

Freiheit und Ökumenizität, sondern der Widerspruch der Dekrete zu den geschichtlichen Tatsachen, zu den Ergebnissen der historischen Wissenschaft. Protagonisten dieses Kampfes waren die Professoren Ignaz von Döllinger in München, Johann Friedrich Ritter von Schulte in Prag, Joseph Langen und Franz Heinrich Reusch in Bonn. Erzbischof Paul Melchers warf Reusch vor, »von der Wissenschaft zuviel und von der Auctorität zu wenig zu halten . . . Sie sprechen überhaupt zuviel von Überzeugung.« Den Bischöfen ging es nicht um Überzeugung, sie wollten Gehorsam.

Es kann nicht verwundern, daß diejenigen, die das Unfehlbarkeitsdogma akzeptierten, dem Widerstand der Professoren andere Motive zu unterschieben suchten. Nationaler und wissenschaftlicher Dünkel, Entfremdung von der Kirche, Tendenzwissenschaft, flacher Fortschrittsglaube sowie aristokratisches und individualistisches Bewußtsein werden ihnen vorgeworfen. Vor allem aber hätten sie gegen einen Popanz gekämpft und auf die wahre Unfehlbarkeitslehre nie eingehen wollen. Als ob sich die Bischöfe nicht selbst monatelang auf dem Konzil gegen das Unfehlbarkeitsdogma gewehrt hätten . . .

Vom Papst bestellte Geschichtsschreiber

Das Konzil war noch nicht zu Ende, da dachten die Infallibilisten bereits an eine ihrem Wunsche entsprechende Konzilsgeschichtsschreibung. Pius IX. berief dazu im Juni 1870 Kanoniker Eugenio Cecconi aus Florenz nach Rom. Cecconi hatte sich um die Verteidigung des Konzils von Florenz verdient gemacht. »Der Priester Cecconi aus Florenz ist hier in Rom eingetroffen«, schrieb Erzbischof Vincenzo Tizzani, einer der wenigen Kurialen, die sich auf seiten der Opposition engagierten, am 1. Februar 1871 an Kardinal Friedrich Schwarzenberg. »Ihm ist die Aufgabe übertragen, die Geschichte des Vatikanischen Konzils zu schreiben. Damit wird eine offizielle Geschichte vorhanden sein. Viele vermuten, Cecconi gebe lediglich seinen Namen her, schreiben würden die Jesuiten. Es interessiert mich nicht, was es damit auf sich hat. Ich werde meines Amtes walten und das schreiben, was ich hörte, als ich am Konzil teilnahm. Die Leser werden sehen, ob sie mir oder Cecconi oder beiden Glauben schenken sollen.«

Cecconi publizierte bald vier dicke Bände über das Konzil, Tizzani hingegen nichts. Schon während des Konzils hatte Tizzani zwar um-

Vincenzo Tizzani, Titularerzbischof und Professor für Kirchengeschichte an der päpstlichen Universität in Rom fangreiches Material gesammelt und bereits damit begonnen, eine Geschichte des Vatikanischen Konzils zu entwerfen, aber zeit seines Lebens kam es zu keiner Publikation. Der vollständige Sieg der gegnerischen Richtung ließ ihm eine solche nicht ratsam erscheinen. Als Tizzani 1892 starb, kaufte der Vatikan Tizzanis gesamte Dokumentation seiner Nichte, der Gräfin Lucrezia Accursi Gazzoli, ab. Von den versprochenen 100000 Liren zahlte er allerdings nur ein Fünftel, was zu einem Prozeß führte. Seither werden Tizzanis Papiere bis auf den heutigen Tag im Vatikanischen Geheimarchiv unter Verschluß gehalten.

Tizzani war nicht der einzige Minoritätsbischof, der eine Geschichte des 1. Vatikanischen Konzils vorbereitete. Auch Bischof Etienne Emile Ramadié von Perpignan dachte daran. »Der Bischof von Perpignan hält alles, was auf dem Konzil gesagt und getan wird, sorgfältig fest. Er schreibt die ganze Zeit und redigiert, wenn er nach Hause zurückgekehrt ist«, schrieb der französische Priester von St. Sulpice, Henri Icard, am 23. April 1870 in sein Tagebuch. Im Juni 1871 hielt Ramadié es so wenig wie Tizzani für opportun, aus seinem Material eine Geschichte der konziliaren Minderheit zu publizieren. Die Ereignisse seien nicht in ihrem Sinne verlaufen. 1872 machte sich Ramadié erneut an seine Konzilsnotizen. Gegenüber Bischof Félix Dupanloup meinte er, sie seien für die Kirche nützlich, und er werde sie endgültig redigieren, sobald er Zeit dazu habe. Dazu aber kam es nicht mehr. Ramadié wartete vergeblich auf günstigere Umstände. Heute sind nicht einmal mehr seine Notizen auffindbar.

Von Rom gefördert, war der offizielle Konzilshistoriker Cecconi viel erfolgreicher. Cecconi mußte es sich zwar gefallen lassen, daß Kardinal Luigi Bilio seine vier Konzilsbände einer Revision unterzog, dafür aber sorgte das Staatssekretariat für eine weite Verbreitung. Nicht nur alle Bischöfe erhielten Cecconis Werk, die Nuntien von Paris und München mußten im Auftrag des Staatssekretariats auch eine französische und deutsche Übersetzung herstellen lassen.

Bereits 1875 geriet die offizielle Konzilsgeschichtsschreibung jedoch ins Stocken. Cecconi wurde Erzbischof von Florenz. 1893, nach fast zwanzigjähriger Unterbrechung, beauftragte Papst Leo XIII. den Jesuiten Theodor Granderath mit der Darstellung des 1. Vatikanischen Konzils. Er gestattete ihm die Benützung sämtlicher im Vatikan vorhandener Archivalien: »Alle Aktenstücke stehen Ihnen zu Gebote. Nicht ein einziges ist Ihnen vorenthalten. Nun legen Sie den

Joseph Feßler,
Bischof von St. Pölten,
Sekretär des Konzils

Verlauf des Konzils gerade so dar, wie er objektiv gewesen ist.« Was Granderath sehen konnte, blieb allen anderen Forschern weitere gute 70 Jahre verschlossen. Der Jesuit wußte sich für dieses Privileg dankbar zu erweisen. Seine Darstellung des Konzils lag ganz auf der Linie der Infallibilisten; sie wurde im katholischen Raum tonangebend.

Die Pläne der Bischöfe Maret, Ramadié und Tizzani zu einer Darstellung der Konzilsgeschichte aus der Sicht der unterlegenen Seite blieben aus Angst vor römischen Sanktionen unausgeführt. Tatsächlich setzte die Indexkongregation alle wichtigeren Darstellungen der Unfehlbarkeitsgegner auf die Verbotsliste, so etwa die Bücher von Johann Friedrich von Schulte, Lord Acton, Johann Friedrich, Joseph Hubert Reinkens und Joseph Langen. Das genügte Rom aber noch nicht. Systematisch forderte es infallibilistische Bischöfe zur Bekämpfung von deren Schriften auf. Bischof Joseph Feßler polemisierte im Auftrag Kardinal Bilios, letztlich aber des Papstes, gegen den Prager Kirchenrechtsprofessor von Schulte. Zur wirkungsvolleren Widerlegung von Schultes Büchern wurde Feßler von der Schweigepflicht des Konzils entbunden. Auch Bischof Ignatius von Senestrey von Regensburg und andere sollten gegen die Schriften Schultes und Aemil Ruckgabers über Honorius usw. zu Felde ziehen.

Unterband die römische Kurie auf der einen Seite den Informationsfluß nach außen, so war sie selbst daran interessiert, möglichst umfassend orientiert zu sein. Durch die Nuntien ließ sie sich alle Pastoralschreiben und sonstigen bischöflichen Dokumente zu den vatikanischen Dekreten nach Rom schicken. Später verlangte sie auch alle anderen Schriften über das Konzil.

Die kuriale Repression gegen nicht genehme Fakten und Meinungen wirkte sich aus. Werke über Minoritäts- und Majoritätsbischöfe beschönigten häufig die Tatsachen. Auch Aktenpublikationen über Unfehlbarkeitsgegner ließen Unangenehmes aus. Das geschah selbst in der von Louis Petit und Jean Baptiste Martin betreuten Edition der Dokumente des 1. Vatikanischen Konzils in der Sammlung Mansi. Unangenehme Stücke, wie zum Beispiel ein zentraler Protestbrief Stroßmayers oder Akten zur Unterwerfung Lecourtiers, wurden verschwiegen.

Bis heute fehlt eine auf den Quellen beruhende Darstellung des 1. Vatikanischen Konzils.

»All das muß verbrannt werden . . . all das muß verschwinden . . .«

Die Repression hatte ihre Auswirkungen auch auf die Archivsituation. Vor allem waren es die Minoritätsbischöfe, die in den Jahrzehnten nach dem Konzil sich recht unwohl fühlten bei dem Gedanken an das, was sie einst gesagt und geschrieben hatten. So verbrannte Bischof Joseph Hefele von Rottenburg – wie bereits erwähnt – nicht nur seinen gesamten Nachlaß, er forderte zum gleichen Zweck auch die Briefe zurück, die er seinerzeit an Freunde geschrieben hatte. Auch Kardinal Charles Philippe Places sämtliche Papiere wurden auf Anordnung seines Sekretärs Richard verheizt. Erzbischof Georges Darboy von Paris ließ während der Belagerung der Stadt 1871 Teile seiner Akten verbrennen. Nach seiner Verhaftung durch die Pariser Kommune setzte Darboys Schwester Justine das Werk fort; einiges jedoch blieb erhalten[25a]. In Ungarn übergab der bischöfliche Sekretär und römische Korrespondent der Zeitung »Fövarosi Lapok«,

Joseph Alfred Foulon,
Bischof von Nancy und Toul

Gustáv Jánosi, kurz vor seinem Tode seine zweibändigen Privataufzeichnungen über das Konzil den Flammen. Auch der Benediktiner Erzabt Krizosztom Kruesz aus Pannonhalma/St. Martinsberg vernichtete wichtige persönliche Dokumente, die sich auf das Konzil bezogen.

Bischof Joseph Alfred Foulon bekam es ebenfalls mit der Angst zu tun, als er später nochmals seine Konzilskorrespondenz durchgelesen hatte. »All das muß verbrannt werden«, schrieb er am 29. Dezember 1873 an seinen Freund Abbé Tapie, »mit Ausnahme des ersten und vielleicht des zweiten Briefes. Ich werde von meiner Seite sehen, ob das gleiche für die Kopie geschehen soll, die Sie wohlwollenderweise haben anfertigen lassen. All das muß verschwinden. Ich zähle auf Ihre mutige Freundschaft, um Ihnen die Kraft zu geben, die Sie vielleicht nötig haben werden. Aber ich beschwöre Sie, tun Sie es.« Abbé Tapie beruhigte Foulon, er werde alles verbrennen, was entfernt nach Konzilspolemik aussehen könnte. Alles Kompromittierende werde verschwinden. Tapie muß nicht viel, aber einiges doch verbrannt haben. Die Antwort auf die Anfrage Tapies, ob es zutreffe, daß der Papst eine Erscheinung der Mutter Gottes gehabt habe, die ihn für unfehlbar erklärte, findet sich unter Foulons Briefen nicht mehr. – Die Nachlässe anderer Minoritätsbischöfe gelten als verschwunden oder wurden stark gesäubert.

Auch auf seiten der Infallibilisten wurde verbrannt. Im Archiv der Generalkurie der Jesuiten fehlen zum Beispiel sämtliche Briefe aus Deutschland für die Zeit von 1860 bis 1870. Wahrscheinlich wurden sie vor Einzug der italienischen Truppen in Rom absichtlich zerstört. Im gleichen Archiv ist auch die Korrespondenz des Jesuitengenerals Pierre Jean Beckx mit der Jesuitenzeitschrift »La Civiltà Cattolica« ausgerechnet für die Jahre 1865 bis 1875 nicht mehr aufzutreiben. Weiter fehlen im Archiv dieser Zeitschrift – ihr fiel eine zentrale Rolle in der päpstlichen Konzilspolitik zu – alle Akten, die sich auf die Tätigkeit der Jesuiten während des Konzils beziehen. Vor allem gilt auch das Tagebuch der »Civiltà Cattolica« für die Zeit von 1860 bis 1890, das für die Rolle der Jesuiten auf dem Konzil sehr aufschlußreich wäre, als verschwunden. Vor der italienischen Besetzung Roms, am 16. und 17. September 1870, verbrannte ebenfalls die päpstliche Polizeidirektion große Teile ihres Geheimarchivs. Die Vernichtung von Aktenmaterial hatte im päpstlichen Rom bereits Tradition. In den Jahren 1815 bis 1817 hatten vatikanische Unterhändler in Paris mit der lobenden Zustimmung von Kardinal Staatssekretär Ercole Consalvi 4158 Bände Prozeßakten der römischen Inquisitionskongregation – sie waren von Napoléon I. in die französische Hauptstadt verschleppt worden – unleserlich machen lassen und dann an Altpapierhändler verschachert.

Seit dem 18. Juli 1870 blieb an den Minoritätsbischöfen ein Makel haften. Das verminderte außerordentlich den Anreiz, aus ihren Nachlässen zu veröffentlichen. Für die äußerst wichtige und wohlgeordnete Dokumentation Bischof Marets hätte diese Haltung der Nachlässigkeit und Indifferenz bald zur totalen Vernichtung geführt. Einige Teile waren bereits in Chartres verheizt worden, als der französische Historiker Xavier de Montclos das übrige rettete. Wichtigste Dokumente der französischen Minderheit sind bis heute nicht publiziert. Auch die Nachlässe von Senestrey und Manning, der hauptsächlichsten Exponenten der Infallibilisten, werden abgeschirmt.

Am schwerstwiegenden ist allerdings, daß auch der Vatikan diese restriktive Archivpolitik verfolgt. Im Dezember 1966 machte das Vatikanische Geheimarchiv das ganze Pontifikat Pius' IX. für die Forschung zugänglich. Damit stand auch das Archiv des 1. Vatikanischen Konzils zur Benutzung offen. Aber ehe das ausgedehnte Archivmaterial wirklich eingesehen werden konnte, schlossen sich die Tore von neuem. In jahrelanger und mühevoller Arbeit hatten drei Angestellte des Vatikanischen Geheimarchivs das ganze Material bis auf die letzte Schachtel gesichtet und damit alle Vorarbeiten zur Erstellung eines ausführlichen Index geleistet. Da kündigte Papst Paul VI. Ende 1969 eine kritische Edition der Konzilsakten an. Diese Publikation werde eine lange Zeit beanspruchen; vorher aber könne ein Inventar des archivistischen Materials publiziert werden. Es trat ein, was für jeden klar war, der sich im vatikanischen Sprachgebrauch auskannte: Das Inventar wurde nicht veröffentlicht und die angekündigte Aktenpublikation entpuppte sich hauptsächlich als bequemer Vorwand, das Archivmaterial des 1. Vatikanischen Konzils der Forschung weiter vorzuenthalten und eine Übersicht über die vorhandenen Dokumente zu verhindern. Die bisherige Durchführung der päpstlichen Ankündigung durch den römischen Prälaten Francesco Dolinar läßt am ernsthaften Willen zu einer umfassenden kritischen Edition zweifeln. Um so mehr wird der Zugang zu den Akten erschwert.

Andere Teile des Archivs aus der Zeit Pius' IX. wurden für den öffentlichen Gebrauch zurechtgemacht. Vertrauliches Material des besonderen Nachlasses dieses Papstes, wie etwa ärztliche Zeugnisse über seine Epilepsie, wanderte beispielsweise in eine Schachtel ohne Nummer und wurde damit unbestellbar.

Noch prekärer wird die Quellensituation durch die Tatsache – sie wird meist übersehen –, daß zwei zentrale Organe der römischen Kurie ihre Archive für das gesamte 19. Jahrhundert verschlossen halten: die Kongregation für die besonderen Angelegenheiten der Kirche – sie behandelte die brisantesten Fragen – und die Glaubenskongregation, die Nachfolgerin der Heiligen Inquisition. Da beide Dikasterien besonders in der Unterwerfungsgeschichte eine wichtige Rolle spielten, wird noch vieles für lange Zeit im Dunkeln bleiben.

VIII

Auswirkungen in Gesellschaft und Kirche

Tendenzwende durch päpstliche Autorität?

Die Bedeutung der Definition der päpstlichen Unfehlbarkeit ist vor allem von den Infallibilisten überschätzt worden, glaubten diese doch tatsächlich, durch die kaum mehr zu überbietende Aufwertung der Autorität des Papstes die Gesellschaft wieder langsam von den liberalen und demokratischen Prinzipien abbringen zu können. Das Konzil sollte in den Augen Erzbischof Victor Dechamps »der Regenbogen nach der Sintflut« sein. »Das Prinzip der Autorität liegt am Boden; dies ist das große Übel heutzutage«, skizziert Bischof Félix Dupanloup die Gegenposition. »Stärken wir es in der Kirche, und wir werden die Gesellschaft retten.« Am 25. Mai 1870 schrieb die ultramontane Zeitung »Unità Cattolica«: »Dem herrschenden Übel der haltlosen Freiheit der Presse, dank der die Journalisten täglich Lügen und Verleumdungen verbreiten, muß der unfehlbare Papst als Heilmittel entgegengesetzt werden, der jeden Tag lehren, verurteilen, definieren kann, ohne daß es den Katholiken je erlaubt ist, seine Entscheidungen anzuzweifeln.«

Die Infallibilisten wiegten sich zunächst in der Hoffnung, ihr Ziel erreicht zu haben. Bischof Claude Plantier sprach davon, die Glorifizierung der Autorität sei gelungen, für ihn das hauptsächlichste Resultat des Konzils. Diese neue Autorität des römischen Pontifex sollte auch dem Kirchenstaat zugute kommen. Solche Erwartungen aber wurden schon zwei Monate nach der Unfehlbarkeitsdefinition grausam enttäuscht. Einen Tag nach Konzilsende brach der deutsch-französische Krieg aus. Bald darauf verließen die letzten Hilfstruppen Frankreichs den päpstlichen Hafen Civitavecchia. Die italienische Regierung in Florenz bekam endlich freie Hand, die römische Frage zu erledigen. Am 20. September 1870 stürmten die Truppen des geeinten Italien unter dem General Raffaele Cadorna die Porta Pia. Bis zuletzt hatte es Papst Pius IX. nicht für möglich gehalten, daß die Piemonteser je römischen Boden betreten würden. Wie in anderen Punkten glaubte er auch hier in seiner mystischen Überspanntheit, besonderer Erleuchtung teilhaftig geworden zu sein. Seine unerschütterliche Sicherheit und seine Äußerungen sind anders nicht zu erklären. In dieser inneren Ruhe vermochte er gar während der turbulenten Tage eine berühmt gewordene Scharade (Wort- und Silbenrätsel) zu schreiben. Schließlich befahl er seinem General Hermann Kanzler dann doch, symbolisch Widerstand zu leisten, und ließ der Staatsräson immerhin gegen 70 Menschenleben opfern. Bei den Kämpfen an der Stadtmauer starben auf italienischer Seite 49, auf päpstlicher Seite an die 20 Soldaten. Doch diese Demonstration einer gewalttätigen und ungerechten italienischen Aggression konnte den endgültigen Verlust Roms nicht mehr aufhalten. Es entbehrte nicht einer gewissen Ironie: Gerade das Unfehlbarkeitsdogma, das die weltliche Macht des Papstes hätte stützen sollen, beschleunigte den Prozeß seiner Auflösung. Die europäischen Mächte befürchteten

Die Bresche in der römischen Stadtmauer bei der Porta Pia am 20. September 1870

Hermann Kanzler,
General der päpstlichen
Truppen

wegen der neuen Lehre Eingriffe der Kirche in die staatliche Sphäre und waren darüber verärgert. Weder Frankreich noch Österreich noch Deutschland zeigten sich gewillt, auch nur einen Finger zu rühren, um dem Papst die verlorenen Territorien wieder zu beschaffen. An diesem Punkt wird sichtbar, in welchem Ausmaß die Infallibilisten den Sinn für die politische Realität verloren hatten.

Die Eroberung Roms blieb nicht die einzige Enttäuschung. In vielen Ländern führten die Definitionen des 1. Vatikanischen Konzils im ohnehin schon gespannten Verhältnis zwischen Kirche und Staat zu einer Krisensituation. Wenige Wochen nach Konzilsende kündigte Österreich dem Heiligen Stuhl das 1855 abgeschlossene Konkordat mit der Begründung, die neuen Dogmen hätten den Vertragspartner geändert.

In Deutschland lösten die vatikanischen Dekrete den Kulturkampf aus, besonders in den Ländern Preußen, Hessen und Baden. Dem Konflikt lag die seit Jahrzehnten wachsende Spannung zwischen den restaurativen Tendenzen des Katholizismus und der modernen liberalen Gesellschaft zugrunde. Bismarck und die Nationalliberalen sahen in der neuen katholischen Zentrumspartei nach dem Konzil noch mehr als vorher den Sammelpunkt der großdeutschen und preußenfeindlichen Gegnerschaft gegen das neue kleindeutsche Reich. In den Jahren von 1871 bis 1875 versuchte daher der preußische Staat durch eine Reihe von Gesetzen (Kanzelparagraph, Verbot des Jesuitenordens, staatliche Oberaufsicht über alle Schulen, Bedingungen für die Anstellung katholischer Geistlicher, Einführung der pflichtmäßigen Zivilehe) sein Verhältnis zur Kirche neu zu regeln und deren Leben stark zu reglementieren. Die Kampfmaßnahmen hatten die gegenteilige Wirkung; die katholische Zentrumspartei wurde noch stärker als zuvor. Nach Pius' Tod kam es mit dem neuen Papst Leo XIII. zu einer stufenweisen Versöhnung. Auch in der Schweiz verschärfte das 1. Vatikanische Konzil die bereits bestehenden Gegensätze zwischen Kirche und Staat, besonders in den Kantonen Solothurn, Bern, Basel und Genf. Zum Teil mußten Bischöfe und Priester das Land verlassen.

Eng verknüpft mit dem Kulturkampf ist die Entstehung der altkatholischen Kirche. Viele Katholiken, darunter besonders zahlreiche Professoren der Theologie und Geschichte, hielten es mit ihrem Gewissen unvereinbar, das neue Dogma anzunehmen. Sie wollten bei ihrem alten katholischen Glauben – deshalb der Name »altkatholisch« – bleiben. Da die Bischöfe jedoch auf der Anerkennung der neuen Lehre bestanden, trat das befürchtete Schisma nun doch ein. In Deutschland, Österreich und der Schweiz bildeten sich verschiedene von Rom unabhängige Gemeinden, zum Teil durch staatliche Begünstigung. In den Jahren nach dem Konzil wuchsen sie bis auf rund 200000 Mitglieder an. Zu einer Volksbewegung kam es jedoch nie. Heute zählen die altkatholischen Kirchen in den deutschsprachigen Ländern gegen 100000 Gläubige.

In Frankreich förderten die vatikanischen Dekrete eine weitere Entfremdung zwischen Kirche und Gesellschaft. Die Spannungen wurden schließlich derart groß, daß es im Jahre 1906 zur endgültigen Trennung von Kirche und Staat kam. Die Dreyfus-Affäre hatte zu dieser Entwicklung wesentlich beigetragen. Im Jahre 1894 war der französische Offizier jüdischer Abstammung Alfred Dreyfus aufgrund gefälschter Dokumente wegen Landesverrats verurteilt und auf die Teufelsinseln verschickt worden. Die Aufdeckung dieses Skandals führte zur Sammlung der Linken, die in der katholischen Kirche die Hauptstütze der nationalistischen Rechten sah. Die französischen Bischöfe der konziliaren Opposition hatten eine Trennung von Kirche und Staat bereits 1870 als Konsequenz der vatikanischen Definitionen befürchtet.

In Italien kam es zwar nicht zur Trennung von Kirche und Staat, aber die Katholiken schlossen sich selbst vom politischen Leben aus. Das Papsttum, durch die Beraubung des Kirchenstaates zutiefst ver-

Eine Vision: Die Versöhnung zwischen Pius IX. und dem König Italiens, Viktor Emmanuel II.

letzt, boykottierte den neuentstandenen italienischen Einheitsstaat und verbot mit seinem »Non expedit« den Katholiken, zu wählen und gewählt zu werden. Pius IX. nahm die Garantiegesetze des italienischen Parlaments – in ihnen wurde der Papst als weltlicher Souverän mit all seinen Rechten anerkannt – nicht einmal zur Kenntnis. Italien war für ihn kein Partner. Das Unfehlbarkeitsdogma erleichterte den italienischen Katholiken das Getto-Dasein, indem es in ihnen die Gefühle der Autarkie und Selbstgenügsamkeit verstärkte. Wie gefährlich solche jahrzehntelange politische Abstinenz für die Demokratie in Italien war, sollte sich bei der Bewährungsprobe nach dem Ersten Weltkrieg offenbaren.

Daß ein anderes Verhältnis zur italienischen Einheitsbewegung möglich gewesen wäre, zeigen Kardinäle wie Girolamo Marchese D'Andrea und Vincenzo Santucci[26], zeigen Bischöfe, Theologen, Katholiken, die den Kirchenstaat schon seit längerer Zeit als Anachronismus empfanden. Welches Ausmaß von Haß und Entfremdung zur Kirche sich in der römischen Bevölkerung aufgestaut hatte, wurde sichtbar, als in der Nacht vom 12. auf den 13. Juli 1881 der Leichnam Pius' IX. von St. Peter zur Kirche San Lorenzo fuori le Mura überführt wurde. »Der päpstliche Sarg wurde gehoben« – so berichtet der katholische Papsthistoriker Schmidlin –, »verifiziert, mit einem reichen Leichentuch bedeckt und auf einem eigens dafür hergestellten vierspännigen Trauerwagen von St. Peter über die Engelsbrücke durch die Stadt zum Campo Verano gebracht. Im Zuge gingen vier Karossen für die Hofprälaten, und zweihundert folgten aus der römischen Gesellschaft, während die Häuser beiderseits beleuchtet waren und man von den Balkonen Blumen auf den Sarg warf. Aber schon bei St. Peter hatten sich Banden angesammelt, die mit den Rufen: ›Viva l' Italia! Morte al Papa! Morte ai Preti! Al fiume il Porco! Al Tevere la carogna!‹ [Es lebe Italien! Nieder mit dem Papst! Nieder mit den Priestern! Werft das Schwein in den Fluß! In den Tiber mit dem Aas!] auf dem ganzen Weg die Teilnehmer insultierten und mit Steinen bewarfen, ja allen Ernstes daran dachten, den Leichnam ins Wasser zu stürzen. Zwar wurden sechs von den Manifestanten wegen ›Störung einer religiösen Funktion‹ bestraft, sonst aber ließ die Polizei alles gewähren, so daß Leo XIII. in seiner Allokution vom 4. August und der Staatssekretär in einer Note vom 13. Juli an die Mächte mit Recht gegen diese Beschimpfung des Vorgängers und der Papstwürde protestierten.«[27]

Pius IX. wäre nicht der erste Papst gewesen, den das römische Volk in den Tiber geworfen hätte! Im Jahre 897 ließ Papst Stephan VI. (896–897) den Leichnam seines Vorgängers auf Petri Stuhl, Formosus (891–896), der Gruft entreißen, im Synodensaal aufstellen und feierlich verurteilen. »Die päpstlichen Gewänder wurden der Mumie abgerissen, die drei Finger der rechten Hand, womit die Lateiner den Segen erteilen, abgeschnitten, und man schleppte den Toten mit barbarischem Geschrei aus dem Saal, schleifte ihn durch die Straßen, und stürzte ihn unter dem Zulauf des heulenden Pöbels in den Tiberfluß.«[28]

Das goldene Zeitalter einer Gesellschaft nach der alten Ordnung, das so viele Infallibilisten erwartet hatten, brach also in keiner Weise an; der Versuch, das Steuer herumzuwerfen, scheiterte auf der ganzen Linie. Die Unfehlbarkeit des Papstes, gedacht als Heilmittel für die Übel der Zeit, förderte im Gegenteil die immer mehr um sich greifende Säkularisierung.

Die weltliche Herrschaft des Papstes wird zu Grabe getragen

Mehr Erfolg innerhalb der Kirche

Aber hatten nicht auch die Gegner der Unfehlbarkeit maßlos übertrieben, als sie vom neuen Dogma als vom größten Unglück für die Kirche sprachen? Und dies, weil sie glaubten, die Glaubwürdigkeit der Kirche gehe mit dieser Definition, die weder durch die Schrift noch durch die Tradition zu begründen sei, verloren. Ferner, weil sie befürchteten, die außerordentliche Machtsteigerung des Papsttums degradiere die Bischöfe zu bloßen Befehlsempfängern Roms und verändere damit die gottgewollte Ordnung der Kirche. Wurden diese Sorgen bestätigt?

Das 1. Vatikanische Konzil hatte tatsächlich die Wirkung eines Schocks für jene, denen an einem Übereinklang zwischen Wissenschaft und Glauben gelegen war. Der Widerstand vieler Professoren, vor allem in Deutschland, ist dafür beredtes Beispiel. Wie konnten die neuen Dogmen zusammengehen mit den Ergebnissen der historisch-kritischen Forschung? Es ist nicht zufällig, daß es vor allem die katholischen Historiker waren, die in den größten Gewissenskonflikt gerieten und in beträchtlicher Zahl der katholischen Kirche den Rücken kehrten.

Die Mißachtung der Geschichte konnte nicht ohne Auswirkungen bleiben. Die Kirche verpaßte nicht nur den Anschluß an die wissenschaftliche Forschung der Zeit, sie erschien mehr und mehr als Bremsklotz der kulturellen Entwicklung und als Gegner einer unvoreingenommenen Wahrheitssuche.

Die Berechtigung eines solchen Vorwurfs ist schwer zu bestreiten. Allein die Art und Weise, wie das Unfehlbarkeitsdogma zustande gekommen ist, würde zum Beweis genügen. Aber es gibt dafür eine noch treffendere Begründung: Das Unfehlbarkeitsdogma ist nicht irgendeine Lehre, sondern nimmt in der Wahrheitsfrage eine umfassende Stellung ein. Ganz generell wird mit ihm der Anspruch erhoben, über alle Fragen des Glaubens und der Sitten mit Garantie wahre Aussagen machen zu können. Nicht mehr mühsames Forschen und Suchen, sondern die Feststellung einer unfehlbaren Instanz bringt die Wahrheit an den Tag.

Solche Möglichkeiten wurden zunächst freilich noch nicht voll wahrgenommen. Auch die Zentralisierungsbemühungen trieb die Kurie nur sachte voran. Vorrangig war zuerst einmal, daß das neue Dogma überhaupt von allen akzeptiert wurde. Es galt, die zahlreiche

Gegnerschaft, die sich auf dem Konzil explizit geäußert hatte und später immer noch stillschweigend vorhanden war, zu versöhnen.

Modernismus – Ausbruchsversuch aus dem Getto

Am 8. Dezember 1864 hatte Pius IX. in seiner Enzyklika »Quanta cura« eine Liste von 80 Zeitirrtümern verurteilt. Das Dokument gipfelte in der Verdammung des Satzes, der Papst müsse sich mit dem Fortschritt, dem Liberalismus und der neuen Kultur versöhnen. Dieses Verzeichnis moderner Irrtümer, unter dem Namen »Syllabus« berühmt und berüchtigt geworden und als Kampfansage an den Zeitgeist gedacht, brachte viele Katholiken in ernste Schwierigkeiten, sprach doch der Papst in derselben Enzyklika den Bannfluch aus über »diejenigen, die die Freiheit des Gewissens und des Glaubens behaupten«, sowie über »alle, die darauf bestehen, daß die Kirche nicht Gewalt üben dürfe«. Bereits in seiner Enzyklika vom 15. August 1854 hatte Pio Nono erklärt: »Die abgeschmackten und irrigen Lehren oder Faseleien zur Verteidigung der Gewissensfreiheit sind ein außerordentlich verderblicher Irrtum – eine Pest, die vor allem anderen in einem Staat am meisten zu fürchten ist.«

Im Gegensatz zum Papst war es für viele andere durchaus ein Anliegen, den Katholizismus mit der Moderne auszusöhnen. Doch solche Versuche scheiterten nach dem 1. Vatikanischen Konzil noch mehr als vorher, da dieses den vollständigen Sieg der Ultramontanen gebracht hatte.

Allerdings waren die Probleme nur zugedeckt und nicht gelöst worden. Das sollte sich bereits unter Leo XIII. zeigen. Der Pecci-Papst war im Gegensatz zu seinem Vorgänger bis zu einem gewissen Grad auf einen Ausgleich mit der modernen Kultur bedacht. So bemühte er sich neben seinen Sozial-Enzykliken, besonders dem Rundschreiben »Rerum novarum« vom 15. Mai 1891, auch um die Neubelebung von Philosophie und Theologie, ohne freilich das errichtete Lehrgebäude im geringsten berühren zu wollen. Er stellte dafür in seinem Lehrschreiben »Aeterni Patris« als Norm den größten Kirchenlehrer des Abendlandes, Thomas von Aquin (um 1225–1274) hin. Die Frage der Geschichte und der Geschichtswissenschaft wurde darin allerdings in keiner Weise zur Diskussion gestellt. Für Leo XIII. gab es dieses Problem nicht. 1881 machte er die Bestände des Vatikanischen Archivs der allgemeinen Benutzung zugänglich. »Non abbiamo paura della pubblicità dei documenti« (Wir haben keine Angst, wenn die Dokumente veröffentlicht werden), erklärte er 1884 vor einem Kreis von Historikern in Rom[29]. Leo XIII. war überzeugt, daß die Akten, wenn man sie nur vorurteilslos studieren würde, immer für das Papsttum sprächen[30]. Damit aber unterschätzte der Pecci-Papst die Tragweite historisch-kritischer Forschungsarbeit. Gerade historische Untersuchungen über die Bibel und das frühe Christentum waren es, die am Ende seines Pontifikats immer mehr das dogmatische Lehrgebäude der katholischen Kirche zu erschüttern drohten[31].

Auf diesem Gebiet leisteten auch Katholiken, wie der Dominikaner und Exeget Albert Marie Joseph Lagrange und der Historiker Louis Duchesne, wichtige Beiträge. Der französische Theologe Alfred Loisy brachte in seinem berühmt gewordenen Buch »L'Evangile et l'Eglise« (Das Evangelium und die Kirche) im Jahre 1902 lediglich das allgemeine Unbehagen an den Tag, als er die Frage aufwarf, wie die Dogmen der Kirche angesichts der neuen Forschungsergebnisse noch gerechtfertigt werden könnten. Für viele war offensichtlich geworden, daß es von Jesus zur Kirche keinen direkten Weg gab. »Jesus kündete das Kommen des Reiches an, und gekommen ist die Kirche«, meinte Loisy. Die Kirche sei aber dennoch auf die messianische Heilserfüllung ausgerichtet geblieben und habe die Erwartung auf Gottes Reich gleichsam institutionalisiert. Aus dieser Situation will Loisy, von vielen »Vater des Modernismus« genannt, die Entstehung der Dogmen erklären. Diese seien zu verstehen aus der Anpassung an die variablen Bedingungen von Ort und Zeit. Da die Kirche gezwungen gewesen sei, sich einzurichten – die Endzeit brach nicht an –, habe sie sich ein Lehrsystem (Dogmen), hierarchische Institutionen und sakramentale Riten geschaffen. Aufgrund solcher geschichtlicher Tatsachen und in Anlehnung an zeitgenössische philosophische Strömungen sieht Loisy das Wesen des Christentums nicht in einem festen Kern, sondern im Werden. Dadurch sei Raum gegeben für neue Entwicklungen. Die Dogmen der Kirche würden nur den jeweiligen Entwicklungsstand widerspiegeln. Das bedeute aber auch, daß bei einer wesentlichen Änderung der wissenschaftlichen Einsicht »eine neue Interpretation der alten Formeln« nötig werden könne, zumal »die Dogmen keine vom Himmel gefallenen Wahrheiten sind«, sondern lediglich Symbole für die göttlichen Wahrheiten darstellen. Loisy möchte mit solchen Überlegungen der Kirche einen Weg zeigen, um mit Dogmen, die durch die historisch-kritische Forschungsarbeit in seinen Augen unhaltbar geworden waren, fertig zu werden. Er denkt dabei unter anderem an Lehrpunkte wie die Gründung der Kirche durch Jesus, die Jungfrauengeburt und die Gottessohnschaft Jesu.

Einige Katholiken wußten dieses Anliegen und diesen Dienst zu schätzen und glaubten, mit Loisy einen Rettungsanker vor der rationalistischen Kritik gefunden zu haben. »Er ist ein echter Noah, und die Kirche wird froh sein, seine Arche zu haben«, schrieb der französische Theologe Henri Bremond am 23. Mai 1904 an Maurice Blondel über Loisy[32]. Die größere Zahl der katholischen Theologen, vor allem aber die Vertreter des Kirchenlehramtes, brandmarkten hingegen Loisys Schriften bald als verdammungswürdige Ketzerei. Sie waren nicht gewillt, der historischen Kritik einen solchen Raum zu gewähren. In der Tat wäre es nach Loisys Auffassung Sache der historisch-kritischen Forschung gewesen, die wesentlichen, nach wie vor tauglichen Bausteine für eine heute noch vertretbare Form des Christentums zu liefern, unabhängig von den kirchlichen Lehrautoritäten.

Noch deutlicher beleuchtete der führende englische Theologe George Tyrrell die Konfliktsituation zwischen wissenschaftlicher Kritik und kirchlichem Lehramt. In seinem Buch »The Church and the Future« (Die Kirche und die Zukunft) vom Jahre 1903 bekämpfte er die römische Kurie als ein konzentriertes System despotischer Autorität. Die Kirche dürfe überhaupt kein offizielles Wahrheitsinstitut sein, sondern sie habe lediglich die Inspirationen, die das göttliche Leben in den Herzen der Gläubigen bewirke, in stets provisorische Formeln zu übersetzen.

An diesen wenigen Beispielen wird deutlich: Es ging in der vielfältigen und komplexen Bewegung des Modernismus hauptsächlich um das Verhältnis der Wissenschaft, vor allem der Geschichtswissenschaft, zum kirchlichen Lehramt. Gibt es eine Autonomie der Wissenschaft und ihrer Vertreter auch innerhalb der Kirche, oder bleiben sie stets dem »Magisterium« untergeordnet? Und was ist in Konfliktsituationen zu tun? Wer und was entscheidet, wenn eindeutige wissenschaftliche Ergebnisse vorliegen, die kirchlichen Lehrentscheidungen widersprechen?

Diese Fragen sind dem Leser wohlbekannt. Sie standen bereits auf dem 1. Vatikanischen Konzil zur Debatte, auf exemplarische Weise

Pius X. (1913)

in der Unfehlbarkeitsdiskussion. Damals wurde der Streit autoritär, das heißt im Sinne des Lehramtes entschieden. Das sollte auch jetzt nicht anders sein. Der eher auf Versöhnung bedachte Leo XIII. hatte sich noch zurückgehalten. Doch von seinem Nachfolger Pius X. konnte man das nicht mehr sagen. Giuseppe Sarto hatte sich schon vor seiner Papstwahl äußerst beunruhigt über die theologische Diskussion, besonders wie sie in Frankreich geschah, – kein Wunder bei einem Papst, der 1899 das Dogma von der Unbefleckten Empfängnis Mariens, das 1. Vatikanische Konzil und dessen Unfehlbarkeitsdefinition sowie die Wunder von Lourdes und Pompei als die »Großtaten des 19. Jahrhunderts« gerühmt hatte[33]. Bereits in den ersten Monaten seines Pontifikats ließ Pius X. die Hauptwerke Loisys auf den Index setzen. Im Jahre 1904 warnte er in zwei Enzykliken vor den Neuerern, die mit großem wissenschaftlichem Aufwand die Geschichte des frühen Christentums in Frage stellen wollten. In den folgenden Jahren verschärften sich nicht nur die päpstlichen Warnungen, es begannen auch die Visitationen kirchlicher Hochschulen. Die Kurie verdächtigte verschiedene Professoren der modernistischen Irrtümer und setzte sie ab.

Im Jahre 1907 entlud sich das Gewitter mit ganzer Gewalt. Nach mehreren weiteren Verurteilungen und Warnungen ließ der Papst am 17. Juli ein Dekret des Heiligen Offiziums, der späteren Glaubenskongregation, veröffentlichen, das 65 Thesen verurteilte. Dieser neue Syllabus betraf die meisten kirchlichen Lehrfragen. Vorrangig wies er jedoch Irrtümer zurück, die die Autorität des kirchlichen, vor allem des päpstlichen Lehramtes, schmälerten und den geschichtlichen Wert der Heiligen Schrift und verschiedener Dogmen in Frage stellten. Am 8. September des gleichen Jahres folgte die Veröffentlichung der Enzyklika »Pascendi«, in der Pius X. die ganze modernistische Richtung verdammte. Als Wurzel all dieser Irrtümer diagnostiziert der Sarto-Papst die Immanenz-Philosophie, nach der sich die religiösen Wahrheiten lediglich aus den Bedürfnissen des Lebens entwickelten. Die Dogmen würden nur den Stand des menschlichen Bewußtseins ausdrücken. In der tatsächlichen Wirklichkeit entspräche ihnen nichts.

Ebenso aufschlußreich wie diese Analyse ist der Kranz von praktischen Maßnahmen, die vor dem Gift dieser neuen Häresie bewahren sollten. Pius X. forderte die Überwachung aller Professoren und die Beseitigung eines jeden, der neue Theorien vortrage. Die Priesteramtskandidaten mußten strengstens ausgewählt und alle, die Geistesstolz zeigten, zurückgewiesen werden. Der Besuch staatlicher Universitäten wurde praktisch verboten, und die Zensur aller kirchlichen Schriften verschärft. Auch sollten keine Priesterkongresse mehr stattfinden. Schließlich ordnete der Papst für jede Diözese die Schaffung einer speziellen Kommission an, die nach modernistischen Irrtümern zu forschen und regelmäßig nach Rom zu berichten hatte.

Drei Jahre später, 1910, verfügte der Papst im Motu proprio (Erlaß »aus eigener Initiative«) »Sacrorum Antistitum«, daß alle, die in der Kirche predigten oder lehrten, in einem besonderen Eid allen modernistischen Irrtümern abschwören mußten. Ferner verbot er allen Seminaristen und Theologiestudenten ganz allgemein das Zeitungslesen und fügte eigens bei, das gelte auch, wenn es sich um ausgezeichnete Blätter handele.

Ein Gebiet der Theologie glaubte Rom ganz besonders im Auge behalten zu müssen: die Bibelwissenschaft. Im Zeitraum von 1906 bis 1915 erließ die Päpstliche Bibelkommission jährlich Dekrete, die gegen die Ergebnisse der historisch-kritischen Methode immunisieren sollten. Durch die Verteidigung wissenschaftlich längst überholter Positionen stürzte sie viele Exegeten in einen Gewissenskonflikt. Manche andere verloren ihren Lehrstuhl und damit ihre Existenzgrundlage.

Die Gesamtheit solcher Vorkehrungen kann nur als totale Abschirmung vor den Ergebnissen wissenschaftlicher Forschung und Kritik verstanden werden. Eine Auseinandersetzung mit der modernen Welt erschien nicht nur als überflüssig, sondern als gefährlich und schädlich. Nicht nur die Theologie war von dieser einengenden Verteidigungshaltung betroffen, auch anderen kulturellen Bereichen, wie etwa der Philosophie und der Literatur, wurde eine relative Eigenständigkeit abgesprochen.

Das Spionagenetz des Monsignore Umberto Benigni

Mit den bisher geschilderten Verurteilungen und praktischen Maßregeln des Papstes ist jedoch der Kampf gegen den Modernismus noch nicht genügend gekennzeichnet. Da sich nicht alle Modernisten unterwarfen, sondern einige aus der Kirche austraten und andere in die Anonymität flüchteten und weiter ihre Überlegungen veröffentlichten, um die Kirche von innen zu reformieren, lebte die römische Kurie noch jahrelang in einer Atmosphäre der Panik. Sie glaubte an eine Verschwörung gegen die Fundamente des christlichen Glaubens innerhalb der Kirche selbst. Es ist nur zu verständlich, daß Pius X. in seiner Angst vor der Häresie, die krankhafte Züge annahm, die Hilfe der integralen Katholiken willkommen hieß, die sich zu den berufenen Verteidigern des katholischen Glaubens aufgeworfen hatten.

Integrale Katholiken nannten sich diese neuen Glaubenshüter deshalb, weil sie »die Integrität ihres Romanismus« bekräftigen wollten: den ganzen »römischen Katholizismus (Doktrin und Praxis) und nichts als das«[34]. Sie waren bereit, die Weisungen des Papstes auch in ganz praktischen Fragen über alles und über alle zu stellen[35]. In diesem Geist eröffneten die Integristen, wie sie von ihren Gegnern genannt wurden, die Ketzerjagd. Ihr Ziel war es, die häretische Krankheit mit Stumpf und Stiel auszurotten. Darum suchten sie auch nach subtileren Formen der Abweichung von der römischen Linie. Und tatsächlich fanden sie bei allen wichtigeren Theologen Krankheitssymptome. Es war kaum einer, der nicht verdächtigt worden wäre. Selbst Bischöfe und Kardinäle blieben davon nicht verschont. Eine Denunziationskampagne größten Ausmaßes begann, welche die gesamte Atmosphäre der Kirche vergiftete.

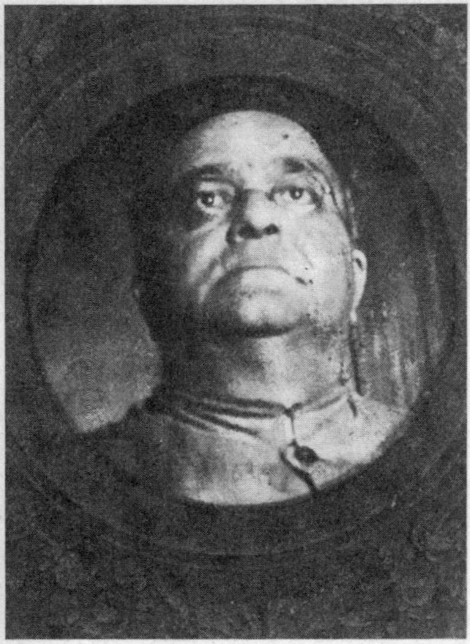

Umberto Benigni, Prälat (um 1930)

Zentrum dieser integralistischen Verschwörung war der italienische Prälat Umberto Benigni, »ein kleiner dicker Herr mit lauerndem Blick und in ewiger Bewegung«. Er hatte eine Geheimliga mit dem Namen »Sodalitium Pianum« gegründet, um den Kryptomodernismus in all seinen Formen zu bekämpfen. Ihren Mitgliedern war es zur Aufgabe gemacht, alle Gedankenäußerungen der katholischen Laien und Kleriker bis hinauf zu den Bischöfen und Kardinälen zu überwachen und alle Informationen und Denunziationen nach Rom zu senden. Das Mitglied des »Sodalitium Pianum« sollte laut dessen Programm sein: »›papalistisch‹, ›klerikal‹, antimodernistisch, antiliberal, antisektiererisch, vollkommen konterrevolutionär, nicht nur ein Feind der jakobinischen Revolution und des sektiererischen Radikalismus, sondern auch des religiösen und sozialen Liberalismus«[36]. Die integralen Katholiken hatten zu kämpfen für die Prinzipien der Autorität, Tradition und Ordnung, gegen den Liberalismus, Demokratismus, Interkonfessionalismus und neutralen Syndikalismus[37].

Benigni, der seit 1906 Subsekretär in einer der wichtigsten kurialen Kongregationen, derjenigen für die außerordentlichen kirchlichen Angelegenheiten, war, konnte für sich und seine Organisation mit der vollen Unterstützung des Papstes rechnen. Pius X. ließ Benigni immer wieder Ermunterungen zukommen. »Im Herrn ermahnen Wir« – so schrieb der Sarto-Papst am 8. Juli 1912 – »die geliebten Söhne und Mitglieder des Sodalitium Pianum, die sich um die katholische Sache hochverdient gemacht haben, fortzufahren, für Gottes Kirche und den Heiligen Stuhl den guten Kampf zu kämpfen gegen die inneren und äußeren Feinde.«[38] Umberto Benigni erhielt jedes Jahr eine päpstliche Unterstützung von 1000 Lire[39], nach heutigem Geldwert ungefähr 10000 DM.

Pius X. deckte damit nicht nur Denunziantentum und Spitzelwesen, er hieß auch heimliche Methoden einschließlich der Spionage gut. Da der Glaube der Kirche bedroht war, schienen ihm auch solche Mittel gerechtfertigt zu sein. »Damit approbierte, segnete und ermunterte Papst Pius X. eine Geheimorganisation der Spionage außer- und überhalb der Hierarchie«, gab Kardinal Pietro Gasparri im Heiligsprechungsprozeß dieses Papstes zu den Akten. Und Gasparri fuhr fort: »Diese Organisation bespitzelte selbst Mitglieder der Hierarchie, auch Kardinäle. Im Grunde approbierte, segnete und ermunterte der Papst damit eine Art Freimaurerloge in der Kirche, eine unerhörte Sache in der Kirchengeschichte. Dies scheint mir schwerwiegend zu sein, aber nicht nur mir, auch Kardinal Mercier – er war auf der Liste der verdächtigen Personen, die überwacht werden sollten – dachte so . . . Pius X. approbierte, segnete und ermunterte nicht nur das Sodalitium Pianum, die von dort ausgehenden Denunziationen erklären auch einige schwerwiegende Haltungen Pius X. in der Kirchenleitung, obwohl der Heilige Vater darin zweifellos guten Glaubens war.«[40]

Benigni gelang es, ein ganz Europa umfassendes Mitarbeiternetz aufzubauen und in allen wichtigeren Ländern eigene Zeitschriften zu begründen. Die eigentlichen Mitglieder dürften nicht über 100 hinausgegangen sein; zahlreicher waren die Sympathisanten. Die römische Zentrale führte die Korrespondenz mit den Außenstellen häufig chiffriert; die Personen erschienen zumeist unter Decknamen. Benigni selbst unterzeichnete mit zwölf verschiedenen Pseudonymen, wie Charles, Arles, Charlotte, Lotte, Kent, Jérôme, Ringer, Amie O. usw. Das Sodalitium Pianum sandte täglich ausführliche vertrauliche Berichte (Denunziationen!) an die römischen Dikasterien[41]. Mitglieder und Unternehmungen wurden streng geheimgehalten. Nur der

Papst und Kardinal Gaetano De Lai von der Konsistorialkongregation durften darum wissen.

Wer in Rom einmal denunziert war, entging nur schwer der kirchlichen Verurteilung, die Lehr- und Schreibverbot, Absetzung vom Lehrstuhl, Suspension von den kirchlichen Funktionen usw. bedeuten konnte. Eine Möglichkeit zur eigenen Verteidigung gab es nie. Fand der Angeklagte keine Fürsprecher, die in der Hierarchie hochgestellt waren, konnte er kaum Hoffnung haben. Der Papst war sehr oft zum äußersten entschlossen. Bis auf ein Haar hätte er die ganze theologische Fakultät in Freiburg in der Schweiz aufgehoben.

Das Sodalitium Pianum stellte erst 1921 seine Aktivitäten ein. Die beim belgischen Advokaten Alphonse Jonckx – er war ein wichtiges Mitglied der Benigni-Organisation – während des Ersten Weltkrieges von den Deutschen beschlagnahmten Dokumente waren inzwischen veröffentlicht worden und belasteten Benigni dermaßen, daß seine Vereinigung unhaltbar wurde. Der aktive Prälat hörte jedoch nicht auf, für die gute Sache weiter zu kämpfen. In den zwanziger Jahren spielte er im faschistischen Regime eine aktive Rolle. Er wurde Informant des privaten Sekretariats Mussolinis und Spitzel der italienischen faschistischen politischen Polizei OVRA, dem Äquivalent der nazistischen Gestapo[42].

Die Geheimpraktiken eines Umberto Benigni und seiner Leute zeigen noch deutlicher als die offiziellen päpstlichen Maßnahmen, wie weit die Kurie zu Beginn des Jahrhunderts von einer rationalen Konfliktbewältigung entfernt war. Die Angst vor der Häresie trieb zu einer hektischen, beinahe zwanghaften Aktivität, der jedes Mittel recht war. Im Abwehrkampf des Modernismus werden neurotische Verhaltensmuster der kirchlichen Gesellschaft sichtbar. Ohne den Sieg der intransigenten Richtung auf dem 1. Vatikanischen Konzil wären diese Phänomene in einer solchen Schärfe kaum möglich geworden.

Neues kirchliches Rechtsbuch – Die vatikanischen Dogmen werden zu Rechtssätzen

Bereits auf dem 1. Vatikanum war mehrfach der Wunsch geäußert worden, für die Kirche ein einheitliches Rechtsbuch zu schaffen. In den bestehenden privaten Rechtssammlungen war geltendes Recht mit längst überholten Bestimmungen vermengt, was eine Orientierung außerordentlich erschwerte. Erst Jahrzehnte später, am 18. März 1904, gab Papst Pius X. den Plan bekannt, diese Aufgabe in Angriff zu nehmen.

Das 1. Vatikanische Konzil hatte die Kirche streng zentral nach Rom ausgerichtet. Das machte auch eine zentrale Lösung eines einheitlichen Rechtsbuches, das der katholischen Kirche bislang fehlte, möglich. Der Papst brauchte dazu die Bischöfe im Grunde nicht mehr zu befragen. Er ließ ihnen zwar die ersten Teilentwürfe zur Stellungnahme zuschicken, aber zu gemeinsamen Beratungen und Diskussionen kam es nicht. »Die Kodifikationsarbeit ging in strengem Stillschweigen vor sich«, schreibt der Kirchenrechtler Klaus Mörsdorf[43]. Es war ausschließlich der Papst, der die Kommissionen ernannte. Das ganze Unternehmen bis zu seiner Vollendung leitete Pietro Gasparri, Professor für Kirchenrecht und seit 1914 Kardinal Staatssekretär. Das neue Rechtsbuch wurde an Pfingsten 1917 promulgiert, ein Jahr später trat es am gleichen Festtag in Kraft. Der neue Kodex erleichterte zwar die kirchliche Organisation, unterwarf diese aber andererseits noch mehr als bisher einer straff zentralen Führung.

Die Dogmen des Universaljurisdiktionsprimates und der Unfehlbarkeit des Papstes – zunächst nur mit Mühe durchgesetzt – wurden nun zu Rechtssätzen. Kein Bischof protestierte mehr. Alles tönte jetzt höchst selbstverständlich, etwa wenn gesagt wurde, dem Papst allein stehe es zu, ein ökumenisches Konzil einzuberufen, es zu leiten, dessen Geschäftsordnung zu erlassen und die Entscheidungen zu bestätigen. Oder wenn dem Papst allein die Macht zugesprochen wurde, die Erlaubnis zum Zusammentritt der Plenarsynoden zu geben, diese durch Legaten zu leiten und deren Beschlüsse einer Prüfung zu unterziehen. Oder wenn der Papst als oberste Gesetzgebungsgewalt erschien, mit der Befugnis, der Gesamtkirche und deren Teilen Recht zu setzen, das bestehende Recht zu ändern oder aufzuheben, Privilegien zu erteilen und Dispensationen sowie Gnadenerweise zu gewähren. Der Eindruck entstand, es sei immer so gewesen. Die Proteste und der gewaltsame Druck in früheren Zeiten waren vergessen.

»Vor der Geschichte und nach dem in ihm waltenden Geist ist der Kodex ein Werk des absoluten Papsttums. In ihm liegt nach Form und Inhalt durch und durch päpstliches, vatikanisches Kirchenrecht vor«, meinte der Berliner Kirchenrechtshistoriker Ulrich Stutz[44]. Er beurteilte das neue Rechtsbuch weiter »als das Werk der durch das Vatikanum zu höchster Machtfülle gesteigerten Primatialgewalt«[45]. Solche Feststellungen allein – sie können schwerlich bestritten werden – müßten genügen, um die Verharmlosung jener zu entkräften, die behaupten, die Dogmen des 1. Vatikanischen Konzils seien faktisch beinahe ohne Auswirkung geblieben.

Zeit der Gleichschaltung

Mit Papst Benedikt XV. trat der antimodernistische Abwehrkampf zurück. Allmählich war selbst innerhalb kurialer Kreise der Widerstand gegen die groteske Ketzerjagd zu groß geworden. Zudem bedrückten inzwischen andere Sorgen die Kirche. Der Erste Weltkrieg erschütterte in verschiedenen europäischen Ländern das gesellschaftliche Gefüge. Totalitäre Regierungen kamen an die Macht. Hatte die Kirche den Liberalismus von Anfang an stets eindeutig abgelehnt, so nahm sie nun gegenüber dem Totalitarismus bezeichnenderweise eine schwankende Haltung ein. Versuche enger Zusammenarbeit und weitgehender Kompromisse wechselten ab mit dem Widerstand in einzelnen Punkten. Sowohl in Italien wie in Deutschland benützte die Kurie die Gelegenheit, vom diktatorischen Regime das zu erlangen, was unter einer parlamentarischen Regierung aussichtslos schien: ein Konkordat. 1929 kam es in Italien durch die Bereitschaft Benito Mussolinis zu den Lateranverträgen und damit zur Bildung des Vatikanstaates; 1933, sechs Monate nach der Machtübernahme, schloß Adolf Hitler mit dem Heiligen Stuhl das Reichskonkordat ab. In beiden Fällen war Rom bereit, die katholische Partei (Partito Popolare Italiano, Zentrum) – allzu oft nur unbequem wegen ihrer relativen Unabhängigkeit – zu opfern. Jedesmal wurde das Abkommen erkauft mit einer entscheidenden Schwächung des katholischen Widerstandes gegenüber den totalitären Ideologien[46]. »Der ›autoritäre Staat‹«, so meinte der Vorsitzende des Zentrums, Ludwig Kaas, »mußte die autoritäre Kirche besser in ihren Postulaten begreifen als andere.«[47] Und Kardinal Michael von Faulhaber schrieb am 24. Juli 1933 an Adolf Hitler: »Was die alten Parlamente und Parteien in 60 Jahren nicht fertigbrachten, hat Ihr staatsmännischer Weitblick in 6 Monaten weltgeschichtlich verwirklicht. Für Deutschlands Ansehen nach Osten und Westen und vor der ganzen

Welt bedeutet dieser Handschlag mit dem Papsttum, der größten sittlichen Macht der Weltgeschichte, eine Großtat von unermeßlichem Segen.«[48]

Die Kirche traf sich mit dem Faschismus dort, wo dieser antidemokratisch, antiliberal, antisozialistisch, antikommunistisch und antilaizistisch war. Der besonders seit dem 1. Vatikanischen Konzil stark ausgeprägte Autoritätsgedanke war nicht ohne Affinität zur totalitär-politischen Führerkonzeption. Herrschaft strukturierte sich hier wie dort ausschließlich von oben nach unten; Verantwortlichkeit gab es nur von unten nach oben. In beiden Fällen ging Ordnung vor Freiheit[49]. Das alles mußte den autoritären Charakter fördern, einen Charakter, der die Autorität bewundert und sich ihr unterwirft, zugleich aber auf der eigenen Autorität besteht und andere dieser unterwerfen will. »Die starke Betonung der Autorität in der neuen Staatsführung«, schrieb der katholische Theologe Michael Schmaus im Jahre 1933, »ist den Katholiken so wenig wesensfremd, daß sie vielmehr das in der natürlichen Ebene gegebene Gegenstück zur kirchlichen Autorität auf übernatürlichem Gebiete ist. ›Gerade in

Lateranverträge 1929. Kardinal Staatssekretär Pietro Gasparri und Benito Mussolini tauschen am 7. Juni 1929 die Ratifizierungsurkunden aus

unserer heiligen katholischen Kirche kommen Wert und Sinn der Autorität ganz besonders zur Geltung.‹ Man braucht die autoritäre Führung der Kirche nicht erst aufzuzeigen. Man kann umgekehrt sagen: Der heute wiedererwachte Sinn für eine straffe Autorität öffnet von neuem das Verständnis für die kirchliche Autorität.«[50] Und Joseph Lortz, katholischer Professor für Kirchengeschichte, wurde nicht müde, von den »*grundlegenden Verwandtschaften* zwischen Nationalsozialismus und Katholizismus« zu sprechen. »Verwandtschaften, die erstaunlich tief reichen und vor denen wir beschämt unsere Kurzsichtigkeit von gestern empfinden.«[51] Lortz sah Katholizismus und Nationalsozialismus in gemeinsamer Front gegen Bolschewismus, Liberalismus und Relativismus. Vor allem im Liberalismus fand er die »Todeskrankheit der Zeit« und den »Hauptfeind der Arbeit der Kirche«[52].

So wie Lortz dachten viele Katholiken, bis hinauf in die obersten Ränge der Hierarchie. »Diejenigen Katholiken, die ihr Bekenntnis für eine ›totale Religion‹ hielten«, schreibt Kurt Sontheimer, »waren für die Idee eines totalen Staates leichter zu gewinnen als für die Konzeption eines pluralistischen; der Respekt vor der Autorität der Kirche und ihrer Führer ließ sich, insofern nur diese Führer die neue staatliche Autorität anerkannten, leicht auf die autoritäre Staatsform

Italienische Feldgeistliche ziehen mit faschistischem Gruß am Quirinal in Rom (Sitz des Königs) vorbei

übertragen. Das antidemokratische Denken, das die ohnehin schwache ideologische Bastion der liberalen Demokratie von Weimar geistig ausmanövriert hatte, war gewiß nicht Gesamtgut des politischen Katholizismus, fand aber doch genügend katholische Anhänger, die glaubten, das parlamentarische Regime um fast jeden Preis überwinden zu müssen.«[53]

Es gab gar Katholiken, die eine direkte Linie vom Unfehlbarkeitsdogma zum Führerstaat sahen. »Als im Jahre 1870 die Unfehlbarkeit des Papstes definiert wurde«, schrieb 1933 der bekannte Kölner Prälat Robert Grosche in der von Romano Guardini herausgegebenen Zeitschrift »Die Schildgenossen«, »da nahm die Kirche auf der höheren Ebene jene geschichtliche Entscheidung voraus, die heute auf der politischen Ebene gefällt wird: für die Autorität und gegen die Diskussion, für den Papst und gegen die Souveränität des Konzils, für den Führer und gegen das Parlament.«[54]

Der Steigerung des Autoritätsprinzips, die in manchen europäischen Staaten bis zur Diktatur auch auf dem Gebiet des Geistes ausartete, stand in der Kirche der immer noch voll funktionierende Kontrollapparat mit seinen Visitationen und Zensuren, mit Index und Antimodernisteneid gegenüber. Die ganze Atmosphäre der Zeit war der kritischen Forschung so wenig günstig, daß das päpstliche Lehramt nur in Ausnahmefällen einzuschreiten brauchte. Erst nach dem Zweiten Weltkrieg wuchs die Unruhe unter den Theologen wieder. Es waren vor allem Franzosen, Vertreter der »nouvelle théologie«, der neuen Theologie, die am dogmatischen System zu rütteln schienen. Getragen wurde diese Bewegung von Männern wie Marie Dominique Chenu, Yves M. J. Congar, Henri de Lubac, Teilhard de Chardin, im deutschen Sprachraum vor allem von Otto Karrer und Karl Rahner; etwas später kamen auch die beiden Holländer H. Edward Schillebeeckx und Piet Schoonenberg hinzu. Sie alle bekamen Schwierigkeiten mit den Lehrbehörden. Das Heilige Offizium, die frühere Inquisitionsbehörde, brachte auf Geheiß von Pius XII. regelrechte Säuberungswellen in Gang, mit Absetzung, Verbannungen, Lehr- und Publikationsverboten. Am 12. August 1950 veröffentlichte der Pacelli-Papst die Enzyklika »Humani generis« »über einige falsche Ansichten, die die Grundlagen der katholischen Lehre zu untergraben drohen«. Als Ursachen für diese »erbärmlichen« Entwicklungen nannte der Papst Neuerungssucht, Minderwertigkeitsgefühl gegenüber der modernen Wissenschaft und Irenismus.

Pius XII. klagte die Theologen an, die Dogmen zu relativieren, das kirchliche Lehramt als entscheidende Instanz zur Erklärung der Glaubensquellen zu verkennen und die Heilige Schrift lediglich als historisches Dokument zu bewerten. Mit einer deutlichen Spitze gegen Teilhard de Chardin lehnte er eine Entwicklungslehre ab, die nicht mehr zwischen Materie und Geist unterscheide und die die biblische Lehre von Adam und Eva als menschlichem Urpaar (Monogenismus) leugne.

Pius XI. und Kardinal Staatssekretär Eugenio Pacelli (Pius XII.). Eröffnung von Radio Vatikan am 12. Februar 1931. In der Mitte der Erfinder der drahtlosen Telegraphie und Nobelpreisträger Guglielmo Marconi

Um den Theologen gleich alle Möglichkeiten zu Ausflüchten zu nehmen, fügte Pius XII. bei, nicht nur Kathedralentscheidungen, sondern auch Enzykliken seien verbindlich und würden Streitfragen autoritativ entscheiden. An »Humani generis« schloß sich eine lange Diskussion an, in der viele Theologen behaupteten, auch das ordentliche Lehramt des Papstes könne Unfehlbarkeit für sich beanspruchen. Überhaupt wurde von manchen die päpstliche Unfehlbarkeit außerordentlich weit ausgelegt. Der Papst sollte auch bei Heiligsprechungen und bei der Approbation von Ordenssatzungen unfehlbar sein. Bezeichnenderweise trat die päpstliche Bibelkommission wieder vermehrt in Aktion und schärfte die früheren, längst obsolet gewordenen Entscheidungen erneut ein. In der Enzyklika »Divino afflante Spiritu« vom 30. September 1943 waren die Zügel zum ersten Mal gelockert worden.

Die Auswirkungen einer solch extensiven Konzeption des Lehramtes reichten bis in die Tagespolitik hinein. Ähnlich wie die anderen Pius-Päpste des 19. und 20. Jahrhunderts versuchte auch der Pacelli-Papst die Kompetenzen des Lehramtes auszuweiten und vornehmlich die Gewissenspflicht der Laien gegenüber der Hierarchie zu verbreitern. In Italien wurden diese Bemühungen besonders virulent, da die katholische Democrazia Cristiana, zunächst unter Alcide De Gasperi, für Jahrzehnte die Regierung stellte. Ähnlich wie Pius X. verlangte auch Pius XII. Gehorsam in spezifisch politischen und sozialen Fragen. Insbesondere lehnte er die Zusammenarbeit katholischer Politiker mit Nichtkatholiken strikt ab, aus Angst vor einer Ansteckung in der Lehre. Gegen De Gasperi, der auch mit linksgerichteten Parteien zusammenarbeiten wollte, favorisierte Pius XII. eine antikommunistische Centro Destra-Front[55].

Unter Pius XII. änderte sich das Klima nicht mehr. Erst mit der Wahl Papst Johannes XXIII. und der Ankündigung des 2. Vatikanischen Konzils tat sich für die Theologen und christlichen Politiker ein größerer Freiheitsraum auf.

Das neue Dogma von der Himmelfahrt Mariens – Ausdruck einer Epoche

Kaum etwas könnte den Geist des Pontifikats Pius' XII. besser charakterisieren als die Verkündigung des neuen Marien-Dogmas im

Jahre 1950[56]. Der Papst nahm damit seine höchste Lehrautorität voll in Anspruch. Zum ersten Mal nach dem Vatikanischen Konzil vollzog er eine unfehlbare Kathedralentscheidung, als er in der Apostolischen Konstitution »Munificentissimus Deus« vom 1. November 1950 zum Dogma erklärte, »die unbefleckte Gottesmutter und stete Jungfrau Maria sei an ihrem Lebensende mit Leib und Seele in den Himmel aufgenommen worden«.

In diesem Akt wurde das ungebrochene päpstliche Selbstbewußtsein der Machtfülle auch auf dem Gebiet der Lehre sichtbar. Aber noch weitere Phänomene erinnern an den Vorgänger Pius IX. Auch Eugenio Pacelli hegte eine schwärmerische Verehrung für die Mutter Gottes und war besonders dem Kult von Fatima zugetan. Ebensowenig fehlen mystische Phänomene wie Visionen und Wunder – wichtige Voraussetzungen für das Zustandekommen des Dogmas. Großes Aufsehen erregten seinerzeit die angebliche »Fatima-Vision« (30. und 31. Oktober, 1. November 1950) des Papstes sowie seine »Chri-

Pius XII. verkündet am 1. November 1950 das neue Dogma, Maria sei bereits mit Leib und Seele in den Himmel aufgenommen worden stus-Vision« (2. Dezember 1954), »begleitet von Umständen der ›Vermittlung‹, welche die Peinlichkeit noch erhöhten«[57]. Wie unter Pius IX. bestand kein Streit über die definierte Lehre, es mußten keine Häresien abgewehrt werden. »Wenn aus weiteren Kreisen des gläubigen Volkes das Verlangen nach der Dogmatisierung geäußert wird, so ist das die Frucht einer geflissentlichen Propaganda . . . Von einer Notwendigkeit oder einem Bedürfnis nach einer Definition kann keine Rede sein«, schrieb der Dogmatiker B. Poschmann (Münster) in einem Gutachten für einen deutschen Bischof[58]. Wie schon diejenige von 1870 war auch diese neue Lehrdefinition ein Luxus der Frömmigkeit.

Bevor der Papst zur feierlichen Definition schritt, fragte er bei den Bischöfen an. Der größere Teil äußerte sich positiv. Die Argumente waren zum Teil hanebüchen. Ein südamerikanischer Bischof brachte als theologischen Beweisgang: »Weil das hl. Haus von Nazareth von den Engeln nach Loreto übertragen und so vor der Profanation durch die Ungläubigen bewahrt worden sei, müsse (a fortiori) ganz selbstverständlich und erst recht der Leib Marias als ›domus Altissimi‹ (als Wohnung des Allerhöchsten) von der Verwesung bewahrt geblieben und in den Himmel aufgenommen worden sein.«[59] Einige Bischöfe meldeten Bedenken an. Widerstand kam vor allem von seiten der Professoren. Die römische Kurie wünschte, daß die theologischen Fakultäten geschlossen eine Petition zur Dogmatisierung der leiblichen Aufnahme Mariens in den Himmel unterzeichneten. Keine einzige Fakultät in Deutschland fand sich dazu in corpore bereit, und auch zahlreiche andere angesehene Fakultäten in nichtdeutschen Ländern verweigerten sich. Vom wissenschaftlichen Standpunkt aus sprach der Patrologe Berthold Altaner in Würzburg am deutlichsten gegen die Möglichkeit einer Definition[60].

Für Altaner gibt es dafür weder in der Bibel noch in der Tradition ein Fundament. In den ersten fünf christlichen Jahrhunderten findet er keine Spur von dieser Lehre. Erst die Phantastereien der apokryphen Schrift »Transitus Mariae« brächten die Ideen von der Himmelfahrt Mariens im 6. Jahrhundert auf. Geschichtlichen Wert habe die Schrift absolut nicht. Darauf deuteten schon die grotesken Wunderberichte hin. Aus dem »Transitus« erfahre man etwa folgendes: »Maria lebt in Bethlehem. Der Erzengel Gabriel verkündet ihr das nahe Ende. Auf ihre Bitte werden alle Apostel aus den verschiedensten Ländern der Erde in wunderbarer Wolkenfahrt nach Bethlehem gebracht. Zahlreiche Wunderheilungen geschehen am Krankenlager Mariens. Da Gefahr von seiten der Juden droht, trägt der Heilige Geist Maria und die Apostel in einer Wolke nach Jerusalem. Während dieser Reise und in Jerusalem geschehen wieder Wunder. Jesus erscheint, umgeben von vielen Engelscharen, auf einem Thron in Jerusalem und verkündet die Aufnahme in den Himmel. Reden und Gebete Mariens folgen. Von Christus und den Engeln wird ein Lobgesang angestimmt. Maria segnet jeden Apostel einzeln und stirbt. Christus nimmt ihre Seele in Empfang. Die Apostel tragen auf einer Bahre den heiligen Leib zu Grabe nach Gethsemane. Als unterwegs ein Jude den Leichnam frech antasten will, werden ihm von unsichtbarer Hand beide Hände abgehauen und alsbald wieder auf wunderbare Weise von Petrus angefügt. Der Jude wird christusgläubig. Während dreier Tage werden die Stimmen unsichtbarer Engel gehört. Als der Gesang nicht mehr zu hören ist, schließen daraus die Apostel, daß der Leib der hl. Jungfrau in den Himmel aufgenommen wurde. Darauf erscheinen Mariens Mutter Anna, ihre Base Elisabeth, Abraham und David, der Alleluja singt, und viele Engel, die alle das Grab verehren, in dem Maria beigesetzt war. Die Apostel preisen Gott und danken ihm für das wunderbare Geschehen, dessen Zeugen sie gewesen sind.«[61]

Andere geschichtliche Quellen für die Himmelfahrt Mariens gibt es laut Altaner nicht. Wenn viele Theologen später diese Lehre vertreten, würden sie das aufgrund von Spekulationen tun. Altaner urteilt deshalb, »daß nicht nur die ersten fünf Jahrhunderte ›einen leeren Raum darstellen‹, sondern ebenso für die spätere Zeit bis in die Gegenwart keine historische Tradition nachzuweisen ist. Ein Traditionsbeweis läßt sich also, wenn man den Begriff ›historisch-theologische Tradition‹ in dem ursprünglichen Sinne weiter gelten läßt und nicht umdeutet, überhaupt nicht führen.«[62] Die Konvenienzgründe der Theologen beweisen für Altaner nichts, die Berufung auf den Glaubenssinn setzt für ihn voraus, was zu begründen wäre. In einer Definition sieht er »in gewissem Sinne die Aushöhlung und Entwertung der Theologie als Wissenschaft«[63].

Trotz solch schwerwiegenden Einwänden sprach die Konstitution »Munificentissimus Deus« vom »einmütigen Glauben der Kirche seit den frühesten Zeiten« und von Beweisen der Schrift, der Väter und der Theologen, ja sie behauptete, das neue Dogma sei »durch das Studium, die Wissenschaft und Weisheit der Theologen klar herausgearbeitet« worden. Grund für solche Gewißheit war die momentane Lehre der Kirche; damit aber wurde vorausgesetzt, was hätte bewiesen werden sollen.

Ein ernsthafter Widerstand blieb nach erfolgter Definition aus. Selbst Theologen wie Altaner, die das Dogma vorher für ganz un-

Rom 1950: In Erwartung der feierlichen Verkündigung des letzten Mariendogmas durch Pius XII.

möglich erklärt hatten, nahmen es nun in Gehorsam an. Mit welchen Motiven sich Theologen mit dem neuen Dogma abfanden, schilderte Bischof Hermann Volk, später Kardinal, in der Diskussion der Vertreter der deutschen Bischofskonferenz mit Hans Küng über dessen Buch »Unfehlbar?« am 9. Januar 1971 in Stuttgart: »Ich will mal eine Szene erzählen. Vor der Dogmatisierung der Assumptio [der leiblichen Aufnahme Mariens in den Himmel, definiert 1950] hatten wir mit den Evangelischen im Paderborner Kreis zusammengesessen, und die haben ja ein eigenes Votum nach Rom geschickt, man möge das doch nicht definieren. Und Söhngen [Gottlieb Söhngen, katholischer Theologieprofessor in München] hatte sich vehement dagegen ausgesprochen, daß man das definiert . . . Und Schlink [Edmund Schlink, protestantischer Theologieprofessor in Heidelberg] sagte: »Aber wenn es definiert wird, was machen Sie denn dann?« Und es wurde mäuschenstill, und Söhngen schwieg eine Weile, und dann sagte er: ›Dann nehme ich es an, weil ich der Kirche mehr traue‹ – also dem Sinn nach gebe ich es wieder –, ›mehr traue als mir‹ . . . Das war

Pius XII. wird von den »Töchtern Marias« gefeiert

also die innerste Überzeugung von Söhngen. Ich habe nie mehr ein Wort von ihm dagegen gehört, so schwierig das ist. Aber das hat damals einen ungeheuren Eindruck gemacht, und ich fand die Antwort großartig; ich fand die Antwort großartig. Das war eine ganz konkrete Situation in einer Sache, die uns allen gewiß Schwierigkeiten machte.«[64] Volk zeigt sich besonders beeindruckt davon, daß Söhngen sich nicht fragte, ob er diese Lehre annehmen solle oder nicht, sich »nicht zum Maßstab« machte, sondern »sich in den gesamtkirchlichen Vorgang« hineinstellte.

Auch für Karl Rahner sind die richtigen Haltungen »die demütige Ehrfurcht vor dem möglichen Mysterium Gottes, eine Ehrfurcht, in der sich der Mensch nicht selbst zum Maßstab der Wahrheit macht, und der bedingungslose Glaube vor der Kirche und ihrer Lehre und in der Kirche als dem notwendigen Medium unseres eigenen Glaubensverständnisses, ein Glaube, der für alles andere Maß ist und selber nur an sich, nicht an unseren sonstigen Kriterien gemessen werden kann«[65]. In einem solchen Geist strengte Rahner sich überaus wortreich an, für das neue Dogma um Verständnis zu werben. Aber sein Manuskript enthielt immer noch soviel Unbequemes, daß es bis heute nicht veröffentlicht wurde.

Das Dogma fand gehorsame Zustimmung; eine Begeisterung für die neue Glaubenswahrheit konnte freilich auch der Papst nicht herstellen. Der erwartete Aufschwung der marianischen Frömmigkeit blieb aus. In der Theologie wurden die Probleme dieser neuen Lehre verdrängt. Auf eine Ausräumung der historischen Schwierigkeiten wartet man bis heute vergeblich.

Das 2. Vatikanische Konzil bestätigt ohne Diskussion

Mit der Ankündigung eines großen ökumenischen Konzils am 25. Januar 1959 rief Papst Johannes XXIII. eine Welle von Erwartungen und Hoffnungen wach. Das Wort »ökumenisch« ließ viele an eine Kirchenversammlung glauben, welche die Einheit der Christen wiederherstellen würde. Die Öffnung gegenüber anderen Christen sollte einhergehen mit der Öffnung gegenüber der modernen Welt. Was sich jahrzehntelang aufgestaut hatte, brach sich nun Bahn. Ein ungeheurer Erneuerungswille auf dem Gebiete der Theologie und des praktischen christlichen Lebens erfaßte viele Katholiken. Er fand Widerhall im charismatischen Papst Johannes XXIII., der sich gegen die ewig gestrigen Unglückspropheten wandte und meinte, die Kirche sei kein Museum. Er wolle die Fenster aufstoßen, um Luft und Licht in den düsteren und stickigen Raum hereinzulassen. In seiner Eröffnungsansprache zum Konzil erklärte er, die christliche Lehre müsse so dargelegt und erforscht werden, wie es die Zeit verlange. »Etwas anderes ist nämlich das Depositum Fidei, das heißt die Wahrheiten, die die ehrwürdige Lehre enthält, etwas anderes die Art und Weise, in der diese verkündet werden.«[66]

An der römischen Kurie griff Angst um sich. Noch mehr als vor hundert Jahren erschien ihr das Konzil gefährlich zu sein. Die vorbereitenden Kommissionen konnte die Kurie weitgehend in ihrem Sinne beeinflussen. Sie hoffte, auch die Wahl der Konzilskommissionen in die »gute« Richtung lenken zu können. Im Gegensatz zum 1. Vatikanischen Konzil gelang dies nicht. Ebensowenig gab das Konzil seine Zustimmung zu allen in Rom ausgearbeiteten Schemata. Manche wies es zurück. Der Papst selbst stand auf der Seite der erneuerungswilligen Kräfte. Eine Zeitlang sah es fast so aus, als ob eine tiefgreifende Erneuerung der katholischen Kirche gelänge, eine Reform an Haupt und Gliedern, wie sie schon seit Jahrhunderten vergeblich gefordert wurde. Da starb Papst Johannes mitten im Konzil. Paul VI. trat zunächst in die Fußstapfen seines Vorgängers. Dessen Prestige war zu groß, der Nachfolger mußte sein Erbe antreten. Doch es dauerte nicht lange, da vernahm man ganz andere Töne: Warnungen, Einschränkungen, Verbote. Die überbordenden Fluten sollten wieder in ein ruhiges Flußbett gebracht werden. Das ganze Unternehmen schien dem Papst zu gefährlich. Er verbot den Bischöfen die Diskussion der schwierigsten Fragen, wie des Zölibatsgesetzes für die Priester, der Mischehengesetzgebung, der Geburtenkontrolle. Er intervenierte gegen die Judenerklärung, die Erklärung für die Religionsfreiheit und das bereits approbierte Ökumenismusdekret. Schließlich proklamierte er Maria als »Mutter der Kirche« gegen den Willen der Konzilsmehrheit und steuerte in seiner Enzyklika »Mysterium fidei« auf doktrinellem Gebiet einen Kurs, der nicht vom Konzilsgeist gedeckt war.

Es war daher nicht nur die Geschichtsvergessenheit unter den Bischöfen, sondern auch die bereits wieder stark einsetzende Repression, die es zu keiner Diskussion über das 1. Vatikanische Konzil kommen ließ. »Die komplexe Unfehlbarkeitsfrage in einem zehnminütigen lateinischen Votum vor das Plenum zu bringen und für eine solche Rede auch noch einen Bischof zu suchen, schien wenig aussichtsreich«, schrieb Hans Küng zehn Jahre später[67]. Die Kurie sorgte wirkungsvoll dafür, daß die Lehre des Universaljurisdiktionsprimates und der Unfehlbarkeit des Papstes einfach vom 1. Vatikanischen Konzil her übernommen wurden. Der Papst verschärfte die Bestimmungen noch durch eine explikative Note, die er dem Konzil aufoktroyierte. Auf dem Vatikanum II war zwar viel von der Kollegialität zwischen Papst und Bischöfen die Rede. Dadurch werde – so häufig die Theologen – die Einseitigkeit des vorhergehenden Konzils im Vatikan behoben. Tatsächlich waren das mehr schöne Worte als wirkliche Taten. Es erfolgte keine Strukturveränderung. Wie wenig von einer kollegialen Regierung in der Kirche die Rede sein kann, haben die seit dem Konzil gehaltenen Bischofssynoden zur Genüge gezeigt.

Trotz diesen frühen Versuchen der Eindämmung gelang dennoch die Verabschiedung von Texten, die teilweise eine wirkliche Öffnung gegenüber den anderen Kirchen, den ersten christlichen Quellen und der modernen Welt bedeuten. In den Konzilsdekreten war immer noch soviel Zündstoff, daß die Unruhe ein gutes Jahrzehnt anhielt und weitgehend eine Änderung der Mentalität zur Folge hatte. Doch inzwischen hat die Restauration schon längst wieder die Oberhand gewonnen[68].

Erneut im Blickpunkt

1970, hundert Jahre nach dem 1. Vatikanischen Konzil, begann eine der größten theologischen Debatten der nachkonziliaren Zeit. Zur Diskussion stand erneut die Unfehlbarkeit des päpstlichen Lehramtes. Daran, daß diese Frage nun doch aufbrach, nachdem die Kurie sie auf dem 2. Vatikanischen Konzil so geschickt und ohne Aufsehen über die Bühne gebracht hatte, war vor allem das Papsttum selbst schuld. Es überspannte den Bogen. Paul VI. hatte bereits ein ziemliches Ausmaß an Unmut während des Konzils heraufbeschworen. In der nachkonziliaren Zeit folgten weitere restaurative Maßnahmen: die Ernennung meist konservativer Bischöfe und Kurienmitglieder, die Stärkung der Stellung der Nuntien, die geheime Ausarbeitung eines Grundgesetzes der Kirche, das dem Geist des Konzils widersprach, eine erneute Bestätigung des Ablaßwesens, die Wiederaufnahme von Inquisitionsverfahren gegen Theologen, die Maßnahmen gegen den Holländischen Katechismus, der Einspruch gegen ein vernünftiges Ehescheidungsgesetz in Italien, die Aufforderung an alle Priester, am Gründonnerstag das Zölibatsversprechen zu erneuern, die Zölibatsenzyklika »Sacerdotalis coelibatus«, das »Credo« des Papstes (1968), das Mischehendekret von 1970, die Kurienreform »Regimini ecclesiae«, in der Paul VI. die alten Kongregationen zugunsten des Staatssekretariats entmachtete und einer bisher noch nicht dagewesenen Zentralisierung und Bürokratisierung Vorschub leistete.

All dies wäre jedoch ohne größeren Widerspruch hingenommen worden. Die eigentliche Autoritätskrise wurde erst durch die Enzyklika »Humanae vitae« ausgelöst. Darin verurteilte der Papst praktisch jede Geburtenkontrolle als sittlich verwerflich. Die vatikanischen Stellen ließen es zwar offen, ob man darin eine unfehlbare Erklärung des ordentlichen Lehramtes zu sehen habe. Doch Papst Paul VI. selbst war der Meinung, es liege in dieser Frage bereits eine frühere unfehlbare Verkündigung des ordentlichen Lehramtes vor. Er fühlte sich daher im Gegensatz zur Mehrheit seiner Expertenkommission an die Erklärungen seiner Vorgänger gebunden. Der Papst hielt es mit der sogenannten Minderheit, die hinter dem Rücken der Kommission in ihrer Eingabe an den Papst schrieb: »Wenn erklärt würde, Empfängnisverhütung sei nicht in sich schlecht, dann müßte aufrichtigerweise zugegeben werden, daß der Heilige Geist 1930 (Enzyklika »Casti connubii«), 1951 (Ansprache Pius' XII. an die Hebammen) und 1958 (Ansprache an die Hämatologen-Gesellschaft im Todesjahr Pius' XII.) den protestantischen Kirchen beigestanden hat und daß er Pius XI., Pius XII. und einen großen Teil der katholischen Hierarchie ein halbes Jahrhundert lang nicht vor einem sehr schweren Irrtum geschützt hat, einem höchst verderblichen für die Seelen; denn es würde damit unterstellt, daß sie höchst unklug Tausende menschlicher Akte, die jetzt gebilligt würden, mit der Pein ewiger Strafe verdammt hätten. Es darf in der Tat weder geleugnet noch ignoriert werden, daß diese Akte aus denselben letzten Gründen anerkannt würden, die die Protestanten angeführt haben und die sie (Päpste und Bischöfe) verurteilten oder mindestens nicht billigten.«[69] Damit wird überdeutlich: Nicht die Pille, sondern die Autorität, Kontinuität und Unfehlbarkeit des kirchlichen Lehramtes waren die eigentlichen Schwierigkeiten.

Mit »Humanae vitae« aber begab sich der Papst auf ein Gebiet, auf dem die meisten seiner »Untertanen« mehr Erfahrung hatten als er selbst. Und sein Urteil schnitt allen empfindlich ins Fleisch. Viele verstanden die Begründung nicht, andere empfanden das päpstliche Verbot, das ihre Intimsphäre berührte, als Anmaßung. Dementsprechend gering war die Lust, des Papstes Befehl zu befolgen.

Als dann der Schweizer Theologe Hans Küng die Unfehlbarkeit des Papstes wenig später zur Diskussion stellte, war der Boden gut vorbereitet. Seine »Anfrage« stieß auf großen Widerhall[70]. Auch das spezielle Thema kam nicht ganz unvermittelt. Bereits 1968 hatte der holländische Bischof Francis Simons den Glauben der katholischen Kirche an die Unfehlbarkeit als fragwürdig hingestellt[71].

Küng stellte vor allem Fragen. Gibt es in der Bibel, in der Tradition eine Begründung für unfehlbare Sätze? Sind unfehlbare Sätze überhaupt für die Kirche notwendig? Später hat Küng selbst den Ausdruck »unfehlbare Sätze« als Abbreviatur bezeichnet. Gemeint seien Sätze, die von vorneherein, ohne überprüft werden zu müssen, wahr seien, da sie durch eine unfehlbare Instanz garantiert würden. Obwohl sich Küng von dieser etwas verwirrenden Terminologie der »unfehlbaren Sätze« nie löst und manchmal den Eindruck macht, er würde solche Sätze vor allem auch deshalb ablehnen, weil sie in sich unmöglich sind, stellt er doch in aller Deutlichkeit auch die unfehlbaren Instanzen in Frage: Papst, Konzilien, Bibel. Statt dessen plädiert er für eine Indefektibilität der Kirche. Diese werde trotz aller Irrtümer und durch alle Irrtümer hindurch in der Wahrheit gehalten. Küng war der Meinung, mit seinem Alternativvorschlag nicht gegen das 1. Vatikanische Konzil zu verstoßen, denn dieses habe eine solche Möglichkeit gar nicht in Erwägung gezogen und diskutiert und folglich auch nicht verurteilt. Dennoch stieß er auf den erbitterten Widerstand bei einem großen Teil der Theologen, vor allem aber bei den Vertretern der Hierarchie. Küng sei nicht mehr katholisch, hieß es bei vielen Katholiken. Die deutsche und die italienische Bischofskonferenz nahmen gegen Küngs Buch Stellung, in Rom wurde ein Lehrzuchtverfahren eröffnet. Zweifellos war ein sehr wunder Punkt getroffen worden. Küng erhielt von vielen Seiten aber auch große Unterstützung, da es für manche zweifelhaft geworden war, ob man dieses Dogma noch begründen könne. Nach langer Debatte, in der von seiten der Kirchenleitung in keinem wesentlichen Punkt nachgegeben wurde und in der sich auch unter den Theologen kein Konsens bildete, und nach langen Querelen zwischen Küng und der früheren Inquisitionsbehörde, der Glaubenskongregation, wurde das Lehrzuchtverfahren 1975 vorläufig eingestellt. Zwar wies das Heilige Offizium Küngs Meinung klar zurück: »Die Auffassung, die das Glaubensdogma von der Unfehlbarkeit in der Kirche zum mindesten in Zweifel zieht oder auf eine grundsätzliche Indefektibilität der Kirche in der Wahrheit reduziert, mit der Möglichkeit des Irrtums in Sätzen, die das Lehramt der Kirche definitiv als festzuhalten lehrt, widerspricht der vom I. Vatikanischen Konzil definierten und vom II. Vatikanischen Konzil bestätigten Lehre.«[72]

Von einer Verurteilung wurde jedoch vorläufig noch abgesehen, da die Glaubenskongregation die Hoffnung hegte, Küng werde sich wieder den offiziellen Positionen angleichen: »Weil nun Prof. Küng in seinem Brief vom 4. September 1974 keineswegs ausschließt, daß er in einer angemessenen Zeit vertieften Studiums seine eigenen Auffassungen in eine Übereinstimmung mit der authentischen kirchenamtlichen Lehre bringen könne, erteilt diese Kongregation trotz der Gewichtigkeit dieser Lehrmeinungen auf Weisung von Papst Paul VI. für jetzt die Mahnung, solche Lehrmeinungen nicht weiter zu vertreten, und ruft in Erinnerung, daß die kirchliche Autorität ihm die Befugnis gegeben hat, Theologie im Geist der kirchlichen Lehre zu dozieren, nicht aber Auffassungen zu vertreten, die diese Lehre verkehren oder in Zweifel ziehen.«[73]

Wie wird die Diskussion weitergehen? Die Frage ist um so berechtigter, als sich das Unfehlbarkeitsdogma durch die weiteren Forschungen als noch viel brüchiger erwiesen hat. Bei Küng und in der sich anschließenden Diskussion hatte die Frage, wie es zur Unfehlbarkeitsdefinition gekommen war, kaum eine Rolle gespielt. Tatsächlich aber wurde schon auf dem 1. Vatikanischen Konzil – wie die vorliegende Untersuchung gezeigt hat – das neue Dogma gegen erheblichen Widerstand von einer relativ kleinen Gruppe von Infallibilisten, vor allem aber vom Papst, der von einer fixen Idee besessen war, die Definition vornehmen zu müssen, mit allen möglichen Mitteln der Manipulation durchgesetzt, derart, daß die Gültigkeit der damaligen Entscheidung bezweifelt werden muß. Aber wird man darüber frei diskutieren dürfen? Viele wollten im Stillhalteabkommen mit Hans Küng einen großen Fortschritt in den Praktiken der

Glaubenskongregation sehen. Ich kann diese Meinung nicht teilen. Man hat Küng momentan verschont, weil seine Popularität, sein Einfluß zu groß, zu mächtig sind. Was man von ihm erwartet, ist jedoch mit aller Deutlichkeit ausgesprochen. Noch deutlicher dürfte das für alle anderen, weniger berühmten Zeitgenossen sein, vor allem für alle Theologen, die noch nicht auf einem vom Staat gesicherten Lehrstuhl sitzen. Hier schlägt der repressive Apparat voll durch. Wie soll da noch eine unvoreingenommene und freie innerkirchliche Diskussion möglich sein? Unmittelbar wird man an die Jahre nach dem 1. Vatikanischen Konzil erinnert. Liegt zwischen damals und heute ein wirklicher grundlegender Unterschied, ein Unterschied, der für unsere heutige Zeit ein Fortschritt wäre? Hat man sich nicht schon damals gerade im Falle der Tübinger theologischen Fakultät mit einem »Stillhalteabkommen«, mit dem Schweigen zufriedengegeben? Überhaupt, was bedeutet ein solches Stillhalteabkommen angesichts der Forderung nach freier wissenschaftlicher Forschung? Kann so etwas je berechtigt sein?

Weitere Fragen ergeben sich aus Küngs Alternativvorschlag einer Indefektibilität der Kirche in der Wahrheit. Diese sei vom Neuen Testament her gedeckt. Mit einer solchen Begründung aber wird das altchristliche Bekenntnis des Neuen Testaments zur Norm, die nicht mehr hinterfragt werden darf. Bleibt Küng damit nicht mitten auf dem Wege stehen? Ist nicht auch das altchristliche Bekenntnis, so wie es sich in den Schriften niedergeschlagen hat, kritisch zu prüfen? Zeichnen sich nicht schon da Entwicklungen ab, die mit Jesus und seiner Verkündigung wenig zu tun haben? Warum soll den kritischen Fragen gerade an diesem Ort Halt geboten werden? Zudem: Wenn die Kirche grundsätzlich in der Wahrheit bleibt, sind dann die möglichen Fehlentwicklungen nicht viel zu wenig ernst genommen? Ist damit der Absolutheitsanspruch nicht unvermindert aufrechterhalten? Küngs Position ist ohne Zweifel viel akzeptabler, weil sie einen größeren Raum der Freiheit öffnet. Aber ist sie auch konsequenter? Und haben seine Gegner nicht darin recht, daß eine Gemeinschaft von der Art der katholischen Kirche – rein soziologisch gesehen – nur bei streng autoritärer Führung (Interpretationsmonopol für Schrift und Tradition des kirchlichen Lehramtes!) zusammengehalten werden kann? Darf die Kirche überhaupt freie Forschung zulassen, wenn sie sich nicht der Gefahr der Selbstzerstörung aussetzen will?

Damit aber stehen wir vor weiteren Fragen, die sich als Hauptprobleme aus dieser Untersuchung herausschälen: Wie verhalten sich Glaube und Verstehen zueinander, wie wissenschaftliche Forschung und kirchliches Lehramt, Freiheit des Urteils und Gebundenheit an ein Bekenntnis? Wie weit kann eine Forschung unvoreingenommen frei sein, wenn der Apparat eines Kirchenlehramtes dem Forscher im Nacken sitzt und Rechtgläubigkeit fordert? Werden nicht stets von neuem tausend Rücksichten genommen, auch unbewußt? Zeigt das nicht auch in eklatanter Weise Küngs neueste Dokumentation »Um nichts als die Wahrheit«?

Für die heutige Gesellschaft wäre die Lösung vieler Fragen, die mit der christlichen Religion zusammenhängen, von entscheidender Bedeutung. Der immer mehr um sich greifende Sinnverlust des Lebens könnte damit teilweise aufgefangen werden. Es ist nur zu fragen, ob die institutionellen Verhältnisse der Theologie Lösungen nicht geradezu vereiteln. Praktisch alle, die über das Christentum lehren und forschen, sind an ein kirchliches Bekenntnis gebunden. Insofern setzen sie die allgemeine Verbindlichkeit sowohl der »biblischen Offenbarung« als auch der kirchlichen Lehre voraus. Derartige Postulate sind jedoch für die meisten Menschen von heute zum Problem geworden. Und wer sie nicht hinterfragen darf, hat bei der Allgemeinheit den Kredit verloren. Wäre es nicht an der Zeit, als Gegengewicht an den Universitäten vermehrt religionswissenschaftliche und religionsgeschichtliche Lehrstühle – auch für den Bereich des Christentums – einzurichten, die von den Kirchen völlig unabhängig sind? Das könnte die Situation wohl mehr klären als jahrelange Diskussionen unter bekenntnisgebundenen Theologen[74].

IX

1. Vatikanisches Konzil und Ideologiekritik

Erkenntnis und Interesse

Aufgrund der Fakten, die hier berichtet und ausführlich dargelegt wurden, muß das Dogma von der päpstlichen Unfehlbarkeit als eine Ideologie bezeichnet werden. Ich folge dabei dem überwiegenden Sprachgebrauch, der unter Ideologie eine Lehre meint, die kein Fundament in der Realität hat und an deren Entstehen, Verbreitung und Bewahrung sich gesellschaftliche Interessen knüpfen.

Vor allem die Darstellung und Analyse der Argumentationen hat gezeigt, daß die Behauptung, der Papst habe seit eh und je ein unfehlbares Lehramt ausgeübt, der historischen Wirklichkeit widerspricht. Die Konzilsopposition machte schon seinerzeit in aller Deutlichkeit darauf aufmerksam. Die von den Infallibilisten angeführten Beweise waren in ihren Augen nicht schlüssig, die Schwierigkeiten gegen die Unfehlbarkeitslehre in keiner Weise behoben. Die heutige Forschung hat diese Urteile voll bestätigt.

Die Einwände der Minorität zeigen aber auch, daß man es bereits damals hätte besser wissen können. Die Entscheidung des 1. Vatikanischen Konzils lag also hinter dem möglichen Erkenntnisstand zurück. Damit ist ein weiteres Merkmal jeder Ideologie gegeben: Diese bildet stets einen denkgeschichtlichen Regreß. Die Gründe, warum die Wahrheit nicht gefunden wird, obwohl dies an und für sich möglich wäre, liegen vor allem in den gesellschaftlichen Interessen. Daß diese im Falle des 1. Vatikanischen Konzils die Hauptrolle spielten, liegt auf der Hand. Die Autorität des Papstes sollte aufs höchste gesteigert werden, in der Hoffnung, die alte hierarchische Ordnung innerhalb der Kirche, vor allem aber auch in der gesamten Gesellschaft zu stärken. Den Interessen entsprachen die Mittel. Die Definition der Unfehlbarkeitsideologie wäre durch eine freie, unvoreingenommene Diskussion nicht erreicht worden. Eine Pressure Group mußte im Untergrund des Konzils arbeiten und mittels mannigfa-

»Der industrielle Humorist«, Julinummer 1870

chem Druck die Bischöfe auf eine Entscheidung festlegen, die ein Großteil von ihnen gar nicht wünschte. Die Pressionen des Papstes und des Kurien-Apparates taten ein übriges. Was aber nicht frei erreicht worden war, mußte auch später mit repressiven Mitteln durchgesetzt und verteidigt werden. »Mit Zwang und Gewalt sind die neuen Dogmen zustande gekommen«, schrieb Ignaz von Döllinger am 1. März 1887 an den Erzbischof von München, Anton von Steichele, »mit Zwang und Gewalt müssen sie auch fort und fort erhalten werden.«[75]

Ideologisierung der Ideologie

Nach dem neuen Dogma gilt der Papst als unfehlbar in Fragen des Glaubens und der Sitten. Mit dieser These ist eine ganz besondere Art von Ideologie gegeben. Der Anspruch meint nicht *eine*, sondern bezieht sich auf *alle* Lehräußerungen, deckt sie alle ab. Das ganze Lehrgebäude der katholischen Kirche wird gegen Kritik immunisiert. Die päpstliche Unfehlbarkeit – gleichsam das Formalprinzip des Katholizismus – bildet den krönenden Abschluß des Lehrsystems.

Die Absicherung ist vollkommen: Vom Papst gibt es keine Berufung an eine andere Instanz. In dieser Funktion ist die Unfehlbarkeitslehre eine Meta-Ideologie, die Ideologisierung einer Ideologie. Die nicht wenigen ideologischen Elemente des Systems sollen durch eine formale, alles übergreifende Ideologie geschützt werden. Stabilisierung und Integration sind die angestrebten Ziele. Das Kirchensystem funktioniert damit reibungslos, vorausgesetzt, man akzeptiert seine Grundlagen.

Dieser Prozeß der formalen Legitimierung zeichnet sich zum ersten Mal deutlich in der Zeit des Spätmittelalters ab, als ernsthafte Kritik an der Kirchenlehre einsetzte. Das Lehramt betonte die Unveränderlichkeit und Heiligkeit der eigenen Aussagen und wollte damit die Verunsicherung der Gläubigen auffangen. Ihren Höhepunkt fanden diese Bemühungen erst auf dem 1. Vatikanischen Konzil.

Kirche in Sackgasse geführt

Wurden die Ziele erreicht? Zweifellos vermochte die behauptete Unfehlbarkeit vielen Gläubigen eine große Glaubenssicherheit zu geben, was sich in deren ganzem Leben auswirkte. Auf die entscheidendsten, wichtigsten Fragen erhielten die Katholiken unbezweifelbare Antworten, die ihnen Halt und Geborgenheit vermittelten. Das Unfehlbarkeitsdogma übt in diesem Sinn eine beträchtliche emotionelle Entlastungsfunktion aus, es mildert den Druck der Realität, wie das häufig bei Ideologien der Fall ist. Für den psychologischen Effekt bleibt sekundär, was geglaubt wird – wichtig ist, daß geglaubt wird. Diese Entlastungsfunktion erklärt wohl am besten, weshalb die römische Kurie das neue Dogma trotz großer Widerstände in der Kirche bald allgemein durchsetzen konnte. Im Hintergrund steht die Angst, daß es ohne unfehlbare Instanzen keine Sicherheit, keine wirklich verbindlichen Aussagen mehr gibt, daß alles irgendwie in der Luft hängt. Im letzten ist es eine Angst vor der Ungewißheit und vor der Freiheit.

Dennoch bleibt die Frage offen, ob die Absicherung nicht zu weit getrieben wurde und sich damit ins Gegenteil verkehrt. Schon auf dem 1. Vatikanischen Konzil wurde dieser Gewaltakt der totalen Inanspruchnahme der Wahrheit von einzelnen als logisch unmöglich und letztlich als selbstzerstörerisch empfunden. Das Papsttum habe sich in eine Sackgasse hineinmanövriert, aus der es ohne entscheidenden Autoritätsverlust kein Entrinnen mehr gebe. »So treten jetzt die Folgen des Vatikanischen Dekrets von 1870 heraus«, notierte der katholische Kirchenhistoriker Franz Xaver Kraus am 9. Februar 1900 in sein Tagebuch. »Rom hat den Schlüssel hinter dem Gange abgedreht, durch welchen es noch entwischen konnte. So scheint denn wirklich nichts übrig zu bleiben als, wie es Döllinger gesehen hat, der Zusammenbruch des ganzen Papstsystems.« Auf der gleichen Linie liegt es, wenn der Schweizer Theologe Hans Urs von Balthasar, den man gewiß nicht des antirömischen Affekts bezichtigen kann, die Dogmatisierungen des 1. Vatikanischen Konzils als »gigantischen Unfall« bezeichnet.

In der Tat hat das neue Dogma der päpstlichen Unfehlbarkeit die Absicherung des Lehrsystems überzogen und diese damit im größten Ausmaß aufs Spiel gesetzt. Es eröffnet der historischen Kritik derart breite Angriffsflächen, daß die Glaubwürdigkeit der Kirche in Frage gestellt ist. Dies war bereits die große Sorge der bischöflichen Minorität auf dem 1. Vatikanischen Konzil. Sie ist durch die seither erreichten Ergebnisse der Forschung nicht geringer geworden.

Nicht weniger ernst ist der strukturelle Engpaß zu bewerten, in den das 1. Vatikanische Konzil die Kirche hineinmanövriert hat. Der Papst kann nun im Grunde alles auch ohne die Bischöfe. Die Spitze ist damit derart isoliert, daß der Informationsfluß nur gehemmt zu ihr hinaufdringen kann. Dadurch bleiben adäquate Lösungen der Probleme aus. Auch hier verkehrt sich die Stabilisierung durch ihre Übersteigerung ins Gegenteil. Das Papstamt ist auf dem Weg, zum Petrifakt zu werden. Seine Reform ist bisher nicht gelungen, könnte auch nur durch die Eigeninitiative der Päpste selbst in Gang gebracht und verwirklicht werden. In der Geschichte ist die Eigenreform jedoch ein höchst seltener Fall! Die Lebenserwartung der Päpste – durch die moderne Medizin wesentlich erhöht – vergrößert die Gefahrenmomente in jeder Beziehung. Und was nicht einfach von der Hand zu weisen ist: Auch in Zukunft könnte es notwendig werden, einen Papst absetzen zu müssen. Für diesen Fall gibt es aber strukturell keine Lösung.

Was können die Bischöfe gegen den erklärten Willen des Papstes tun? Diese Frage war nicht nur auf dem 1. Vatikanum virulent, sie ist es auch heute noch. Sie zeigt aber auch das ganze Ausmaß der

Sackgasse. Daß hinter diesen letztlich selbstzerstörerischen Bestrebungen ein Papst mit den geistigen und psychischen Eigenschaften eines Pius' IX. stand, macht besonders nachdenklich.

Denkvoraussetzungen

Das Bedürnis nach Sicherheit, die Angst vor der Ungewißheit in wichtigen Lebensfragen erklären allein noch nicht die Entstehung der Unfehlbarkeitsideologie. Diese kann nur dort auftreten, wo das Denken von bestimmten Eigenschaften geprägt ist. Grundlegend ist der Totalitätsanspruch der Wahrheit. In dieser Geisteshaltung werden der fragmentarische Charakter, der jeder Aussage eignet, geleugnet und die eigene Deutung und Denkweise verabsolutiert. Der Glaube, die volle Wahrheit zu besitzen, war bei den Infallibilisten durch ihr ungeschichtliches Denken besonders ausgeprägt. Die Kirche besaß in ihren Augen von Anfang an die volle Wahrheit. Der Blick für die Zeitgebundenheit und Begrenztheit aller Aussagen blieb getrübt. Nur in einer solchen Atmosphäre konnte der Wunsch entstehen, die kirchlichen Lehrentscheidungen durch die Unfehlbarkeit abzusichern und sie dadurch irreformabel zu machen.

Die Ideologiekritik nennt als eine weitere Voraussetzung für das Denken, das zur Ideologie führen kann, die Erfahrungsfremdheit. »Man tendiert in weit stärkerem Maße dazu, bestätigende Informationen zu sammeln, als auf widersprechende Informationen zu achten, weil man auf diese Weise unerwünschte kognitive Dissonanzen vermeiden kann.«[76] In der Tat verschlossen die Infallibilisten vor den geschichtlichen Schwierigkeiten die Augen. Ihr Mißbrauch der Geschichte zeigt, wie schwerwiegend der Konflikt mit der Realität tatsächlich war.

Nicht weniger bezeichnend ist es für ideologisches Denken, daß dessen wirkliche Voraussetzungen nicht ans Licht gehoben werden. Im Fall des 1. Vatikanischen Konzils wurde die ausschlaggebende Basis, auf die sich die These von der päpstlichen Unfehlbarkeit stützte, nämlich das Selbstzeugnis der Kirche, genauer das Selbstzeugnis des Papstes, im Dunkeln gelassen. Dafür trugen die Infallibilisten Hunderte von Argumenten, vor allem aus der Geschichte, vor; in dieser Scheindiskussion vermochten sie aber ihr wirkliches Fundament nur mühsam zu überdecken.

Viele der Bischöfe durchschauten diese Mechanismen nicht. Für sie waren Vorurteile und Klischees ausschlaggebend. Passiv und ohne eigene Prüfung übernahmen sie die Aussagen anderer und beruhigten sich beim Gedanken einer vermeintlich einheitlichen Tradition.

Immunisierungsstrategien

Die Unfehlbarkeitsideologie kann ihre wichtigste Funktion, die der psychischen Entlastung, nur ausüben, wenn sie nicht angezweifelt wird. Diese Gefahr ist jedoch stets vorhanden angesichts der prekären Voraussetzungen, auf denen die päpstliche Unfehlbarkeit beruht. Ein ganzer Kranz von Immunisierungsvorkehrungen wird daher notwendig, um gegen alle mögliche Kritik abzuschirmen.

Die Immunisierungsstrategien beginnen bereits bei der Formulierung der Unfehlbarkeitslehre. Wann ist der Papst unfehlbar? Die Bedingungen für diesen Fall sind derart formuliert, daß fast nie gesagt werden kann, die und die Entscheidung habe als unfehlbar zu gelten. Vor allem die Bestimmung, nur Kathedralentscheidungen des Papstes seien unfehlbar, macht die Unfehlbarkeitsdefinition zu einer Leerformel für die vorausgegangenen Jahrhunderte.

Da dieser Ausdruck bis ins 16. Jahrhundert nicht gebraucht und bis ins 19. Jahrhundert verschieden gedeutet wurde, läßt sich nie mit Sicherheit sagen, es handele sich in einem bestimmten Fall um eine päpstliche Kathedralentscheidung. Die Unfehlbarkeitsdefinition wird deshalb zu einer Leerformel, weil sie mit jeder historischen Sachlage zu vereinbaren ist. Wegen mangelnden Gehalts ist sie nicht mehr widerlegbar, nicht mehr falsifizierbar. Dieser taktische Vorteil wird durch die Vagheit und Unbestimmtheit der Begriffe erreicht. Wie auch immer der Papst in der Vergangenheit gesprochen und welche doktrinären Entscheidungen er getroffen hat, nie steht mit Gewißheit fest, daß er dies »ex cathedra« getan hat. Mit Recht sind jedoch solche Sprachmanipulationen schon von der Konzilsminderheit des 1. Vatikanums als Ausflüchte erkannt und gebrandmarkt worden.

Leerformeln sind ein nützliches Regierungsinstrument. »Sie erwecken – zumal bei den Geführten – den Eindruck unerschütterlicher Stetigkeit der obersten Grundsätze, während sie die lenkenden

Autoritäten bei ihren konkreten Entscheidungen in keiner Weise behindern.«[77]
Wie wenig ernst die Beschränkungen gemeint sind, zeigt noch deutlicher das entgegengesetzte Phänomen: Wo es opportun erscheint, läßt die Vagheit der Begriffe auf einmal auch eine Auslegung der Unfehlbarkeit zu, die weit über Kathedralentscheidungen hinausgeht. Nun wird auch das ordentliche Lehramt der Päpste unfehlbar – eine Doktrin, die zwar nie zum Dogma erhoben worden ist, die aber von vielen Theologen vertreten und vom Prestige des unfehlbaren außerordentlichen Lehramtes gedeckt wird. Für die Kurie und den kirchlichen Apparat sind solche »unfehlbare« Entscheidungen auf tieferer Ebene viel wichtiger als die seltenen Erklärungen »ex cathedra«. Die Gloriole der Unfehlbarkeit ist entscheidender als ihre tatsächliche Ausübung.

Zur weiteren Immunisierung gegenüber der Geschichtswissenschaft beanspruchte das kirchliche, das heißt in diesem Fall das päpstliche Lehramt bereits seit Jahrhunderten ein Interpretationsmonopol der Schrift und Tradition. Nicht die Ergebnisse der historisch-kritischen Untersuchungen über die Vergangenheit, sondern das geistgeleitete Wort des Lehramtes hatten als verbindlich zu gelten. Die Unfehlbarkeitsdefinition verstärkt dieses Interpretationsmonopol des Papstes. Die Bindung an Schrift und Tradition wird zu einer reinen Selbstbindung. Der Papst gilt als unabhängig von der Zustimmung der Kirche; seine Entscheidungen sind inappelabel.

Öfters läßt das Lehramt auch verschiedene Interpretationen zu – eine weitere Möglichkeit, Widerspruch aufzufangen. In der Ideologiekritik ist das ein wohlbekanntes Phänomen. Diese vermeintliche Großzügigkeit zeigte sich bereits in der Unterwerfungsgeschichte nach dem 1. Vatikanischen Konzil. Wichtiger als alles andere war für Rom die Annahme der Formel; was darunter verstanden wurde, galt als zweitrangig. In taktisch bedeutsamen Fällen – man denke an Bischof Joseph Hefele von Rottenburg – war die Kurie zu weitgehenden Zugeständnissen bereit, Zugeständnisse, die gegenüber verschiedenen Professoren nicht gemacht wurden. Damit gelang es, der einen Formel allgemeine Gültigkeit zu verschaffen, obwohl dafür gar keine sachliche Basis vorhanden war. Die sehr stark divergierenden Meinungen konnten unter einem einheitlichen sprachlichen Gewand zusammengefaßt werden und gefährdeten so Einheit und Aktionsfähigkeit der Kirche nicht. Freilich, solche Offenheit ist nur scheinbar, hat lediglich die Aufgabe, zu großen Druck abzulassen. Einheit, Geschlossenheit und Sicherheit sind die Werte, die zählen.

Auch heute sieht sich die Kurie zu weitgehenden Zugeständnissen gezwungen. Die Formel, der Papst sei »aus sich und ohne Zustimmung der Kirche« unfehlbar, wirkt selbst für viele Katholiken sehr anstößig. Dem heutigen Bewußtsein fällt es schwer, den demokratischen Tendenzen zu entsagen und eine solch extrem monarchistische Struktur zu akzeptieren. In dieser Situation finden sich zahlreiche Interpreten, die bereit sind, die Akzente entsprechend zu setzen. Sie betonen die Notwendigkeit einer Verbindung des Papstes mit der Kirche und der Tradition und behaupten, eine unfehlbare päpstliche Entscheidung ohne vorgängige Zustimmung der Kirche sei unmöglich. Im Definitionstext jedoch findet sich nichts davon[78]. Jesuitenpater Giacomo Martina meint im Anschluß an eine solche Interpretation gar, die einstig Unterlegenen – die Bischöfe der Konzilsminderheit – seien die Sieger von heute[79]. Mit solchen Deutungen kaschieren die Theologen faktisch vorgenommene Änderungen und halten die Fiktion von der Kontinuität der einen Formel aufrecht.

Der holländische Theologe A. W. J. Houtepen versucht, das 1. Vatikanische Konzil auf andere Weise zu verwässern. Er behauptet, das Konzil habe »keine absolute Unveränderlichkeit der dogmatischen Formel postuliert«[80]. Diese Formulierung findet sich zwar auf dem Konzil nicht, die Sache aber ist durchaus da. Vatikanum I betrachtete die Unfehlbarkeitsdefinition als eine für alle Zeiten verbindliche Aussage. Allein die Unterwerfungsgeschichte hätte genügen müssen, Houtepen eines anderen zu belehren. Der Holländer möchte die Bedeutung der Unfehlbarkeitsdefinition weiter durch die These einschränken, dem 1. Vatikanischen Konzil sei es nicht so sehr um die Frage der Wahrheit, sondern um das Problem der letzten Autorität in der Kirche gegangen[81]. Insofern wäre dann eine Unfehlbarkeit des Papstes gar nicht definiert, sondern ihm lediglich das letzte Wort in der Kirche zugesprochen worden. Wenn darin eine göttliche Anordnung gesehen wird, ist die Beweislast nicht geringer. Houtepen übersieht ferner, daß des Papstes Wort als verbindlich galt, weil es für unfehlbar angesehen wurde.

Rom schreitet gegen solche Verharmlosungen nicht ein; im Gegenteil scheinen der Kurie diese vielfach willkommen zu sein, beruhigen sie doch die Gemüter und verbreiten die Ansicht, das 1. Vatikanische Konzil sei viel besser als sein Ruf. Zudem wird den Theologen damit ein gewisser Freiheitsraum belassen, wo sich ihre Interpretationskünste austoben können. Im übrigen denkt man nicht im entferntesten daran, sich in Theorie und Praxis an solche Deutungen gebunden zu fühlen.

Die bisherigen Immunisierungsstrategien ergaben sich von der Unfehlbarkeitslehre her. Zu ihnen treten äußere Vorkehrungen, die vor allem vor grundsätzlicher Kritik abschirmen sollen. Dieses Mittel wurde vor, während und nach dem Konzil eingesetzt. Rom verhängte in einzelnen Fällen ein Rede- und Schreibverbot. Wenn das nicht half, griff es zum Mittel der Zensur oder setzte unliebsame Bücher auf den Index. In hartnäckigen Fällen wurde Suspension und Exkommunikation ausgesprochen. Über die Möglichkeit körperlicher Pressionen, vom Freiheitsentzug bis zu physischer Vernichtung, verfügte die Kirche damals nicht mehr. Alle anderen Mittel hingegen wurden zur Durchsetzung der Unfehlbarkeitsdefinition angewandt. Mit der Zeit spielte sich die Abschirmung von der wissenschaftlichen Kritik von selbst ein. Was gefährlich erschien, wurde nicht mehr behandelt. Die stetige Prämiierung des Gehorsams machte sich bezahlt, die Zensur von außen wurde zur Autozensur. Bücherverbote und Archivpolitik taten ein übriges.

Auf vielen anderen Gebieten wiederholten sich seither solche Vorgänge bis in die Gegenwart hinein. Wo es der Kirche möglich war, führte sie nach der Enzyklika »Humanae vitae« aus dem Jahre 1968 eine der größten »Säuberungen« ihres Kaders durch.

Bewußtseinsstörungen

Weshalb kommt der Vatikan dazu, derart viele Maßnahmen zu ergreifen, die alle eine unvoreingenommene Prüfung der Unfehlbarkeitslehre verhindern? Ist man sich der Sache so wenig sicher? Die vielen Immunisierungsstrategien, besonders deutlich etwa in der Archivpolitik, können tatsächlich nicht anders gedeutet werden als eine Abwehr gegen das »bessere Wissen«, das zwar verschüttet ist, das aber seinen Einfluß nach wie vor geltend macht, nicht zuletzt in einem schlechten Gewissen. Wäre das nicht der Fall, könnte man sich viel gelassener geben. Eine solche Abschirmung vor der historischen Kritik bleibt nicht ohne Konsequenzen. Die Kirche gewinnt zwar zunächst an Geschlossenheit und Einheit, sie verbaut sich aber das ungezwungene Verhältnis zur Wirklichkeit, ja steht in der Gefahr, diese selbst zu verlieren. Der Wert der Wahrheitserkenntnis wird herabgemindert, relativiert. Auf die Dauer stellt das auch die Einheit erneut in Frage.

Oskar Köhler sprach von Bewußtseinsstörungen im Katholizismus und sah die Ursache dafür in der Verdrängung der eigenen Geschichte der letzten Jahrhunderte[82]. Die vielen Phänomene, die er aufzählt, scheinen sich mir im 1. Vatikanischen Konzil wie in einem Kristallisationspunkt zu konzentrieren. Trotz aller Bedenken wurde die Unfehlbarkeitsdefinition vollzogen. Aber dieses Leben wider besseres Wissen konnte auf die Dauer nicht gutgehen, es mußte zu Bewußtseinsspaltungen führen. Die Spannung von Glauben und Wissen wird an diesem Punkt unerträglich.

Ebenso ambivalent sind die Auswirkungen für die Stellung der Kirche in der Gesellschaft. Der größeren Geschlossenheit und Schlagkraft des Katholizismus steht eine Verschärfung des Konfliktes mit der Wissenschaft gegenüber. Die dogmatischen Positionen erschweren eine Anpassung an die jeweiligen Umstände, sie vermindern Flexibilität und Reformmöglichkeiten. Die Kirche verliert bei vielen die Glaubwürdigkeit und schrumpft. Damit aber zieht immer mehr die Gefahr herauf, zu einer Sekte zu erstarren, wodurch wiederum ihre schöpferische, erneuernde Kraft für die Gesellschaft verlorengeht. Der Apparat bleibt zwar noch intakt, die Machtpositionen werden weithin gehalten, doch das Leben ist erloschen.

X

Hundert Jahre nach dem Tode Pius' IX. . . .

Der Heiligsprechungsprozeß

Scheinwerfer tauchen den Petersdom in gleißendes Licht. Dreißig Kardinäle in ihren scharlachroten Talaren, über vierzig Bischöfe und Erzbischöfe, Kanoniker und Vertreter des Kapitels von St. Peter erhöhen den Glanz der Kirche ebenso wie das beim Heiligen Stuhl akkreditierte Diplomatische Corps unter Führung zweier Erzbischöfe, des Substituten im Staatssekretariat, Giuseppe Caprio, und des Sekretärs vom Rat für die öffentlichen Angelegenheiten der Kirche, Agostino Casaroli. Tausende von Gläubigen und Pilgern, vor allem aus den Marken, darunter der italienische Außenminister Arnaldo Forlani, füllen den großen Raum. Die Schweizer Gardisten haben ihre Galauniformen angezogen, Kammerherren glänzen mit ihren Orden. Alles ist bereit für die Cappella papale, den feierlichen Gedenkgottesdienst, mit dem Paul VI. seinen Vorgänger Pius IX. feiern will. Der Papst wird auf der Sedia gestatoria durch das Zentralschiff hineingetragen, vorbei an der Statue des heiligen Petrus, über der ein Medaillon Pius' IX. prangt und worin in goldenen Lettern vermerkt ist, der Mastai-Papst habe als erster Pontifex die 25 Jahre des Apostelfürsten im Pontifikat überschritten – in der damaligen Zeit als unerhörtes Ereignis empfunden und gefeiert. Nach dem Gesang des Evangeliums beginnt Paul VI. seine mit Spannung erwartete Ansprache zum 100. Todestag Pius' IX. Der Römische Pontifex preist darin seinen Vorgänger vor allem als Papst der Unbefleckten Empfängnis Mariens und des 1. Vatikanischen Konzils. »Für den vergeßlichen Menschen und für die Welt der Indifferenz und des Rationalismus, die dem Glauben und der Gnade fremd oder verschlossen gegenüberstand, ließ der Papst das Licht der Jungfrau Maria strahlen als ›großes Zeichen‹ überirdischer Schönheit . . .« Die beiden neuen Dogmen des 1. Vatikanischen Konzils preist Paul VI. als »Leuchtfeuer in der 1000jährigen Entwicklung der Theologie«, als »feste Pfeiler

Paul VI. beim Gedenkgottesdienst zu Ehren von Pius IX. vom 5. März 1978. Im Hintergrund die Statue des Hl. Petrus, oben das Medaillon mit Pius IX. und der Inschrift, dieser habe als erster Papst die Jahre des Hl. Petrus auf dessen Thron überschritten. Die Gedenktafel wurde 1871 zu Lebzeiten Pius' IX. angebracht im Sturm der Ideologien, die die Geschichte des modernen Denkens kennzeichnen . . .« Pius IX. habe damit den Tragbalken für jenen soliden ekklesiologischen Überbau errichtet, der vom 2. Vatikanischen Konzil später vollendet worden sei. Auch sonst spart Paul VI. nicht mit Lob. Die Kontroversen um diesen Papst kann aber auch er nicht ganz übersehen. Die Gründe dafür sieht der Montini-Papst jedoch im mangelnden zeitlichen Abstand, in leidenschaftlicher Voreingenommenheit und Voreiligkeit. Sind diese Hindernisse erst einmal behoben, dann werde »die Persönlichkeit dieses Papstes in ihrer vollen menschlichen Glaubwürdigkeit, strahlenden Güte und beispielhaften Tugendhaftigkeit sichtbar werden«. Auch jetzt erwähnt der Papst das Unfehlbarkeitsdogma nicht namentlich, wie schon bei seiner Ansprache vom 5. Februar 1978 zu den Gläubigen auf dem Petersplatz. Ebensowenig macht er eine Anspielung auf eine baldige Seligsprechung. Damit enttäuscht er viele hochgeschraubte Erwartungen.

Am 14. Dezember 1977 hatte er noch selbst vor Tausenden von Pilgern von »unserem verehrten und – Wir können sagen – heiligen Vorgänger« gesprochen. Der Präfekt des päpstlichen Hauses, der französische Bischof Jacques Martin, beglückwünschte sogleich nach der Audienz telefonisch den Postulator des Heiligsprechungsprozesses, Monsignore Antonio Piolanti, früherer Rektor der Lateran-Universität, wegen seines reaktionären Kurses jedoch seit längerem in den Ruhestand versetzt.

Nicht nur dieses Papstwort weckte neue Hoffnungen für einen günstigen Fortgang des Heiligsprechungsprozesses Pius' IX., auch die Feier des 100. Todestages dieses Papstes wurde mit großen Erwartungen begonnen. Bereits 1907 war der Prozeß aufgenommen worden und schleppte sich seither mühsam dahin. Pius IX. wurde zwar bald der Titel »Diener Gottes« zuerkannt, doch mit der Seligsprechung schien es nicht recht vorwärtsgehen zu wollen. Am 2. Oktober 1962 endete eine erste vorbereitende Sitzung der Ritenkongregation (Congregazione antipreparatoria) mit einem erneuten Aufschub. Von 19 Mitgliedern verlangten 13 eine weitere historische Untersuchung. Möglicherweise hatte die zweimalige Eingabe der melkitischen Synode gegen eine Kanonisation Pius' IX. doch einigen Eindruck gemacht. Am 28. Mai 1963, kurz vor dem Tode Papst Johannes' XXIII., der ein eifriger Förderer der Heiligsprechung Pius' IX. war[82a], fand eine zweite vorbereitende Sitzung (Congregazione preparatoria) statt. Papst Paul VI. sanktionierte am 6. Juli 1963 die Entscheidung, daß weitere Studien notwendig seien. Damit schien der Prozeß zunächst abgeblockt.

Doch die nach dem 2. Vatikanischen Konzil einsetzende Reaktion, die sich von einer Öffnung gegenüber anderen christlichen Konfessionen und der gegenwärtigen Welt absetzte, machte die Figur Pius' IX. für viele Katholiken wieder vermehrt zum Leitbild. Eine ganze Gruppe konservativer Prälaten unter der Ägide von Kardinal Pietro Palazzini, dem ersten »Förderer« (Promotor) der Heiligsprechung, sehen in der Verurteilung des Liberalismus durch Pius IX. eine beispielhafte Haltung gegenüber jeglichem Zeitgeist, damals wie heute. Das Unfehlbarkeitsdogma gilt als absolut notwendige Voraussetzung für alle ökumenischen Bemühungen, als der einzig wirksame Damm gegen jede Art, die konfessionellen Unterschiede zu verwischen. Solche Auffassungen sind bei einem Mann wie Palazzini nicht weiter erstaunlich, gilt er doch als einer der Vorkämpfer der rechtsradikalen Kirchenorganisation »Opus Dei«. In den letzten Jahren hat sein Prestige allerdings etwas gelitten. Durch seinen engen Freund, den Chefmanager der Finmeccanica und Multimillionär Camillo Crociani, geriet er in die italienischen Verstrickungen des Lockheed-Skandals[83].

Auch der sonst zurückhaltende Kurienadvokat Carlo Snider, der im Zeichen der Wiederbelebung den Heiligsprechungsprozeß Pius' IX. seit einem guten Jahr betreut, beurteilt die Funktion des Unfehlbarkeitsdogmas sehr positiv: »Heute müssen wir in der Unfehlbarkeit eine kostbare Gabe sehen, die Gewähr und Sicherheit gibt, mutig an der Spitze der geschichtlichen Entwicklung zu marschieren.«[84] Und anderswo meint er: »Dieses Dogma ist eines der schönsten, der heilsamsten, der notwendigsten Dogmen für die Kirche.«[85] Laut Snider gehörte der Wunsch des Mastai-Papstes nach dem Unfehlbarkeitsdogma zu dessen Charisma und persönlicher Inspiration.

Besonders rührig zeigt sich seit einigen Jahren ein »Komitee Pius IX.«, das eigens eine Zeitschrift über Pius IX. herausgibt und schon öfters Kongresse über diesen Papst veranstaltet hat. Das Komitee identifiziert sich völlig mit dem Geist Pius' IX. und läßt mehrfach wissen, dieser Pontifex sei auch heute noch lebendig. Panegyrische Töne, die die Heiligsprechung vorausnehmen . . .

Aus dem gleichen Kreis stammen zum großen Teil die Pius-Anhänger, die das Gedächtnis seines 100. Todestages zu einer gro-

Mosaik des Grabmals für Pius IX. mit der Inschrift: »Dem Lehrer, der keine Fehler kennt, bringen die Bischöfe Gehorsam und Glauben entgegen.« Von links nach rechts, letzte Reihe: Unfehlbarkeitsgegner Joseph Georg Stroßmayer, Bischof von Diakovar, John Martin Spalding, Erzbischof von Baltimore, zwei nicht identifizierte Bischöfe; zweite Reihe: Antonius Petrus Hassun, armenischer Patriarch von Konstantinopel (mit Krone), Henry Edward Manning, Erzbischof von Westminster (ohne Kopfbedeckung), Mieczysław Halka von Ledóchowski, Erzbischof von Gnesen, Joseph Feßler, Bischof von St. Pölten (mit Kreuz), Kardinal Carlo Luigi Morichini, Kardinal Luigi Bilio; erste Reihe kniend: Anastasius Rodericus Yusto, Erzbischof von Burgos, René François Régnier, Erzbischof von Cambrai, Giuseppe Valerga, lateinischer Patriarch von Jerusalem

Kardinal Pietro Palazzini spricht am 7. Februar 1978, dem 100. Todestag von Pius IX., in der Kirche San Lorenzo fuori le mura, wo Pius IX. begraben liegt

ßen Aktion gestalteten. Am 7. Februar 1978 eröffneten 15 Kardinäle, zahlreiche Erzbischöfe und Bischöfe und viele Gläubige am Grab Pius' IX. in der Kirche San Lorenzo fuori le Mura die Zentenarfeier mit einem prunkvollen Gottesdienst. In seiner Ansprache pries Kardinal Pietro Palazzini des Papstes Absage an den Liberalismus; in den Fürbitten wurde die Glorifizierung des »Dieners Gottes« und »unfehlbaren Glaubenslehrers« erfleht. Der 100. Todestag dieses Papstes, der bisher am längsten auf Petri Stuhl saß, wurde auch sonst mit großem Aufwand gefeiert: Es gab Gedenkmünzen, Gedenkbriefmarken (auch in der italienischen Post, die aber pikanterweise zunächst vergaß, dem ebenfalls 1878 verstorbenen Risorgimento-König Viktor Emmanuel II. die gleiche Ehre zu geben), Konzerte, Festvorträge und Feiern in Rom, Senigallia, Spoleto, Imola, Neapel, Verona, Mailand und St. Louis, Ausstellungen und zahlreiche organisierte Pilgerfahrten zu den »heiligen« Stätten Pius' IX. Die Ehrungen Pius' IX. sollte der italienische Ministerpräsident Giulio Andreotti im Palazzo della Cancelleria mit einem Festvortrag über Pio Nono als Papst und Staatsoberhaupt abschließen. Durch den gewaltsamen Tod des Parteipräsidenten der Democrazia Cristiana,

Aldo Moro, kam es nicht mehr dazu. Andreotti gehörte zum Festkomitee, ebenso wie auch der italienische Außenminister Arnaldo Forlani.

Die Bemühungen um die Heiligsprechung haben nicht weniger als die Zentenarfeier einen kirchenpolitischen Aspekt. Indem man Pius IX. huldigt, will man in aller Öffentlichkeit auch seine Richtung gutheißen, mit einer eindeutigen Spitze gegen die Progressisten. Eine Heiligsprechung gar wäre eine erneute feierliche Sanktion seines autoritäten Kurses samt der von ihm durchgesetzten Dogmen, eine Politik, die vielen angesichts der heutigen Auflösungstendenzen als notwendig erscheint. Zugleich gelänge es damit, viele konservative Elemente erneut in die Kirche zu integrieren. Das 1. Vatikanische Konzil würde aufgewertet, Aussagen des 2. Vatikanums, die gefährlich erscheinen, würden abgeschwächt. In konservativen Augen hätte all das eine Konsolidierung der kirchlichen Position zur Folge. Freilich, für die historische Wahrheit, die Reform der katholischen Kirche und die ökumenische Bewegung wäre die Heiligsprechung Pius' IX. ein großer Rückschlag. Ausgeschlossen ist sie damit in Zukunft noch lange nicht.

Auch die zahlreichen Schwierigkeiten, die einer Heiligsprechung des Mastai-Papstes entgegenstehen, wollen nicht viel besagen. Neben des Papstes Rolle auf dem 1. Vatikanischen Konzil muß sich Kurienadvokat Carlo Snider mit mancherlei anderen dunklen Flekken auseinandersetzen. Bis zum Jahre 1870, also bis zum Einmarsch der italienischen Truppen in Rom, ließ Pius IX. die Juden ins Getto einsperren. 1858 gab er der päpstlichen Polizei den Befehl, der reichen jüdischen Familie Mortara in Bologna ihren siebenjährigen Jungen wegzunehmen und in ein christliches Internat zu stecken, weil dieser kurz nach der Geburt von einer christlichen Magd getauft worden war. Der Fall des Edgar Mortara löste in liberalen Kreisen einen Proteststurm aus, vergleichbar mit der Dreyfus-Affäre einige Jahrzehnte später. Als bei der üblichen Neujahrsaudienz der Juden Roms die Eltern Mortara 1859 um Rückgabe ihres Sohnes bitten wollten, steigerte sich der Papst bis zum Sarkasmus: »Im vergangenen Jahr habt ihr eine schöne Kostprobe euerer Unterwürfigkeit gegeben. Ganz Europa durcheinanderbringen wegen des Falles Mortara ... Aber mögen die Zeitungen an ihrer Stelle nur reden ... Ich pfeife auf die ganze Welt!« Besonders hart fuhr er den jungen Sekretär der jüdischen Gemeinde, Sabatino Scazzocchio, an und demütigte

Edgar Mortara als Seminarist zu Füßen Pius' IX. (zeitgenössischer Stich)

ihn dermaßen, daß er längere Zeit an nervlicher Erschöpfung litt. Zwei Jahre später führte Pius IX. Edgar Mortara den Juden Roms im Seminaristengewand vor[86].

Ähnlich intolerant empfahl er in der Toskana die Einführung der Gefängnisstrafe für Protestanten, die ihren Glauben propagierten. 1868 ordnete Pius IX. auf der Piazza del Popolo die öffentliche Enthauptung der italienischen Revolutionäre Monti und Tognetti an, die ein Sprengstoffattentat auf eine päpstliche Kaserne verübt hatten. Und noch zwei Tage vor der Eroberung Roms, am 18. September 1870, wurde ein gewisser Paolo Muzzi als letzter Bürger des Kirchenstaates in Frosinone durch den Strang hingerichtet.

Neben der jahrzehntelangen Zusammenarbeit mit dem in seinen Mitteln nicht wählerischen Kardinal Staatssekretär Giacomo Antonelli und der Ernennung des »notorischen Konkubinariers« Antonio Matteucci zum Kardinal[87], machen Snider vor allem die Unbeherrschtheiten Pius' IX. Sorge. Das ist verständlich, sollen doch neben den drei göttlichen Tugenden (Glaube, Hoffnung und Liebe) die vier Kardinaltugenden Klugheit, Gerechtigkeit, Mäßigung und Starkmut in heroischem Maße nachgewiesen werden. Ein heiliger Papst braucht jedoch laut Snider nicht fehlerfrei zu sein. Ausschlaggebend ist ihm »die Anerkennung einer besonderen kirchlichen Sendung, die nach dem Plan der Vorsehung diesem Oberhirten anvertraut war«.

Mit diesem Prinzip war auch in der Vergangenheit manches möglich. Kaum weniger fragwürdige Päpste genießen bereits die Ehre der Altäre. Im Jahre 1606 sprach Papst Paul V. Gregor VII. deshalb heilig, weil er im »Dictatus Papae« das Fundament zum päpstlichen Absolutismus gelegt hatte – ein Dokument, das in den Augen des katholischen Kirchenhistorikers Georg Schwaiger »vom Geist der Heiligen Schrift her, vom dort ausgesprochenen Hauptgebot der Liebe her betrachtet, ein schauerliches Schriftstück« ist. Und der von Pius XII. im Jahre 1954 heiliggesprochene Pius X. ließ ein geradezu kriminelles Spitzel- und Denunziantensystem zur Abwehr modernistischer Irrtümer zu.

Hinrichtung der italienischen Revolutionäre Guiseppe Monti und Gaetano Tognetti (zeitgenössischer Stich)

Abwehrende Reaktion

Auf diesem Hintergrund ist es nicht verwunderlich, wenn die Untersuchung des Verfassers (siehe S. 270 Anm. 1) über Pius IX. und das 1. Vatikanische Konzil auf schärfsten Widerspruch in kirchenoffiziellen Kreisen stieß. Bereits zehn Tage nach Erscheinen des zweiten Bandes der ausführlichen wissenschaftlichen Fassung versuchte der Augsburger Kirchenhistoriker Walter Brandmüller die Ergebnisse im »Rheinischen Merkur« als »alten Trödel« und »Geschichtsklitterung« abzutun. Das Sekretariat der Deutschen Bischofskonferenz ließ diese Verunglimpfungen in einer eigenen Pressemeldung inner- und außerhalb Deutschlands verbreiten. Die Katholische Nachrichtenagentur KNA – sie sprach von »Haslers Schwierigkeiten mit der Unfehlbarkeit« – und die Kirchenpresse verbreiteten solche Verleumdungen in vergröberter Form weiter. Doch derart kurzsichtige Apologetik konnte nicht verhindern, daß sich die internationale Presse, darunter auch zahlreiche überregionale italienische Zeitungen, für die Forschungsergebnisse interessierten. Das wiederum veranlaßte den »Osservatore Romano«, die offiziöse Zeitung des Vatikans, in die Debatte einzugreifen und den Vorwurf der Unwissenschaftlichkeit zu erheben. Zugleich versuchten vatikanische Kreise auf italienische Zeitungen Pressionen auszuüben. Es sollte in dieser Kontroverse möglichst nichts mehr publiziert und damit die ganze Angelegenheit heruntergespielt werden – Bemühungen, denen zum Teil Erfolg beschieden war.

Monsignore Igino Ragni, Direktor des Festkomitees für die Zentenarfeier »Papst Pius IX.«, drückte in einem längeren Brief an den »Corriere della Sera« sein Erstaunen darüber aus, daß den Untersuchungen des Verfassers so viel Gewicht gegeben worden sei. Er, Ragni, müsse als Katholik, Italiener und Marchegiano (Bewohner der italienischen Provinz Marken) gegen den Versuch protestieren, Pius IX. zu diffamieren und anzuschwärzen. Damit werde auch die Kirche verhöhnt, und zwar gerade zu dem Zeitpunkt, wo diese sich anschicke, den Mastai-Papst aus Anlaß des 100jährigen Todestages zu ehren[88].

Das Blatt der deutschen Bischöfe, der »Rheinische Merkur«, meldete sich fast ein Jahr nach dem Angriff Brandmüllers erstaunlicherweise erneut zu Wort. Matthias Buschkühl stempelte in einem längeren Artikel meine Untersuchung als Nazipropaganda ab (siehe An-

Mons. Igino Ragni, Direktor des Festkomitees für die Zentenarfeiern Pius' IX. beim Gedenkgottesdienst vom 5. März 1978 in der Petersbasilika. Ganz rechts der italienische Außenminister Arnaldo Forlani

hang I). Weder der »Rheinische Merkur« noch der »Osservatore Romano« öffneten dem Verfasser ihre Spalten zu einer Entgegnung.

Und dennoch Bestätigung

Die teilweise recht heftige Auseinandersetzung dauert zwar erst seit September 1977, aber es liegen bereits zahlreiche Rezensionen, Berichte und Stellungnahmen vor[89]. Sie machen eine vorläufige Bilanz möglich.

Ich habe mich nie der Illusion hingegeben, von katholischen Theologen große Unterstützung zu erhalten. Je mehr sich jemand mit dem kirchlichen System identifiziert, desto bedrohlicher müssen ihm die

Ergebnisse dieser Untersuchung erscheinen. Die Freude war deshalb um so größer, bei nicht wenigen katholischen Theologen auf Verständnis zu stoßen[90]. Noch häufiger war die Zustimmung bei denen, die sich als Nichtkatholiken oder Laien gegenüber den Zwängen des Lehramtes freier fühlen können[91].

Fast noch wichtiger als die offene Zustimmung ist mir die indirekte Bestätigung durch meine teilweise recht aggressiven Kritiker. Abgesehen davon, daß auch sie vieles zugestehen, zeigen sie zunächst einmal durch die Heftigkeit ihrer Reaktion und Abwehr lediglich, daß ein ganz empfindlicher Punkt getroffen worden ist. Sie tun aber noch mehr. Sie ziehen sich von Positionen zurück, die in ihren Augen offensichtlich nicht mehr zu halten sind. So überlegen sich beispielsweise die Professoren Schatz und Kasper, wie man das Dogma retten könnte für den Fall, daß das Konzil wirklich unfrei gewesen wäre. Und sie meinen, die Definition würde trotzdem gelten, da sie nachträglich von der Kirche akzeptiert worden sei[92].

Ebenso beginnt man sich mit dem Gedanken anzufreunden, daß die Kirche im ersten Jahrtausend die päpstliche Unfehlbarkeit nicht kannte und daß auch in allen kommenden Jahrhunderten nichts festgelegt war. Aber wie kann man dann das Dogma von 1870 rechtfertigen? Schatz versucht in der Dogmatisierung eine Entscheidung unter vielen Möglichkeiten – er spricht vom dezisionistischen Charakter – zu sehen. Das heißt: Die Kirche hätte auch eine synodale Struktur wählen können. In diesem Fall aber wäre es nie zur Unfehlbarkeitsdefinition gekommen[93]. Nichts könnte die Bedrängnis besser illustrieren als derartige Rückzugsgefechte. Vergißt man denn völlig, daß die Dogmen von 1870 mit dem Anspruch auf göttliche Offenbarung verkündet worden sind?

Die bisherige Diskussion hat manche Fragen schärfer ins Licht gerückt. Diese Probleme, sofern sie von allgemeinem Interesse sind, seien hier in groben Zügen dargelegt. Eine ins Detail gehende Auseinandersetzung muß andernorts geschehen.

Welche Quellen?

Die bisherigen katholischen Darstellungen der Geschichte des 1. Vatikanischen Konzils beruhten vorwiegend auf den Quellen der Sieger. Die damals Unterlegenen wagten aus Angst vor Repressalien nicht, die Geschehnisse aus ihrer Sicht niederzuschreiben und zu publizieren. Aus dem gleichen Motiv zerstörten einige Bischöfe und Theologen Aufzeichnungen und Briefe zum 1. Vatikanischen Konzil. Da dies in der bisherigen Geschichtsschreibung zu wenig geschehen war, versuchte ich in meiner Studie möglichst die antiinfallibilistische, besiegte Seite zu Wort kommen zu lassen. Dadurch wurden neue Akzente gesetzt. Das berechtigt jedoch nicht dazu, von Einseitigkeit und Parteilichkeit zu sprechen[94]. Die Einseitigkeit ist zunächst einmal ein Problem der bisherigen Konzilsgeschichtsschreibung. Es ging darum, endlich auch die andere Seite der Medaille zu zeigen.

Die einseitige Quellenauslese vermied bislang keineswegs nur die Unfehlbarkeitsgegner. Auch die Kerngruppe der Infallibilisten wurde möglichst aus dem Spiel gelassen. Zu denken ist dabei etwa an den Regensburger Bischof Ignatius von Senestrey, den Londoner Erzbischof Henry Edward Manning, den Mitarbeiter bei der »Civiltà Cattolica«, Giuseppe Giovanni Franco, und den Assumptionistenbegründer Emmanuel d'Alzon. Man hielt sich viel lieber an die gemäßigten Infallibilisten. Gerade aber diese extremen Protagonisten bestätigen das Bild, das Unfehlbarkeitsgegner, wie etwa die Bischöfe Félix Dupanloup, Georges Darboy, Joseph Georg Stroßmayer und Joseph Hefele, zeichnen.

In dieser Auseinandersetzung muß zudem nochmals mit allem Nachdruck auf die bis vor kurzem geübte massive Manipulation der Geschichtsschreibung und der immer noch repressiven Archivpolitik hingewiesen werden. Die höchst aufschlußreichen Papiere des Erzbischofs Vincenzo Tizzani werden bis zur Stunde unter Verschluß gehalten. Und Tizzani ist beileibe nicht der einzige Fall[95].

In engem Zusammenhang mit dem Problem der Quellen steht die weitere Frage, ob in einer historischen Untersuchung überhaupt Thesen aufgestellt werden sollen[96]: Es bestehe die Gefahr, daß diese den Ereignissen übergestülpt würden, was mit einer rein historischen Betrachtungsweise nicht vereinbar sei. Dazu wäre zu sagen, daß Thesen nicht von Anfang an dastehen, sondern erst im Laufe der Forschung allmählich Gestalt annehmen. Mit ihnen wird schließlich versucht, die Ergebnisse und Probleme in den Griff zu bekommen[97].

Wissenschaftstheoretisch halte ich es zudem nicht für entscheidend, wie Thesen entstehen. Wichtiger ist, was sie leisten. Sie erhalten ihren Wert nicht nur durch die Fakten, die sie stützen, sondern vor allem durch die Erklärung, die sie den Geschehnissen zu geben vermögen. In Anlehnung an Karl Popper verstehe ich Thesen zudem nicht als das Ergebnis eines Beweisganges, durch den sie völlig unumstößlich würden. Sie bleiben stets falsifizierbar, das heißt widerlegbar, und sind zurückzuziehen, wenn widersprechende Fakten ins Feld geführt werden können. Insofern sind Thesen Hypothesen. Kommen aber keine wirklichen Einwände – bis jetzt warte ich immer noch vergeblich darauf –, dann gibt es keinen Grund, sie aufzugeben. Thesen scheinen mir auch in der Geschichtsschreibung notwendig. Ohne sie würde man auf eine tiefere Analyse verzichten und bei der reinen Beschreibung und Erzählung stehenbleiben.

Im Hinblick auf den von mir gebrauchten Begriff »Ideologie« wird weiter das Postulat erhoben, ein Historiker dürfe bei der Untersuchung einer Epoche nur die zeitgenössischen Begriffe verwenden[98]. Daß diese Forderung nicht praktikabel ist, zeigen die stets gebrauchten Begriffe wie »Altertum« und »Mittelalter«, die es in der damaligen Zeit nicht gab. Will der Historiker zudem Entwicklungen nachgehen, die sich über große Zeiträume erstrecken, wird er stets mit einem Begriffsinstrumentarium arbeiten müssen, das er in den einzelnen Zeitabschnitten so nicht vorfindet. Ohne solche, verschiedene Epochen umgreifende Begriffe müßte die Geschichtswissenschaft punktuell bleiben und könnte nicht mehr das Ganze in den Blick bekommen. Analysen, wie sie etwa Max Weber über die verschiedenen Herrschaftsformen in der Menschheitsgeschichte gemacht hat, wären undenkbar.

Psychogramm Pius' IX.

Eine ganze Reihe von Fragen betreffen den Versuch, die Persönlichkeit des Mastai-Papstes von der Psychologie und Psychiatrie her zu erfassen. Vor allem die Stellungnahmen der beiden Professoren für Psychologie und Psycho-Pathologie, Paul Matussek und Ludwig E. Pongratz, haben die Entrüstung einiger Kritiker herausgefordert. Über ihre Diagnose schreibt Walter Brandmüller im »Rheinischen Merkur«: »Der Respekt vor der Leistungsfähigkeit der modernen Wissenschaft wächst – oder schwindet – ins Ungemessene, wenn man bedenkt, was es heißt, einen Patienten zu diagnostizieren, der seit 100 Jahren tot ist. Karl Jaspers war seinerzeit viel vorsichtiger, als er in seinem Buch über Hölderlin und Svedenborg vor derartigen Diagnosen warnte.«[99] Brandmüller wird sekundiert von E. Müller in Bochum, der Ferndiagnosen über 100 Jahre hinweg für unwissenschaftlich hält[100]. Heinz Joachim Fischer in der »Frankfurter Allgemeinen Zeitung« vom 31. März 1978 meint gar: »Es wirkt lächerlich, über den vor genau 100 Jahren gestorbenen Papst Pius IX. im Jahre 1977 ärztliche Gutachten einzuholen – obwohl die Persönlichkeit dieses Papstes, der seine eigene Unfehlbarkeit dogmatisieren ließ, nach der einhelligen Meinung fast aller katholischen Historiker höchst problematisch bleibt.«[101] Auch Victor Conzemius wehrt in seinem Artikel in der »Orientierung« ab: »Die Gutachten der Professoren Pongratz und Matussek, die in einer Biografie des Papstes ihren Ort gehabt hätten, sind hier fehl am Platz, weil die Epilepsie des Papstes in keinem auch nur indirekten Zusammenhang mit Konzil und Unfehlbarkeit steht. Das beigebrachte Material ist zu dürftig, um eine wirkliche Charakterisierung des Papstes zu ermöglichen. Als ›abnorme‹ Persönlichkeit befindet Pius IX. sich mit anderen psychisch belasteten Männern der Geschichte in guter Gesellschaft: man denke etwa nur an Luther und die zahlreichen am Theologen Luther vorbeizielenden Deutungsversuche seiner ›abnormen‹ Persönlichkeit von Grisar bis Dalbiez und Erikson. Hingegen gerät der Verfasser in den Verdacht, sogar geheilte Epileptiker zu diskriminieren.«[102]

Mit solchen Äußerungen versucht Conzemius das psychologische Problem Pius' IX. auf die Epilepsie zu reduzieren, wie Werner Egli in der »Orientierung« richtig bemerkte: »Nur zum Schluß sei erwähnt, die ausschlaggebende Rolle Pius' IX. ist stärker zu betonen, gleichgültig wie sein Krankheitsbild beurteilt wird. Daß hingegen sein Persönlichkeitsbild in die Unfehlbarkeitsdebatte hineinspielt, läßt sich nicht so leicht eliminieren, wie Conzemius will, und hängt auch nicht allein mit der Frage der Epilepsie zusammen. Neben einem ungesunden Mystizismus scheinen mir die despotischen Züge und die Unaufrichtigkeit Pius' IX. genügend belegt zu sein. Dumm ist das nur für eine Heiligsprechung, nicht aber für eine Kirchengeschichte!«[103] Auch Werner Küppers unterstützt die psychohistorische Untersuchung: »Warum sollte diese ungewöhnliche, ein ganzes Zeitalter mitbestimmende Persönlichkeit nicht so ›rücksichtslos‹ auf den Prüfstand gestellt werden wie andere große Päpste und Männer der Weltgeschichte? Was zuletzt Roger Aubert so gut und begründet an Pius IX. in der Darstellung seines Pontifikates aufgezeigt hat, ist damit ja nicht aufgehoben oder ausgeschlossen. Es gehört vielmehr zur Komplexität alles menschlichen Lebens.«[104] Für »durchaus berechtigt« hält auch Regina Bohne in den »Frankfurter Heften« die Fragestellung und wirft das weitere Problem auf, ob angesichts einer derartigen Selbstüberschätzung bei Pius IX. noch von einer genuinen Frömmigkeit geredet werden könne[105]. Und trotz aller kritischen Zurückhaltung meint doch auch Peter Stockmeier: »Ohne Zweifel stellt die geistige Struktur einer verantwortlichen Persönlichkeit wie für jede Gemeinschaft so auch für die Kirche ein schwerwiegendes Problem dar, und zwar auch in Betracht mystischer Phänomene.«[106]

Daß die schillernde Persönlichkeit dieses römischen Pontifex psychologische Fragen aufgibt, kann also nicht bestritten werden. Besonders akut werden sie im Zusammenhang mit dem 1. Vatikanischen Konzil. Da die Probleme aber nun einmal vorliegen, begäbe man sich ohne interdisziplinäre Zusammenarbeit wichtiger Hilfen der Erklärung. Oder ist der Widerstand gegenüber dem neuen Forschungszweig der Psycho-Historie in der Kirchengeschichte von daher zu verstehen, daß die Furcht besteht, das Menschliche würde zu großes Gewicht erhalten?

Beim Psychogramm Pius' IX. drängen sich weiterführende Studien in besonderer Weise auf. So machte mich etwa Norbert Wetzel vom Heidelberger Universitätsinstitut für psychoanalytische Grundlagenforschung und Familientherapie unter der Leitung von Prof. Stierlin darauf aufmerksam, daß man zum besseren Verständnis der seelischen Verfassung Pius' IX. vor allem dessen familiäre Herkunft aufhellen müßte. Weiter hätte man zu fragen, ob Pius IX. seine Epilepsie nicht überkompensierte durch sein Sendungsbewußtsein, seine Selbstanmaßung und letztlich die Unfehlbarkeitsbehauptung. Schon Giacomo Martina hatte auf ein ähnliches Phänomen aufmerksam gemacht. Ein Minderwertigkeitskomplex aufgrund der politischen Mißerfolge in den Jahren 1846–1848 habe Pius IX. zur Restauration und zur Intransigenz getrieben[107]. Ebenso wäre das Phänomen der Faszination, die von Pius IX. ausging, eingehender zu untersuchen, fand doch dieser Papst eine Anhängerschaft, die bis zum Fanatismus ging.

Bei der Auseinandersetzung um Pius IX. bleibt als Grundfrage, welchen Anteil der Papst am Zustandekommen des Dogmas hatte. Die heutige Geschichtswissenschaft steht dem personalistischen Ansatz sehr kritisch gegenüber und neigt zu Erklärungen aus Strukturen und Entwicklungstendenzen. Trotzdem ist die These schwer zu widerlegen, daß neben den Definitionen des Vatikanischen Konzils auch die zwei Mariendogmen der letzten Zeit ohne die beiden Pius-Päpste kaum zu erklären wären. Insofern scheint es mir völlig berechtigt, wenn Hans Kühner in seinen Besprechungen vor allem diesen persönlichen Aspekt herausstellt[108].

Waren die Konzilien frei?

Nichts hat den Widerspruch der Kritiker so herausgefordert wie die These, die Freiheit des 1. Vatikanischen Konzils sei in Frage zu stellen. »Daß aber eine so wichtige Frage wie diejenige der Konzilsfreiheit im negativen Sinn entschieden wird, ohne auf andere Konzilien Bezug zu nehmen, grenzt an Leichtsinn«, schreibt Victor Conzemius in der »Orientierung«. »Wenn diejenigen Maßstäbe, die Hasler auf das 1. Vatikanum anwendet, sanktioniert würden, dann war kein Konzil früherer Zeit je frei, da diese wechselnd unter kaiserlichem, päpstlichem oder sonstigem bischöflichem Parteiendruck standen.«[109] Auch Peter Stockmeier glaubt, meinem Urteil über die Unfreiheit des 1. Vatikanischen Konzils nicht folgen zu können, da es ja noch viel unfreiere Konzilien gegeben habe[110]. Auf solche Einwände schreibt Josef Blank im »Imprimatur« mit Recht: »Das ist aber kein Gegenargument, weil damit nur eine Problematik verdeutlicht wird, die auch mit den anderen Dogmatisierungen verbunden zu sein scheint und die einer erneuten Klärung bedürfte.«[111] Mit Recht fragt auch Gerhard Voss: »Waren die vom Kaiser einberufenen Konzilien der alten Christenheit nicht nur graduell, sondern wesentlich freier als das 1. Vatikanum?«[112] Und Pater Yves Congar erwähnt dabei besonders das Konzil von Ephesus[113].

Bei Werner Küppers schimmert ebenfalls die Sorge durch: Wer die Freiheit des 1. Vatikanischen Konzils in Frage stelle, werfe das gleiche Problem auch für frühere Konzilien auf: »Denn Freiheit von äußerem Zwang gehörte zwar allgemein zu den anerkannten Forderungen eines ›gut gehaltenen‹ Konzils, einer ›synodus bene gesta‹, war jedoch selbst bei anerkannten großen Konzilien nicht immer eindeutig gegeben.«[114] Küppers möchte die Freiheit offenbar nicht mehr zu einer wesentlichen Bedingung eines ökumenischen Konzils machen. Er spricht von »drei fundamentale[n], umgreifende[n] Bedingungen: Repräsentation der ganzen Kirche, moralische Einstimmigkeit der Entscheidung in Glaubensfragen und die nachträgliche Anerkennung und freie Annahme des Konzils in seinen Entscheidungen durch die ganze Kirche«[115]. Der Altkatholik Küppers legt besonderen Wert auf die erste Bedingung. Im 1. Vatikanum sei nicht die Gesamtkirche repräsentiert gewesen. Insofern handele es sich lediglich um ein Teilkonzil. Das Vatikanum I sei daher nicht ökumenisch, und seine Dekrete könnten geändert werden. Ob Rom eine solche Argumentation leichter akzeptieren kann, vor allem, wenn man bedenkt, daß alle Konzilien des zweiten Jahrtausends dadurch revidierbar würden? Zudem kommt die Freiheitsfrage mit den beiden weiteren von Küppers genannten Bedingungen – sie waren alle beide nicht erfüllt – doch wieder ins Spiel: 1870 gab es weder eine moralische Einstimmigkeit in der Glaubensentscheidung, noch war die Annahme und Anerkennung frei von Manipulation.

Am stärksten relativiert Klaus Schatz den Begriff der Freiheit. Für ihn ist »konziliare Freiheit ein geschichtlich höchst relativer Begriff, der von der Entwicklung sowohl des allgemeinen Freiheitsbewußtseins wie des kirchlichen Selbstverständnisses abhängt«[116]. »So kann wohl kaum bezweifelt werden, daß der Einfluß staatlicher Gewalt in der Weise, wie ihn die Kaiser auf den Konzilien des ersten Jahrtausends ausübten, nach dem heutigen Selbstverständnis der katholischen Kirche ein Konzil vollends ungültig machen würde.«[117] Zweifellos will Schatz damit der geschichtlichen Wirklichkeit mehr Gerechtigkeit widerfahren lassen; aber gerade weil er die Kategorie »Geschichtlichkeit« überdehnt, verfällt er einem Relativismus, der alles versteht und alles verzeiht.

Bisher wurde gegen meine These von der Unfreiheit des 1. Vatikanums nichts Entscheidendes vorgebracht. Natürlich gab es einige Bischöfe, die spontan dazu bereit waren, auf ihre eigenen Rechte zu verzichten und der Mehrung römischer Prärogativen zuzustimmen. Das habe ich nie bestritten. Ihre Zahl war aber nicht so groß, um das Zustandekommen des Unfehlbarkeitsdogmas erklären zu können. Der Anstoß von außen und der nachfolgende Zwang waren viel wichtiger. Die Mentalität der romanischen Bischöfe ließ es zudem nur zu einem schwachen Widerstand kommen. Entscheidend dürfte dabei gewesen sein, daß die Wahrheitsfrage bei den meisten von ihnen eine geringe Rolle spielte.

Daß es gerade die Frage der Konzilsfreiheit ist, die die Gemüter am meisten bewegt, läßt sich leicht verstehen. Die Bestreitung der

Ökumenizität und Gültigkeit der vatikanischen Dekrete hätte praktische Konsequenzen. Inzwischen hat der Begriff »Rezeption« im Zusammenhang mit der Gültigkeit von Dogmen unter den Theologen zentrale Bedeutung gewonnen. Vielleicht deshalb, weil die Freiheit vieler Konzilien so prekär ist? Denn wichtig sei nicht – so wird auch im Hinblick auf die vorliegende Untersuchung argumentiert –, daß ein Konzilsentscheid frei zustande gekommen, sondern daß er im nachhinein akzeptiert worden sei [118]. Für den Jesuiten Klaus Schatz ist »die gesamtkirchliche Rezeption ... aber in sich ein theologisch relevantes Faktum, selbst dann, wenn sie nicht ohne erheblichen Druck und Manipulation zustande gekommen sein sollte« [119]. – Der Ausdruck »theologisch relevant« kann hier nur bedeuten, daß das, was sich schließlich in der Kirche durchsetzt, egal auf welche Weise, als wahr zu gelten hat. Damit aber wird wieder einmal mehr der aktuelle Glaube der Kirche, das heißt die vom Lehramt vertretene Auffassung, zur Norm erklärt.

In diesem Sinn kann laut Schatz sogar ein Anhänger des Dogmas von 1870 die Unfreiheit des Konzils behaupten. Die Hauptsache sei die nachträgliche Annahme durch den Gesamtepiskopat. Und auch hier sei allein das Faktum der Rezeption wichtig, Zwang und Gewalt würden nichts zur Sache tun [120]. Schatz begründet seine Meinung ausdrücklich mit der Unfehlbarkeit der Kirche. Diese dürfe an keine menschlichen Bedingungen geknüpft werden, da sie sich sonst im Kern auflösen würde [121]. Bis zum Zynismus ist es von solchen Auffassungen nicht mehr weit.

Die Rezeptionstheorie bringt Schatz gar auf den Gedanken, entscheidend sei nicht, wie die Texte ursprünglich verstanden, sondern mit welcher Interpretation sie schließlich angenommen worden seien. Mindestens der Tendenz nach kommt hier die gleiche Strategie der Abwehr zum Ausdruck: Die Kirche kann jeden Text nach Belieben interpretieren. Weil ich die Aussagen des 1. Vatikanischen Konzils so nehme, wie sie damals verstanden worden sind und wie es ihr natürlicher Sinn ergibt, wirft mir Schatz vor, ich vertrete einen fixistischen Standpunkt [122]. Ich bin tatsächlich nach wie vor der Meinung, daß ein Text zunächst so verstanden werden muß, wie er gemeint war. Und eine Interpretation für richtig zu erklären, die dem ursprünglichen und natürlichen Sinn direkt zuwiderläuft, halte ich weiterhin für unmöglich.

Theologie und Geschichte

Bisher haben sich die Kritiker kaum zur Tatsache geäußert, daß die Argumentation der Infallibilisten für das neue Dogma schon damals von der Konzilsminderheit in gültiger Weise widerlegt worden ist – ein Urteil, das die neuere Forschung voll bestätigt hat. Es ist dies um so erstaunlicher, als diese ganze Problematik den Kern der vorliegenden Untersuchung ausmacht, ohne den alles andere nicht richtig eingeordnet werden kann. Auch Rudolf Pesch verdrängt im Grunde genommen im »Publik-Forum« diese Probleme[123]. Die Ergebnisse der historisch-kritischen Forschung der Bibel stellen für ihn einen »Beitrag zur Rezeptionsgeschichte« des Unfehlbarkeitsdogmas dar. Wenn man diese geschraubte Sprache einmal reduziert, kann das doch nur heißen: Die heutige Bibelwissenschaft stellt die päpstliche Unfehlbarkeit nicht nur nicht in Frage, im Gegenteil, sie stützt diese. Das ist so neu wie Peschs Behauptung, die historisch-kritische Forschung habe heute in der katholischen Kirche volle Freiheit[124]. Wer aufgrund exegetischer Ergebnisse die vatikanischen Definitionen in Zweifel zieht, denkt laut Pesch offensichtlich »ungeschichtlich«. Solche Anschauungen lassen sich nur noch durch einen doppelten Geschichtsbegriff verstehen. Tatsächlich geschehene Entwicklungen tragen nach dieser Auffassung die Rechtfertigung in sich selbst. Vorsichtiger ist Peter Stockmeier. Er spricht von »fließenden« Ergebnissen und meint, in der Forschung werde immer noch diskutiert[125]. Klaus Schatz beginnt sich bereits zu überlegen, wie man das Unfehlbarkeitsdogma verteidigen könnte, wenn die Basis in der Geschichte der Kirche dazu fehlt[126].

Es ist das besondere Verdienst Josef Blanks, die Fragen hier deutlich gestellt zu haben: »Wie steht es dann aber mit einem Dogma, das in seiner historischen Begründung nach den damaligen Kenntnissen der Minorität und heutigen Exegese und Kirchengeschichte auf sehr schwachen Füßen steht? Hier legt Hasler sehr mutig ein Problem frei, das, wie die Küng-Diskussion zeigt, auch in der heutigen Theologie noch lange nicht als gelöst gelten kann. Weiter, was hat es zu bedeuten, wenn dieses Dogma nur mit Hilfe kräftiger Manipulation und mit viel Druck durchgesetzt werden konnte?«[127]

Immer deutlicher kristallisiert sich damit das Verhältnis von Dogma zur Geschichte als Hauptfrage heraus. »Dieses Problem«, schreibt Blank, »das seit dem 19. Jahrhundert ansteht, hat bis heute noch immer keine überzeugende theologische Antwort gefunden. Welche Bedeutung hat das historisch-kritische Argument in der Theologie? Ein doppelter Geschichts-Begriff bietet hier bekanntlich keinen ehrlichen Ausweg. Darüber hinaus kann die Theologie, sofern sie Geschichte als notwendiges Moment biblischen Offenbarungs-Glaubens und seiner Wirkungsgeschichte begreift, auf die Klärung der historischen Wahrheit und ihrer Bedeutung niemals verzichten. In der historischen Fragestellung ist aber mit präjudizierter ›Unfehlbarkeit‹ nicht viel anzufangen.«[128] Ob angesichts dieser Problematik ein stärker dynamisch-geschichtliches und zum Teil pneumatologisches Verständnis der Tradition weiterhelfen kann, wie das Harding Meyer in der »Lutherischen Rundschau« meint[129]? Ich kann das nicht sehen. Der dynamische, kirchliche Traditionsbegriff ist viel zu sehr von Dogma und Lehrautorität statt von quellenkritischer Geschichtswissenschaft und historischen Fakten bestimmt[130].

Klaus Schatz spricht von einer Differenz zwischen historischen und dogmatischen Aussagen. Eine Lehre, die heute zum Dogma erhoben werde, brauche früher nicht vertreten worden zu sein. Keime, Ansatzpunkte genügten. Insofern sei auch die Fragestellung Ignaz von Döllingers durch die moderne Hermeneutik und die Einsicht in die grundlegende Geschichtlichkeit aller Dogmen überholt[131]. Obwohl Schatz sehr häufig das Wort »Geschichtlichkeit« braucht, kann nicht übersehen werden, daß seine Vorschläge einen massiven Rückzug aus der Geschichte bedeuten. Symptomatisch dafür ist auch seine Meinung, die Unfehlbarkeitsdefinition könne nicht rückwirkend verstanden werden, das heißt, kein Papst vor Pius IX. habe sein unfehlbares Lehramt in Anspruch genommen[132]. Unter Verzicht auf eine Rückbindung an die Geschichte läßt sich natürlich jede Lehre vertreten. Ob es Schatz aber gelingt, zu erklären, warum die Päpste mit Pius IX. auf einmal unfehlbar zu lehren beginnen?

Im Gegensatz zu solchen Meinungen, die nur als Ausflüchte verstanden werden können, hält Yves Congar das Verhältnis von Theologie und Geschichte für entscheidend und fordert, die delikate Unterscheidung zwischen dogmatischer Tradition und historischen Dokumenten neu zu durchdenken[133]. Ein besonderes Problem stellt für ihn Papst Honorius I. dar. Der französische Dominikaner-Theologe will aber die Verurteilung dieses Papstes als Ketzer durch das 6. ökumenische Konzil nicht verharmlosen. Im Gegenteil dreht er den Spieß um: »Das am 18. Juli 1870 verkündete Dogma lehrt eine

Unfehlbarkeit des päpstlichen Lehramtes, die mit einem Faktum wie demjenigen von Honorius vereinbart werden muß.«[134] Aber müßte die Frage nicht lauten: Läßt die Verurteilung des Honorius überhaupt eine Definition des unfehlbaren päpstlichen Lehramtes zu? Die damalige Verdammung wurde doch nur möglich, weil seinerzeit kein Bischof von einer Unfehlbarkeit des Papstes auch nur träumte[135]. Wenn Schatz davon spricht, »die spezifische Fragestellung nach der Unfehlbarkeit päpstlicher Ex-cathedra-Entscheidungen« habe dem 3. Konzil von Konstantinopel, dem 6. ökumenischen, völlig ferngelegen und insofern spreche es nicht gegen das 1. Vatikanum[136], dann ist das nicht schlüssig. Die Frage ist doch, ob etwas 1870 definiert werden konnte, wovon die Kirche im 7. Jahrhundert keine Ahnung hatte. Demgegenüber tritt das weitere Problem, welchen Stellenwert man den Briefen des Honorius geben will, als zweitrangig zurück.

Aber war – so wird zuweilen eingewandt – das Unfehlbarkeitsdogma nicht schließlich ein Mehrheitsbeschluß? Damit werde doch jeder Grund zur Aufregung genommen, zumal es – so Hansjakob Stehle in der »Zeit« – völlig verfehlt sei, zu meinen, »in der kirchlichen Innenpolitik müßte eigentlich im Unterschied zur weltlichen nicht mit Wasser, sondern mit Weihwasser gekocht werden«[137]. Stehle vergißt jedoch völlig, daß eine Konzilsdefinition nicht eine x-beliebige politische Entscheidung ist, sondern mit dem Wahrheitsanspruch auftritt und Annahme unter Androhung des Heilsverlustes verlangt. »Es ist *das Problem von Mehrheits-Entscheidung und Wahrheitsfrage*, das diese Definition bis heute belastet«, signalisiert Blank in der »Una sancta« in treffender Weise[138]. Und wiederum: Weil es um die Wahrheit geht, die mit dem Verpflichtungsgrad des Dogmas auftritt, erhalten die Mechanismen des römischen Systems, seine Praktiken und seine Politik, einen ganz anderen Stellenwert als in irgendeinem Staatswesen.

Das ungelöste Verhältnis von Dogma und Geschichte hat weit größere Auswirkungen auf die Disziplin Kirchengeschichte, als Victor Conzemius dies wahrhaben möchte, wenn er schreibt: »Die Stellungnahme des Lehramtes zu meinen Forschungen und Wertungen als Kirchenhistoriker interessiert mich zunächst überhaupt nicht.«[139] Conzemius mag subjektiv so empfinden; aber will er wirklich die mannigfachen unbewußten Abhängigkeiten, die zu einer weitgehenden Autozensur führen können, leugnen? Und will er in Abrede stellen, daß das kirchliche Lehramt bei Grenzüberschreitungen – auch vermeintlichen – in zahllosen Fällen (Modernismus!) eingeschritten ist und sich bis heute die Bereitschaft dazu erhalten hat? Die Spannung zwischen dem religiösen Credo und der freien wissenschaftlichen Forschung wird im Falle des 1. Vatikanischen Konzils lediglich besonders deutlich[140].

Revision des 1. Vatikanischen Konzils?

Stellenwert und Bedeutung des Unfehlbarkeitsdogmas werden recht verschieden bemessen. Für Hansjakob Stehle scheint dieses Dogma in der »Zeit« ein Versatzstück aus dem »Vatikanischen Antiquitätenkabinett« zu sein, eine Kuriosität, die schon längst jede praktische Bedeutung eingebüßt hat. Ob da nicht der Wunsch der Vater des Gedankens ist? Das Unfehlbarkeitsdogma ist bis heute nicht ohne handgreifliche Auswirkungen. Wie sehr der Entscheid des Papstes Paul VI. gegen die Pille von der Unfehlbarkeitsideologie abhing, wurde bereits gezeigt. Über die Enzyklika »Humanae vitae« hängt aber auch die Bevölkerungsexplosion Lateinamerikas mit dem unfehlbaren Papst zusammen.

Hilfreicher sind die kultursoziologischen Überlegungen Victor J. Willis. Unfehlbarkeit nördlich und südlich der Alpen bedeute etwas anderes: »Mit ihrer Anerkennung einer Autorität verbinden die Italiener typischerweise keinen unbedingten Gehorsam und – noch weniger – eine vollständige Identifikation. Viele Anzeichen sprechen dafür, daß die Südländer keine Lehrmeinung der Kirche je so ernst genommen haben, wie dies bei Nordländern immer wieder festgestellt werden kann.«[141] Diese Mentalität der Italiener finde ihren Ausdruck in einer großen Skepsis, in einem anderen Verhältnis zur Wahrheit. Der Tatsache, »daß die Italiener derart im System ihrer Vorlieben und Abneigungen dem Nachgeben, der Diplomatie und der Überlebensstrategie einen sehr hohen und dem Bekenntnis zur Wahrheit einen um so geringeren Stellenwert einräumen, begegnet man im Stiefelland auf Schritt und Tritt. Der Eindruck verstärkt sich, hier werde im Grunde überhaupt an nichts wirklich und unbedingt geglaubt, und zwar nicht nur nicht an Gott und seine Kirche, sondern ebensowenig an die Mitmenschen, Gemeinschaft, den Staat und sich selbst. Nirgends auf der Welt dürfte der Nihilismus so weit verbreitet sein wie in Italien, und dies nicht erst seit Aufkommen der Wohlstandsgesellschaft.«[142] Insofern kann man sich fragen, ob das Unfehlbarkeitsdogma nicht schon längst unterlaufen worden ist. Natürlich kann es offiziell nie aufgegeben werden. Man arrangiert sich damit. Daran zu glauben ist nicht notwendig.

Für die italienische Mentalität mag das alles gehen, nicht aber für die weltweite Christenheit, wie Victor J. Willi mit Recht betont. Das Unfehlbarkeitsdogma stellt trotz allem eines der größten Probleme für die Kirchenreform und die ökumenische Bewegung dar. Letztlich aber geht es um den Kampf zwischen dem Geist der Autorität und dem Geist der Freiheit. Damit wird die Erregung vieler Katholiken verständlich. Diese sehen die Autorität in Gefahr, dadurch aber auch das Fundament der eigenen inneren Sicherheit. Selbst Protestanten kann die vorliegende Untersuchung deshalb heute als ausgesprochen unbequem erscheinen, wie das Harding Meyer in der »Lutherischen Rundschau« betonte[143]. In der letzten Zeit ist häufig das Phänomen zu beobachten, daß die Kirchen sich gegenseitig in ihrem autoritären System stützen.

Wenn schon viele Protestanten an einer offenen Aussprache nicht interessiert sind, um wieviel mehr die Katholiken. Hans Kühner weist in der »Basler Zeitung« auf die Gefahr hin, »die nun bald einsetzende Diskussion auf den Bereich von Kirchenvolk, Glaube, Lehramt usf. zu verschieben und damit zugleich abzubiegen. Es kommt allein auf die geschichtliche Wirklichkeit und Wahrheit an.«[144] Auch andere sind gewillt, die nach wie vor ungelösten schweren Probleme anzupacken. »Haslers Buch«, meint Hans Küng im »Time«-Magazin, »unterstreicht nur, daß die Auseinandersetzung um die Unfehlbarkeit noch nicht geschlossen ist. Die Kirche kann dieser Frage nicht aus dem Weg gehen.«[145] Noch weiter geht Yves Congar. Er fordert eine Re-Rezeption der Papst-Dogmen des 1. Vatikanischen Konzils[146]. Das komplizierte Wort meint im Grunde eine Revision. Die Frage, die auf dem 1. Vatikanischen Konzil zur Debatte stand, müsse zusammen mit den anderen christlichen Kirchen (gemeinsame Arbeitsgruppen!) nochmals erwogen und erneut formuliert werden. Congar fordert weiter, dabei nicht nur das Lehramt des Papstes, wie es wirklich ausgeübt wird, in Rechnung zu stellen, sondern auch die exegetischen, historischen und theologischen Untersuchungen der letzten Jahrzehnte und den ökumenischen Dialog über diese Frage zu berücksichtigen. Auch Werner Küppers schlägt in der »Schweizerischen Kirchenzeitung« eine Behandlung der Frage im ökumenischen Kontext vor, etwa im Studienbereich von Glauben und Kirchenverfassung des Weltkirchenrates. Für die unmittelbare Zukunft denkt er an ein »fachkundliches, ökumenisches Symposium . . ., das viel Raum zur Unmittelbarkeit auch des kontroversen Gespräches böte. Die aufgeworfene Frage ist so wichtig und steht im Grunde schon zu lange an, als daß man sie in nur gedruckter Rede und Gegenrede versanden lassen dürfte.«[147]

Tatsächlich wird immer deutlicher, daß das Dogma von der päpstlichen Unfehlbarkeit weder in der Bibel noch in der Geschichte der Kirche des ersten Jahrtausends eine Basis hat. Wenn aber das 1. Vatikanische Konzil nicht frei war, dann war es auch nicht ökumenisch. Dann aber können seine Dekrete auch keine Gültigkeit beanspruchen. Damit aber wird der Weg frei für eine Revision dieses Konzils, und zugleich eröffnet sich ein Ausweg aus der Situation, die der Geschichtswissenschaft und der Theologie gleichermaßen mehr und mehr als unhaltbar erscheint. Ist damit der Kirche zuviel zugemutet? Kann sie je zugeben, daß sich ein Konzil geirrt hat, daß 1870 eine Fehlentscheidung getroffen worden ist?

Aber warum eigentlich könnte Johannes Paul II. nicht der letzte unfehlbare Papst sein? Wenn er die Kollegialität der Bischöfe wirklich ernst nimmt, wäre es an der Zeit, auf einem 3. Vatikanischen Konzil rückgängig zu machen, was auf dem 1. Vatikanum in falsche Bahnen geriet. Und der damit verbundene Autoritätsverlust? Macht er nicht jede Revision einfach undenkbar? Ist es nicht viel klüger, das Dogma weiterhin umzudeuten und den geänderten Umständen anzupassen? Ob aber die Kirche auf diesem Weg nicht viel mehr verliert? Eine Revision hätte den großen Vorzug, ehrlich zu sein.

Es ist zu hoffen, daß es zur allenthalben gewünschten unvoreingenommenen Prüfung kommt, damit die Wahrheit, die ganze Wahrheit an den Tag gebracht wird. Denn nur von der Wahrheit heißt es, daß sie frei mache.

Anmerkungen

1 August Bernhard Hasler: Pius IX. (1846–1878), Päpstliche Unfehlbarkeit und 1. Vatikanisches Konzil. Dogmatisierung und Durchsetzung einer Ideologie. Päpste und Papsttum 12, I und II. Stuttgart, (Verlag Anton Hiersemann) 1977.

2 Unter den allerneuesten Publikationen seit Erscheinen meiner Untersuchung möchte ich vor allem hinweisen auf: Ignatius von Senestrey: Wie es zur Definition der päpstlichen Unfehlbarkeit kam. Tagebuch vom 1. Vatikanischen Konzil, herausgegeben und kommentiert von Klaus Schatz. Frankfurter Theologische Studien 24. Frankfurt/M. 1977; Franz-Xaver Bantle: Unfehlbarkeit der Kirche in Aufklärung und Romantik. Eine dogmengeschichtliche Untersuchung für die Zeit der Wende vom 18. zum 19. Jahrhundert. Freiburger Theologische Studien 103. Freiburg 1976; P. G. Camaiani: Castighi di Dio e trionfo della Chiesa. Mentalità e polemiche dei cattolici temporalisti nell'età di Pio IX. In: Rivista Storica Italiana 88 (1976) 708–744; Christoph Weber: Kardinäle und Prälaten in den letzten Jahrzehnten des Kirchenstaates. Elite-Rekrutierung, Karriere-Muster und soziale Zusammensetzung der kurialen Führungsschicht zur Zeit Pius' IX. (1846–1878). Päpste und Papsttum 13/I und II. Stuttgart 1978; R. Aubert, M. Gueret, P. Tombeur: Concilium Vaticanum I. Concordance, Index, Listes de fréquence, Tables comparatives. Löwen 1977; Walter Brandmüller: Ignaz von Döllinger am Vorabend des I. Vatikanums. Herausforderung und Antwort. Kirchengeschichtliche Quellen und Studien, 9. St. Ottilien 1977; Karl Josef Rivinius: Bischof Wilhelm Emmanuel von Ketteler und die Infallibilität des Papstes. Ein Beitrag zur Unfehlbarkeitsdiskussion auf dem 1. Vatikanischen Konzil. Europäische Hochschulschriften XXIII, 48. Bern–Frankfurt 1976; Ivo Sivrić: Bishop J. G. Strossmayer. New Light on Vatican I. Rom–Chicago 1975.

3 Rudolf Zinnhobler: Pius IX. in der katholischen Literatur seiner Zeit. Ein Baustein zur Geschichte des Triumphalismus. In: G. Schwaiger (Hrsg.): Konzil und Papst. Historische Beiträge zur Frage der höchsten Gewalt in der Kirche. Festgabe für Hermann Tüchle. München/Paderborn/Wien 1975, 387–432, 395.

4 Roger Aubert: Le pontificat de Pie IX (1846–1878). Paris 1952, 302ff.

5 Zinnhobler: Pius IX. in der katholischen Literatur, 420ff.

6 Zinnhobler: Pius IX. in der katholischen Literatur, 425.

7 Giovanni Bosco: Meditazioni, Bd. 1. Turin [o. J.], 89–90; zitiert bei Giancarlo Zizola: Quale Papa? Analisi delle strutture elettorali e governative del papato romano. Rom 1977, 22.

8 Jacques Martin: Pie IX vu par le »Saint Homme de Tours« Léon Dupont. In: Pio IX. Studi e ricerche sulla vita della Chiesa del settecento ad oggi 5 (1976) 403–408, 407.

9 Zinnhobler: Pius IX. in der katholischen Literatur, 414–418.

10 Ignatius von Senestrey: Wie es zur Definition der päpstlichen Unfehlbarkeit kam. Tagebuch vom 1. Vatikanischen Konzil, herausgegeben und kommentiert von Klaus Schatz. Frankfurter Theologische Studien 24. Frankfurt/M. 1977, 77ff.

11 Senestrey: Wie es zur Definition der päpstlichen Unfehlbarkeit kam, 63ff.

12 Cuthbert Butler-Hugo Lang: Das Vatikanische Konzil. Seine Geschichte von innen geschildert in Bischof Ullathornes Briefen. München 1933, 152.

13 Joseph Hajjar: Die katholischen orientalischen Kirchen. In: Geschichte der Kirche, Bd. V/2: Vom Kirchenstaat zur Weltkirche. Zürich/Einsiedeln/Köln 1977, 229.

14 Vgl. jetzt auch die Schilderung, die Robert Hotz aufgrund eines anderen Zeugnisses vom gleichen Vorfall gibt: »Hajjar erwähnt zwar [im Artikel, der in Anmerkung 13 erwähnt ist], daß sich auch der melkitische Patriarch *Gregor Youssef* durch seine von echtem ökumenischen Geist getragenen Interventionen auf dem Ersten Vatikanischen Konzil (1870) die Mißbilligung des Papstes einhandelte, aber es wäre durchaus wert gewesen, auch noch die Art und Weise zu erwähnen, mit welcher Pius IX. seinen Grimm äußerte. Bei der Huldigung setzte der Papst seinen Fuß auf den Nacken des melkitischen Patriarchen und sprach: ›Mala testa‹. Man kann das Unerhörte dieser Demütigung nur voll ermessen, wenn man weiß, daß im Osten jeder Patriarch den andern als im Amte völlig gleichwertig erachtet. Patriarch Gregor Youssef reiste ab und unterbrach jeden Kontakt zu Rom bis zum Tode von Pius IX. Aber er brach nicht mit der Kirche, schwieg auch eisern über den Vorfall, um keinen Anlaß zu einem Schisma zu geben, denn die meisten Melkiten hätten sich diese Demütigung ihres kirchlichen Oberhauptes wohl kaum gefallen lassen. Erst auf das Drängen von Papst Leo XIII. hin berichtete Gregor Youssef diesem von dem Vorfall. Manche östliche Christen haben sich ihre Union mit Rom tatsächlich etwas kosten lassen!« (Das »Malaise« der Unierten. Nachwort zur »Woche der christlichen Einheit«. In: Orientierung 42 [1978] 17).

15 Zu Ladislaus Kulczycki vgl. Jerzy Zdrada. In: Polski Stownik Biograficzny 1971, Bd. 14, 135–136; Bronisław Biliński: Władysław Kulczycki e le sue corrispondenze romane negli anni 1870–1871. In: Ders.: Incontri polacco-italiani a Porta Pia. J. I. Kraszewski. W. Kulczycki. M. Konopicka. Nel Centenario di Roma Capitale d'Italia 1870–1970. Accademia Polacca delle Scienze. Conferenze, Fascicolo 49. Wrocław/Warszawa/Kraków/Gdánsk 1971; vgl. auch seine Berichte nach 1870 an den italienischen Außenminister Emilio Visconti Venosta. In: I Documenti diplomatici italiani. Seconda Serie (1870–1896). Rom 1960ff.

16 Zu den Hofprälaten Pius' IX. vgl. jetzt auch Weber: Kardinäle und Prälaten I, 192–198.

17 G. Martina: Pio IX (1846–1850). Miscellanea Historiae Pontificiae, Bd. 38. Rom 1974, 531f.

18 Dazu jetzt auch Weber: Kardinäle und Prälaten I, 259: »Daß Pius IX. an höhere Eingebungen, die ihm zuteil würden, glaubte, ist unbestritten ...«

19 Vgl. Otto Weiß: Die Redemptoristen in Bayern (1790–1909). Ein Beitrag zur Geschichte des Ultramontanismus. Dissertation im Fachbereich Geschichte und Kunstwissenschaften. München 1977, 968–1205; 1615f.; 1685–1728.

20 Zu den Kardinälen Santucci und D'Andrea vgl. jetzt auch Weber: Kardinäle und Prälaten I, 317f. Weber erwähnt »Parallelberichte über den Tod der hochkonservativen Kardinäle Massimo 1848 und Della Genga Sermattei 1851; beide waren über einen bestimmten Wechsel in der päpstlichen Politik und besonders über den damit verbundenen plötzlichen eigenen Machtverlust derart aufgebracht, daß ihnen gewissermaßen gar nichts anderes übrigblieb als zu sterben« (ebenda I, 317).

21 Carl Mirbt: Quellen zur Geschichte des Papsttums und des römischen Katholizismus. Tübingen ^{5}1934, 465.
22 The letters and diaries of John Henry Newman. Edited at the Birmingham oratory with notes and introduction by Charles Stephen Dessain. London 1961 ff., Bd. 25, 262.
23 Ignaz von Döllinger, Lord Acton: Briefwechsel 1850–90. Bearbeitet von V. Conzemius. 3 Bde. München 1963–1971, II 353.
24 Weber: Kardinäle und Prälaten I, 315, Anm. 47.
25 D. Milburn: Impressions of English Bishops at the First Vatican Council. Letters of Bishop Chadwick of Hexham and Newcastle to the President of Ushaw. In: The Wiseman Review 493 (1962) 231.
25a Xavier de Montclos: Lavigérie, le Saint-Siège et l'Eglise de l'avènement de Pie IX à l'avènement de Léon XII (1846–1878). Paris 1965, 596.
26 Zur liberalen Richtung unter den Kardinälen vgl. jetzt besonders Weber: Kardinäle und Prälaten I, 306 ff.
27 J. Schmidlin: Papstgeschichte der neuesten Zeit, Bd. II: Papsttum und Päpste gegenüber den modernen Strömungen. Pius IX. und Leo XIII. (1846–1903). München 1934, 104.
28 Ferdinand Gregorovius: Geschichte der Stadt Rom im Mittelalter, III. Bd. Stuttgart 1890, 220.
29 Schmidlin: Papstgeschichte II, 400.
30 Brief »Saepenumero« vom 18. August 1883 an verschiedene Kardinäle (Acta Leonis III, 259–273, 260).
31 Zu den folgenden Ausführungen über den Modernismus vgl. Roger Aubert: Die modernistische Krise. In: H. Jedin (Hrsg.): Handbuch der Kirchengeschichte. Freiburg/Basel/Wien 1973, Bd. VI/2, 435–500; Emile Poulat: Histoire, dogme et critique dans la crise moderniste. Tournai/Paris 1962; ders.: Intégrisme et catholicisme intégral. Un réseau secret international antimoderniste: La »Sapinière« (1909–1921). Tournai/Paris 1969; ders.: Catholicisme, démocratie et socialisme. Le mouvement catholique et Mgr Benigni de la naissance du socialisme à la victoire du fascisme. Religion et sociétés. Tournai/Paris 1977; ders.: Eglise contre bourgeoisie. Introduction au devenir du catholicisme actuel. Religion et sociétés. Paris/Tournai 1977; R. Aubert: Mgr Benigni, un intégriste aux antécédents progressistes: une interpretation nouvelle du »catholicisme intégral«. In: Revue Théologique de Louvain 8 (1977) 461–468; ders.: Henri Bremond et la crise moderniste. Lumières nouvelles. In: Revue d'Histoire Ecclesiastique 72 (1977) 332–348; (F. Antonelli und G. Löw): Disquisitio circa quasdam obiectiones modum agendi servi Dei Pii X respicientes in modernismi debellatione. Vatikan 1950; Lorenzo Bedeschi: La Curia romana durante la crisi modernista. Episodi et metodi di governo. Parma 1968; ders.: Interpretazioni e sviluppo del modernismo cattolico. Mailand 1975; Gottfried Maron: Die römisch-katholische Kirche von 1870–1970. In: K. D. Schmidt und E. Wolf (Hrsg.): Die Kirche in ihrer Geschichte, Bd. 4. Göttingen 1972, 197–328; Oskar Schroeder: Aufbruch und Mißverständnis. Zur Geschichte der reformkatholischen Bewegung. Graz 1969; Erika Weinzierl (Hrsg.): Der Modernismus. Beiträge zu seiner Erforschung. Graz/Wien/Köln 1974; Norbert Trippen: Theologie und Lehramt im Konflikt. Die kirchlichen Maßnahmen gegen den Modernismus im Jahre 1907 und ihre Auswirkungen in Deutschland. Freiburg/Basel/Wien 1977; Peter Neuner: Religion zwischen Kirche und Mystik. Friedrich von Hügel und der Modernismus. Frankfurt/M. 1977; ders.: Religiöse Erfahrung und geschichtliche Offenbarung. Friedrich von Hügels Grundlegung der Theologie. München/Paderborn/Wien 1977.

32 H. Bremond–M. Blondel: Correspondance I, 494, zitiert bei Aubert: Die modernistische Krise, 455.
33 Weinzierl: Der Modernismus, 238.
34 Erklärung der Agence internationale Rome (AIR) vom 19. Juni 1913, zitiert bei Poulat: Intégrisme, 132.
35 Erklärung in der Zeitschrift »La Vigie« vom 5. 12. 1912.
36 Disquisitio, 262.
37 Disquisitio, 263 ff.
38 Disquisitio, 240.
39 Disquisitio, 234.
40 Disquisitio, 10.
41 Disquisitio, 213.
42 Emile Poulat: Catholicisme, démocratie et socialisme, 459.
43 Codex Iuris Canonici. In: Lexikon für Theologie und Kirche, Bd. II. Freiburg ^{2}1958, 1245.
44 Ulrich Stutz: Der Geist des Codex iuris canonici. Eine Einführung in das auf Geheiß Papst Pius' X. verfaßte und von Papst Benedikt XV. erlassene Gesetzbuch der katholischen Kirche. Stuttgart 1918, 50.
45 Stutz: Der Geist des Codex iuris canonici, 50; vgl. 155f.
46 Vgl. jetzt vor allem Klaus Scholder: Die Kirchen und das Dritte Reich, Bd. I: Vorgeschichte und Zeit der Illusionen 1918–1934. Frankfurt/M. 1977.
47 Ludwig Kaas: Der Konkordatstyp des faschistischen Italien. In: Zeitschrift für ausländisches öffentliches Recht und Völkerrecht III/1 (1933) 517, zitiert bei Scholder: Die Kirchen, 210.
48 Gerhart Binder: Irrtum und Widerstand. Die deutschen Katholiken in der Auseinandersetzung mit dem Nationalsozialismus. München 1968, 184.
49 Vgl. dazu Heinrich Lutz: Demokratie im Zwielicht. Der Weg der deutschen Katholiken aus dem Kaiserreich in die Republik 1914–1925. München 1963, bes. 120f.
50 Michael Schmaus: Begegnungen zwischen katholischem Christentum und nationalsozialistischer Weltanschauung. Reich und Kirche. Eine Schriftenreihe, 4. Münster ^{2}1934, 42.
51 Joseph Lortz: Katholischer Zugang zum Nationalsozialismus kirchengeschichtlich gesehen. Reich und Kirche. Eine Schriftenreihe, 1. Münster 1933, 9.
52 Lortz: Katholischer Zugang, 9; vgl. weiter Franz von Papen: Der 12. November 1933 und die deutschen Katholiken. Reich und Kirche. Eine Schriftenreihe, 2. Münster 1933; Franz Taeschner: Der Totalitätsanspruch des Nationalsozialismus und der deutsche Katholizismus. Reich und Kirche. Eine Schriftenreihe, 3. Münster 1934; Josef Pieper: Das Arbeitsrecht des Neuen Reiches und die Enzyklika Quadragesimo anno. Reich und Kirche. Eine Schriftenreihe, 5. Münster 1934.
53 Einleitung zu Hans Müller: Katholische Kirche und Nationalsozialismus. Dokumentation 1930–1935. München 1963, XIX.
54 Die Grundlagen einer christlichen Politik der deutschen Katholiken. In: Die Schildgenossen. Katholische Zweimonatsschrift 13 (1933/34) 48.
55 Vgl. dazu G. Martina und E. Ruffini: La Chiesa in Italia tra fede e storia. Rom 1975; L. Kaufmann und G. Palo: »Kaiser und Papst« in Italien. In: Orientierung 40 (1976) 124–131.
56 Zu diesem Fragenkomplex vgl. Eduard Stakemeier: Das Dogma der Himmelfahrt Mariens. Die Apostolische Konstitution vom 1. November 1950 und die Theologie der Verherrlichung Mariens. Paderborn 1951; Evangelisches Gutachten zur Dogmatisierung der leiblichen Himmelfahrt Mariens. München 1950; Berthold Altaner: Zur Frage der Definibilität der Assumptio B. M. V. In: Theo-

logische Revue 44 (1948) 129–140; 45 (1949) 129–142; 46 (1950) 5–20; Josef Ternus: Der gegenwärtige Stand der Assumptafrage. Regensburg 1948; Hermann Volk: Das neue Mariendogma. Münster 1956; Karl Rahner: Mariologie (über die leibliche Aufnahme Mariens in den Himmel; maschinengeschriebenes Manuskript). Innsbruck 1959.

57 Georg Schwaiger: Pius XII. in der Kirchengeschichte. In: Herbert Schambeck (Hrsg.): Pius XII. zum Gedächtnis. Berlin 1977, 760, Anm. 107.

58 Altaner: Zur Frage der Definibilität der Assumptio B. M. V. In: Theologische Revue 46 (1950) 17.

59 Altaner: Zur Frage der Definibilität der Assumptio B. M. V. In: Theologische Revue 45 (1949) 140f.

60 Zur Frage der Definibilität der Assumptio B. M. V. In: Theologische Revue 44 (1948) 129–140; 45 (1949) 129–142; 46 (1950) 5–20.

61 Altaner: Zur Frage der Definibilität der Assumptio B. M. V. In: Theologische Revue 44 (1948) 135f.

62 Altaner: Zur Frage der Definibilität der Assumptio B. M. V. In: Theologische Revue 44 (1948) 140.

63 Altaner: Zur Frage der Definibilität der Assumptio B. M. V. In: Theologische Revue 46 (1950) 19.

64 Maschinengeschriebenes Protokoll des Gesprächs, im Archiv des Instituts für ökumenische Forschung der Universität Tübingen, 37–38.

65 Rahner: Mariologie, 18.

66 Johannes XXIII., Eröffnungsansprache zum 2. Vatikanischen Konzil. In: Acta Apostolicae Sedis 54 (1962) 792.

67 Hans Küng (Hrsg.): Fehlbar? Eine Bilanz. Zürich/Einsiedeln/Köln 1973, 320.

68 Vgl. dazu Gerd Hirschauer: Der Katholizismus vor dem Risiko der Freiheit. Nachruf auf ein Konzil. München 1966; Fritz Leist: Der Gefangene des Vatikans. Strukturen päpstlicher Herrschaft. München 1971.

69 Herderkorrespondenz 21(1967) 436; zur neuesten Entwicklung vgl. Ludwig Kaufmann: Zehn Jahre Enzyklika »Humanae Vitae«. In: Orientierung 42 (1978) 151–156.

70 Hans Küng: Unfehlbar? Eine Anfrage. Zürich/Einsiedeln/Köln 1970; ders. (Hrsg.): Fehlbar? Eine Bilanz. Zürich/Einsiedeln/Köln 1973.

71 Francis Simons: Infallibility and the Evidence. Springfield 1968.

72 Walter Jens (Hrsg.): Um nichts als die Wahrheit. Deutsche Bischofskonferenz contra Hans Küng. München 1978, 143.

73 Jens: Um nichts als die Wahrheit, 144.

74 Vgl. dazu Matthias Gatzemeier: Theologie als Wissenschaft? 2 Bde. I: Die Sache der Theologie. II: Wissenschafts- und Institutionenkritik. problemata 20 und 21. Stuttgart-Bad Cannstatt 1974–1975; Rütger Schäfer: Die Misere der theologischen Fakultäten. Dokumentation und Kritik eines Tabus. Schwerte (Ruhr) 1970; ders.: Die theologische Fakultät – ein staatskirchliches Relikt. In: G. Szczesny (Hrsg.): Club Voltaire. Jahrbuch für kritische Aufklärung IV. Reinbek bei Hamburg 1970, 286–298.

75 J. J. Ignaz von Döllinger: Briefe und Erklärungen über die Vatikanischen Dekrete 1869 bis 1887, hrsg. von F. H. Reusch. Darmstadt 1968 (Nachdruck), 141.

76 Hans Albert: Plädoyer für kritischen Rationalismus. Serie Piper 10. München 1971, 23.

77 Ernst Topitsch: Sozialphilosophie zwischen Ideologie und Wissenschaft. Neuwied 1961, 75f.

78 Vgl. z. B. Klaus Schatz: Kirchenbild und päpstliche Unfehlbarkeit bei den deutschsprachigen Minoritätsbischöfen auf dem 1. Vatikanum. Rom 1975, 84;

221; 333; Heinrich Fries: »Ex sese, non autem ex consensu Ecclesiae«. In: R. Bäumer u. H. Dolch (Hrsg.): Volk Gottes. Zum Kirchenverständnis der katholischen, evangelischen und anglikanischen Theologie. Festgabe für J. Höfer. Freiburg/Basel/Wien 1967, 491.

79 Giacomo Martina: Pio IX. Chiesa e mondo moderno. Nuova Universale Studium 18. Rom 1976, 198.

80 A. W. J. Houtepen: Onfeilbaarheid en hermeneutiek. De betekenis van het infallibilitas-concept op Vaticanum I. Brügge 1973, 374f.

81 Houtepen: Onfeilbaarheid en hermeneutiek, 326f.; 344f.; 376.

82 Bewußtseinsstörungen im Katholizismus. Frankfurt/M. 1972, 16; 25.

82a Loris Francesco Capovilla: Pio IX nel pensiero e sul cuore di Giovanni XXIII. In: Vari Autori: Pio IX nel primo centenario della sua morte. Vatikan 1978, 751f.

83 Vgl. Hans Kühner: Der Kardinal und die Moral. In: Die Weltwoche Nr. 17, 28. April 1976.

84 National Catholic News Service, Rome, January 31st 1978.

85 La causa di beatificazione di Pio IX. Intervista con il Procuratore della causa, avvocato Snider. In: Pio IX – la sua terra, la sua gente. A cura dei Comitati Marchigiani di Roma e di Senigallia per le Celebrazioni Centenarie. Roma 1978, 6.

86 Bruno Di Porto: Gli ebrei di Roma dai Papi all'Italia. In: 1870. La Breccia del Ghetto. Evoluzione degli ebrei di Roma. Rom 1971, 58f.

87 Weber: Kardinäle und Prälaten I, 273.

88 Corriere della Sera, 15. Februar 1978.

89 Walter Brandmüller: Aus der Trödelkammer. Eine Geschichtsklitterung um Pius IX. und das Erste Vatikanische Konzil. In: Rheinischer Merkur Nr. 35, 2. Sept. 1977, 20; Krank im Kopf. In: Der Spiegel Nr. 38, 12. September 1977, 60–63; Pressedienst des Sekretariats der Deutschen Bischofskonferenz Nr. 28, 12. Sept. 1977; Katholische Nachrichten Agentur, Aktueller Dienst Inland, Nr. 212, 13. Sept. 1977, 1; Katholische Nachrichten Agentur, Informationsdienst, Nr. 38, XXV. Jahrgang, 15. Sept. 1977, 2; Angriffe aus der Trödelkammer. In: Kirchenzeitung für die Diözese Augsburg, 25. Sept. 1977, 6; A. M.: Krankengeschichte eines Papstes oder Griff in die Trödelkammer? In: Publik-Forum Nr. 20, 30. Sept. 1977, 16–17; Hans Kühner: Ein kranker Papst setzte das Unfehlbarkeitsdogma durch. Ein Schweizer Theologe und Historiker untersucht das Persönlichkeitsbild Pius' IX. In: Luzerner Neueste Nachrichten Nr. 240, 14. Oktober 1977, 5; Hanspeter Oschwald: Historische Argumente gegen Unfehlbarkeit des Papstes. In: dpa-brief 3. November 1977, 1–3; Victor Conzemius: Erstes Vatikanum und Unfehlbarkeit. August B. Haslers provokative Thesen zu Pio Nono. In: Orientierung 41 (1977) 207–209; Was Vatican I rigged? How the Pope became infallible. In: Time, 14. November 1977, 52; Hanno Helbling: Kunst des Weglassens. August Bernhard Haslers Arbeit über die Unfehlbarkeitserklärung. In: Neue Zürcher Zeitung, Fernausgabe Nr. 264, 11. November 1977, 35; R. Mols, in: Nouvelle Revue Théologique 109 (1977) 897–898; Hansjakob Stehle: Aus dem vatikanischen Antiquitäten-Kabinett. Die »Ideologisierung einer Ideologie«: Das Unfehlbarkeitsdogma von Papst Pius IX. In: Die Zeit Nr. 53, 23. Dezember 1977, 13; Werner Egli: Zuschrift zu »Erstes Vatikanum und Unfehlbarkeit«. In: Orientierung 41 (1977) 247– 248; Kirchengeschichte und profanhistorische Kritik. Diskussion um »Erstes Vatikanum und Unfehlbarkeit«. In: Orientierung 41 (1977) 259, 262; L'Osservatore della Domenica Nr. 1, 1. Januar 1978, 9; Vincenzo Mantovani: Fu truccato il Concilio di Pio IX? Secondo uno storico tedesco, Papa Mastai ottenne con la prevaricazione il dogma dell'Infallibilità. In: Paese Sera, 4. Januar 1978; Infallibile per forza. In: Panorama, 10. Januar 1978, 60–61;

Herbert Kolbe: War Pius IX. noch zurechnungsfähig? Neue Attacke gegen das Unfehlbarkeitsdogma von 1870. In: Neue Ruhr-Zeitung, 29. Januar 1978; Pio IX contestato: Paolo VI lo difende parlando ai pellegrini. In: Il Messaggero, 6. Februar 1978, 2; Paolo Giuntella: Papa Mastai oltre la polemica. In: Il Popolo, 7. Februar 1978, 5; Giacomo Martina: Giustificate riserve su una recente opera. In: L'Osservatore Romano, 8. Februar 1978, 6; Lamberto Furno: Pio IX, un papa tra polemiche ed esaltazioni. In: La Stampa, 8. Februar 1978, 2; Fabrizio De Santis: Ancora polemiche su papa Mastai. Scontro Vaticano-Hasler per Pio IX. In: Corriere della Sera, 8. Februar 1978, 6; Fu Pio IX a imporre l'infallibilità papale. Le tesi del sacerdote svizzero Bernhard Hasler – Il dispotismo di Papa Mastai. In: Corriere del Ticino, 8. Februar 1978, 3; »Story in schwarz und weiß – ohne Sinn für Nuancen«. Vatikanzeitung kritisiert Haslers Studie über Papst Pius IX. In: Katholische Nachrichten Agentur Nr. 34, 9. Februar 1978; Kirchengeschichte macht Schlagzeilen. In: Die Ostschweiz, 9. Februar 1978; Kritik an Publikation über Pius IX. in: Die Ostschweiz, 10. Februar 1978; Michael Wilson: Vatican hits back at Pius IX book. In: Catholic Herald (London), 17. Februar 1978, 1; Helen Young: Papal epilepsy slur. In: Catholic Herald (London), 17. Februar 1978, 4; August Bernhard Hasler: Pio IX, il Papa del l'infallibilità. In: Il Giorno Nr. 40, 18. Februar 1978, 4; »Story in Schwarz und Weiß«. Prof. Martina kritisiert Haslers Studie über Papst Pius IX. In: Kirchenzeitung der Diözese Augsburg, 19. Februar 1978, 7; Lamberto Furno: Perché Hasler »ridiscute« l'infallibilità del Papa. In: La Stampa Nr. 44, 22. Februar 1978; Josef Blank: Pius IX. und das Unfehlbarkeits-Dogma. In: Imprimatur, 11. Jahrgang, Nr. 2, 28. Februar 1978, 56–59; Marco Politi: La pantofola infallibile. In: Il Messaggero, 5. März 1978, 3; Giacomo Martina: Pope Pius IX. Justified reservations on a recent work. In: L'Osservatore Romano. Weekly English Edition, 9. März 1978, 10; Hans Kühner: Explosivstoff Unfehlbarkeit. In: Basler Zeitung, 17. März 1978; Harding Meyer. In: Lutherische Rundschau 27 (1977) 656–657; ders. in Lutheran World 24 (1977) 492–493; Martin Ros: Het drama van Pio Nono. In: De Tijd, 17. März 1978, 49; Rudolf Pesch: Parteiischer Anwalt. Zu August B. Haslers Papst- und Dogmenkritik. In: Publik-Forum Nr. 6, 24. März 1978, 16–17; Heinz-Joachim Fischer: Verschlungene Wege zur göttlichen Wahrheit. Wie es zur päpstlichen Unfehlbarkeit kam. Eine historische Studie und ein zeitgenössisches Zeugnis. In: Frankfurter Allgemeine Zeitung Nr. 63, 31. März 1978, 11; Josef Blank und Gerhard Voss: Pius IX. – Päpstliche Unfehlbarkeit – Erstes Vatikanisches Konzil. Über eine Untersuchung von A. B. Hasler. In: Una Sancta 33 (1978) 72–82; Werner Küppers: Infragestellung des Ersten Vatikanums in heutiger alt-katholischer Sicht. Anstößig oder Anstoß? In: Schweizerische Kirchenzeitung 146 (1978) 190–194; Ehre der Altäre. In: Der Spiegel Nr. 17, 24. April 1978, 193–196; Yves M. J. Congar: Bulletin d'Ecclésiologie. Premier Concile du Vatican. In: Revue des Sciences philosophiques et théologiques 62 (1978) 85–88; Victor J. Willi: Fehlbare Unfehlbarkeit? In: Vaterland Nr. 84, 12. April 1978, 5; ders.: Fehlbare Unfehlbarkeit? Dogma des Vaticanum I im Kreuzfeuer einer schonungslosen kirchengeschichtlichen Untersuchung. Vermittelnde geschichtssoziologische Erklärung. In: Schweizer Rundschau 77 (April 1978) 15–18; Otto Weiß, in: Zeitschrift für bayerische Landesgeschichte 41 (1978) 329–331; Klaus Schatz: Totalrevision der Geschichte des I. Vatikanums? Zur Auseinandersetzung mit den Thesen von August B. Hasler. In: Theologie und Philosophie 53 (1978) 248–276; Peter Stockmeier: Geschichte und Unfehlbarkeit. Zu einer Neuerscheinung über die Debatte auf dem Ersten Vatikanischen Konzil. In: Münchener Theologische Zeitschrift 29 (1978) 189–199; Matthias Buschkühl: Einer NS-Schrift aufgesessen. Zu August Bernhard Haslers Buch über Pius IX. In: Rheinischer Merkur Nr.

28, 14. Juli 1978; Francesco Margiotta Broglio: Pio IX nell'armadio. Il Dogma dell'infallibilità. In: La Nazione, 3. August 1978; Max Seckler, in: Das historisch-politische Buch 26 (1978) 234; Regina Bohne: Die Forderung: Glaube als Gehorsam. In: Frankfurter Hefte 33 (1978) 73–76. H. Ewald Keßler. In: Alt-Katholische Kirchenzeitung 22 (1978) 24; 32. Ulrich Horst: Vater-Sohn-Konflikt. In: Rheinischer Merkur Nr. 45, 10. November 1978, 31.

90 Es seien hier besonders die Professoren Congar, Küng, Seckler, Blank und Denzler erwähnt.

91 Vgl. etwa die Besprechungen von Stehle, Willi, Politi, Kühner, Bohne, Oschwald, Weiß, Küppers, Meyer. Vergessen seien auch all jene Professoren nicht, die eine Veröffentlichung in der Reihe »Päpste und Papsttum« des Hiersemann-Verlages möglich machten.

92 Schatz: Totalrevision, 256; Walter Kasper: Dienst an der Einheit und Freiheit der Kirche. Zur gegenwärtigen Diskussion um das Petrusamt in der Kirche. In: Catholica 32 (1978) 6.

93 Schatz: Totalrevision 257, Anm. 18.

94 Vgl. die Besprechungen von Brandmüller, Conzemius, Helbling, Martina und Schatz.

95 Vgl. zum ganzen Problem die Besprechung von Max Seckler, in: Das historisch-politische Buch 26 (1978) 234.

96 Vgl. Hanno Helbling: Kunst des Weglassens. In: Neue Zürcher Zeitung, Fernausgabe Nr. 264, 11. November 1977, 35; Schatz: Totalrevision, 258f.

97 Vgl. August Bernhard Hasler: Pius IX. und die päpstliche Unfehlbarkeit. Eine Antwort. In: Neue Zürcher Zeitung, Fernausgabe Nr. 293, 15. Dezember 1977, 39–40.

98 Vgl. Hanno Helbling: Kunst des Weglassens. In: Neue Zürcher Zeitung, Fernausgabe Nr. 264, 11. November 1977, 35.

99 Rheinischer Merkur Nr. 35, 2. September 1977,20.

100 Ferndiagnose unwissenschaftlich. In: Publik-Forum Nr. 22, 28. Oktober 1977, 23.

101 Frankfurter Allgemeine Zeitung Nr. 63, 11.

102 Conzemius: Erstes Vatikanum und Unfehlbarkeit, 208. Schatz schreibt: »Die dort wiedergegebenen psychiatrischen Gutachten sind m. E. deshalb wertlos, weil die negativen Züge Pius' IX., auf die sie sich stützen, selbst wenn sie in sich sorgfältig belegt sind, noch kein Gesamtbild der Persönlichkeit ergeben« (Totalrevision 250, Anm. 12.) Weshalb muß ein Gesamtbild einer Person vorliegen – und wann ist dieses gegeben –, um Abnormitäten feststellen zu können?

103 Zuschrift zu »Erstes Vatikanum und Unfehlbarkeit«. In: Orientierung 41 (1977) 248.

104 Infragestellung des Ersten Vatikanums in heutiger alt-katholischer Sicht. In: Schweizerische Kirchenzeitung 146 (1978) 192.

105 Frankfurter Hefte 33 (1978) 76.

106 Geschichte und Unfehlbarkeit, 192.

107 Roger Aubert, Giacomo Martina: Il Pontificato di Pio IX (1846–1878) Turin ²1970, II 846.

108 Ein kranker Papst setzte das Unfehlbarkeitsdogma durch. Ein Schweizer Theologe und Historiker untersucht das Persönlichkeitsbild Pius' IX. In: Luzerner Neueste Nachrichten Nr. 240, 14. Oktober 1977, 5; Explosivstoff Unfehlbarkeit. In: Basler Zeitung vom 17. März 1978.

109 Erstes Vatikanum und Unfehlbarkeit, 208.

110 Geschichte und Unfehlbarkeit, 193.

111 Pius IX. und das Unfehlbarkeitsdogma, 58.

112 Pius IX. – Päpstliche Unfehlbarkeit – Erstes Vatikanisches Konzil, 81.
113 Bulletin d'Ecclésiologie, 87.
114 Infragestellung des Ersten Vatikanums, 193.
115 Infragestellung des Ersten Vatikanums, 193.
116 Totalrevision, 264.
117 Totalrevision, 264, Anm. 39.
118 So vor allem Kasper: Dienst an der Einheit, 6.
119 Totalrevision, 256.
120 Totalrevision, 256.
121 Totalrevision, 256.
122 Totalrevision, 256f.
123 Parteiischer Anwalt. Zu August B. Haslers Papst- und Dogmenkritik. In: Publik-Forum Nr. 6, 24. März 1978, 16–17.
124 Vgl. Regina Bohne: Freiheit gewährleistet. In: Publik-Forum Nr. 8, 21. April 1978, 22.
125 Geschichte und Unfehlbarkeit, 197.
126 Totalrevision, 257.
127 Pius IX. und das Unfehlbarkeits-Dogma. In: Imprimatur Nr. 2, 28. Februar 1978, 58.
128 Pius IX. – Päpstliche Unfehlbarkeit – Erstes Vatikanisches Konzil. In: Una Sancta 33 (1978) 80.
129 Lutherische Rundschau 27 (1977) 656–657.
130 Vgl. Otto Weiß, in: Zeitschrift für bayerische Landesgeschichte 41 (1978) 330.
131 Totalrevision, 265f.
132 Totalrevision, 267.
133 Bulletin d'Ecclésiologie, 88.
134 Bulletin d'Ecclésiologie, 87.
135 Vgl. Stockmeier: Geschichte und Unfehlbarkeit, 194f.
136 Totalrevision, 267.
137 Die Zeit Nr. 53, 23. Dezember 1977, 13.
138 Pius IX. – Päpstliche Unfehlbarkeit – Erstes Vatikanisches Konzil. In: Una Sancta 33 (1978) 76.
139 Orientierung 41 (1977) 262.
140 Vgl. dazu F. Margiotta Broglio: Pio IX nell'armadio. Il Dogma dell'infallibilità. In: La Nazione, 3. August 1978.
141 Fehlbare Unfehlbarkeit? In: Schweizer Rundschau 77 (1978) 17.
142 Fehlbare Unfehlbarkeit?, 17.
143 Lutherische Rundschau 27 (1977) 657.
144 Basler Zeitung, 17. März 1978.
145 Was Vatican I rigged? How the Pope became infallible. In: Time, 14. November 1977, 52.
146 Bulletin d'Ecclésiologie, 88.
147 Infragestellung des Ersten Vatikanums, 193f.

Besprechung zum Buch »Pius IX., päpstliche Unfehlbarkeit und 1. Vatikanisches Konzil« (Fortsetzung zu S. 275, Anmerkung 89).

Gert Haendler, in: Deutsche Literaturzeitung 99 (1978) 770–773; Georg Franz-Willing, in: Zeitschrift für Religions- und Geistesgeschichte 30 (1978) 382–384; Francesco Margiotta Broglio, in: Storia centemporanea 9 (1978) 769–771; Klaus Schatz S. J.: Storia contro dogma? Discussione delle tesi di A. B. Hasler sul Concilio Vaticano I. In: La Civiltà Cattolica 130 (1979, Nr. 3087) 245–258; Giacomo Martina: Pio IX e il Vaticano I, di A. B. Hasler – Rilievi critici. In: Archivum Historiae Pontificiae 16 (1978) 341–369; Giacomo Martina: Giustificate riserve su una recente opera. In: Pio IX 8 (1979) 103–107; Andreas Lindt: Zwei Päpste – zwei Konzilien. Bemerkungen zu zwei neuen Büchern. In: Reformatio 28 (1979) 115–118; Joseph Hoffmann: Histoire et dogme: la définition de l'infaillibilité pontificale à Vatican I. A propos de l'ouvrage de A. B. Hasler. In Revue des Sciences philosophiques et théologiques 62 (1978) 543–557; 63 (1976) 61–82; Otto Hermann Pesch: Wie frei war das 1. Vatikanische Konzil? Zu August Bernhard Haslers Buch über die Unfehlbarkeit von Pius IX. In: Deutsches Allgemeines Sonntagsblatt Nr. 10, 11. März 1979, S. 20; vgl. Ergänzung Nr. 33, 19. August 1979, S. 9; Walter Tanner, in: Kirchenblatt für die reformierte Schweiz 135 (1979) 74; Franco Molinari: Riesaminata dopo cent' anni la personalità di Papa Mastai. In: Corriere della Sera, 14. Februar 1979, S. 15; C. Roses, in: Studia Monastica. Abadía de Montserrat (Barcelona) 20 (1978) 74; Piet Fransen: Pius IX. und die päpstliche Unfehlbarkeit. In: Theologie der Gegenwart 22 (1979) 43–49; Peter Stadler, in: Schweizerische Zeitschrift für Geschichte 28 (1978) 582–583; Brunero Gherardini: Pio IX e l'infallibilità. In: Pio IX 8 (1979) 243–244; N. E., in: Irénikon 52 (1979) 157; John T. Ford: Current Theology. Infallibility: A Review of Recent Studies. In: Theological Studies 40 (1979) 273–305, bes. 298ff.; W. Klausnitzer, in: Zeitschrift für katholische Theologie 101 (1979) 86–88; Brian Tierney, in: Journal of Ecclesiastical History 30 (1979) 396–397; Konrad Rudolf Lienert: Geschichte eines fatalen Konzils. A. B. Haslers Arbeit zur Frage der Unfehlbarkeit des Papstes. In: Tagesanzeiger, 29. September 1979, S. 65; Jean-Pierre Torrell O. P.: Tradition, histoire et idéologie à Vatican I. A propos d' un livre récent. In: Revue Thomiste 79 (1979) 51–72; Otto Hermann Pesch: Bilanz der Diskussion um die Vatikanische Primats- und Unfehlbarkeitsdefinition. In: Papsttum als ökumenische Frage. Herausgegeben von der Arbeitsgemeinschaft ökumenischer Universitätsinstitute. München-Mainz 1979, 159–211; Piet Fransen: Een recente studie over Pius IX en de onfeilbaarheid van de Paus. In: Bijdragen 39 (1978) 447–456; Robrecht Boudens: Nieuw licht op de pauselijke onfeilbaarheidsverklaring? In: Collationes 8 (1978) 359–362; Josef Imbach, in: Laurentianum 18 (1978) 490; Ronald J. Ross, in: The American Historial Review 83 (1978) 999–1000; John T. Ford, in: The Catholic Historical Review 65 (1979) 667–669; Harry McSorley, in: Journal of Ecumenical Studies 16 (1979) 320–323; Owen Chadwick, in: The English Historical Review 94 (1979) 218–219; Victor Conzemius: Schablone des Weglassens. In: Stimmen der Zeit 197 (1979) 570–571; F. Salvoni: L'Infallibilità papale secondo A. B. Hasler. In: Ricerche bibliche e religiose 14 (1980) 27–36; John Jay Hughes, in: Church History 48 (1980) 226–227; Manfred Weitlauff: Pius IX. und die Dogmatisierung der päpstlichen Unfehlbarkeit. Zu einer Neuerscheinung über die Unfehlbarkeitsdebatte auf dem Ersten Vatikanischen Konzil. In: Zeitschrift für Kirchengeschichte 91 (1980) 94–105; Franz Xaver Bantle: Offenbarungswahrheit oder Ideologie? Das Dogma von der Unfehlbarkeit des Papstes in der Sicht August B. Haslers. In: Annuarium Historiae Conciliorum 11 (1979) 182–219.

Ausgewählte Bibliographie

1. Quellen

J. D. MANSI: Sacrorum conciliorum nova et amplissima collectio. Neudruck und Fortsetzung hrsg. von L. Petit und J. B. Martin. 60 Bde. Paris 1899–1927; Arnhem 1923–1927; unveränderter Nachdruck Graz 1960–1961. (Bde 49–53 über das 1. Vatikanische Konzil).

COLLECTIO LACENSIS: Acta et Decreta Sacrorum Conciliorum Recentiorum. Hrsg. von den Jesuiten aus Maria Laach. Bd. VII. Freiburg i. Br. 1890.

E. CECCONI: Storia del Concilio Ecumenico Vaticano scritta sui documenti originali. 4 Bde. Rom 1872–1879.

E. FRIEDBERG: Sammlung der Aktenstücke zum ersten vaticanischen Concil mit einem Grundrisse der Geschichte desselben. 2 Bde. Tübingen 1872–1876.

C. MIRBT, K. ALAND: Quellen zur Geschichte des Papsttums und des römischen Katholizismus. Bd. I: Von den Anfängen bis zum Tridentinum. Tübingen ^{6}1967.

H. DENZINGER, A. SCHÖNMETZER: Enchiridion symbolorum, definitionum et declarationum de rebus fidei et morum. Barcelona–Freiburg–Rom–New York ^{34}1967.

Conciliorum oecumenicorum decreta. Hrsg. vom Centro di Documentazione. Istituto per le Scienze Religiose. Bologna–Basel–Barcelona–Freiburg–Rom–Wien 1962.

I. VON DÖLLINGER, LORD ACTON: Briefwechsel 1850–90. Hrsg. von der Kommission für Bayerische Landesgeschichte, bearb. von V. Conzemius. 3 Bde. München 1963–1971.

I. VON DÖLLINGER: Das Papsttum. (Neubearbeitung des »Janus«: Der Papst und das Concil durch J. Friedrich.) München 1892.

– Briefe und Erklärungen über die Vatikanischen Dekrete 1869 bis 1887. Hrsg. von F. H. Reusch. Darmstadt 1968 (Nachdruck).

I. VON SENESTREY: Wie es zur Definition der päpstlichen Unfehlbarkeit kam. Tagebuch vom 1. Vatikanischen Konzil, hrsg. und kommentiert von K. Schatz. (Frankfurter Theologische Studien, 24). Frankfurt/M. 1977.

G. G. FRANCO: Appunti storici sopra il Concilio Vaticano. Eingeleitet und bearbeitet von G. Martina (Miscellanea Historiae Pontificiae, Bd. 33). Roma 1972.

A. TAMBORRA: Imbro I. Tkalac e l'Italia. (Istituto per la Storia del Risorgimento Italiano. Biblioteca Scientifica, Bd. XXIV). Rom 1966.

N. BLAKISTON: The Roman Question. Extracts from the despatches of Odo Russell from Rome 1858–1870. London 1962.

J. GADILLE: Albert du Boÿs. Ses »Souvenirs du Concile du Vatican, 1869–1870«. L'intervention du gouvernement impérial à Vatican I. (Bibliothèque de la Revue d'Histoire Ecclésiastique, Bd. 46). Löwen 1968.

2. Geschichte des Papsttums und der Unfehlbarkeitslehre

F. X. Seppelt: Geschichte der Päpste von den Anfängen bis zur Mitte des 20. Jahrhunderts. 5 Bde. München [2]1954–1959.

F. X. Seppelt, G. Schwaiger: Geschichte der Päpste. Von den Anfängen bis zur Gegenwart. München 1964.

J. Haller: Das Papsttum. Idee und Wirklichkeit. Erstausgabe 3 Bde. Stuttgart 1934–45; Nachdruck, 5 Bde. München 1965.

E. Caspar: Geschichte des Papsttums von den Anfängen bis zur Höhe der Weltherrschaft. 2 Bde. Tübingen 1930–1933.

H. Kühner: Das Imperium der Päpste. Kirchengeschichte, Weltgeschichte, Zeitgeschichte. Von Petrus bis heute. Zürich–Stuttgart 1977.

B. Tierney: Origins of Papal Infallibility 1150–1350. A Study on the Concept of Infallibility. Sovereignty and Tradition in the Middle Ages. (Studies in the History of Christian Thought, Bd. 6) Leiden 1972.

F.-X. Bantle: Unfehlbarkeit der Kirche in Aufklärung und Romantik. Eine dogmengeschichtliche Untersuchung für die Zeit der Wende vom 18. zum 19. Jahrhundert. (Freiburger Theologische Studien, 103). Freiburg 1976.

H. J. Pottmeyer: Unfehlbarkeit und Souveränität. Die päpstliche Unfehlbarkeit im System der ultramontanen Ekklesiologie des 19. Jahrhunderts. (Tübinger Theologische Studien, Bd. 5). Mainz 1975.

Y. M. J. Congar: Die Lehre von der Kirche. Von Augustinus bis zum Abendländischen Schisma. (Handbuch der Dogmengeschichte 3,3c) Freiburg i. Br. 1971.

3. Erstes Vatikanisches Konzil

J. Friedrich: Geschichte des Vatikanischen Konzils. 3 Bde. Bonn 1877–1887. Neudruck Hildesheim 1971.

Th. Granderath: Geschichte des Vatikanischen Konzils von seiner ersten Ankündigung bis zu seiner Vertagung. Nach den authentischen Dokumenten dargestellt. Hrsg. von K. Kirch. 3 Bde. Freiburg i. Br. 1903–1906.

C. Butler, H. Lang: Das Vatikanische Konzil. Seine Geschichte von innen geschildert in Bischof Ullathornes Briefen. München 1933, [2]1961.

R. Aubert: Vaticanum I. Mainz 1965.

R. Aubert, J. Beckmann, P. J. Corish, R. Lill: Die Kirche zwischen Revolution und Restauration. In: Handbuch der Kirchengeschichte. Hrsg. von H. Jedin. Bd. VI/1. Freiburg–Basel–Wien 1971.

A. B. Hasler: Pius IX. (1846–1878), päpstliche Unfehlbarkeit und 1. Vatikanisches Konzil. Dogmatisierung und Durchsetzung einer Ideologie. (Päpste und Papsttum 12/I,II). Stuttgart 1977 (mit ausführlicher Bibliographie).

F. Heyer: Die katholische Kirche von 1648 bis 1870. In: Die Kirche in ihrer Geschichte. Ein Handbuch. Hrsg. von K. D. Schmidt und E. Wolf. Bd. IV/1. Göttingen 1963.

R. Aubert: Le pontificat de Pie IX. (1846–1878). (Histoire de l'Eglise depuis les origines jusqu'à nos jours, Bd. 21). Paris [2]1963.

R. Aubert, G. Martina: Il Pontificato di Pio IX. (Storia della Chiesa dalle origini ai nostri giorni XXI/I und 2). Turin [2]1970.

K. Schatz: Kirchenbild und päpstliche Unfehlbarkeit bei den deutschsprachigen Minoritätsbischöfen auf dem 1. Vatikanum. (Miscellanea Historiae Pontificiae, Bd. 40). Rom 1975.

G. Adriányi: Ungarn und das I. Vaticanum. (Bonner Beiträge zur Kirchengeschichte, Bd. 5). Köln 1975.

J. Hennesey: The First Vatican Council. The American Experience. New York 1963.
F. J. Cwiekowski: The English Bishops and the First Vatican Council. (Bibliothèque de la Revue d'Histoire Ecclésiastique, Bd 52). Löwen 1971.
E. Weinzierl (Hrsg.): Die päpstliche Autorität im katholischen Selbstverständnis des 19. und 20. Jahrhunderts. (Forschungsgespräche des Internationalen Forschungszentrums für Grundfragen der Wissenschaften, Salzburg, 11. Forschungsgespräch). Salzburg–München 1970.
V. Conzemius: Katholizismus ohne Rom. Die altkatholische Kirchengemeinschaft. Zürich–Einsiedeln–Köln 1969.

4. Papsttum und Unfehlbarkeit in der gegenwärtigen Auseinandersetzung

F. Simons: Infallibility and the Evidence. Springfield 1968.
H. Küng: Unfehlbar? Eine Anfrage. Zürich–Einsiedeln–Köln 1970.
H. Küng (Hrsg.): Fehlbar? Eine Bilanz. Zürich–Einsiedeln–Köln 1973.
K. Rahner (Hrsg.): Zum Problem Unfehlbarkeit. Antworten auf die Anfrage von Hans Küng. (Quaestiones disputatae, 54). Freiburg–Basel–Wien 1971.
Um Nichts als die Wahrheit. Deutsche Bischofskonferenz contra Hans Küng. Eine Dokumentation herausgegeben und eingeleitet von Walter Jens. München–Zürich 1978.
F. Leist: Der Gefangene des Vatikans. Strukturen päpstlicher Herrschaft. München 1971.
G. Denzler (Hrsg.): Das Papsttum in der Diskussion. Regensburg 1974.
– Papsttum heute und morgen. 57 Antworten auf eine Umfrage. Regensburg 1975.
K. H. Ohlig: Braucht die Kirche einen Papst? Umfang und Grenzen des päpstlichen Primats. Mainz–Düsseldorf 1973.
H. Stirnimann, L. Vischer: Papsttum und Petrusdienst. Mit weiteren Beiträgen von G. Gassmann, H. Meyer, D. Papandreou, K. Stadler, A. Stoecklin und Dokumenten. (Ökumenische Perspektiven, 7). Frankfurt a. M. 1975.
H. J. Mund: Das Petrusamt in der gegenwärtigen theologischen Diskussion. Paderborn 1976.
Pro oriente. Konziliarität und Kollegialität als Strukturprinzipien der Kirche. Das Petrusamt in ökumenischer Sicht. Christus und seine Kirche. (Hrsg. von der Stiftung Pro Oriente, Wien). Innsbruck–Wien–München 1975.
R. E. Brown (Hrsg.): Der Petrus in der Bibel. Eine ökumenische Untersuchung. Stuttgart 1976.
A. Brandenburg, H. J. Urban (Hrsg.): Petrus und Papst. Evangelium, Einheit der Kirche, Papstdienst. Beiträge und Notizen. Münster 1976.
G. Schwaiger: Päpstlicher Primat und Autorität der allgemeinen Konzilien im Spiegel der Geschichte. München–Paderborn– Wien 1977.

5. Ideologiekritik

H. Albert: Traktat über kritische Vernunft. (Die Einheit der Gesellschaftswissenschaften. Studien in den Grenzbereichen der Wirtschafts- und Sozialwissenschaften, Bd. 9). Tübingen [2]1969.
– Plädoyer für kritischen Rationalismus. (Serie Piper, 310). München 1971.
– Konstruktion und Kritik. Aufsätze zur Philosophie des kritischen Rationalismus. Hamburg 1972.
E. Topitsch, K. Salamun: Ideologie. Herrschaft des Vorurteils. (Langen-Müller Stichworte, 5). München–Wien 1972.

H. Barth: Wahrheit und Ideologie. (Suhrkamp Taschenbuch, Wissenschaft, 68). Frankfurt/M. 1974.

A. Stüttgen: Kriterien einer Ideologiekritik. Ihre Anwendung auf Christentum und Marxismus. Mainz 1972.

M. Schmid: Leerformeln und Ideologiekritik. (Heidelberger Sociologica, 11). Tübingen 1972.

M. Gatzemeier: Theologie als Wissenschaft? In I: Die Sache der Theologie. II: Wissenschafts- und Institutionenkritik (Problemata, 20 und 21). Stuttgart–Bad Cannstatt 1974–1975.

J. Nolte: Dogma in Geschichte. Versuch einer Kritik des Dogmatismus in der Glaubensdarstellung. (Ökumenische Forschungen II. Soteriologische Abteilung, Bd. 3). Freiburg–Basel–Wien 1971.

O. Köhler: Bewußtseinsstörungen im Katholizismus. Frankfurt/M. 1972.

Anhang I

Der »Rheinische Merkur«, die deutschen Bischöfe und die Unfehlbarkeit
Auseinandersetzung um das Buch »Pius IX. (1846–1878). Päpstliche Unfehlbarkeit und das 1. Vatikanische Konzil«

1. Walter Brandmüller schreibt die erste Rezension im »Rheinischen Merkur« (Nr. 35, 2. September 1977).

Aus der Trödelkammer

Eine Geschichtsklitterung um Pius IX. und das Erste Vatikanische Konzil

Vor einiger Zeit gab der Schweizer August Hasler zusammen mit einem anderen Verfasser * unter dem Decknamen »Hieronymus« ein Buch heraus: »Vatikan intern«. Der Titel verriet schon einiges über das Genre dieser Schrift. Nun ließ Hasler, diesmal allein und ohne Decknamen, ein zweibändiges Werk folgen: »Pius IX. 1846–1878. Päpstliche Unfehlbarkeit und Erstes Vatikanisches Konzil, Dogmatisierung und Durchsetzung einer Ideologie« (Anton Hiersemann, 2 Bde., 300 DM). Auch diesmal verrät der Titel einiges, wenngleich nun dieses Buch Anspruch auf Wissenschaftlichkeit erhebt und dem Verfasser dafür von der Philosophischen Fakultät der Universität München (Prof. Thomas Nipperdey, Korreferent Prof. Karl Bosl) der Doktorhut verliehen wurde.

33 Seiten Literaturverzeichnis, ungedrucktes Material aus 38 Archiven und ein solches Thema, alles verspricht eine wissenschaftliche Sensation! Die Lektüre indessen läßt Erwartung in Enttäuschung umschlagen. Im Grunde werden nämlich nur die alten, von der Antikonzilsbewegung von 1869 bis 1871 vorgebrachten Einwände ein wenig modisch als Ideologiekritik aufgemacht, reproduziert.

Kernpunkt der Behauptungen: Das Konzil war von einer kleinen entschlossenen Schar pseudomystischer, theologisch unbedarfter, meist aus dem Jesuitenorden und seinem Umkreis stammenden Fanatiker manipuliert, von Pius IX. massiv unter Druck gesetzt und deshalb nicht frei. Dekrete eines unfreien Konzils aber können keine Gültigkeit beanspruchen.

---

* Es handelt sich um Dr. Helmut Herles, früher römischer Korrespondent von »Publik«, jetzt in der Bonner Redaktion der »Frankfurter Allgemeinen Zeitung«.

Nachdem seit geraumer Zeit die Jagd auf Pius IX. freigegeben ist, überrascht eine weitere These nicht: Pius IX. war Paranoiker und zur Zeit des Konzils zumindest partiell unzurechnungsfähig. Außerdem moralisch korrupt (Lügner, Heuchler, Despot, illegitimer Vater). Kein Wunder, daß ein solches Monstrum von Papst nur ein solch monströses Dogma wie jenes der Unfehlbarkeit produzieren konnte. Muß nicht der ganze Katholizismus ein solches Monstrum sein, wenn man bis heute, von wenigen kritisch erleuchteten Geistern abgesehen, als Katholik dieses Dogma glauben muß? Das ist wohl die Schlußfolgerung, die Hasler seinen Lesern unausgesprochen suggerieren möchte.

Der Eindruck, hier solle »historisches Material für einen Unterbau der Küngschen Anti-Unfehlbarkeitscampagne« aufgehäuft werden, drängt sich auf. Die Thesen sind, wie gesagt, zum größeren Teil nicht neu, ebensowenig ist es die Methode, von der man schwer sagen kann, ob sie einfach schlecht oder durchtrieben perfide ist. Eines ist sicher, wissenschaftlich ist sie nur dem Scheine, dem flüchtigen Scheine nach.

Allein schon Behauptungen wie: Ohne Pius IX. hätte es nie ein Unfehlbarkeitsdogma gegeben, oder: Ohne die Epilepsie Pius' IX. wäre er nie Priester und Papst geworden, lassen den in der historischen Methode einigermaßen Erfahrenen stutzig werden.

Aber es kommt noch mehr. Es gibt in diesem Buch manifeste Widersprüche. Schreibt Hasler: »Trotz der intensiven Bemühungen der römischen Kurie und der Führer der ultramontanen Bewegung war es auch am Vorabend des Vatikanischen Konzils noch keineswegs so, daß die Lehre von der Unfehlbarkeit des Papstes beinahe allgemein vertreten worden wäre . . .« Doch heißt es zwei Seiten später: »Noch zurückhaltender (scil. als gegenüber der Einberufung des Konzils, d. Verf.) war die Haltung der Kurie gegenüber der päpstlichen Unfehlbarkeit . . .« Wie war es also wirklich, fragt man unwillkürlich. Einmal eine intensiv bemühte Kurie, das andere Mal eine zurückhaltende. Hasler ist offenbar dieser Widerspruch entgangen. Gleiches leistet er sich auch in einem anderen Zusammenhang. Da wird von Pius IX. behauptet, er habe Erzbischof Scherr von München zu Sanktionen gegen Döllinger angetrieben. Und später: ». . . auch im Falle Döllinger wäre Rom wahrscheinlich mit dessen Schweigen zufrieden gewesen, hätte ihn Erzbischof Scherr nicht zu einer eindeutigen Stellungnahme gezwungen.« Wer hat also getrieben: Pius IX. oder Erzbischof Scherr? Gerade an diesem Punkt wird aber ein für das ganze Buch charakteristischer Methodenfehler sichtbar. Gewiß, Hasler hat eine immense Fülle von zum Teil sogar noch unbekannten Quellen ermittelt und verwertet, aber er war nicht in der Lage, den Aussagewert der einzelnen Quellen kritisch abzuwägen und die einzelnen Aussagen in organischen Zusammenhang zu bringen. Er verläßt sich blind auf seine Gewährsleute und zitiert mit zum Teil fragmentarischen Dicta, wo es ihm gerade ins Konzept paßt. Kritiklos übernimmt er Episoden, Stimmungsberichte, spontane Äußerungen von Papst und Konzilsvätern, ohne zu fragen, wer an wen mit welcher Absicht gerade so schreibt, dies berichtet, jenes verschweigt etc., wie es die historische Methode verlangt hätte. Unterschiedslos werden Äußerungen und Urteile von notorischen Papst- und

Kirchengegnern, vor allem aus Kreisen der Diplomatie, ebenso als voll beweiskräftig ausgeschlachtet wie spontan geäußerte Worte von Minoritätsbischöfen, die eben ihrem Ärger über ihre Widersacher im Konzil Luft machten. Von welcher historischen Qualität diese Diplomatenberichte sein können, mag aus der Tatsache erhellen, daß etwa der preußische Gesandte von Arnim, den Bismarck übrigens nicht sehr ernst genommen hat, in der Tat berichtete: »Allgemein wird hier erzählt, daß ... der Papst im Vorübergehen einem vor der Kirche Trinitate [so von Brandmüller zitiert] dei Monti liegenden Krüppel geboten habe: ›Steh auf und gehe.‹ Das Experiment ist damals aber mißglückt.« Daraus leitet Hasler, der zwar zugibt, daß es unglaubwürdig klinge, immerhin ab, daß Pius IX. den Eindruck erweckt habe, an Größenwahn zu leiden. Kolportage, römischer Hintertreppenklatsch sind aber keine seriösen Quellen, selbst wenn sie in diplomatischen Berichten oder gar in dem römischen Tagebuch von Gregorovius stehen. Auf diese Weise kommt Pius IX. sogar zu einem Sohn. Es ist der Dominikanerkardinal Guidi. Die Quelle hierfür sind einige Briefe eines für die piemontesische Regierung berichtenden polnischen Grafen namens Kulczycki, der den Kardinal darin als »fils naturel« des Papstes bezeichnet hatte. Auch habe der Papst dem Kardinal, als dieser sich in der berühmten »la tradizione sono io«-Audienz für eine einschränkende Formulierung des Unfehlbarkeitsdogmas ausgesprochen habe, entgegnet: »tu quoque fili mi«, auch du, mein Sohn Brutus, also. Dieses Zitat wird geradezu als Eingeständnis der Vaterschaft des Papstes gewertet. Als ob Brutus der leibliche Sohn Cäsars gewesen wäre!

Während an manchen Stellen des Buches der kritische Apparat geradezu gigantisch anschwoll, wird hier zum »Beweis« nur gesagt: »Niemand leugnet, daß der spätere Papst vor seinem Übertritt in den Priesterstand Liebschaften hatte. In der Literatur ist ab und zu von den Kindern Pius' IX. die Rede. In Rom hat sich eine entsprechende Tradition gehalten.« Kein Hinweis, welche Autoren dies geschrieben haben. Kein Hinweis darauf, wo sich diese römische Tradition niedergeschlagen haben sollte.

Das ist der ganze historisch-kritische exakte Beweisgang ... Aber Hasler reicht er aus, um wenigstens hypothetisch aus der stürmischen Audienz des Kardinals einen tragischen Vater-Sohn-Konflikt zu konstruieren. So leicht geht das.

Auf eben dieselbe Weise entsteht das Bild eines Papstes, der von ungesundem Mystizismus beherrscht ist, abstoßende despotische Züge zeigt, das Augenmaß für die Realitäten verloren hat, durch Unaufrichtigkeit und geistige Bedürfnislosigkeit schockiert. Hinzu kommen Verstiegenheit und Absenzen. Mit diesen Begriffen hat Hasler einige seiner Kapitel überschrieben. Daraus ergibt sich die Diagnose Paranoia, starke Fixierung auf das eigene Ich, narzißtische Störungen und das non plus ultra: die Professoren für Psychopathologie und Psychologie Matussek und Pongratz bestätigen auf Grund des von Hasler so »umsichtig und zuverlässig gesammelten Materials« diese Diagnose. Der Respekt vor der Leistungsfähigkeit der modernen Wissenschaft wächst – oder schwindet – ins Ungemessene, wenn man bedenkt, was es heißt, einen Patienten zu diagnostizieren, der seit 100 Jahren tot ist. Karl Jaspers war seinerzeit viel vorsichtiger, als er in seinem Buch über

Hölderlin und Svedenborg vor derartigen Diagnosen warnte.

Gerade bei der Erstellung dieses pathologischen Psychogramms fällt eine weitere Eigenart der Haslerschen Methode auf: Was ihm an Tatsachen nicht paßt, verschweigt er. Er ist groß in der Kunst des Weglassens, die schon große Werke hervorgebracht hat, nur keine historisch-kritischen. Man muß sich angesichts dieses Papstmonsters doch fragen, was das für ein Kardinalskollegium gewesen sein muß, das einen solchen Mann zum obersten Hirten der Kirche gewählt hat. Außerdem hat kein Papst der letzten 100 Jahre, nicht einmal Pius XII., ein solch überwältigendes Maß an Sympathie, Verehrung und Hochschätzung genossen wie Pio Nono. Und das keineswegs nur in Kreisen ultramontaner kritikloser Fanatiker. Sogar die liberale Journalistik, etwa die Wiener »Neue Freie Presse« und die »Augsburger Allgemeine Zeitung«, zeichneten anläßlich des goldenen Priesterjubiläums des Papstes ein relativ sympathisches Bild seiner Persönlichkeit. Und es kann kein Zweifel daran bestehen, daß selbst und gerade die Minoritätsbischöfe Pius verehrten und hoch schätzten, mochten sie auch mit mancher seiner Handlungen nicht einverstanden sein. Wenn Hasler das auch nicht glauben sollte, so hätte er sich doch zumindest mit dieser, in der Historiographie bisher geläufigen Auffassung auseinandersetzen müssen.

An anderen Stellen erweist sich der Autor als sehr schlecht belesen. Hat er wirklich alles studiert, was er zitiert? Es ist etwa allgemein bekannt und unbestritten, daß Karl Josef von Hefele, der sehr kritische Gegner der Unfehlbarkeitsdefinition, als Konzilskonsultor in Rom mit der Aufgabe betraut war, auf Grund der tridentinischen Konzilsakten die Geschäftsordnung des Konzils zu entwerfen. Sein Entwurf wurde von Pius IX. mit geringfügigen Änderungen durch »Multiplices inter« in Kraft gesetzt. Dennoch nimmt Hasler es für bare Münze, wenn Hefele, Gott weiß warum, trotzdem schrieb, man habe ihn mit der Anfertigung von Exzerpten aus dem tridentinischen Zeremoniell abgespeist.

Wiederum schreibt Hasler von den Bischöfen des Tridentinums: »Sie gaben sich verglichen mit dem Vaticanum I eine viel freiheitlichere Ordnung, weshalb die tridentinische Verfahrensordnung, ein Exemplar davon lag im vatikanischen Geheimarchiv, streng verwahrt wurde.« Erkennt Hasler diesen Widerspruch nicht? Damit soll es an dieser Stelle genug sein.

Die kirchenhistorische Fachpresse ist der Ort, an dem eine eingehendere Auseinandersetzung mit diesem Buch erfolgen muß. Prophylaktisch hat der Autor den katholischen Kirchenhistorikern vorgeworfen, sie nähmen aus ideologischen Gründen die kritischen Impulse der modernen Geschichtswissenschaft »nur gebrochen« auf. Freilich, der Forderung Ebelings nach »der radikalen kritischen Destruktion alles dessen, was sich im Lauf der Geschichte zwischen uns und Christus gestellt hat«, die Hasler sich zu eigen macht, mag er entsprechen. Der katholische Kirchenhistoriker jedoch kann weder Papst noch Kirche als eine Barriere zwischen sich und Christus betrachten, die zu zerstören wäre. Tue das, wer es will, aber tue er es dann wenigstens nicht so wie Hasler.

2. Am 8. September 1977 richtete August B. Hasler an den »Rheinischen Merkur« die dringende Bitte, eine Erwiderung – und sei es in Form eines Leserbriefes – auf den Artikel von Walter Brandmüller veröffentlichen zu dürfen. Dieser Bitte wurde nicht stattgegeben. »Publik-Forum« publizierte den abgelehnten Text im vollen Wortlaut (Nr. 22, 28. Oktober 1977).

Dogma statt Geschichte

Eine Entgegnung

Kaum zehn Tage nach Erscheinen des zweiten Bandes meines Buches, das immerhin über 640 Seiten zählt, läßt sich Walter Brandmüller bereits zu einer erregten Attacke hinreißen. Man muß sich wundern, wie der Augsburger Kirchenhistoriker diesen Umfang in so kurzer Zeit bewältigte. Und dann: Warum diese Eile, da meine Thesen in Brandmüllers Augen ja nur hundert Jahre alte Ladenhüter sind? Aber solche und andere rhetorische Floskeln wie seine Enttäuschung über die ausgebliebene wissenschaftliche Sensation sollen doch nur seine eigene Unruhe verdecken. Im Grunde stören ihn meine Thesen ganz erheblich. Zu ihrer Widerlegung ist ihm allerdings herzlich wenig eingefallen.

Brandmüller beanstandet bereits den Titel. Der später im Text klar umgrenzte Begriff Ideologie paßt ihm nicht. In seiner angeblich sachlicheren Art wirft er in den eigenen Überschriften mit »Trödelkammer« und »Geschichtsklitterung« um sich.

Dann zu meiner Methode. Sie soll »schlecht«, »durchtrieben perfide«, »nur dem Scheine, dem flüchtigen Scheine nach wissenschaftlich« sein. Weshalb? Weil ich die unterlegene und besiegte Seite einmal ausführlich zu Wort kommen lasse, soweit diese Quellen noch nicht zerstört sind oder mir nicht vorenthalten wurden. Für Brandmüller zählen sie nicht. Brauche ich eigens zu betonen, wie bequem es ist, eine ganze Reihe von Dokumenten von vornherein abzuwerten als Kolportagen und Hintertreppenklatsch, weil sie nicht ins Konzept passen? Brandmüller disqualifiziert die Berichte des preußischen Botschafters Arnim und des Historikers Gregorovius als unseriös. Wohlweislich vermeidet er eine Auseinandersetzung mit den Tagebüchern von Dupanloup, Darboy, Icard, den Aufzeichnungen von Maret, den Briefen von Foulon, usw. Nicht zu reden von den Zeugnissen der Infallibilisten Senestrey, Franco, d'Alzon, Manning, die das Bild bestätigen. – Wer ist unkritisch, wer wählt die Quellen aus, wie es ihm gerade paßt?

Daß die Auslassungszeichen in den Dupanloup-Zitaten nicht von mir, sondern vom ersteren stammen, hätte Brandmüller auf S. 541 nachlesen können. Aber gelesen hat er eben nicht, brauchte es auch nicht zu tun, denn sein vernichtendes Urteil stand ja von vornherein fest. Es macht sich immer gut, auf logische Inkonsequenzen aufmerksam machen zu können. Nach kurzer Lektüre findet Brandmüller bereits »manifeste Widersprüche«. Darauf mag ich hier gar nicht eingehen. Jedem aufmerksamen Leser lösen sie sich von selbst auf.

Was Brandmüller offensichtlich weitaus am meisten reizt, sind meine Ausführungen über Pius IX. Zunächst verschärft er meine Aussagen derart, daß aus dem Papst ein Monstrum wird. Dann schlägt er einen drohenden und schulmeisterlichen Ton an und weist auf die Wertschätzung dieses Papstes in weiten Kreisen hin. Geflissentlich übersieht er, wie ich die positiven Seiten Pius' IX. keineswegs leugne, seine Frömmigkeit, seinen persönlichen Charme, seine menschliche Ausstrahlung, seinen Humor. Das Problem der Persönlichkeit Pius' IX. ist damit jedoch nicht gelöst. Die zeitgenössischen Berichte über die anderen Seiten dieses Papstes sind zu zahlreich, zu glaubwürdig, zu übereinstimmend. Und die epileptische Krankheit Pius' IX. hat auch Brandmüller nicht zu leugnen gewagt.

Für Brandmüller bin ich ein Meister in der Kunst des Weglassens. Der Vorwurf fällt auf ihn zurück. Die Präsentation meines Werkes hätte kaum einseitiger sein können. Kein Wort zum Hauptproblem der Arbeit, zu erklären, wie es 1870 zur Unfehlbarkeitsdefinition kommen konnte. Beinahe nichts über meinen zweiten, den größten Teil, die Argumentation für und gegen die päpstliche Unfehlbarkeit, absolut nichts über den dritten Teil, die Unterwerfungsgeschichte. Es hätte mich z. B. interessiert, von Brandmüller etwas über die Archivpolitik zu hören. Es wirkt grotesk, auf Unvollständigkeiten aufmerksam gemacht zu werden, wenn andererseits kirchliche Archive gesäubert werden oder verschlossen bleiben.

Um das Maß voll zu machen, zitiert Brandmüller unvollständig und aus dem Zusammenhang gerissen. Die durch ein solches Vorgehen gewonnenen Sätze lassen dann »den in der historischen Methode einigermaßen Erfahrenen stutzig werden«. Aber genug damit.

Am Schlusse seines Artikels läßt Brandmüller schließlich seine Katze doch ganz aus dem Sack. Es kann nicht sein, was nicht sein darf. Die ideologische Gebundenheit des katholischen Kirchenhistorikers vom Schlage Brandmüllers hätte nicht besser ausgesprochen werden können als mit dem Satz: »Der katholische Kirchenhistoriker jedoch kann weder Papst noch Kirche als eine Barriere zwischen sich und Christus betrachten, die zu zerstören wäre.« In seinem allerletzten Satz behauptet Brandmüller, allein meine Kritik gefalle ihm nicht. In Wirklichkeit aber darf es für ihn in grundlegenden Glaubens- und Kirchenfragen überhaupt keine Kritik geben. Kann, wer so kritiklos ist, den Anspruch auf Wissenschaftlichkeit erheben? Oder ist Kirchengeschichte am Ende doch keine Wissenschaft? Dann allerdings hätte das Fach Kirchengeschichte an einer Universität nichts zu suchen.

3. Am 12. September 1977 (Aktuell, Nr. XXII/77) verbreitete der Pressedienst des Sekretariats der Deutschen Bischofskonferenz (Prälat Dr. Josef Homeyer) Brandmüllers Besprechung mit folgendem Vorspann:

»Spiegel« veröffentlicht Ladenhüter

Zu dem in der jüngsten Ausgabe des »Spiegel« (Nr. 38 vom 12. September) veröffentlichten Beitrag »Krank im Kopf«, in dem versucht wird, Pius IX. als einen kranken und nicht voll zurechnungsfähigen Mann hinzustellen, verweist die Pressestelle auf einen bereits am 2. September im »Rheinischen Merkur« erschienenen Artikel, den wir zu Ihrer Information beifügen. Auch in anderen Zeitschriften hat es bereits kritische Auseinandersetzungen mit den jetzt vom »Spiegel« veröffentlichten Behauptungen gegeben.

4. Am 28. Oktober 1977 veröffentlichte »Publik-Forum« (Nr. 22) eine Leserzuschrift Georg Denzlers. Der »Rheinische Merkur« hatte es abgelehnt, einen ähnlich lautenden Brief Denzlers abzudrucken.

Wahrheit macht frei

Zu: »Krankengeschichte eines Papstes oder Griff in die Trödelkammer?« (Nr. 20/77)

Als Herausgeber der wissenschaftlichen Buchreihe »Päpste und Papsttum« (Verlag A. Hiersemann, Stuttgart 1971 ff.), in der auch das Werk von Dr. August B. Hasler, Priester des Bistums St. Gallen, mit dem Titel »Pius IX. (1846–1878), päpstliche Unfehlbarkeit und 1. Vatikanisches Konzil. Dogmatisierung und Durchsetzung einer Ideologie« erschienen ist, bin ich über die Presse-Erklärung des Sekretariats der *Deutschen Bischofskonferenz* nicht wenig erstaunt. Zunächst wundert mich, daß das Sekretariat die höchst einseitige und tendenziöse Vorstellung des Buches im *Spiegel* (12. 9.) überhaupt ernst genommen und sich zu einer Stellungnahme veranlaßt gefühlt hat. Noch verwunderlicher finde ich jedoch, daß das Sekretariat bei seiner pauschalen Verurteilung des Buches – sicher, ohne daß auch nur ein Mitglied dieses 632 Seiten starke, mit einem ungewöhnlich großen wissenschaftlichen Apparat versehene Buch knapp eine Woche nach Erscheinen des 2. Teilbandes auch nur gelesen haben kann – sich auf den unwissenschaftlichen, von Ärger und Empörung erfüllten und im Geist einer katholischen Apologetik des 16. Jahrhunderts geschriebenen Beitrag des Augsburger Kirchenhistorikers Walter Brandmüller im *Rheinischen Merkur* beruft. Bemerkenswert ist, daß die Redaktion des Rheinischen Merkur die Veröffentlichung einer Gegendarstellung Haslers abgelehnt hat.

Mit billigem Diffamieren und vorschnellem Dementieren lassen sich kirchliche Probleme heute – Gott sei Dank! – nicht mehr aus der Welt schaffen. Gerade auf dem Feld der theologischen Wissenschaften muß das Bibelwort gelten: »Die Wahrheit wird euch frei machen.«

5. Fast ein Jahr später, am 14. Juli 1978, startete der »Rheinische Merkur« eine neue Kampagne mit der Rezension von Matthias Buschkühl (Nr. 28).

Einer NS-Schrift aufgesessen

Zu August Bernhard Haslers Buch über Pius IX.

In einer ersten Besprechung von August B. Hasler: »Pius IX. 1846–1878. Päpstliche Unfehlbarkeit und Erstes Vatikanisches Konzil. Dogmatisierung und Durchsetzung einer Ideologie« (Stuttgart 1977), charakterisierte Walter Brandmüller dieses Werk treffend als »Geschichtsklitterung«. Bei der Arbeit an meiner Dissertation, die sich mit den englisch-vatikanischen Beziehungen zur Zeit Pius' IX. und der englischen Rolle beim I. Vaticanum beschäftigt, mußte ich mich eingehend mit Haslers Arbeit befassen.

Bisher ist noch nicht bemerkt worden, daß Hasler sich auch auf Nazi-Propaganda stützt. In seiner Bibliographie (S. 570) verzeichnet er das Werk: »Schmidt, E.: Bismarcks Kampf mit dem politischen Katholizismus. Teil I: Pius IX. und die Zeit der Rüstung 1848 bis 1870, Hamburg 1942«. Bezeichnenderweise schreibt Hasler den Vornamen trotz des häufigen Nachnamens nicht aus – wohl um alles zu vertuschen. »Schmidt, E.« ist niemand anderes als SS-Obersturmbannführer Erich Schmidt. Rudolf Morsey hat in einer Besprechung (Historisches Jahrbuch, 83, 1963, 217f.: »Probleme der Kulturkampf-Forschung«; dort finden sich auch Hinweise auf die vielen anderen Rezensionen) anläßlich der Herausgabe des zweiten Teils – nun unter dem Namen »Schmidt-Volkmar« – dieses Werks 1962 darauf hingewiesen, daß Schmidt 1940 dem Auswärtigen Amt mitteilte: »Auch dürfte meine Stellung als Unterrichtsleiter einer Nationalpolitischen Erziehungsanstalt und als SS-Führer die Gewähr bieten, daß ich die Aktenbenutzung mit entsprechendem politischem Verantwortungsbewußtsein vornehme« (zit. ebda.). Die NS-Natur von Schmidts Werk geht auch aus dessen Vorwort und der hinten im Buch eingebundenen Anzeige von Bd. I der Reihe, in der Schmidts Werk erschien, über die »Judenfrage« hervor. Hasler gibt Schmidts Buch nur in der Bibliographie an. Doch gibt es mehrere so frappante Übereinstimmungen zwischen Ausführungen des SS-Obersturmbannführers Schmidt und solchen Haslers, daß es sich nur um (nicht in den Fußnoten kenntlich gemachte!) gedankliche Übernahmen Haslers handeln kann.

Schmidt behandelt auf S. 27f. die Anfänge des Ultramontanismus in Frankreich, von ihm werden aufgeführt »der Savoyarde und Jesuit Graf de Maistre« (S. 27f.), Bonald und Lamennais (S. 28). Hasler behandelt dasselbe auf S. 14f., und von ihm werden genannt: Graf Louis de Bonald, »der Savoyarde Graf Joseph de Maistre« (S. 14) und Félicité Robert de Lamennais (S. 15). Schmidt schreibt auf S. 17f. über die Anfänge des Ultramontanismus in Deutschland über »religiöse Zirkel« im Münsterland (S. 17f.) und in Wien um den »Halbtschechen Klemens Maria Hofbauer« und in München (S. 18). Hasler schreibt auf S. 15 von der Ausbreitung ultramontaner Ideen in Deutschland durch Kreise um Klemens Maria Hofbauer und Schlegel in Wien und »entsprechende Kreise in Münster und München«.

Am wichtigsten ist jedoch die Übereinstimmung von Haslers Abschnitt: »Erster Teil: Die Manipulation der Unfehlbarkeitsdebatte. III. War Pius IX. zur Zeit des Konzils noch voll zurechnungsfähig? 2. Die Persönlichkeit Pius' IX. A. Ungesunder Mystizismus« (S. 130–5), in dem Hasler Pius IX. eine »das Krankhafte berührende Frömmigkeit« und eine »an Aberglauben grenzende Wundergläubigkeit« vorwirft, mit Schmidts Ausführungen S. 45–47. SS-Obersturmbannführer Schmidt schreibt: »So erscheinen oft seine [Pius' IX.] Handlungen weniger als Ergebnisse abwägender Gedankenarbeit einer selbstverantwortlichen Persönlichkeit, sondern als Ausfluß transzendenter Eingebungen. Verschiedene Begebnisse erweisen einen solchen schwärmerischen Zug« (S. 45, es folgen 1½ Seiten Beispiele). »Mögen solche Berichte auch nicht immer den vollen Sachverhalt weitergegeben haben – das eine zeigen sie dennoch deutlich, daß Pius IX. in seinem tiefsten Grunde ein religiöser Enthusiast war« (S. 46). »Es ist dieselbe Quelle, die auch die Auffassung von der überpersönlichen Kraft des Amtscharismas des Papstes speiste. Darum gewann dieser seine Entschlüsse auch weniger aus einem eingehenden Studium der tatsächlichen Verhältnisse als vielmehr aus einer mehr instinktiven Stellungnahme, denn ihn erfüllt die Gewißheit, daß aus ihm, dem bevorrechtigten Träger des Charismas, unmittelbar Gott spreche. Er stellte sich mit Gott auf eine Ebene und bezog z. B. die Worte Christi: ›Ich bin die Wahrheit und das Leben‹, auf sich selbst. Die Überzeugung von der magischen Kraft seines Amtes führte ihn zu der Selbstvergottung seiner Person . . .« (S. 47).

Jeder, der Haslers Werk gelesen hat, muß erkennen, daß Hasler voll übernimmt und zum Ausgangspunkt seiner Arbeit macht, was Schmidt auf S. 290 schreibt: »Das Konzil von 1869/70 ist in erster Linie ein persönliches Werk des Papstes Pius IX. Es bildet den organischen Abschluß seiner vom Tage der Thronbesteigung an verfolgten Politik . . ., das Kardinalskollegium hatte Pius IX. durch eine systematische Auswahl der Neuernennungen zu einem willfährigen Werkzeug in seiner Hand geformt, der Piuskult, die massivgläubige Verehrung der Maria als sündenfreie Himmelskönigin und die mit demokratischem Werkzeug und Gedankengut arbeitenden Herolde des Ultramontanismus hatten die breiten Volksmassen im Sinne des Papalsystems erzogen, die Form der Verkündigung des Dogmas von der unbefleckten Empfängnis der Jungfrau Maria hatten den ersten Angriff auf die Stellung des Episkopats und der Syllabus die endgültige Kampfansage an den modernen Staat dar[ge]stellt. So war im Laufe seiner Regierung ein Stein um den anderen zu einem absoluten Machtgebäude aufgeschichtet worden: Die Dogmatisierung der päpstlichen Unfehlbarkeit stellt nur die weithin sichtbare krönende Kuppel des Monumentalwerkes dar. Bereits anläßlich der Gratulation des belgischen Gesandten zum Jahrestag der Thronbesteigung im Jahre 1869 konnte Pius sagen: ›Man will mir die Unfehlbarkeit beilegen – das brauche ich gar nicht. Bin ich denn nicht schon unfehlbar? Habe ich nicht vor einigen Jahren das Dogma der unbefleckten Empfängnis der Jungfrau selbständig stabilisiert [sollte heißen: stabilirt]?‹ . . . In ihm war das Identitätserlebnis als Nachfolger Petri und als Stellvertreter Gottes so stark, die transzendente Verwurzelung seines Amtes so unmittelbar empfunden, daß rationale Bedenken oder Opportunitätserwägungen keinen Raum hatten.«

Sogar den Bericht des belgischen Gesandten bringt Hasler (S. 98). Hasler hat lediglich das Thesengerüst Schmidts aufgefüllt und das Ganze mit etwas Ideologiekritik modisch garniert. Hasler fügte noch einen Aspekt hinzu, der selbst SS-Obersturmbannführer Schmidt zu unseriös war, um ihn gegen die Kirche zu verwenden. Hasler legte Pius IX. auf die Couch des Psychiaters und konstatiert ihm partielle Unzurechnungsfähigkeit (bis zur Gewalttätigkeit) auf Grund der Epilepsie, an der Pius IX. nach der Meinung Haslers – der das Urteil der seriösen Forschung widerspricht – auch damals noch litt. Wie Helen Young vom »North London Action Epilepsy« im »Catholic Herald« (17. 2. 1978) ausführte, sind Haslers Thesen für den Fachmann absurd. Die Annahme, daß Epilepsie geistige Labilität oder Gewalttätigkeit hervorruft, ist überholt.

Auf meine Informationen hin wies der »Catholic Herald« seinen römischen Korrespondenten an, Hasler mit meinen Vorwürfen zu konfrontieren. Auf diese antwortete Hasler mit der Behauptung, bei dem von ihm in der Bibliographie angegebenen »Schmidt, E.« und SS-Obersturmbannführer Erich Schmidt handele es sich nicht um dieselbe Person. Dies behauptete er, obwohl er in seiner Bibliographie (S. 570) den vollen Titel samt vollständigem Untertitel von Schmidts Werk angegeben hatte! Warum diese plumpe, doch so leicht widerlegbare Behauptung Haslers? Spekulierte er darauf, daß Schmidts Propagandawerk in England nicht zu bekommen ist? Ist ihm die geistige Affinität seiner Argumentationsweise mit der des SS-Obersturmbannführers Schmidt peinlich?

6. Am 17. August 1978 sandte August B. Hasler folgende Entgegnung auf Matthias Buschkühls Artikel an den »Rheinischen Merkur«, der auch diesmal eine Veröffentlichung verweigerte.

Unfehlbarkeitsdogma und NS-Propaganda

Zur Besprechung Matthias Buschkühls im »Rheinischen Merkur«, Nr. 28, 14. Juli 1978 »Einer NS-Schrift aufgesessen«

Im vergangenen Jahr hatte mir Walter Brandmüller die Ehre erwiesen, meine Untersuchung »Pius IX., päpstliche Unfehlbarkeit und 1. Vatikanisches Konzil. Dogmatisierung und Durchsetzung einer Ideologie« (Verlag Hiersemann, Stuttgart 1977, XVII, 627 Seiten) kaum zehn Tage nach Erscheinen des zweiten Bandes als Allererster im »Rheinischen Merkur« (Nr. 35, 2. September 1977) ausführlich zu besprechen und dabei Leseranreize mit Ausdrücken wie »Geschichtsklitterung« und »Aus der Trödelkammer« geboten. Kaum ein Jahr später gibt mir die angesehene katholische Wochenzeitung aus Köln erstaunlicherweise erneut die Ehre. In Absprache mit Brandmüller charakterisiert Matthias Buschkühl im »Rheinischen Merkur« meine Schrift als Nazipropaganda. Er wirft mir vor, meine wichtigsten Thesen vom SS-Obersturmbannführer Erich Schmidt übernommen und sie lediglich etwas aufgefüllt und mit Ideologiekritik garniert zu haben.

Ich rate Herrn Buschkühl, seine Methode als Rezept zur Erledigung literarischer Gegner auf dem Patentamt anzupreisen. Es dürfte ihm nicht schwerfallen, die Prüfer davon zu überzeugen, wie sein Mittel in jedem Fall funktioniert. Es genügt, je nach Umständen und Bedürfnis, einen Kommunisten, Juden, Freimaurer, Baptisten, Jesuiten, Faschisten, Nationalsozialisten usw. zu finden, der bereits über denselben Gegenstand gearbeitet hat. Von der Sache her sich ergebende Gemeinsamkeiten – selbst Namen der Hauptakteure gelten Buschkühl als geeignet – müssen dann lediglich dem Zweck entsprechend als gedankliche Übernahmen charakterisiert werden. Und damit ist die Beweiskette für Buschkühl auch schon geschlossen.

Buschkühl behauptet ferner, ich würde meine Abhängigkeit vom SS-Obersturmbannführer Schmidt zu vertuschen suchen und hätte zu diesem Zweck den Vornamen Schmidts in der Bibliographie nicht ausgeschrieben. Buschkühl ist hier nicht genau genug. Er hätte schreiben müssen, alle Vornamen seien von mir im 34-seitigen Literaturverzeichnis abgekürzt worden, damit nur ja niemand den SS-Obersturmbannführer unter den vielen Autoren entdecke.

Schließlich ist Buschkühl einer Falschmeldung aufgesessen, wenn er schreibt, ich hätte die Identität des Obersturmbannführers Schmidt mit dem in der Bibliographie genannten E. Schmidt bestritten, und dabei von einer »plumpen Behauptung« meinerseits spricht. Die Sache verhielt sich tatsächlich ganz anders. Vor einigen Monaten fragte mich der römische Korrespondent des Londoner »Catholic Herald«, Michael Wilson, telefonisch, ob ich in meinem Buch einen SS-Obersturmbannführer Schmidt zitiere, was ich verneinte. Davon, daß mich Wilson mit Buschkühls Vorwürfen konfrontiert hätte, konnte keine Rede sein. Die Anfrage des »Catholic Herald« blieb mir unverständlich, und auch Wilson vermochte mir nicht weiterzuhelfen.

Ich verneinte die Frage, weil ich in meiner Untersuchung ja überhaupt keinen Schmidt zitiere. Das Buch von E. Schmidt kam mir erst am Ende meiner Forschungen in die Hände. Ich fand darin aber keine neuen Gesichtspunkte für mein Thema und sah deshalb auch keinen Anlaß, besonders darauf hinzuweisen, führte es aber der Vollständigkeit halber in der Bibliographie an. Zudem wußte ich zur Zeit der Anfrage noch nicht, daß Schmidt SS-Obersturmbannführer war. Aus seinem Buch geht das nicht hervor. Wohl aber war mir klar, daß es sich dabei um eine NS-Schrift handelte. Für sie hat ja nun Buschkühl durch ausführliche Zitate reichlich Propaganda gemacht.

7. Am 18. August 1978 publizierte der »Rheinische Merkur« einen Leserbrief Georg Denzlers zu Buschkühls Rezension (Nr. 33), jedoch mit zwei bezeichnenden Auslassungen, die in Klammern [ ] hier abgedruckt sind.

Diffamierende Attacke

Wer der mir auch dem Namen nach bisher unbekannte Autor Buschkühl auch sein mag, er hat sich mit seinem ebenso dummen wie infamen Beitrag derart disqualifiziert, daß sein Doktor-Vater – Buschkühl schreibt, wie er selbst betont, eine Dissertation über englisch-vatikanische Beziehungen zur Zeit Pius' IX. – eigentlich nichts anderes tun kann, als ihm den Laufpaß zu geben.

Was Hasler zusammenfassend über den Ultramontanismus schreibt, kann man in jedem kirchenhistorischen Lehrbuch nachlesen. Dazu brauchte er nicht das Buch des »SS-Obersturmbannführers« – diese Bezeichnung bringt Buschkühl fünfmal – Erich Schmidt.

Die Aussagen Haslers über das Persönlichkeitsbild Pius' IX. sind – im Gegensatz zu E. Schmidt – von einer Fülle von Quellen belegt, mit denen sich ein ernstzunehmender Kritiker des Buches nicht apologetisch-ideologisch, sondern historisch-kritisch auseinandersetzen muß. [Da ich die Charakterisierung des Papstes teile, stuft mich Buschkühl wohl auch als einen »Nazi« ein.]

Und was Helen Young, mit der Buschkühl in Korrespondenz getreten ist, über Epilepsie denkt, steht in eklatantem Widerspruch zu führenden Medizinern und Psychologen. Daß Pius IX. Epileptiker war, steht für die Zeit vor seiner Priesterweihe außer Zweifel. Umstritten ist, ob er jemals ganz davon geheilt worden ist. Im übrigen urteilt Hasler in dieser Hinsicht zurückhaltend, und überläßt das Urteil zwei prominenten Psychologen (Prof. Matussek, München; Prof. Pongratz, Würzburg).

Bedauerlicher noch als Buschkühls pamphletistische Äußerungen finde ich, daß der RhM sich bereit gefunden hat, eine solch unsachliche und persönlich diffamierende Attacke auf das Buch von Hasler zu veröffentlichen. [Auf ein derart niedriges Niveau sollte sich eine Zeitung wie der RhM nicht herunterziehen lassen.]

Wer eine gründliche, äußerst kritische, aber kenntnisreiche und jederzeit faire Diskussion des Hasler-Buches zur eigenen Meinungsbildung kennenzulernen wünscht, möge lesen, was der Frankfurter Jesuit Dr. Klaus Schatz, ein hervorragender Kenner des Vaticanum I, in der Zeitschrift »Theologie und Philosophie« (Heft 2, 1978) geschrieben hat. Das nenne ich historisch-theologische Wissenschaft.

8. Der »Rheinische Merkur« gewährte Matthias Buschkühl am 1. September 1978 Raum für eine »Belehrung« Georg Denzlers (Nr. 35).

Denzlers »Belehrung«

In einem Leserbrief (RM Nr. 33), in dem Herr Denzler mich bzw. meinen Artikel (»Einer NS-Schrift aufgesessen«, RM Nr. 28) mit den Adjektiven »dumm«, »infam« und »pamphletistisch« belegt und meinen Doktor-Vater auffordert, mir »den Laufpaß zu geben«, wirft er mir – unrichtig – eine »unsachliche und diffamierende Attacke« vor. Insbesondere durch seine Aufforderung wird deutlich, daß er darauf abzielt, meine Existenz zu vernichten und zu verhindern, daß ich meine Ansichten zu dem von Hasler berührten Themenkomplex überhaupt veröffentlichen kann. Die Tatsache, daß Herr Denzler mir zum Vorwurf macht, daß ich in 200 Zeilen fünfmal Erich Schmidt mit seiner Funktion »SS-Obersturmbannführer« bezeichne und daß Herr Denzler gegen mich den Vorwurf ideologischer Voreingenommenheit erhebt, erinnert mich daran, daß Herr Professor Morsey, als Reaktion auf seine von mir in meinem Artikel angeführte Veröffentlichung von Schmidts Brief an das A. A. im Jahre 1942, von diesem als »konjunkturbegünstigter christlicher Skribent« bezeichnet wurde (vgl. H. J., 83, 1963, S. 218 Anm. 6).

Den Vorwurf der Apologetik muß ich auch zurückweisen. Der Gegenstand meines Artikels war ein Aspekt von Haslers Werk über Pius IX. und von Haslers Methode, nicht jedoch Pius IX. Im Gegenteil, wie Pater Klaus Schatz SJ in seiner Hasler-Besprechung (»Theologie und Philosophie«, Heft 2, 1978, S. 276) schreibt, liegt die Gefahr von Haslers Buch darin, daß nun als Gegenreaktion zu Hasler jede kritische Auseinandersetzung mit der Politik Pius' IX., »als unkritisch und glaubensgefährdend disqualifiziert« werden könnte. Herr Denzler spricht mir auf Grund eines Zeitungsartikels die Wissenschaftlichkeit ab. Ich muß daher darauf hinweisen, daß der von ihm mit solchen Mitteln verteidigte Hasler vor seiner Dissertation mit einem anderen zusammen unter dem Pseudonym »Hieronymus« eine Chronique scandaleuse mit dem Titel »Vatikan intern« veröffentlichte. Hasler hat die sachliche Auseinandersetzung um die Politik Pius' IX. auf das Niveau von Döllingers, wie Professor Conzemius es formulierte, aus »haßerfülltem Antipapalismus« geschriebene, zuerst anonym, dann unter dem Pseudonym »Janus« veröffentlichte Publizistik und Friedrichs altkatholische Polemik zurückgeworfen. Die Auseinandersetzung mit der Politik Pius' IX. muß historisch-kritisch und nicht auf dem Niveau von Spiegel-Artikeln erfolgen.

Bezeichnenderweise geht Herr Denzler mit seinem Brief auf den in meinem Artikel erhobenen Vorwurf, daß Hasler die Idee und das Konzept zu seinem Abschnitt, in dem er Pius IX. ungesunden Mystizismus vorwirft (S. 130–5), aus dem angeführten Werk des SS-Obersturmbannführers Schmidt

(S. 45–7) nahm und die Ausführungen Schmidts auf S. 290 zum Ausgangspunkt seiner Arbeit nahm, überhaupt nicht ein. Dabei hatte ich ausdrücklich geschrieben, daß Hasler »das Thesengerüst Schmidts auffüllt«. Die Belehrung von Herrn Denzler, daß Hasler »eine Fülle von Quellen« bringt, trifft also nicht. Was den Aussagewert dieser Quellen angeht, so hat sich nicht nur Herr Professor Brandmüller/Augsburg (RM Nr. 35, 1977) dazu negativ geäußert, sondern auch der an einer kritischen Pius IX.-Biographie arbeitende Professor Martina SJ/Rom (Osservatore Romano, 8. 2. 1978, S. 6). Was die Art von Haslers Quellenbenutzung angeht, so schrieb Professor Conzemius/Luzern in seiner Hasler-Rezension (»Orientierung«, 41, 1977, S. 207): »Bereits die hermeneutisch nicht abgesicherte Benützung gedruckter und ungedruckter Quellen ist zu beanstanden.« Auf die mir bekannte (!) Rezension von Herrn Pater Dr. Schatz SJ (s. o.) hätte Herr Denzler zur Verteidigung Haslers lieber nicht hinweisen sollen. Dieser konstatiert Hasler nicht nur merkwürdig einseitige Quellenauswahl (S. 258) und daß Hasler »dem Vorwurf der oft sehr einseitigen und unkritischen Quellenbenutzung nicht dadurch entgehen kann, daß er ... auch Senestrey und Franco zusätzlich heranzieht« (S. 259). Pater Schatz schreibt auch, daß das von Hasler »gelieferte Bild (Pius IX.) nicht stimmt« (S. 261).

Woraus Herr Denzler kolportiert, daß ich mit Mrs. Helen Young »in Korrespondenz getreten« bin, ist mir ein Rätsel. Weder kenne ich sie persönlich, noch korrespondiere ich mit ihr. In meinem Artikel zitierte ich Helen Young aus dem »Catholic Herald«. Ihre Aussage dort, daß Hasler Wiedergaben überholter medizinischer Meinungen, daß Epileptiker gewalttätig sind, eine Diffamierung Hunderttausender Menschen ist, gilt. Besonders befremdlich ist es, daß Herr Denzler Haslers Verfahren, auf Grund seiner Ausführungen, über einen seit 100 Jahren toten Menschen eine Diagnose stellen zu lassen, auch noch verteidigt. So etwas ist für eine historische Dissertation unseriös. Pater Schatz nennt die Gutachten schlicht »wertlos« (S. 250).

Obwohl ich in meinem Artikel auf die Frage, ob Pius IX. in seiner Jugend Epileptiker war, gar nicht eingehe, belehrt mich Herr Denzler, »daß Pius IX. Epileptiker war, steht für die Zeit vor seiner Priesterweihe außer Zweifel«. Ich muß daraus schließen, daß Herr Professor Dr. theol. Georg Denzler das Werk von A. Serafini, »Pio Nono, Giovanni Mastai Ferretti ...«, vol. I (mehr nicht ersch.) 1792–1846 (Rom 1958) nicht kennt. Dieser vertritt nämlich eine ganz andere Meinung über die Natur der nervösen Störungen, an denen Giovanni Mastai Ferretti in der Nachpubertät litt. Professor Martina kam in einem Artikel »Wie krank war Papst Pius IX.« (»Orientierung«, a. a. O.) zu dem Resümee: »Mastai hatte in der Jugend heftige nervöse Störungen, deren Natur nicht abgeklärt ist.«

Schließlich muß ich betonen, daß ich – wie aus dem ersten Satz meines Artikels ersichtlich – mit diesem nur einen Aspekt zu Herrn Professor Brandmüllers Rezension (s. o.) ergänzen wollte. Als Professor weiß Herr Denzler, daß man aus einer Dissertation vorher nichts veröffentlichen darf, daß ich also eine inhaltliche Diskussion von Haslers Thesen nicht vornehmen durfte – nur daher der Hinweis auf meine Doktor-Arbeit.

9. Am 10. November 1978 hatte der »Rheinische Merkur« (Nr. 45) zum dritten Mal Platz für eine Attacke gegen Haslers Buch. Der Dominikaner Ulrich Horst verteidigte darin Pius IX. und seinen Ordenskollegen Guidi.

Vater-Sohn-Konflikt

War Kardinal Guidi der illegitime Sohn Pius IX., wie A. B. Hasler das in seinem Buch »Päpstliche Unfehlbarkeit und Vatikanisches Konzil« andeutet. Ulrich Horst OP gibt darauf eine Antwort.

Wer das Buch A. B. Haslers »Pius IX. (1846–1878) Päpstliche Unfehlbarkeit und 1. Vatikanisches Konzil« (Stuttgart 1977) zur Hand nimmt und den Untertitel (»Dogmatisierung und Durchsetzung einer Ideologie«) sowie einige Zwischenüberschriften liest (»Die Manipulation der Unfehlbarkeitsdebatte«, »War Pius IX. zur Zeit des Konzils noch voll zurechnungsfähig?«, »Bischöfe unter physischem und moralischem Druck«), ahnt, welche Motive den Schlußfolgerungen vorausgegangen sind und welcher Methode sich der Autor vorwiegend befleißigt. Die Sprache ist verräterisch. Oder bildet man sich das nur ein? Denn schließlich verfügt Hasler über eine Quellen- und Literaturkenntnis, die auch den Fachmann überrascht, aber man sollte sich durch die Fülle der Zitate auch nicht verblüffen lassen. Gelegentlich täuschen sie eine Sicherheit vor, die der Kritik nicht standhält. Manches würde man gern mit Nachsicht übergehen, wäre das Buch in einer bescheideneren Tonart abgefaßt.

Es war zu vermuten, daß Hasler die Rede des Kardinalerzbischofs Guidi von Bologna und die heftige Auseinandersetzung, die am Abend jenes 18. Juni 1870 zwischen dem Papst und ihm stattfand, in deren Verlauf das berühmte Wort »die Tradition bin ich« gefallen sein soll, im Zusammenhang mit der »Manipulation der Unfehlbarkeitsdebatte« heranziehen würde, aber er weiß auch Bekanntes mit Pikantem zu verbinden. Die Szene soll exemplarischen Charakter annehmen und das papale System bloßstellen. Die dramatische Überschrift kündet es an: »Papst Pius IX. und Kardinal Guidi – Ein Vater-Sohn-Konflikt?« Das ist neu. Die auf diesem Verdacht basierende psychologische Deutung des Zwischenfalls scheint jedenfalls besser begründet zu sein als die beiden professoralen Gutachten, die dem Papst partielle Unzurechnungsfähigkeit attestieren. »Die beklemmendste und symbolträchtigste Szene des Konzils (geriete) in ein noch grelleres Licht: Ein Papst, der seinem Sohn entgegenschleudert: ›Die Tradition, d. h. die Kirche bin ich‹, ein Sohn, der seinem Vater gegenüber auf das Zeugnis der Tradition pocht und behauptet, es widerstreite den päpstlichen und väterlichen Ambitionen«. Nichts wäre in der Tat enthüllender als dieser Streit zu später Stunde, der uns, stimmte die Annahme, die moralische und theologische Verwerflichkeit des Mannes vor Augen führte, der die Unfehlbarkeitsdebatte manipuliert haben soll.

Hasler räumt zwar ein, daß die These »noch nicht« zu beweisen sei, aber dem Leser wird der Eindruck suggeriert, es sei mehr als eine auf einen polnischen Grafen zurückgehende Vermutung, zumal das sehr spärliche biographische Material den Schluß nahelege, hier habe man systematisch Spuren verwischen wollen. Guidi sei »praktisch totgeschwiegen« worden. Daß wir angeblich den Geburtsort nicht kennen, macht den Verdacht auf geheimnisumwitterte Illegitimität schon fast zur Gewißheit.

Geburtsort

Die Wahrheit ist einfacher, freilich auch weniger »wirkungsvoll«. Hasler hätte sie wissen können; denn ein Jahr vor Erscheinen seines Buches hat I. Casoli [sic], Archivar in Bologna, den Geburtsort Guidis, S. Biagio d'Argenta, ermittelt. Die mir vorliegende Eintragung in das Taufregister der genannten Pfarrei erlaubt daran und an der ehelichen Geburt keinen Zweifel. Der »Vater-Sohn-Konflikt« zerplatzt also wie eine Seifenblase.

Hasler hätte auch aus anderen Gründen mit dramatischen Konstruktionen vorsichtiger sein sollen. Kardinal Guidi war, wie eine Stellungnahme zeigt, die er zusammen mit dem Ordensgeneral und den übrigen Dominikanerbischöfen abgab, ein klarer Befürworter der Unfehlbarkeit. Das Gegenteil hätte der Tradition der thomistischen Ekklesiologie im allgemeinen und der Lehre des römischen Minerva-Kollegs im besonderen widersprochen. Das »Placet« in der feierlichen Schlußabstimmung war demnach kein charakterloser Umfall. Aus einer genauen Analyse der Rede, auf die Hasler seltsamerweise verzichtet, folgt ebenfalls, daß er prinzipiell die Unfehlbarkeit, unter Berufung auf Thomas und seine Schule, bejahte.

Will man diese Konzilsintervention richtig deuten, muß man die Hintergründe kennen, über die wir durch eine »Memoria« unterrichtet sind, die P. Pellegrinetti OP, der Theologe Guidis, verfaßt hat. (Hasler erwähnt sie, tut sie aber – wohl ohne nähere Lektüre – als »apologetisch« ab.) Wir erfahren hier, daß es unter den im Konvent S. Maria sopra Minerva residierenden Bischöfen des Ordens drei Väter gab (Guidi gehörte dazu), die die Unfehlbarkeitsdefinition mit gewissen Einschränkungen versehen wollten. Insbesondere ging es um die dem Papst obliegende Konsultationspflicht. Die kleine Gruppe beabsichtigte, zwischen den beiden Konzilsparteien mit einer mittleren Position einen Ausgleich zu schaffen. Der Text der Rede in der Urfassung stammt von Pellegrinetti, der nach eigenen Worten das Manuskript in zwei Tagen vorbereitet hat. Dies überrascht, da der Kardinal selbst ein angesehener Theologe war, doch darf man wohl die Verfasserschaft nicht pressen, da die wichtigsten Gedanken gemeinsam erarbeitet worden sind.

Wahrscheinlich wußten alle direkt Beteiligten, daß die Rede eines italienischen Kardinals, der zwischen den Fronten vermitteln wollte, Aufsehen erregen würde, aber vermutlich hat keiner die wirkliche Resonanz vorausgesehen. Scharfe Kritik erfuhr der Canon, in dem die Ansicht verurteilt werden sollte, der Papst handele in einer Definition nach Gutdünken, aus sich allein, unabhängig und getrennt von der Kirche und nicht »auf Rat der Bischöfe, die

die Tradition der Kirchen bezeugen«. Der Sprecher der Glaubensdeputation sagte sogar, Guidi sei schlimmer als ein Gallikaner. In Wahrheit ist die These des Kardinals alles andere als gallikanisch, sie entspricht vielmehr Grundgedanken der thomistischen Ekklesiologie des 16. und 17. Jahrhunderts. Nach ihr hat der Papst in Glaubensdingen eine strenge Konsultationspflicht. Ohne Zweifel hat Guidi diese Theologen gekannt. Im Echo auf seine Rede wird indes folgendes sichtbar: Die Position der großen Dominikaner von ehemals war in Verdacht geraten, den Gallikanismus zu begünstigen; denn jede mit einer Definition verbundene Bedingung würde, so fürchtete man jetzt, die Gefahr einer Konzilsappelation oder eines Zweifels an der Verbindlichkeit der Entscheidung heraufbeschwören.

Die Tradition bin ich

Pius IX., mindestens teilweise falsch oder unzureichend unterrichtet, rief noch am selben Abend den Kardinal zu sich. Ein Vermittlungsvorschlag mit so vielen Reminiszenzen an vergangene Auseinandersetzungen kam dem Papst höchst ungelegen. Daß Pius IX. während der Unterredung ausgerufen habe »die Tradition bin ich«, wird auch von seriösen Historikern als glaubhaft angenommen, doch stellt man mit einiger Verwunderung fest, daß sich bisher niemand die Mühe gemacht hat, der Überlieferungsgeschichte dieses Wortes nachzugehen. Sie zeigt mit Sicherheit nur, daß man es nicht so einfach für authentisch halten darf, wie es auch Hasler tut. Zunächst fällt auf, daß kein Berichterstatter erwähnt, Guidi selbst habe es erzählt. Durch die Angabe von für den Ausspruch bürgenden Personen wären Zweifel leichter ausgeräumt worden; denn es gab schon damals Stimmen, die ihn für Hofklatsch hielten. Ferner sollte man dies bedenken: Viele von den mit der Szene und den folgenden Ereignissen verknüpften Details sind in sich so widerspruchsvoll, daß das Ganze nicht an Glaubwürdigkeit gewinnt. Auch lassen sich in den frühesten Berichten schwere sachliche Fehler nachweisen. Der Umstand, daß die Einzelheiten jener Unterredung und der umstrittene Satz selbst erst seit dem 21. Juni öffentlich bekannt werden, spricht nicht für Authentizität. Da das Wort sogleich als Sensation empfunden wurde, hätte man es wohl spätestens am Tage nach dem Gespräch kolportiert.

Vielleicht geben die frühestens uns bekannten Notizen einen wichtigen Fingerzeig. Dupanloup und Darboy haben, nimmt man die Daten genau, als erste den Ausspruch – ohne Quellenangabe! – niedergeschrieben, aber es brauchte eigenartigerweise zwei bis drei Tage, um ihn in Rom zu verbreiten. Ob er nicht auch in diesen Kreisen – in Analogie zu l'Etat c'est moi – entstanden ist? Das ist beim jetzigen Stand der Überlieferung nicht mehr als eine Hypothese. Sicher ist nur: Die Spuren von »die Tradition bin ich« enden vorläufig in den Tagebüchern der beiden französischen Bischöfe.

10. Horsts Artikel erschien kurz vor der Drucklegung dieses Buches, so daß eine Auseinandersetzung im »Rheinischen Merkur« nicht mehr möglich war. Nach den bisherigen Erfahrungen wäre es zudem wohl übertriebener Optimismus gewesen, diesmal mit der Aufnahme einer Erwiderung zu rechnen. Deshalb seien hier einige kurze Bemerkungen beigefügt.

Für Ulrich Horst »zerplatzt ... eine Seifenblase«. Er glaubt bewiesen zu haben, daß Kardinal Filippo Maria Guidi auf keinen Fall Sohn des Papstes Pius IX. sein kann. Was führt Horst dazu an? Eine Eintragung in das Taufregister der Pfarrei S. Biagio d'Argenta. Diese genügt ihm, keinen Zweifel an der ehelichen Geburt Guidis zu lassen. So einfach ist das! Es war anzunehmen, daß der Vater Guidi heißen würde. Bei einem später so berühmten Kardinal müßte man aber eigentlich doch noch manches mehr als nur dessen Vornamen wissen. Und daß Guidi getauft wurde, daran habe ich nie gezweifelt.

Weiter schreibt Horst, I. Casoli, Archivar in Bologna, habe diese Eintragung ein Jahr vor Erscheinen meines Buches – also völlig unabhängig von meinen Studien – ermittelt. Von einer Publikation spricht Horst nicht, und dies mit Recht, denn dafür kann die Notiz im Klerikerverzeichnis der Erzdiözese Bologna ja wirklich nicht gelten. Vollkommen entgangen ist ihm, daß Prof. Dr. Georg Denzler bereits 1976 die Nachricht vom päpstlichen Sohn aufgrund meiner Forschungen veröffentlichte (Das Papsttum und der Amtszölibat, Bd. 2, Stuttgart 1976, 293 Anm. 12a). I. Casoli fand also das Taufregister für Guidi zufällig genau zu der Zeit, als die besondere Auseinandersetzung mit diesem Prälaten und die Nachricht von der Vaterschaft des Papstes allmählich bekannt wurden. Und ist es andererseits nicht verwunderlich, daß alle Autoren bisher nur ganz ungenaue Angaben zu machen wußten, und es so lange brauchte, den Taufort dieses Kardinals festzustellen.

Viel weiter als ich geht Horst, wenn er von der »moralischen und theologischen Verwerflichkeit« Pius' IX. spricht, falls die Annahme von seinem illegitimen Sohn stimme. Zu so viel Intoleranz sehe ich keinen Anlaß. Ich würde mich auch herzlich wenig um ein eventuelles illegitimes Kind Pius' IX. kümmern, wenn nicht der polnische Graf Ladislaus Kulczicki mit Bestimmtheit – und nicht als bloße Vermutung, wie Horst nahelegt – ausgerechnet und völlig unerwartet Kardinal Guidi, der als einziger römischer Kardinal gegen die Unfehlbarkeitsdefinition auftrat, als Sohn des Papstes bezeichnet hätte.

Für die Unterstützung, die mir Horst mit seiner Interpretation der Konzilsrede Guidis gibt, weiß ich mich zu Dank verpflichtet. Die Frage, ob eine strenge Konsultationspflicht gefordert sei oder nur eine relative, war ja doch genau der Streitpunkt des Konzils. In aller wünschenswerten Deutlichkeit ist das auch in der Schlußrelation von Vinzenz Gasser nachzulesen, die dieser im Namen der Glaubensdeputation hielt (Mansi 52, 1215 CD). Insofern befand sich Guidi mit seinem Vorschlag eben auf seiten der Minorität, und der Zorn des Papstes und der Infallibilisten braucht nicht umständlich erklärt zu werden.

Am Schluß stellt Horst die Hypothese auf, der Ausspruch »Die Tradition bin ich« sei vom Kreis um die beiden Bischöfe Georges Darboy und Félix Dupanloup erfunden worden, um den Papst in Mißkredit zu bringen. Aber hätten dann diese Bischöfe das angeblich von ihnen geprägte, aber dem Papst zugeschriebene Wort nur wenige Stunden nach dem Vorfall ihren Tagebüchern anvertraut? Man würde sich wünschen, die Worte Jesu wären so gut überliefert. Bis zur ersten Niederschrift vergingen da Jahrzehnte. Darboy und Dupanloup brauchten zudem als Führer der Oppositionsgruppe nicht eigens zu schreiben, die Nachricht stamme von Guidi, standen die Minoritätsbischöfe doch mit diesem – Horst übersieht das – seit Beginn des Konzils in Kontakt. Es ist auch nicht weiter verwunderlich, daß das Diktum des Papstes nicht sofort in den diplomatischen Depeschen und in Briefen anderer Bischöfe auftaucht, denn weder die Botschafter noch die Konzilsväter schrieben ihre Berichte täglich. Die Begegnung zwischen Pius IX. und Kardinal Guidi fand zudem an einem Samstagabend statt. Die Konzilsväter trafen sich erst am folgenden Montag wieder.

Anhang II

Professor Dr. Hans Küng verliert am 18.12.1979 die kirchliche Lehrbefugnis, weil er das Dogma von der päpstlichen Unfehlbarkeit in Frage stellt.

1. Brief von Professor Dr. Hans Küng an den Bischof von Rottenburg, Dr. Georg Moser, vom 19. Februar 1979

Universität Tübingen
Institut für ökumenische Forschung
Direktor: Prof. DDr. H. Küng D. D.

7400 Tübingen 1, den 19. 2. 1979
Nauklerstraße 37 a
Tel. (07071) 292871/90

Herrn
Bischof Dr. Georg Moser
Bischof-von-Keppler-Str. 7
7407 Rottenburg

Sehr verehrter, lieber Herr Bischof,

In den nächsten Wochen wird beim Piper-Verlag, der auch verschiedene meiner eigenen Publikationen verlegt hat, ein Buch meines Landsmannes Dr. August B. Hasler erscheinen: »Wie der Papst unfehlbar wurde. Macht und Ohnmacht eines Dogmas«. Schon 1977 hatte Hasler zu diesem Thema eine zweibändige historische Monographie veröffentlicht: »Pius IX. (1845–1878), Päpstliche Unfehlbarkeit und 1. Vatikanisches Konzil. Dogmatisierung und Durchsetzung einer Ideologie«. Die »Frankfurter Allgemeine Zeitung« hatte mich damals um eine Besprechung des Werkes gebeten. Inzwischen hatte sich wegen der bischöflichen Dokumentation über die Auseinandersetzung um »Christ sein« eine Konfrontation ergeben, die ich nicht verschärfen wollte. Meine bedingt erteilte Zusage zog ich deshalb wieder zurück.

Nun bat mich aber Dr. Hasler um ein Vorwort für sein neues Buch. Der Bitte meines Landsmannes, den ich seit seinen Studienjahren kenne, konnte ich mich unter diesen Umständen nicht versagen. Ich vesuchte dieses Geleitwort so objektiv und unpolemisch wie möglich abzufassen: Im ersten Teil fasse ich die Ergebnisse der früheren Debatte zusammen; ich bin dabei nicht über das hinausgegangen, was ich schon in »Fehlbar? Eine Bilanz« (1973) ausführlich dargelegt habe. Der zweite Teil referiert knapp die Resultate des Hasler-Buches. Im dritten Teil schließlich versuche ich noch einmal die Frage nach der Kirchlichkeit und Katholizität einer solchen theologischen Position zu beantworten. Das Geleitwort endet mit der Bitte an die römischen Autoritäten, eine ökumenische Kommission aus international anerkannten Fachleuten der verschiedenen Disziplinen für die Klärung dieser durch das Hasler-Buch erneut brennend gewordenen Frage einzusetzen.

Da es im Rahmen eines Geleitwortes unmöglich war, die von Hasler an mich gestellte Grundfrage nach dem Bleiben der Kirche in der Wahrheit trotz aller Irrtümer überzeugend zu beantworten, und mir am positiv aufbauenden Aspekt meiner Theorie mehr gelegen ist als am kritisch-abgrenzenden, habe ich gleichzeitig mit dem Geleitwort eine »Theologische Meditation« geschrieben unter dem Titel »Kirche – gehalten in der Wahrheit?«. Auch diese Meditation verdeutlicht nur, was ich bereits in der genannten Bilanz (letztes Kapitel von »Fehlbar?«) dargelegt hatte.

Es ist mir, lieber Herr Bischof, wichtig zu betonen: Mit meinem Geleitwort und der sie begleitenden theologischen Meditation soll kein neuer Unfehlbarkeitsstreit provoziert werden. Wohl aber liegt mir nach wie vor daran, daß die Unfehlbarkeitsfrage exegetisch, historisch und systematisch-theologisch untersucht wird, in objektiver Sachlichkeit und wissenschaftlicher Redlichkeit. Um dieses positiven Anliegens willen habe ich auch Anfragen bezüglich einer separaten (oder gar vorzeitigen) Veröffentlichung meines Vorwortes abgelehnt. (Den Abdruck einzelner Passagen kann ich natürlich nicht ausschließen.)

Um diese Information zu vervollständigen, werde ich Ihnen sobald wie möglich Vorausexemplare sowohl von Haslers Buch wie meiner Theologischen Meditation zukommen lassen.

Mit freundlichen Grüßen
bin ich

Ihr ergebener
Hans Küng

2. Brief von Bischof Dr. Georg Moser an Professor Dr. Hans Küng vom 5. April 1979

Der Bischof von Rottenburg – Stuttgart
Dr. Georg Moser — 7407 Rottenburg am Neckar 1, 5. April 1979
Postfach 9

Herrn Professor
DDr. Hans Küng
Waldhäuserstraße 23
7400 Tübingen 1

Sehr geehrter, lieber Herr Professor Küng!

Für Ihren Brief vom 19. 2. 1979 und die kürzlich eingegangene Sendung Ihrer Publikation »Kirche – gehalten in der Wahrheit?« sowie des Buches von August Hasler »Wie der Papst unfehlbar wurde«, zu dem Sie das Vorwort verfaßt haben, danke ich Ihnen.

Ich will Ihnen nicht verheimlichen, daß mich die Lektüre Ihrer beiden Beiträge zur Frage der päpstlichen Unfehlbarkeit zutiefst betroffen gemacht hat. Ich finde darin nur jene Thesen in aller Schärfe wieder, die von der Kongregation für die Glaubenslehre am 15. 2. 1975 beanstandet und von der Deutschen Bischofskonferenz am 17. 2. 1975 als überprüfungs- und korrekturbedürftig betrachtet wurden.

Deshalb ist es mir schlechterdings unverständlich, daß Sie der Meinung sind, Ihre jetzigen Äußerungen sollen keinen neuen Unfehlbarkeitsstreit provozieren. Ihr Vorgehen kann meines Erachtens gar nicht anders denn als Provokation verstanden werden. Ich nehme deshalb an, daß ein unerquickliches Nachspiel unvermeidbar ist und sich große Schwierigkeiten ergeben werden.

Obwohl ich im Augenblick nicht sehe, wie es nun weitergehen soll – zumal Sie ja als theologischer Lehrer nach wie vor an der Ausbildung unserer Diözesantheologen beteiligt sind –, bin ich wie bisher zum Gespräch und zum vertretbaren Brückenbau bereit.

Mit freundlichen Grüßen

bleibe ich Ihr
Georg Moser
Bischof

3. Erklärung der Kongregation für die Glaubenslehre über einige Hauptpunkte der theologischen Lehre von Professor Dr. Hans Küng vom 15. Dezember 1979

Die Kirche Christi hat von Gott den Auftrag erhalten, das Glaubensgut zu bewahren und zu schützen, damit die Gesamtheit der Gläubigen unter Leitung des Lehramtes, durch das die Person Christi selbst als Lehrer in der Kirche wirkt, den einmal den Gläubigen übergebenen Glauben unverlierbar festhält, in ihn mit rechtem Urteil immer tiefer eindringt und ihn im Leben immer voller anwendet[1].

Das Lehramt der Kirche aber nimmt in der Ausübung dieses ihm allein anvertrauten schweren Amtes[2] die Tätigkeit der Theologen in Anspruch, vor allem derer, die in der Kirche amtlich die Lehrbefugnis erhalten haben und so auch ihrerseits in gewisser Weise Lehrer der Wahrheit geworden sind. Die Theologen, ebenso wie andere Wissenschaftler, haben in ihrer Forschung eine berechtigte wissenschaftliche Freiheit, aber innerhalb der Grenzen der theologischen Methode, wobei sie sich bemühen, auf ihre eigene Weise dasselbe Ziel zu erreichen, das auch das des Lehramtes ist, »nämlich das Gut der Offenbarung zu bewahren, noch tiefer von innen her zu verstehen, auszulegen, zu lehren und zu verteidigen, d.h. das Leben der

Kirche und der ganzen Menschheit mit dem Licht der göttlichen Wahrheit zu erleuchten«[3].

So ist es notwendig, daß bei der Erforschung und in der Unterrichtung der katholischen Glaubenslehre die Treue zum Lehramt der Kirche immer deutlich sichtbar wird, da es niemand erlaubt ist, Theologie zu betreiben, ohne enge Verbindung mit dem Sendungsauftrag, die Wahrheit zu lehren, für den das kirchliche Lehramt selbst verantwortlich ist[4]. Wenn es an dieser Treue mangelt, wird auch allen Gläubigen Schaden zugefügt, die in ihrer Pflicht, den von Gott durch die Kirche erhaltenen Glauben zu bekennen, das heilige Recht haben, das unverfälschte Wort Gottes zu empfangen und deshalb erwarten dürfen, daß ihnen drohende Irrtümer wachsam abgewehrt werden[5].

Wenn es nun vorkommt, daß ein Lehrer der theologischen Disziplinen sein eigenes Urteil und nicht den Glaubenssinn der Kirche als Norm der Wahrheit voranstellt, verbreitet und in diesem seinem Vorhaben beharrt, trotz aller seinetwegen in Sorge unternommenen Schritte, erfordert es die Ehrlichkeit und Redlichkeit, seitens der Kirche solche Verhaltensweise sichtbar zu machen und zur Entscheidung zu kommen, daß er künftig nicht mehr Kraft des von ihr empfangenen Auftrages lehren kann[6].

Diese »Missio canonica« ist nämlich ein Zeugnis gegenseitigen Vertrauens: des Vertrauens der zuständigen kirchlichen Autorität gegenüber dem Theologen, der in seiner Forschungs- und Lehrtätigkeit sich als katholischer Theologe verhält; es ist aber auch das Zeugnis des Vertrauens des Theologen gegenüber der Kirche und ihrer unversehrten Lehre, denn im Auftrag der Kirche übt er ja sein Amt aus.

Da einige der in vielen Ländern verbreiteten Schriften des Priesters und Professors Hans Küng sowie seine Lehre bei den Gläubigen Verwirrung verursachen, haben die Deutsche Bischofskonferenz und die Kongregation für die Glaubenslehre des öfteren ihm Ratschläge und Mahnungen zukommen lassen mit dem gemeinsamen Ziel, ihn zu bewegen, seine Tätigkeit als Theologe in voller Einheit mit dem authentischen Lehramt der Kirche auszuüben.

Von dieser Grundhaltung bestimmt, hat die Kongregation für die Glaubenslehre, in Erfüllung ihrer Aufgabe, die Glaubens- und Sittenlehre in der Gesamtkirche zu fördern und zu schützen[7], am 15. Februar 1975 in einem öffentlichen Dokument erklärt, daß einige Lehrmeinungen des Professors Hans Küng in verschiedenem Grade zur Lehre der Kirche, wie sie für alle Gläubigen verbindlich ist, im Gegensatz stehen. Dabei hat die Kongregation besonders jene Lehrmeinungen betont, die von besonderer Bedeutung sind: das Dogma von der Unfehlbarkeit in der Kirche sowie die Aufgabe, das eine, heilige, nur dem lebendigen kirchlichen Lehramt anvertraute Glaubensgut des Wortes Gottes authentisch auszulegen und – schließlich – jene Auffassungen, die sich auf den gültigen Vollzug der Eucharistie beziehen.

Die Kongregation hat Professor Küng zugleich ermahnt, solche Auffassungen nicht weiter zu lehren, wobei sie erwarte, daß er seine eigenen Lehrmeinungen zur Übereinstimmung mit der authentischen kirchenamtlichen Lehre[8] bringen werde.

In Wirklichkeit jedoch hat Professor Küng seine oben erwähnten Lehrmeinungen bis heute in keiner Weise geändert. Das steht vor allem fest bezüglich seiner Meinung, die das Dogma der Unfehlbarkeit in der Kirche zumindest in Zweifel zieht oder aber auf eine bloß grundsätzliche Beständigkeit in der Wahrheit einschränkt, so daß das kirchliche Lehramt auch dort irren kann, wo es eine Lehre als definitiv verpflichtend erklärt. In der Sache hat sich Hans Küng der kirchlichen Lehre in keiner Weise genähert. Vielmehr hat er seine Auffassung neuerdings noch ausdrücklicher vorgelegt (insbesondere in seinen Schriften »Kirche – gehalten in der Wahrheit?«, Benziger Verlag 1979, sowie »Zum Geleit« in dem Buch von A. B. Hasler, Wie der Papst unfehlbar wurde, Piper-Verlag 1979), obgleich die Kongregation damals erklärt hatte, daß diese Meinung der vom I. Vatikanischen Konzil definierten und vom II. Vatikanischen Konzil bestätigten Lehre widerspricht.

Die Folgerungen, die sich aus einer derartigen Auffassung ergeben, vor allem die Verachtung des kirchlichen Lehramtes, finden sich auch in anderen von ihm veröffentlichen Werken, sehr zum Schaden mancher Hauptstücke des katholischen Glaubens (z.B. was die Wesensgleichheit Christi mit dem Vater oder was die Jungfrau Maria betrifft). Diesen Glaubenssätzen wird nämlich ein anderer Sinn unterlegt, als ihn die Kirche verstanden hat und versteht.

Die Kongregation hat 1975 in dem genannten Dokument für damals von einem weiteren Vorgehen gegen die oben angeführten Lehrmeinungen Professor Küngs abgesehen, und zwar unter der Voraussetzung, daß Professor Küng von jenen Thesen Abstand nehmen wird. Da diese Voraussetzung nicht mehr gegeben ist, sieht sich die Kongregation entsprechend ihrer Aufgabe verpflichtet, nunmehr folgendes zu erklären: Professor Hans Küng weicht in seinen Schriften von der vollständigen Wahrheit des katholischen Glaubens ab. Darum kann er weder als katholischer Theologe gelten noch als solcher lehren.

Diese Erklärung, die in der ordentlichen Sitzung der Kongregation beschlossen worden ist, hat Papst Johannes Paul II. am 15. Dezember 1979 in einer Audienz, die er dem genannten Präfekten der Kongregation gewährte, approbiert und ihre Veröffentlichung angeordnet.

Gegeben zu Rom, Kongregation für die Glaubenslehre,
15. Dezember 1979
gez. Franciskus Cardinal Šeper
Präfekt
gez. Jerôme Hamer
Sekretär

Anmerkungen

1 vgl. I. Vatikanisches Konzil, Dogmatische Konstitution »Dei Filius«, Kap. IV »De fide et ratione«: DS 3018; II. Vatikanisches Konzil, Dogmatische Konstitution »Lumen gentium«, N. 12
2 vgl. II. Vatikanisches Konzil, Dogmatische Konstitution »Dei verbum«, N. 10
3 vgl. Paul VI., Ansprache vom 1. Oktober 1966 an den Internationalen Kongreß über die Theologie des II. Vatikanischen Konzils: AAS 58 (1966), S. 891
4 vgl. Johannes Paul II., Konstitution »Sapientia Christiana«, Art. 70; Enzyklika »Redemptor hominis«, N. 19: AAS 71 (1979), S. 493, 308
5 vgl. Paul VI., Adhort. Apost. »Quinque iam anni«: AAS 63 (1971), S. 99f.; II. Vatikanisches Konzil, Dogmatische Konstitution »Lumen gentium«, N. 25
6 vgl. »Sapientia Christiana«, Teil 1, Kap. III, Art. 27: AAS 71 (1979), S. 483
7 vgl. das Apostolische Schreiben »Integrae Servandae«, N. 1, 3 und 4: AAS 57 (1965), S. 954
8 vgl. AAS 67 (1975), S. 303–304

4. Stellungnahme des Vorsitzenden der Deutschen Bischofskonferenz, Kardinal Joseph Höffner, zum Entzug der kirchlichen Lehrbefugnis Professor Dr. Hans Küngs vom 18. Dezember 1979

1. Die Kongregation für die Glaubenslehre hat in einer »Erklärung« vom 15. Dezember 1979 festgestellt: Professor Hans Küng weicht in seinen Schriften von der vollständigen Wahrheit des katholischen Glaubens ab. Darum kann er nicht als katholischer Theologe gelten und nicht als solcher lehren. Entsprechend wird der zuständige Diözesanbischof, Herr Dr. Georg Moser, dem Wissenschaftsminister des Landes Baden-Württemberg mitteilen, daß die Voraussetzungen für das nihil obstat nicht mehr gegeben sind, und Herrn Professor Küng die vor 19 Jahren bei der Berufung an die Universität Tübingen erteilte missio canonica entzogen ist. Damit sind nach einem fast 10jährigen Bemühen um die Klärung theologischer Grundlagen, die von Professor Küng in Zweifel gezogen werden, die unausweichlichen Konsequenzen gezogen worden. Die Deutsche Bischofskonferenz bedauert, daß es zu dieser schmerzlichen Entscheidung kommen mußte. Sie stellt sich uneingeschränkt hinter die Entscheidung der Kongregation für die Glaubenslehre und die daraus sich ergebenden Schritte von Herrn Bischof Moser. Auf Grund der gesamten Entwicklung war kein anderer Ausweg mehr gegeben.

2. Den Hauptgrund für diese Entscheidung sieht die Glaubenskongregation in Professor Küngs Lehre von der Unfehlbarkeit in der Kirche. Alle christlichen Kirchen und christlichen Gemeinschaften lehren eine Unzerstörbarkeit der Kirche Jesu Christi, die vor allem in der unverbrüchlichen Kraft und festen Zuverlässigkeit des Wortes Gottes beruht. Obgleich der Glaube der Kirche stets neu zu überdenken ist und darum bis zur Vollen-

dung der Geschichte unabgeschlossen bleibt, schließt er ein verbindliches Ja und ein eindeutiges Nein ein. Anders ist ein Bleiben der Kirche in der Wahrheit Jesu Christi nicht möglich. Die katholische Kirche ist darüber hinaus der Überzeugung, daß der Kirche als ganzer und in besonderer und eigener Weise dem Amt in ihr (Episkopat, Konzil, Papst) die Gabe des Geistes verliehen ist, das einmal ergangene Wort Gottes in der Kraft seiner eigenen Wahrheit zu bewahren und untrüglich auszulegen. Darum gehören zum Bleiben der Kirche in der Wahrheit gewisse Glaubensaussagen. Diese haben einen unterschiedlichen Grad von Verbindlichkeit. Glaubenssätze, die der Auslegung des von der Schrift gemeinten Zeugnisses dienen und von der Kirche mit letzter Verbindlichkeit vorgetragen werden, heißen »Dogmen« im strengen Sinne. Das I. Vatikanische Konzil (1870) hat die Unfehlbarkeit der Verkündigung des Papstes zum Dogma erklärt und zugleich die Bedingungen eines solchen vollmächtigen Sprechens aus der Überlieferung der Kirche umschrieben. Das II. Vatikanische Konzil hat diese Lehre ergänzt und bekräftigt.

Professor Küng hat in seinem Buch »Unfehlbar? – Eine Anfrage« (Zürich 1970) und in anderen Schriften diese Lehre verkürzt, indem er zwar an einem grundlegenden Bleiben der Kirche in der Wahrheit festhalten will, das jedoch vereinbar sei mit faktischen Irrtümern in Glaubensentscheidungen, die das kirchliche Lehramt als unwiderruflich erlassen hat. Die Kirche bleibt in der Wahrheit »trotz aller immer möglichen Irrtümer«. Die Glaubenskongregation sieht darin eine Abschwächung der Gabe der kirchlichen Unfehlbarkeit und eine Verletzung bzw. radikale Verdunklung des Dogmas von 1870. Professor Küng hat in jüngster Zeit sogar das Wort von einer »Revision der Beschlüsse des Vatikanum I« aufgegriffen.

Das Dogma von der Unfehlbarkeit in der Kirche mag zuerst im Gesamt des Glaubens als Randphänomen erscheinen, in Wirklichkeit bündeln sich in ihm grundlegende Probleme, wie z. B. die Wahrheitserkenntnis und die Auslegung der Offenbarung, ihre sprachliche Form und ihre Überlieferung, die Gewißheit des Glaubens und die Begründung der amtlichen Vollmacht in der Kirche. Irrtümer in diesem Bereich, der der wahren Erkenntnis der göttlichen Offenbarung dient, schaden der Sache des Glaubens.

Die von Professor Küng praktizierte theologische Methode, deren gefährliche Verengung mehrfach angesprochen wurde, hat in wichtigen Fragen einen Bruch mit der katholischen Glaubens- und Lehrtradition zur Folge. Dies wird vor allem in Professor Küngs Äußerungen bezüglich der Person Jesu Christi offenbar. In der zentralen christologischen Frage, ob Jesus Christus wirklich Sohn Gottes ist, d.h. unvermindert den Rang und die Seinshöhe Gottes einnimmt, ist er trotz aller Klärungsversuche einem entschiedenen und ins verbindliche Wort gefaßten Bekenntnis ausgewichen. Seit alter Zeit bekennen die Christen »wir glauben... an den einen Herrn Jesus Christus, Gottes eingeborenen Sohn, aus dem Vater geboren vor aller Zeit: Gott von Gott, Licht vom Licht, wahrer Gott vom wahren Gott, gezeugt, nicht geschaffen, eines Wesens mit dem Vater« (so im großen Glaubensbekenntnis von Nizäa 325). Dies hat Konsequenzen für unser Heil: wenn in Jesus Christus nicht Gott selbst sich für die Menschen hingegeben hat, dann fällt das Herzstück der christlichen Offenbarung. Alle Aussagen, auch über die Menschlichkeit bzw. Menschheit Jesu sind für den christlichen Glauben nur wirklich bedeutsam, wenn sie innerlich mit dem wahren Gottsein Jesu Christi verbunden sind.

Professor Küng beteuert zwar in allgemeiner Form, daß er die Gehalte der christologischen Dogmen bewahren und zur Geltung bringen wolle, er verdunkelt und vermindert jedoch faktisch ihre eindeutigen Aussagen. Grundlegende Unklarheiten über das Geheimnis der Person Jesu Christi bedrohen die Mitte nicht nur des katholischen, sondern des christlichen Glaubens überhaupt. Es ist darum kein Zufall, daß Professor Küng auch die Lehre über die Dreifaltigkeit Gottes, die Kirche, die Sakramente und Maria unzureichend darstellt.

Diese Mängel haben zu einer bedrängenden Verunsicherung im Glauben beigetragen. Die Gläubigen haben jedoch auch heute ein Recht auf eine volle und eindeutige Darstellung unveräußerlicher Glaubenswahrheiten. Das Lehr- und Hirtenamt in der Kirche muß dafür Sorge tragen.

3. Die Glaubenskongregation mahnte Professor Küng im Hinblick auf das Verständnis der Kirche schon im Jahre 1967, nach Erscheinen seines Buches »Die Kirche« (Freiburg-Breisgau 1967). Am 30. April 1968 teilte die Glaubenskongregation Professor Küng mit, daß sie sein Buch »Die Kirche« prüfe. Zugleich lud die Kongregation Professor Küng zu einem Kolloquium ein. Obwohl Professor Küng sich grundsätzlich zu einem Kolloquium bereiterklärte, kam ein solches trotz wiederholter Einladungen nicht zustande. Nach Erscheinen des Buches »Unfehlbar? – Eine Anfrage« (1970) eröffnete die Glaubenskongregation gegen einige Lehrmeinungen dieses Buches ein Lehrverfahren und forderte Professor Küng auf, die seitens der Glaubenskongregation mitgeteilten Fragen zu beantworten. Der umfangreiche Briefwechsel führte zu keiner die Glaubenskongregation befriedigenden Antwort. Daraufhin veröffentlichte die Glaubenskongregation, die mit dem Schutz und der Förderung des Glaubens in der ganzen Kirche beauftragt ist, am 6. Juli 1973 die Erklärung MYSTERIUM ECCLESIAE, in der die Lehre des Tübinger Professors zurückgewiesen wird. Unter Bezugnahme auf diese Erklärung MYSTERIUM ECCLESIAE teilte die Kongregation Professor Küng schriftlich mit, daß hinsichtlich der beiden Lehrverfahren die Möglichkeit eines Kolloquiums offen sei. Falls Professor Küng die in der Erklärung MYSTERIUM ECCLESIAE enthaltene Lehre anerkenne, sei das laufende Verfahren über die beiden Bücher abgeschlossen. Trotz der Bemühungen auch von Kardinal Döpfner kommt das von Rom angebotene Kolloquium zur Klärung der Angelegenheit nicht zustande. Nachdem Professor Küng brieflich am 4. September 1974 der Glaubenskongregation versichert hatte, daß er die ihm eingeräumte »Bedenkzeit« nützen werde und daß er nicht ausschließe, daß sich seine »Lehrmeinung« im Laufe der Zeit der des Lehramtes »angleichen« könnte, hat die Glaubenskongregation in einer Erklärung vom 15. Februar 1975 »Auf Weisung von Papst Paul VI. für jetzt die Mahnung (erteilt), solche Lehrmeinungen nicht weiter zu vertreten«. Das Lehrverfahren der Glaubenskongregation wurde »in dieser Sache für jetzt als beendet erklärt«. Die Deutsche Bischofskonferenz

hat Professor Küng in einer begleitenden Erklärung vom 17. Februar 1975 an Prinzipien erinnert, die zum Grundverständnis katholischer Theologie gehören und die in einzelnen seiner theologischen Werke nicht ausreichend gewahrt wurden. Dies galt gerade auch für die Lehre von der Person Jesu Christi in Professor Küngs Buch »Christ sein« (München 1974). Als viele Bemühungen und Ergänzungen von seiten Professor Küngs scheiterten (vgl. auch das mehrstündige Stuttgarter Kolloquium am 22. Januar 1977), hat die Deutsche Bischofskonferenz zu dem Buch »Christ sein« am 17. November 1977 eine »Erklärung« veröffentlicht. Zugleich wurde der diesbezügliche Briefwechsel publiziert. Professor Küngs weitere Zusage, in seinem neuesten Werk »Existiert Gott?« (München 1978) die beanstandeten Themen zu klären, hat sich wiederum nicht erfüllt.

Professor Küng hat trotz der Mahnung der Glaubenskongregation vom 15. Februar 1975 im Frühjahr 1979 seine Lehrmeinungen über die Unfehlbarkeit in der Kirche nicht nur wiederholt, sondern in noch erheblich verschärfter Weise erneut vorgetragen (vgl. »Kirche – gehalten in der Wahrheit?« = Theologische Meditationen 51, Zürich 1979; Geleitwort »Der neue Stand der Unfehlbarkeitsdebatte« zu A. B. Hasler, Wie der Papst unfehlbar wurde. Macht und Ohnmacht eines Dogmas, München 1979, XIII–XXXVII). Die Glaubenskongregation beruft sich in ihrer Entscheidung vom 15. Dezember 1979 auf diese flagrante Verletzung der Bedingungen zur einstweiligen Einstellung des Lehrverfahrens im Februar 1975. Die getroffene Entscheidung kann nur im Lichte dieser beinahe zehnjährigen Zeit der Diskussion und Auseinandersetzung verstanden werden. Die Vertreter der römischen Glaubenskongregation, die Vorsitzenden der Deutschen Bischofskonferenz und ihrer Glaubenskommission, vor allem Julius Kardinal Döpfner und Hermann Kardinal Volk, sowie der zuständige Bischof von Rottenburg, Dr. Georg Moser, haben in zahlreichen Schreiben, in persönlichen Gesprächen und vielen Initiativen eine Klärung der entstandenen Situation versucht. Sie haben dabei immer der theologischen Diskussion einen wichtigen Rang zuerkannt. Professor Küng hat weder die Jahre hindurch wiederholten Einladungen der Glaubenskongregation zu einem Kolloquium angenommen noch die von der Glaubenskongregation wie auch von der Deutschen Bischofskonferenz gestellten Fragen ausreichend beantwortet. Die zeitweilige Einstellung des Lehrverfahrens und die Erteilung der »Mahnung« vom Jahre 1975, rechtlich und prozedural nicht vorgesehen, stellten Formen des äußersten Entgegenkommens und den Versuch einer neuen Konfliktbewältigung dar. Professor Küng hat diese Möglichkeiten nicht genutzt. Mit einer beispiellosen Unnachgiebigkeit und einer seltenen Unbelehrbarkeit – dies gilt trotz anderslautender Beteuerungen zur Gesprächsbereitschaft seinerseits – hat er sich weder von der umfassenden theologischen Diskussion noch von den lehramtlichen Initiativen zu einer Ergänzung, Modifikation bzw. Korrektur seiner Lehrmeinungen bestimmen lassen. In denselben Zusammenhang gehören seine z. T. maßlosen Angriffe gegen die Disziplin und Ordnung der Kirche.

5. Darum ist die durch die Glaubenskongregation getroffene Entscheidung unvermeidlich geworden. Die Deutsche Bischofskonferenz bedauert,

daß so viele Bemühungen um eine andere Lösung gescheitert sind. Dem kirchlichen Amt ist in den letzten Jahren häufig vorgeworfen worden, daß es abweichende Lehrmeinungen dieser Art im Raum der Kirche dulde, während es beispielsweise gegen Erzbischof Lefebvre und seine Anhängerschaft scharf vorgehe. Die Glaubenskongregation, die Deutsche Bischofskonferenz sowie der Bischof von Rottenburg haben keinen Zweifel daran gelassen, daß sie ihre Aufgabe, den Glauben der Kirche zu schützen, nicht aus dem Auge verlieren werden. Die Glieder der Kirche haben ihrerseits ein Recht auf zuverlässige Verkündigung und auf Gewißheit im Glauben (nicht zu verwechseln mit falscher Sicherheit), die durch die Lehrvollmacht in der Kirche und damit auch durch die Unfehlbarkeit, vermittelt durch den Geist Gottes, ermöglicht werden. Für diese Überzeugung sich einzusetzen, bedeutet die Erhaltung der Identität der katholischen Kirche. Diese ist aber eine Voraussetzung für den wahren ökumenischen Dialog und für die Erfüllung der kirchlichen Aufgaben in der Gesellschaft.

Die Deutsche Bischofskonferenz bittet die Gläubigen der katholischen Kirche, die übrigen Christen und alle Menschen, die am kirchlichen Leben interessiert sind, die Entscheidung der Glaubenskongregation vor diesem Hintergrund zu sehen und zu beurteilen. Die Vorgänge sind seit Jahren öffentlich bekannt und überprüfbar (vgl. die beigefügte Dokumentation). Das kirchliche Amt selbst wird sich durch diesen enttäuschenden Vorgang nicht beirren lassen, auch in Zukunft zur Klärung strittiger theologischer Anschauungen mit Hilfe eines aufrichtigen Dialoges eine Lösung zu suchen.

6. Durch den Widerruf der kirchlichen Lehrbefugnis verliert Professor Küng die Beauftragung, im Namen der Kirche und als von der Kirche anerkannter Lehrer katholische Theologie zu unterrichten. Er ist nicht aus der Kirche ausgeschlossen und bleibt Priester.

Köln, den 18. Dezember 1979

Joseph Kardinal Höffner
Vorsitzender der Deutschen Bischofskonferenz

5. Professor Küngs Stellungnahme zur Erklärung der Glaubenskongregation über einige Hauptpunkte der theologischen Lehre von Professor Hans Küng vom 15. Dezember 1979

Ich habe mich stets als katholischer Theologe verstanden und werde dies auch weiterhin tun. Nach wie vor betrachte ich mich als Priester der Ecclesia catholica. Als katholischem Theologen war und ist mir besonders an der »katholischen«, das heißt der »ganzen, allgemeinen, umfassenden, gesamten« Kirche gelegen. Deshalb ging und geht es mir stets darum, die christliche Wahrheit in katholischer Weite und Tiefe zu lehren. So habe ich mich zeitlebens um die in allen Brüchen sich durchhaltende Kontinuität von Glaube und Glaubensgemeinschaft bemüht: Katholizität in der Zeit. Ebenso um die alle Gruppen umfassende Universalität von Glaube und

Glaubensgemeinschaft: Katholizität im Raum. In diesem Geist möchte ich auch weiterhin als katholischer Theologe die katholische Lehre vertreten. Darin weiß ich mich einig mit zahllosen Theologen, Seelsorgern, Religionslehrern und Laien.

Zur neuesten Erklärung der Glaubenskongregation darf ich das Folgende feststellen und mit einigen *allgemeinen Bemerkungen* beginnen:

Es ging mir in den neuesten Veröffentlichungen zur Unfehlbarkeitsfrage nicht um eine Verschärfung, sondern – ohne alle Pertinacia – um eine konstruktive Klärung der Unfehlbarkeitsfrage. In meinem Vorwort zu Haslers Buch habe ich (neben dem Bericht über dessen Ergebnisse) nur Gedanken aus meiner 1973 veröffentlichten »Bilanz« zur Unfehlbarkeitsdebatte zusammengefaßt. Auch die parallel geschriebene kleine Theologische Meditation »Kirche – gehalten in der Wahrheit?« stellt ausdrücklich fest: »Es soll mit dieser Meditation kein neuer Unfehlbarkeitsstreit provoziert werden«. Nicht um Anklage, sondern um Anfrage ging und geht es mir; ich bin bereit, meine Auffassungen durch eine neue Untersuchung prüfen zu lassen. Zu diesem Zweck habe ich sowohl im Vorwort wie in der Meditation im Anschluß an den französischen Theologen Yves Congar Rom die Bitte vorgetragen, eine ökumenische Kommission aus international anerkannten Fachleuten der verschiedenen Disziplinen einzusetzen.

Nicht die »Verachtung des kirchlichen Lehramtes« – diesen Vorwurf muß ich energisch zurückweisen –, sondern das Bemühen um eine neue Glaubwürdigkeit des kirchlichen Lehramtes in Kirche und Welt hat meine theologische Arbeit bisher bestimmt. Auch habe ich keineswegs mein »eigenes Urteil als Norm der Wahrheit vorangestellt« – gar noch im Gegensatz zum »Glaubenssinn der Kirche« –, sondern in wissenschaftlicher Redlichkeit und Loyalität zur Kirche mein ganzes theologisches Arbeiten am Evangelium Jesu Christi und an der katholischen Tradition orientiert.

Nicht verschweigen darf ich, daß ich gegen Verfahrensordnung und Verfahrensweise der Kongregation nach wie vor schwere Bedenken habe. Unverständlich erscheint mir insbesondere, daß die Kongregation mir von ihrem neuesten und schwerwiegendsten Schritt nicht einmal die Möglichkeit der Stellungnahme und Rechtfertigung gewährt hat. Gegen die Verfahrensordnung verstößt überdies, daß die Kongregation in ihrer Erklärung auch gegen meine Auffassung von »manchen Hauptstücken des katholischen Glaubens« (Christologie, Mariologie) schwere Anklagen erhebt, wiewohl diese Fragen nie Gegenstand eines römischen Verfahrens gegen mich waren.

Und nun nach den allgemeinen Ausführungen zur zentralen Sachfrage einige Anmerkungen: Meine Auffassung von *Lehramt und Unfehlbarkeit* wird in der Erklärung der Glaubenskongregation einseitig und negativ gesehen. Zur Klärung darf ich hier – im Anschluß an Aussagen der Deutschen Bischofskonferenz vom 4.2.1971 – Folgendes feststellen:

Ich habe schon in meinen früheren Publikationen zur Unfehlbarkeitsfrage nie in Zweifel gezogen: Es gibt kirchliche Aussagen, die wahr und als wahr erkennbar sind; ihr Sinn bleibt im Wechsel geschichtlicher Denkweisen und Aussagen derselbe, gilt unaufhebbar und fordert ein unmißverständliches Ja oder Nein heraus.

Ebenso bekenne ich mich dazu, daß die Kirche Pflicht und Aufgabe hat, die von der Schrift bezeugte christliche Botschaft zu verkünden und eindeutig und verbindlich zur Geltung zu bringen. Dabei sind freilich die Aussagen der Erklärung »Mysterium Ecclesiae« (1973) hinsichtlich der geschichtlichen Bedingtheit aller Glaubensaussagen ernstzunehmen.

Auch habe ich immer bejaht, daß den Amtsträgern in besonderer Weise die Sorge um das Bleiben der Kirche in der Wahrheit aufgetragen ist und daß sie die christliche Wahrheit in verbindlicher Weise zur Sprache zu bringen und in bestimmten Situationen gegen das Unchristliche abzugrenzen haben (Glaubensdefinitionen oder Dogmen). In diesem Zusammenhang kommt den ökumenischen Konzilien als einer Repräsentation der Gesamtkirche, dem Bischofskollegium und dem Bischof von Rom als dessen Haupt eine besondere Autorität zu. Im Hinblick auf diese besondere Bedeutung der ökumenischen Konzilien stehe ich auch und gerade in den Fragen der Christologie grundsätzlich auf dem Boden der Konzilien der Alten Kirche und habe mich darum in besonderer Weise bemüht, sie den Menschen von heute verständlich zu machen.

Was das Erste Vatikanische Konzil betrifft, war es nie meine Absicht, dessen Glaubensdefinitionen zu leugnen, die Autorität des Petrusamtes in Frage zu stellen oder gar meine eigene Meinung zum Maßstab der Theologie zu machen und das katholische Volk in seinem Glauben zu verunsichern. Im Gegenteil! Ich habe lediglich angefragt, wie angesichts der bekannten theologischen Schwierigkeiten die Möglichkeit unfehlbar wahrer Aussagen im Sinn des Vatikanum I aus Schrift und Tradition begründet werden kann. Dies ist für mich keine vorgeschobene, sondern eine echte Frage, und die darauf folgende in großem internationalem Rahmen geführte Unfehlbarkeitsdebatte hatte mindestens ein Ergebnis: Sehr viele, auch in ihrer Katholizität völlig unumstrittene katholische Theologen haben die Notwendigkeit und Berechtigung dieser Anfrage zugestanden.

Ich bitte deshalb ernsthaft, mir zu glauben, daß ich damit – mein persönliches Risiko sehr wohl kennend – unserer Kirche einen Dienst leisten wollte, um diese so viele Menschen in und außerhalb der katholischen Kirche belastende Frage im Geiste christlicher Verantwortung einer Klärung zuzuführen. Gerade für die Verständigung mit den Ostkirchen, für die Papst Johannes Paul II. durch die Gründung einer eigenen Kommission einen neuen hoffnungsvollen Impuls gegeben hat, ist die Frage von zentraler Bedeutung. Auch unter ökumenischem Aspekt also ist eine Neuerörterung der Frage geboten.

Diese Erklärung ist getragen von dem Vertrauen, daß die gegenwärtige schwere und in ihren Folgen nicht absehbare Auseinandersetzung im Geiste echter Katholizität einer positiven Lösung zugeführt werden kann.

Dr. Hans Küng
Professor der Dogmatischen und Ökumenischen
Theologie an der Katholisch-Theologischen
Fakultät und Direktor des Institus für
ökumenische Forschung der Universität Tübingen
20. Dezember 1979

6. Pressemitteilung des Heiligen Stuhls vom 30. Dezember 1979

1. Die Erklärung der Glaubenskongregation über einige Punkte der theologischen Lehre von Prof. Küng vom 15. Dezember 1979 war unausweichlich geworden, um das Recht der Gläubigen gebührend zu schützen, die von der Kirche gelehrte Wahrheit vollständig übermittelt zu erhalten. Alle voraufgehenden Bemühungen des Heiligen Stuhls, der Deutschen Bischofskonferenz und des Ortsbischofs, Herrn Prof. Küng zur Überwindung seiner irrigen Auffassungen zu bewegen, waren ergebnislos geblieben.

2. Auf Grund der von Prof. Küng im Gespräch mit Bischof Moser bekundeten Bereitschaft, seine Lehrmeinungen weiter zu klären, hat sich Ortsbischof Moser noch einmal mit großer Geduld und persönlichem Entgegenkommen darum bemüht, Prof. Küng bei der Lösung seines Problems zu helfen. Nachdem der Heilige Vater über eine von Professor Küng im Anschluß an die Begegnung mit Bischof Moser verfaßte ›Stellungnahme‹ unterrichtet worden war, hat er beschlossen, die deutschen Kardinäle, Bischof Moser und den Metropolitanbischof von Freiburg i. Br., Saier, zu einer besonderen Beratung einzuladen, an der auch der Kardinalstaatssekretär, der Präfekt und der Sekretär der Glaubenskongregation teilgenommen haben.

Nach eingehender Prüfung der letzten Äußerungen von Prof. Küng sind alle Teilnehmer der Beratung zu dem Schluß gelangt, daß diese leider keine hinreichende Grundlage für eine Änderung der in der Erklärung vom 15. Dezember getroffenen Entscheidung darstellen.

3. In Anbetracht dieser Tatsache kann Prof. Küng natürlich nicht fortfahren, seinen ihm durch die Kirche übertragenen theologischen Lehrauftrag auszuüben. Der zuständige Ordinarius sieht sich verpflichtet, daraus die notwendigen kirchenrechtlichen und dem Konkordat gemäßen Konsequenzen zu ziehen.

4. Seit Jahren hat die Glaubenskongregation Anstrengungen unternommen, um mit Prof. Küng die von ihm verbreiteten Ideen zu klären, ohne jedoch eine entsprechende Bereitschaft von seiner Seite zu finden. Die Beratung vom 28. Dezember ist ein weiterer Beweis dafür, daß sowohl der Heilige Stuhl als auch der deutsche Episkopat das Problem des Prof. Küng weiterhin mit bestem Willen behandelt. Die nach so vielen vorausgegangenen Bemühungen mit großem Bedauern getroffene Entscheidung ist ausschließlich von tiefem pastoralem Verantwortungsbewußtsein bestimmt. Sie bedeutet in keiner Weise – wie schon in der Erklärung vom 15. Dezember hervorgehoben worden ist – eine Einschränkung der rechtmäßigen und notwendigen Freiheit der theologischen Forschung. Die Entscheidung ändert nichts an der Einstellung der Kirche in ihrem Bemühen um die Einheit der Christen gemäß den in der Erklärung des Zweiten Vatikanischen Konzils ›Unitatis redintegratio‹ ausgesprochenen Prinzipien.

5. Obgleich die ›Stellungnahme‹ von Prof. Küng keine hinreichende Grundlage für eine Änderung der in der Erklärung der Glaubenskongrega-

tion vom 15. Dezember enthaltenen Entscheidung bilden kann, hören der Heilige Stuhl und der deutsche Episkopat nicht auf zu hoffen, daß Prof. Küng – der mehr als einmal seinen Willen bekundet hat, ein katholischer Theologe zu bleiben – nach einer vertieften Reflexion eine Stellung beziehen wird, die die Erteilung der Lehrbefugnis im Auftrag der Kirche erneut ermöglicht.

Der Heilige Stuhl und der deutsche Episkopat werden weiterhin dieses Anliegen im Gebet dem Herrn empfehlen und bitten darum auch alle Menschen guten Willens.

7. Stellungnahme Professor Dr. Hans Küngs vom 30. Dezember 1979

Mit Trauer und Unverständnis habe ich den Ausgang der römischen Verhandlungen zur Kenntnis genommen. Der Papst verurteilt einen Mann, den er nicht gehört hat. Die römische Devise »Audiatur et altera pars« (Auch der andere Teil soll gehört werden) gilt im päpstlichen Rom nicht. Obwohl ich mehrere Male an den Papst geschrieben und zuletzt durch den Bischof von Rottenburg dringend um ein Gespräch mit ihm gebeten hatte, fand der Papst es nicht nötig, einen katholischen Theologen persönlich anzuhören, der seiner Kirche ein Vierteljahrhundert nach bestem Wissen und Gewissen zu dienen versuchte. Ein unbequemer Kritiker soll mit allen Mitteln geistlicher Gewalt zum Schweigen gebracht werden. Johannes XXIII. und das 2. Vatikanische Konzil sind vergessen. Rom verträgt offenbar keine »correctio fraterna«, keine loyale Kritik, kein brüderliches Miteinander, keine dem Geist der Solidarität verpflichteten Anfragen. Menschenrechte und christliche Liebe werden nach außen gepredigt, im Innern aber trotz vieler schöner Worte mißachtet.

Ich wurde von der römischen Aktion in weihnachtlicher Zeit unvermittelt getroffen und war dank der römischen Verhandlungsstrategie immer nur Objekt und niemals Partner im Verfahren. Trotzdem habe ich durch Gespräche mit Bischof Moser, durch eine Erklärung zu Händen des Papstes und durch die ständig wiederholte Bereitschaft, über sämtliche strittige Fragen zu sprechen, alles getan, was ich in dieser außerordentlich schwierigen und belastenden Situation verantworten konnte.

Es war umsonst, ich wurde nicht gehört. Ungehört blieben auch die Einsprüche von Christen aus aller Welt. Ungehört die heftigen Proteste zahlloser Theologen, Seelsorger und Laien aus verschiedenen Konfessionen. Ungehört selbst die Mahnung des Weltrates der Kirchen. Römische Autoritäten und deutsche Kirchenführer verkannten, daß es in dieser Auseinandersetzung nicht nur um einen Fall Küng geht, sondern um die Kirche, die dabei ist, die Chancen ihres Neuaufbruchs seit dem 2. Vatikanischen Konzil zu verspielen. Nicht nur um den Fall eines einzelnen Theologen, sondern zugleich um alle, die ob bekannt oder unbekannt in Vergangenheit und Zukunft von kirchlichen Behörden gemaßregelt werden. Nicht nur um den Fall von einzelnen Gläubigen, sondern um die Einheit der Gesamtkirche und die Glaubwürdigkeit der Kirchenleitung. Nicht nur um die Unfehlbarkeit des Papstes, sondern um dessen moralische Autorität nach innen und außen. Nicht nur um eine innerkatholische Auseinandersetzung, sondern um das Gelingen der ökumenischen Verständigung. Ich frage mich, wie viele unserer Theologen, Seelsorger und Laien sich jetzt noch katholisch nennen dürfen, wenn ich kein katholischer Theologe mehr sein soll.

Trotz allem empfinde ich das römische Verdikt nicht als Niederlage, sondern als Herausforderung an unsere Kirche zur längst fälligen Klärung der Grundlagen katholischer Theologie und Verkündigung. Ein unredlicher Kompromiß hätte mir vielleicht die kirchliche Lehrbefugnis erhalten, hätte mir zeitweilig Ruhe verschafft, hätte aber der Kirche keinen Dienst geleistet und mich selbst meiner christlichen Identität und moralischen Glaubwürdigkeit beraubt.

Um den negativen Konsequenzen der römischen Entscheidung in unserer Kirche entgegenzuwirken, bitte ich die theologischen Fakultäten und sonstigen Lehrer der Theologie, die Diözesan- und Priesterräte, die Pfarrgemeinderäte und sonstige kirchliche Gremien und Gruppen, in den nächsten Wochen und Monaten die gegenwärtige kritische Entwicklung zu beraten, ihre Meinung offen zu äußern, entsprechende Forderungen an die zuständigen kirchlichen Instanzen zu richten, um sich für die Rücknahme der vielfältigen römischen Disziplinierungsmaßnahmen zu verwenden.

Uneingeschränkt stelle ich mich hinter die Forderungen des Komitees zur Verteidigung der Christenrechte in der Kirche. Ich bitte das Komitee, seine Arbeit über den jetzigen Fall hinaus fortzusetzen und womöglich auf internationaler Ebene zu institutionalisieren.

Was die künftige Praxis von Lehrverfahren angeht, ist endlich die – in meinem Fall sträflich vernachlässigte – Forderung zu verwirklichen, »daß der Geist des Dialogs bei jenen Maßnahmen zu spüren sei, welche die Glaubenskongregation oder andere Instanzen gegenüber Theologen ergreifen können, d.h. daß sie die Gelegenheit haben müssen, angehört zu werden und ihren Standpunkt zu erklären, wie es dem heutigen Rechtsempfinden entspricht. In jedem Fall soll der Betroffene bei Lehrverfahren das Recht haben, selber einen Verteidiger zu bestimmen und Einblick in alle Akten zu erhalten« (Beschluß der gesamtschweizerischen Synode vom 16./17. Februar 1974).

Trotz dieser Disziplinierungsmaßnahmen, für deren Rücknahme ich mich weiterhin einsetzen werde, bleibe ich nicht nur Mitglied und Priester der katholischen Kirche, sondern auch ordentlicher Professor der dogmatischen und ökumenischen Theologie. Ich werde mein zentrales Anliegen, die Botschaft Jesu Christi den Menschen von heute verständlich zu machen, so entschieden wie bisher verfolgen: gesprächs- und lernbereit dort, wo es um partnerschaftliche und brüderliche Diskussion geht. Dabei weiß ich mich nicht allein. Ich werde wider alle Resignation zusammen mit den vielen kämpfen, die mich bisher unterstützt haben und denen ich dafür von ganzem Herzen danke. Gemeinsam wollen wir weiter arbeiten für eine wahrhaft christliche Kirche.

8. Brief von Professor Dr. Hans Küng an den Bischof von Rottenburg, Dr. Georg Moser, vom 12. Februar 1980

Universität Tübingen   Tübingen, 12. Februar 1980
Institut für Ökumenische Forschung
Direktor: Prof. DDr. H. Küng D. D.

Herrn
Bischof Dr. Georg Moser

Sehr geehrter Herr Bischof,
Seit Ihrer Rückkehr von Rom am 29. Dezember 1979 hat sich die Situation aufgrund Ihres Entschlusses, mir die Missio canonica zu entziehen und den Staat »um Abhilfe« zu ersuchen, in bedrohlicher Weise entwickelt: Eine tiefe Unruhe über die Entwicklung unserer katholischen Kirche hat Gläubige, Seelsorger und Theologen, hat ganze Gemeinden, katholische Gruppierungen, Verbände und Fakultäten erfaßt, latente Polarisierungen sind offen ausgebrochen und allenthalben redet man von einer drohenden Krise. Ich nehme diese ganze folgenschwere Entwicklung sehr ernst, und deshalb wende ich mich nun an Sie.

Denn ich bin überzeugt, daß sich in einem unvoreingenommenen und vor allem sachkundigen theologischen Gespräch zumindest das klären läßt, was angeblich meine Katholizität in den Augen kirchlicher Autorität fraglich erscheinen läßt. Im Hinblick auf eine solche Klärung möchte ich hier sowohl zur Christologie wie zur Unfehlbarkeit zunächst einiges richtigstellen, dann auf meine eigentlichen theologischen Intentionen zu sprechen kommen und schließlich etwas zu den entsprechenden Formeln sagen.

I. Zur Christologie

Richtigstellungen

Unrichtig und aus meinen Schriften nicht zu belegen ist die Behauptung, ich hätte die *Gottessohnschaft* Jesu, wie sie in Schrift und Tradition verstanden wurde, nicht deutlich bejaht, hätte sie verfälscht oder in einem unkirchlichen Sinn ausgelegt.

Unrichtig und aus meinen Schriften positiv widerlegbar ist die Behauptung, ich hätte die christologischen Aussagen die Konzilien von Nikaia und Chalkedon in ihrer bleibenden *Verbindlichkeit* für die katholische Kirche bestritten.

Unrichtig und angesichts meiner verschiedenen christologischen Studien unverständlich ist deshalb auch die Behauptung, es sei mir von meiner Theologie her unmöglich, zum *Glaubensbekenntnis* der Kirche ein eindeutiges Ja zu sagen. Wie jeder weiß, der mich kennt, meine Bücher genau gelesen oder meine Vorlesungen gehört hat, sage ich zum Glaubensbekenntnis der Kirche mit Entschiedenheit Ja und werde dies, zumal im Gottesdienst als eigentlichem Ort des Credo, auch weiterhin tun. So habe ich auch, ganz im Sinn meiner Schriften und der ausführlichen Analysen meines Buches »Menschwerdung Gottes«, nichts gegen die Interpretation der Gottessohnschaft Jesu als solche, wie sie im 4. und 5. Jahrhundert durchgeführt wurde.

Unrichtig und im Hinblick auf mein theologisches Gesamtwerk gegenstandslos scheint mir deshalb auch die im römischen Dokument, im Kanzelwort und in der Erklärung der deutschen Bischöfe hergestellte *Verbindung* zwischen meiner Anfrage *zur Unfehlbarkeitsproblematik* und meinen christologischen Aussagen. Die »Mängel« meines Unfehlbarkeitsverständnisses, so in der bischöflichen Erklärung vom 7. 1. 1980, würden in meinen »Äußerungen über die Person Jesu Christi offenbar«. Diese Behauptung ist völlig unbegründet; sie weckt den Verdacht, ich triebe Christologie in fahrlässigem Umgang mit den verbindlichen Aussagen von Schrift und Tradition, ja, ich würde meine Christologie geradezu auf deren Kosten entwerfen.

Irreführend und mich in meinen entscheidenden Intentionen verletzend ist deshalb der von den deutschen Bischöfen erweckte Eindruck, gemäß meiner Theologie habe »in Jesus Christus *nicht Gott selbst* sich den Menschen zugewandt«. Hingegen lautet eine der christologischen Kernaussagen auch in meinem Buch »Existiert Gott?«: »Im Wirken und in der Person Jesu begegnet in einmaliger und definitiver Weise Gott selber« (S. 749). Darum könnte der Satz aus dem gemeinsamen Kanzelwort der deutschen Bischöfe durchaus der meine sein: »Wenn in Jesus Christus nicht Gott selbst sich den Menschen zugewendet hat, dann kann Jesus Christus uns auch nicht von Sünde und Tod erlösen.«

In diesem Zusammenhang muß ich nachdrücklich darauf hinweisen: Mein ausführliches Christusbekenntnis in »Existiert Gott?«, welches die im Stuttgarter Gespräch mit Ihnen und den Kardinälen Höffner und Volk versprochenen Verdeutlichungen enthält, ist von der Deutschen Bischofskonferenz, wie ich aus dem Brief ihres Vorsitzenden schließen muß, nicht einmal zur Kenntnis genommen worden. Bei einem ordnungsgemäßen Verfahren hätte dieses Buch unbedingt mit berücksichtigt werden müssen. Im übrigen sind Sie, sehr geehrter Herr Bischof, sicher mit mir der Überzeugung, daß die verschiedenen Gremien und Instanzen der Kirchenleitung, die zu solchen Fehldeutungen meiner Theologie Anlaß gegeben haben, in der moralischen Pflicht stehen, solche Irreführungen auch deutlich richtigzustellen.

Worum es mir geht

Sie wissen, sehr geehrter Herr Bischof, daß es innerhalb katholischer Christologie eine legitime Pluralität von Meinungen gibt, wie alle Diskussionen der vergangenen Jahre auch in Deutschland hinreichend gezeigt haben. Sie wissen überdies, daß mit dem Bekenntnis zu den grundlegenden und allgemeinverbindlichen Glaubensaussagen der Kirche *die theologischen Schwierigkeiten* nicht aufhören, sondern beginnen. Und gewiß sind auch Sie der Überzeugung, daß Theologen diese Schwierigkeiten, von der die theologische Literatur allenthalben voll ist, so aufzuarbeiten haben, daß einerseits der Sinn dieser Glaubensaussagen erhalten bleibt und andererseits dem Menschen heute das Verständnis dazu neu erschlossen wird.

Dabei ist unter katholischen Theologen unbestritten, daß die Theologie Recht und Pflicht hat, alle zur Erforschung und Auslegung des Glaubens tauglichen *Methoden* in Dienst zu nehmen. Und es ist ebenfalls unbestritten, daß die Theologie so zu immer neuen Aussageweisen finden muß. Oft waren diese zunächst umstritten; die kirchlichen Verurteilungen etwa des Thomas von Aquin oder in unserem Jahrhundert die Verurteilungen der historisch-kritischen Methode durch die päpstliche Bibelkommission sind nur besonders frappante Beispiele dafür. Dennoch haben sich viele neue Aussageweisen durchgesetzt, weil ihr Wahrheitsgehalt durch sich selber siegte. Und manche alte Aussageweisen haben sich trotz amtlicher Förderungen nicht gehalten, wenn sie sich wissenschaftlich und pastoral als ungeeignete Wege erwiesen.

Der Streit geht also gemäß meiner Überzeugung nicht um die christliche *Sache*, die uns gemeinsam ist, sondern um die *Weise*, wie wir sie heute aussagen können. Und ich gehe nach wie vor davon aus, daß unser gemeinsamer Glaube an Jesus Christus so ausgesagt werden muß, daß er nicht nur von Theologen, nicht nur von praktizierenden Katholiken oder evangelischen Christen, sondern auch von den zahllosen Fragenden außerhalb der Kirche verstanden werden kann. In diesem Bemühen, das freilich nicht auf Kosten der christlichen Wahrheit gehen darf, sollten sich Bischöfe und Theologen finden, um gerade so auch unnötige Polarisierungen und Konflikte innerhalb der Kirche zu vermeiden.

So ist dann aber auch deutlich: In der gegenwärtigen Auseinandersetzung kann es zunächst nicht um einzelne Aussagen gehen, sondern um den *Gesamtzusammenhang* einer theologischen Konzeption, um ihre methodischen Ansätze und eigentlichen Ziele. Erst auf ihrem Hintergrund wird es möglich sein, sich über Einzelaussagen ein begründetes Urteil zu bilden. Aus diesem Grund möchte ich Ihnen einige grundsätzliche Hinweise zum methodischen und hermeneutischen Ansatz meiner christologischen Ausführungen geben.

1. Es geht mir um eine konsequente schriftbezogene Theologie: Nach dem

Zweiten Vatikanischen Konzil soll die Schrift wieder zur *»Seele der Theologie«* werden. Es gilt deshalb, die Schrift als den entscheidenden und stets präsenten Anfang kirchlichen Tradition ernstzunehmen und sie in einer durchaus legitimen, in der Kirchengeschichte immer wieder praktizierten »vermittelten Unmittelbarkeit« für die gegenwärtige Verkündigung und Theologie fruchtbar zu machen. Dabei stelle ich mich in die Tradition der großen katholischen Theologen, die Theologie als »scientia de divina pagina« (Thomas von Aquin) verstanden haben. Dieses neue Hören auf die Schrift läßt freilich immer wieder die überraschende, inspiratorische und beunruhigende Kraft dieses nie voll einholbaren Grundzeugnisses unseres Glaubens erfahren. Immer wieder hat die Schrift so eine kritisch-produktive Funktion gegenüber dem Glauben der Kirche ausgeübt und wird dies auch weiterhin tun.

Dies vorausgesetzt, wehre ich mich gegen die Behauptung, eine solche schriftbezogene Theologie stelle den »Glaubenssinn der Kirche« einem *»historisch-kritischen Bibelverständnis«* gegenüber. Es geht um nichts anderes als um das Verständnis der Schrift mit den bestmöglichen Methoden, die uns heute zur Verfügung stehen. Der katholische Exeget ist durch die Enzyklika »Divino afflante Spiritu« (1943) und das Vaticanum II geradezu auf die historisch-kritische Methode verpflichtet worden. Ich habe sie in der Dogmatik ernstgenommen, und kein Exeget von Rang hat in der Diskussion um meine Christologie behauptet, ich hätte in zentralen Punkten den breiten exegetischen Konsens nicht hinter mir. Dies bestärkt mich in meinem Weg und wurde in der Diskussion – die vor allem von Dogmatikern geführt wurde – kaum hinreichend bedacht. Ich möchte auch Sie, sehr geehrter Herr Bischof, nachdrücklich bitten, diesen Tatbestand noch einmal zu bedenken. Manche neigen mir gegenüber zum Vorwurf, ich spielte die Schrift gegen die Tradition aus. Mir lag indessen nur daran, die sehr viel größere Gefahr zu bannen, daß die Tradition gegen die Schrift ausgespielt werde oder deren Aussagekraft gegenüber der Tradition nur in begrenztem Maße zum Durchbruch komme. Eine nicht schriftgemäße Tradition ist nicht katholisch.

2. Es geht mir um eine konsequent geschichtlich verantwortete Theologie: Auch mit diesem Programm stehe ich nicht allein. Die *geschichtliche Bedingtheit* von Glaubensaussagen und sogar die geschichtliche Bedingtheit der frühesten, in der Schrift aufbewahrten Glaubenszeugnisse wird von niemandem mehr geleugnet. Sie ist sogar in dem römischen Schreiben »Mysterium ecclesiae« (1973) gewürdigt worden. Wer geschichtlich denkt, der entdeckt sofort, daß »Kirche«, »Tradition«, »Glaubensentfaltung«, »Dogmenentwicklung« und überhaupt die Notwendigkeit, sich immer neu in verbindlichen Glaubensaussagen seiner christlichen Identität zu vergewissern, zutiefst menschliche und menschgemäße Phänomene sind.

Glaubensaussagen können deshalb *nicht bloß repetiert* werden, von Theologen zuallerletzt. Wir vertrauen dabei zu Recht auf den Geist, der uns immer neu in die Wahrheit einführt, die nichts als die »alte« Wahrheit Jesu Christi selber ist. Wer geschichtlich denkt, der muß sich deshalb gerade den Fragen aussetzen, die ihm vom Ursprung der christlichen Geschichte und

Kirche her ständig gestellt sind. Jedes Glaubensbekenntnis, jedes Konzil und jede spätere lehramtliche oder qualifiziert theologische Äußerung müssen sich von der ursprünglichen Botschaft her *legitimieren*. Dies wird besonders beim ersten ökumenischen Konzil von Nikaia deutlich, das sich – noch ohne konziliare »Zwischeninstanzen« – entscheidend auf die Schrift berief und von dorther seine Autorität begründete. Die Spannung zwischen Ursprung (bzw. ursprünglich normierender, biblischer Tradition) und »Tradition« (bzw. abgeleiteter, normierter, nachbiblischer Tradition) muß bestehen bleiben. Sie darf durch kein statisches Explikations-, organisches Entwicklungs- oder dialektisches Spekulationsmodell entschärft werden. Die ursprüngliche christliche Botschaft bleibt unverfügbar und wird von uns *nie eingeholt* oder auf den Begriff gebracht werden, da sie uns – eng mit jeweils neuen Formen christlicher Lebenspraxis verbunden – immer wieder Zukunft ist und bleibt.

Wer geschichtlich denkt, wird deshalb – ohne die Verbindlichkeit früherer Glaubensaussagen zu leugnen – wissen: Trotz eines verbindlichen Kanons und trotz verbindlicher Lehräußerungen können wir den Weg der weiteren Glaubensreflexion und die Sprachgeschichte des Glaubens weder voraussagen noch mit juristischen Mitteln von vornherein festlegen. Die Geschichtsdialektik von Kontinuität und Diskontinuität verbietet es geradezu, Kontinuierliches (Wesentliches) und Vergängliches (Unwesentliches), Kern und Schale a priori zu trennen. Immer neu werden sich – wie schon in der Vergangenheit – Neuformulierungen des Glaubens und sogar neue theologische Gesamtentwürfe entwickeln. Und immer neu werden wir vor dem Problem stehen, daß so neue »Paradigmata« oder »Verstehensmodelle« des Glaubens entstehen, die zunächst umstritten sind.

Wer geschichtlich denkt, der hat deshalb Verständnis für die mißliche Situation, in die Auseinandersetzungen um die Rechtgläubigkeit geraten können. Man redet hier leicht *»aneinander vorbei«* und kann doch nicht verhindern, daß die in Frage stehende Position von vielen engagierten Christen aufgenommen, als ganz neue Möglichkeit akzeptiert und geradezu als Befreiung zu neuem christlichem Glauben empfunden wird.

Ich bin überzeugt, daß wir in einer solchen Periode des *Übergangs* stehen. Meine Bücher »Die Kirche«, vor allem aber »Christ sein« und »Existiert Gott?« sehe ich – die tiefen Beunruhigungen der vergangenen Wochen gerade unter vielen Pfarrern und Religionslehrern weisen darauf hin – im Kontext einer neuen christlichen Wirklichkeitserfahrung. Diese ist schon lange vorbereitet, bricht sich jedoch langsam Bahn, ohne sich schon in vollem Umfang legitimieren zu können – es sei denn aus einer neuen Unmittelbarkeit zur christlichen Botschaft des Ursprungs, zu Jesu Verkündigung, Handeln, Geschick, Person.

Theologie in solchem Übergang, sehr geehrter Herr Bischof, bedarf nicht nur der ständigen Überprüfung ihrer Orthodoxie. Sie bedarf noch mehr des Vertrauens, der Ermutigung und des brüderlichen Wohlwollens. Und sie bedarf deshalb auch der Anerkennung ihres eigenen Selbstverständnisses: Wenn sich ein katholischer Theologe als solcher versteht, auch wenn er zu ungewohnten, aber argumentativ gestützten Ergebnissen kommt, dann muß er zunächst als katholischer Theologe ernstgenommen werden. Dann hat er auch *Heimatrecht in dieser Kirche bis zum argumentativ ergehenden Beweis seiner Nicht-Katholizität.* Dann hat er so lange Heimatrecht in dieser Kirche, bis er unter Berücksichtigung seiner eigenen, bislang ungewohnten Argumente von der christlichen Botschaft in ihrem Ursprung her widerlegt ist. Nachdem in unserer Kirche so oft zunächst verurteilt wurde, was später Heimatrecht bekam, sollte man heute doppelt vorsichtig sein.

3. Es geht mir um eine Theologie, die vorbehaltlos die Fragen unserer Gegenwart aufnimmt: Jeder Theologe sollte in brüderlicher Solidarität mit den Menschen seiner Zeit leben. Ich bin überzeugt, daß er vor Gott in der Pflicht steht, den Juden ein Jude, den Hellenen ein Hellene, *den Menschen unserer Gegenwart* – auch den Fragenden, Skeptikern, Verzweifelten, von der Kirche Enttäuschten – ein Mensch mit den Fragen, Hoffnungen und Ängsten unserer Gegenwart zu werden.

Dies alles gilt in besonderem Maß für die Fragen der Christologie, wo der christliche Glaube auf weite Strecken hin noch einem Weltbild verhaftet ist, das seine Selbstverständlichkeit verloren hat. B. Welte ist einer der wenigen katholischen Theologen, die daraus Konsequenzen für eine künftige Christologie fordern: »Bricht damit die Kontinuität des christlichen Selbstverständnisses ganz ab und mit ihm die Kontinuität im Verständnis Jesu, die Kontinuität der Christologie? Man wird sagen müssen: Ja, die Kontinuität bricht ab, was die *Form* des Sprechens, des Fragens, des Denkens angeht. Aber sie bricht nicht notwendig ab in der Hinsicht der *Sache*, um die es geht, also in unserem Fall der Sache Jesu und seines Evangeliums, das heißt der Worte, die ihn verkünden. Es werden also immer noch die alten Worte sein, die uns das Zeugnis Jesu zubringen, zum Beispiel die Worte der Heiligen Schrift und auch die Worte der Kirche und ihrer Bekenntnisformeln. In ihnen wird sich die alte und immer wieder neue Sache Jesu immer wieder neu zusprechen. Aber freilich werden die alten Worte und damit die alte Sache nun vom Boden einer neuen Welt und damit einer neuen Sprache und neuer Fragehorizonte befragt und verstanden, und sie werden darin eine neue Gestalt annehmen für eine neue Epoche.«

Deshalb schlägt Welte vor – und auf dieser Linie habe ich auch mit vielen Exegeten zu denken versucht –, im theologischen Denken über Jesus »statt der Kategorie Ousia-Substantia die Kategorie Ereignis führend sein« zu lassen: »Darum bleibt man immer noch in der Grundintention der Konzilien, nämlich die Bibel auszulegen, wenn man über ihre Form hinausdenkt: Der Mensch Jesus *ereignete* sich, er äußerte das Unvergleichliche seines Selbst und seines Geistes in Worten und Taten und Schicksalen, er *betraf* dadurch auf mannigfaltige Weise die, die auf ihn hörten, und er rief in den so Betroffenen wiederum ein Echo hervor. Alles dies kann man das *Ereignis* Jesu oder das Geschehen der Geschichte Jesu nennen. In diesem Ereignis oder dieser Geschichte ereignete sich ein einzigartiger und ganzer *Mensch*, und es ereignete sich in demselben und einen Ereignis der ganze und einzigartige *Gott*: Er sprach sich auf neue Weise den Menschen zu, richtend und erlösend, in diesem Ereignis oder in dieser Geschichte Jesu. Versucht man, nach diesem begrifflichen Entwurf zu denken, dann hat man also wiederum die Einheit des Göttlichen und des Menschlichen, aber nicht mehr in der Weise einer statischen Wesenheit gedacht, vielmehr in der Weise eines bewegten Geschehens. Man hat damit die biblische Grundintention der alten Bekenntnisformel gewahrt, aber die Weise und Form ihres Denkens geändert.«

Wenn ein Theologe so in Kategorien des Ereignisses, des Geschehens, des Offenbarens zu reden versucht, ist es unsachgemäß, ihn mit Wesenskategorien zu messen und gar verurteilen zu wollen: Die Aussage, in Jesu Person offenbare sich in definitiver und unüberbietbarer Weise Gott selbst, ist nicht weniger als die frühere Aussage, Jesus »sei« Gott. Karl Rahner hat gerade eben wieder daran erinnert, wie vieldeutig das Wörtchen »ist« in diesem Zusammenhang ist. Schon auf der Würzburger Synode habe er gegen Äußerungen von Kardinal Höffner »einen gewissen Protest öffentlich angemeldet«: »Kardinal Höffner sagte, Jesus von Nazareth *ist* Gott. Ich habe erwidert: Selbstverständlich ist das eine christliche, irreversible, endgültig verbindliche Wahrheit. Aber man kann diesen Satz auch mißverstehen. Während andere ›Ist-Sätze‹ eine Identität einfacher Art zwischen (dem Subjekt und – der Herausgeber) dem Inhalt des Prädikats äußern, ist eine solche Identität zwischen der Menschheit Jesu und Gottes ewigem Logos eben nicht gegeben. Hier besteht eine *Einheit*, nicht eine *Identität*. Ich sage das nur, um deutlich zu machen, daß es hinsichtlich des christologischen Dogmas innerhalb der Kirche und innerhalb ihrer Orthodoxie bleibende Fragen und sogar Meinungsverschiedenheiten gibt. Ich will damit deutlich machen, daß mir hinsichtlich der Christologie die Frage des (bei Küng) Möglichen nicht so einfach zu beantworten ist, wie vielleicht die Kölner kirchliche Verlautbarung es tut.« Ja, Rahner, mit mir in der Unfehlbarkeitsfrage bekanntlich nicht einverstanden, bestätigt nach der genauen Lektüre des Buches »Christ sein«, daß er »keinen absoluten Affront gegen ein definiertes Dogma in der Christologie entdecken konnte«.

An diesem Punkt zeigt sich eine unerwartete und erstaunliche Konvergenz zwischen einem modernen personal-geschichtlichen Ansatz und dem Ansatz der neutestamentlichen Christologien. Gerade das Neue Testament ermutigt uns, Person und Sache Jesu für den Glauben immer neu mit Denkfiguren, Symbolen, Metaphern, Namen, Begriffen zur Sprache zu bringen, die heute verstanden werden und deshalb eine sinnerhellende Kraft entfalten können. Gerade so bleibt die Verkündigung des Glaubens an Jesus Christus *kreativ* und erstarrt nicht in der Angst, man könnte etwas von wahrem Glauben aufgeben, indem man ihn anders zur Sprache bringt.

Vielleicht werden Sie, sehr geehrter Herr Bischof, mir nun entgegenhalten, mit einer solchen Konzeption werde willkürlich Spekulationen Tür und Tor geöffnet. Weil ich diese Gefahr in einer Zeit des Umbruchs sehr wohl sehe, habe ich mich gerade dieser Frage intensiv gewidmet. Dies führt mich zu einem letzten Punkt:

4. Es geht mir um eine Theologie, die den christlichen Glauben konsequent von Jesus Christus her thematisiert: Jesus Christus selber, so meine zentrale und gewiß legitimine Antwort, ist das Spezifische des christlichen Glaubens. Aufgabe des christlichen Theologen ist es deshalb vor allem anderen immer wieder, die Frage zu beantworten: Wer ist dieser Jesus Christus? Genauer: *Wer ist dieser Jesus von Nazaret,* der für uns Glaubende der Christus und Sohn Gottes ist? Angesichts der Schwierigkeiten, die viele Menschen mit den traditionellen christologischen Aussagen haben, ging ich den von der Exegesse her naheliegenden Weg: Ich berichtete auf wissenschaftliche Weise von der Verkündigung und der Lebenspraxis Jesu von Nazaret, von der Wirkungsgeschichte vor und nach Jesu Tod.

Dieser *methodische Ansatz,* mit dem ich nicht allein stehe, und seine systematische Entfaltung haben in den vergangenen Jahren zu breiten Diskussionen geführt. Kritiker gingen allerdings immer wieder von Voraussetzungen aus, die auf mein methodisches Selbstverständnis nicht zutrafen. Da war vor allem der offiziell formulierte Verdacht, eine »historische *Rekonstruktionshypothese*« stelle »allein und für sich einen ausreichenden Zugang zum theologischen Verständnis Jesu Christi dar«. Zwei Dinge sind dazu zu bemerken:

Zum ersten: Solche Verfremdung der Grundfrage durch eine ungenau verwendete wissenschaftstheoretische Terminologie verdeckt die eigentliche Frage: Können wir noch etwas über Jesus von Nazaret, der ja kein Mythos ist, wissen? Denn es geht – unbeschadet aller zu bedenkenden Probleme der Geschichtshermeneutik – zunächst schlicht um den *Bericht* von Person und Sache Jesu, um den Bericht der Erfahrungen, wie sie die ersten Glaubenden mit diesem Jesus gemacht haben. Seit eh und je hatte dieser Bericht in der katholischen Kirche ein unverzichtbares Heimatrecht. Seit eh und je konnte man davon ausgehen, daß eine geschichtliche Vergegenwärtigung dieser Person Jesu möglich und für den Glauben notwendig ist. Daß diese Rückfrage bei wachsendem historisch-kritischem Bewußtsein zu immer verfeinerten Fragestellungen und Auslegungsmöglichkeiten geführt hat, spricht nicht gegen, sondern für den Erfolg eines solchen Berichts.

Zum zweiten: Jedem Historiker ist heute klar, daß er sich nicht auf die Wiedergabe positiver Fakten beschränken kann. Jeder Text wird von einem *Vorverständnis* aus formuliert und verstanden. Jede umfassende Deutung geschichtlicher Daten, Personen oder Ereignisse setzt immer schon den Standpunkt des Interpreten voraus. Die Alternative: historischer Jesus oder kirchlicher Glaube an ihn ist deshalb unzutreffend. Warum?

Gewiß: die methodische Explikation von Person und Sache Jesu geht aus von den geschichtlich bedeutsamen Quellen, von der historisch-kritisch erhellten Geschichte Jesu, die nicht mit Jesu Tod endet, sondern durch die Ostererfahrungen eine neue Qualität erhalten hat. Aber diese Geschichte wird von einem gläubigen Theologen geschrieben, der vor der Frage steht: Wie und warum können wir uns überhaupt auf diesen Jesus von Nazaret einlassen, wie und warum kann er in Gottes Namen vor und für uns stehen? Eine methodisch »von unten« kommende Christologie? Ja, aber gerade dies vom Standpunkt dessen aus, der an Jesus Christus glaubt. Diese Christologie »von unten« konnte nur deshalb so konsequent und für viele überzeugend betrieben werden, weil sie *von einem Glaubenden* geschrieben wurde. Die historische Vernunft schließt deshalb den Zugang zur Offenbarung Gottes gerade nicht aus, sondern ermöglicht ihn.

Auf die *vielen Einzelfragen,* die mit diesem Versuch verbunden sind, kann hier nicht eingegangen werden. Zum Beispiel: Wird durch die Methode des geschichtlichen Zugangs die *eigentliche Herausforderung* des Christentums nicht verdeckt und abgeblendet? Ich meine nein und bin der Überzeugung, daß Herausforderung und Ungleichzeitigkeit der christlichen Botschaft erst in der Verbindung von historischer Distanz und aktueller Relevanz wieder umfassend zum Tragen kommen kann. – Wird durch die Methode des Berichts und der historischen Analyse ein glaubendes, *bekennendes Ja oder Nein* nicht überflüssig? Ich meine nein: erst im geschichtlichen Aufweis werden die Alternativen und zentralen Fragen für einen christlichen Glauben wieder so konkret, daß sie zu einer Entscheidung neu herausfordern. – Schafft diese Methode nicht unnötige *Verunsicherung*? Ich meine nein und bin überzeugt, daß vielen erst so wieder klar werden kann, worauf man sich im Glauben verlassen kann. Jesus, den wir als den Christus bekennen, gibt unserem Glauben seine eigentliche Identität. Deshalb muß es einem katholischen Theologen erlaubt sein, ihn selber als die große Herausforderung auch für die Menschen von heute in Kirche und Gesellschaft neu darzulegen.

Glaubensformeln oder Glaubensgestalt?

Aufgrund all dieses Gesagten möchte ich, sehr geehrter Herr Bischof, auf die von Kardinal Höffner am 22. 4. 1977 an mich gestellten christologischen Fragen zurückkommen. Unter Beachtung der dargelegten hermeneutischen Prinzipien *bekenne ich mich zu den zentralen christologischen Formeln unseres Glaubensbekenntnisses,* wie ich eingangs schon erklärte.

Aber wenn Sie sich diese ganze äußerst komplexe Problematik vor Augen führen, werden Sie, sehr geehrter Herr Bischof, nun vielleicht besser verstehen, warum ich damals (von der Problematik der Berechtigung zu solchen Fragen ganz abgesehen) auf katechismusartig verkürzte Fragen keine formelhaften Antworten geben wollte, in denen das eigentliche theologisch-hermeneutische Problem doch wieder unterschlagen wird. Angesichts des epochalen Umbruchs, in dem ein ganzes Kategoriensystem ins Wanken geraten ist, angesichts der äußerst schwierigen Explikation der traditionellen christologischen Glaubensaussagen sowie angesichts der wachsenden Glaubensnot vieler mit der traditionellen Christologie konfrontierter Menschen bitte ich Sie und Ihre bischöflichen Mitbrüder nachdrücklich darum, doch meine von vielen geteilte Überzeugung ernstzunehmen: In meinen von bischöflicher Seite kritisierten Ausführungen wird *der Glaube* an Jesus Christus *nicht aufgeweicht* oder auf die Vorstufe eines vorläufigen Redens von Christus reduziert. Es handelt sich vielmehr um dieselben Intensionen, Zusammenhänge, um dieselbe Sache, allerdings im Rahmen einer anderen Glaubensgestalt. Alles kommt auf diesen anderen Kontext an!

Nicht aus Rechthaberei bestehe ich darauf, sondern aus der Furcht, daß alle die, die im Rahmen einer geschichtlichen Christologie wieder neu an Jesus Christus zu glauben lernten, *alleingelassen* und früher oder später in skeptische Vorbehalte zurückfallen werden. Gerade Religionslehrer und Seelsorger sind es, die die Folgen schmerzlich zu tragen hätten. Es geht um die Kirchlichkeit der Theologie, auch mir. Es geht aber noch mehr um die Kontinuität der in verbindlichen Glaubensaussagen festgehaltenen Sache. Es geht also auch um Glaubensformeln, gewiß, aber nur im Rahmen einer bestimmten Glaubensgestalt. Beide sind aufeinander zu beziehen. Wer dies verstanden hat, hat – so meine ich – den Streit verstanden, der gegenwärtig in der katholischen Kirche (nicht nur durch meine Person) ausgestanden wird.

II. Unfehlbarkeit

Zur Unfehlbarkeitsproblematik muß hier nicht so ausführlich gesprochen werden wie zu den Fragen der Christologie, obwohl auch sie nur im Rahmen einer theologischen Gesamtkonzeption zu lösen ist. Wie Sie, sehr geehrter Herr Bischof, wissen, hat diese Frage im deutschen Sprachraum relativ *wenig Aufmerksamkeit* gefunden. Für die römische Glaubenskongregation aber bildete sie den entscheidenden Kern der Auseinandersetzung; hatte sie doch hier in eigener Sache zu richten. Es wäre deshalb gut, wenn es in gemeinsamen Bemühungen gelänge, auch hier eine Entschärfung der Diskussion und Eindämmung der Problematik zu erreichen. Deshalb sei auch hier mit einigen Richtigstellungen begonnen.

Richtigstellungen

Sicher ist auch Ihnen nicht verborgen geblieben, daß man in den vergangenen Wochen meine Anfrage an die Unfehlbarkeitsdefinition *ständig ausgeweitet* und zu einer grundsätzlichen Frage nach meinem Verhältnis zur christlichen Wahrheit überhaupt gemacht hat. Auch hier, so meine ich, habe ich das Recht, von kirchlichen Stellen gegen ungerechtfertigte Überinterpretationen geschützt zu werden. Deshalb stelle ich folgendes fest:

Unrichtig und aus meinen Schriften positiv widerlegbar ist die Behauptung, ich leugne die *bleibende Verbindlichkeit* von Glaubensaussagen, die ein unmißverständliches Ja oder Nein herausfordern. Unverständlich und ohne sachlichen Grund ist die Meinung bestimmter Interpreten, mit der Bejahung verbindlicher Aussagen lehne ich »letztverbindliche« Aussagen ab. »Verbindlich« freilich, recht verstanden, kann nicht mehr gesteigert werden.

Unrichtig und aus meinen Schriften nicht zu belegen ist ferner die Behauptung, ich setze mich über die Unfehlbarkeitsdefinition des Vatikanum I hinweg. Die Rede von der *»Revision«* des Vatikanum I in meinen neuesten beiden Publikationen steht in einem sehr differenzierenden Kontext und nimmt Bezug auf das von Y. Congar aufgeworfene und kaum erörterte Problem der Rezeption und »Re-rezeption« konziliarer Entscheidungen sowie auf die Ergebnisse neuerer geschichtlicher Forschungen. Zu Sinn und

Bedeutung meiner »Anfrage« werde ich weiter unten Stellung nehmen.

Unrichtig und der Grundintention meines theologischen Werkes völlig zuwider ist die generelle Behauptung, in der Auseinandersetzung mit meiner Anfrage stehe die *»Wahrheit der Schrift«* zur Debatte (Erklärung der deutschen Bischöfe vom 7. 1. 1980). Doch überlasse ich das Urteil über diese Behauptung gerne der exegetischen Fachwelt.

Unverständlich und in diametralem Gegensatz zu meinen Ausführungen finde ich die Behauptung, ich ziehe »zuvor und viel grundlegender die geistgewirkte Gabe einer *Bewahrung der Kirche in der Wahrheit* Gottes« in Zweifel (ebd.). Gerade auf sie lege ich ja im Zusammenhang mit meiner Anfrage verstärktes Gewicht. Als schwerwiegende Fehlorientierung der Öffentlichkeit empfinde ich in diesem Zusammenhang, daß die bischöfliche Dokumentation nur eine der von Rom inkriminierten Schriften (das Vorwort zu Haslers Buch) abgedruckt, nicht aber die von mir absichtlich gleichzeitig veröffentlichte und ausdrücklich als positive Ergänzung bezeichnete Theologische Meditation, die schon im Titel das von mir voll und ganz bejahte »Kirche – gehalten in der Wahrheit?« zum Thema hat, es konkretisiert und so keineswegs bei einer »pauschalen« Beteuerung stehenbleibt.

Falsch und nicht ohne herabsetzende Wirkung ist schließlich die Behauptung der römischen Erklärung vom 15. 12. 1979, ich verachte das Lehramt und stelle meine eigene Meinung dem Glaubenssinn der Kirche gegenüber. Ich habe meine Anfragen stets mit Argumenten vorgebracht und mich dem Sachzwang theologischer Wahrheitsfindung gestellt, ja geradezu zum theologischen Argument herausgefordert. Selbst bei meinen Kritikern bin ich auf das Zugeständnis gestoßen, daß hier schwierige, nicht von mir erfundene und die ganze katholische Theologie betreffende Probleme vorliegen.

Sie, sehr geehrter Herr Bischof, sind gewiß meiner Meinung, daß ein sachliches Gespräch nur möglich ist, wenn diese Richtigstellungen von allen Seiten respektiert werden und wo immer möglich auch von den kirchlichen Autoritäten den verunsicherten Gläubigen zur Kenntnis gebracht werden. Denn auch hier geht es um sehr grundsätzliche Fragen, die nur in einem größeren *Gesamtzusammenhang* fruchtbar erörtert werden können. Ich möchte deshalb auch hier noch einmal auf die Hintergründe hinweisen, von denen aus nach meiner Überzeugung die Streitfrage beurteilt werden sollte.

Worum es mir geht

Nur erinnert sei noch einmal an die *vier* (methodisch und inhaltlich nicht folgenlosen) *Dimensionen*, in denen sich mein theologisches Denken bewegt: Auch in der Frage der kirchlichen Unfehlbarkeit will es konsequent schriftbezogen sein, seine Aussagen geschichtlich vom christlichen Ursprung her verantworten, sich den Fragen der Gegenwart vorbehaltlos stellen und letztlich Jesus, den wir als Christus bekennen, als entscheidenden Maßstab unseres Glaubens im Reden und Handeln zur Geltung bringen. Im Rahmen dieser Dimensionen bewegt sich meine Anfrage und bewegen sich die Hypothesen, die ich selber als Lösung des Problems vorgeschlagen habe. Auf sie möchte ich hier – nachdem die Argumente schon lange offenliegen – nicht eingehen.

Sie werden mir entgegnen, ich hätte bislang jene entscheidende Dimension außer acht gelassen, die in der gegenwärtigen katholischen Theologie als so notwendig erachtet wird: die *Kirchlichkeit.* Darauf möchte ich antworten, daß Kirchlichkeit schon in all den genannten Dimensionen vollzogen wird: geht es doch um die Apostolische Kirche (Schriftbezogenheit), um die Katholizität dieser Kirche in der Zeit (geschichtliche Verantwortung), um ihre Katholizität im Raum (Herausforderung durch die Gegenwart) und schließlich um die Überzeugung, daß wir Kirche Jesu Christi seien (Jesus Christus als entscheidender Maßstab). In der Unfehlbarkeitsfrage stehen nun allerdings vor allem Fragen der sichtbaren, an bestimmten *Glaubensaussagen und Ämtern* identifizierbaren Kirche zur Debatte. Dazu seien einige Hinweise erlaubt.

1. Es geht mir um einen Dienst an der Einigung der getrennten Kirchen: In den Auseinandersetzungen mit römischen Stellen sowie in den verschiedensten deutschen Verlautbarungen der vergangenen Wochen fällt auf, daß dieser Gesichtspunkt nahezu völlig *ausgeklammert* wird. Man äußerte lediglich den Verdacht, ich betreibe einen Ökumenismus unter Vernachlässigung der Wahrheitsfrage.

Dieses Urteil aber nimmt den wahren *Ernst* der ökumenischen Problematik nicht wahr. Sämtliche nichtkatholische Kirchen betrachten das Unfehlbarkeitsdogma als neuere römisch-katholische Sonderlehre. Und für sämtliche nichtkatholische Kirchen stellt dieses Dogma ein Haupthindernis für eine mögliche Wiedervereinigung gerade dann dar, wenn sie den Petrusdienst des Bischofs von Rom grundsätzlich anzuerkennen bereit wären.

Es ist deshalb die *Pflicht* eines ökumenischer Theologie verpflichteten Theologen und Direktors eines Instituts für ökumenische Forschung, diese schwierige Problematik aufzugreifen und selbstkritisch im Hinblick auf die von außen gestellten Anfragen durchzudenken. Allein so kann der Sache der Ökumene in diesem entscheidenden Punkt wirksam vorangeholfen werden.

Die gegenwärtige vielfach dokumentierte *Betroffenheit* zahlreicher nichtkatholischer Kollegen in aller Welt zeigt, wieviel für die Glaubwürdigkeit unserer Kirche von der entschlossenen Aufarbeitung dieses Problemfeldes abhängt. Auch in der von zahlreichen Professoren aus den Katholisch-Theologischen Fakultäten Deutschlands unterschriebenen Erklärung heißt es: »Wenn katholische Theologie nicht mehr die Freiheit besitzt, vom Gewordenen auf das Gewesene, von der Gegenwart auf den Ursprung zurückzufragen, um *verlorene Möglichkeiten der Einheit und Einigung* wieder zu erschließen, wird dem ökumenischen Gespräch der Theologen von seiten der katholischen Theologie der Boden entzogen. Damit verliert aber das ökumenische Bemühen der Kirche überhaupt seine Glaubwürdigkeit; die bisherige Entwicklung muß zum Stillstand kommen«. Daran kann niemand in unserer Kirche ein Interesse haben.

2. Es geht mir um einen Beitrag zur Klärung des Verhältnisses von Lehramt und Theologie: Wie auch Sie wissen, erfolgte die Definition des Unfehlbarkeitsdogmas (gemessen an der Geschichte der Kirche und des Glaubens) sehr spät. Über viele Jahrhunderte hin war von der Unfehlbarkeit des Papstes nicht die Rede. Weitere Jahrhunderte tauchte sie als formeller Punkt katholisch-theologischer Kriteriologie nicht auf. Zugleich unterlagen Selbstverständnis und Funktion eines »Lehramtes« seit dem Mittelalter einem *starken Wandel*. Von daher ist nicht zu befürchten, daß durch eine Diskussion der Unfehlbarkeitsfrage das gesamte katholische Wahrheitsverständnis ins Wanken gerate. Ein Blick auf die Kirchengeschichte und auf die anderen Kirchen zeigt von vornherein: Die christliche Wahrheit entfaltet schon durch das Zeugnis der Schrift, durch die Glaubensbekenntnisse, durch die allen Kirchen gemeinsame Tradition sowie durch den gelebten Glauben der Christen ein hohes Maß an Sinn, Gewißheit, erlösender Kraft.

Damit ist der Petrusdienst wahrhaftig nicht für überflüssig erklärt; ich habe seine Bedeutung für die katholische Kirche und für die Ökumene immer wieder auch den nichtkatholischen Christen verständlich zu machen versucht. Nicht überflüssig ist auch der Anspruch dieses Petrusdienstes, seinen Dienst der Einheit für die katholische Kirche notfalls durch eine verbindliche Sprache und auch in Abwehr von Irrtümern zu realisieren. Aber dieser Anspruch hat nur Sinn, wenn er sich als Dienst am Glaubenszeugnis der Gesamtkirche versteht. Hier muß eine Dialektik durchgehalten werden, die uns viel Angst nehmen kann: Wir sind einerseits der gemeinsamen Überzeugung, daß die Kirche eines einigenden Zeugendienstes bedarf. Andererseits müssen wir in ernster Diskussion über die Frage bleiben, welchen eigengesetzlichen Raum der Theologie innerhalb der Kirche zuzugestehen ist.

Die Erfahrung gerade unseres Jahrhunderts hat gezeigt, daß eine freie und allein der Wahrheit verpflichtete Theologie der *Glaubwürdigkeit der Kirche* einen großen Dienst leisten kann. Angesichts der Tatsache aber, daß viele bedeutende Theologen zunächst gemaßregelt oder zur Verantwortung gezogen wurden, muß es uns heute neu gelingen, die Atmosphäre des latenten Mißtrauens zu durchbrechen und die je eigenständigen Aufgaben von Lehramt und Theologie immer deutlicher zu artikulieren.

Sie wissen, Herr Bischof, daß ich in meiner Anfrage zur Unfehlbarkeit *Hypothesen* aufgestellt habe, ja aufstellen mußte: Hypothesen nämlich, die die Problematik entkrampfen und die legitimen Anliegen, die in diesem Dogma stecken, auch weiteren Kreisen verständlich machen können. Ich behaupte nicht, das Verhältnis von Lehramt und Theologie dadurch geklärt zu haben. Gerade deshalb bitte ich Sie, alles dafür zu tun, daß diese umfassende Frage auch umfassend, ohne Emotionen und drohende Sanktionen besprochen werden kann. Ich sehe mich darin bestätigt durch die genannte Erklärung deutscher Theologen: »Auch die zur *unaufgebbaren Freiheit der Theologie* gehörende Möglichkeit, Hypothesen vorzuschlagen und zu prüfen, Kontroversen mit Gründen und Argumenten auszutragen und Irrtümer durch wissenschaftliche Disputation zu korrigieren und zu überwinden, muß von der Theologie uneingeschränkt in Anspruch genommen werden können. Je ungehinderter die wissenschaftliche Disputation stattfinden kann, um so mehr wird sie durch ihren Zwang zu argumentativer Strenge subjektiver Willkür wehren und der Wahrheit dienen.«

Die beiden vorausgegangenen Abschnitte wollten den *Horizont* umschreiben, von dem aus die Unfehlbarkeitsdebatte ihre unaufgebbare Dringlichkeit erhält. Man mag sagen, sie seien sehr allgemein und ließen meine Stellungnahme bezüglich der Unfehlbarkeitsdefinition selber noch offen. Deshalb folgt ein dritter Punkt:

3. Es geht mir um die Klärung von Bedeutung und Begründung der Unfehlbarkeitsdefinition: Wer die Definition der päpstlichen Unfehlbarkeit nicht ernstnimmt, wird nicht über sie sprechen und dennoch Theologie treiben. Ich nehme sie *sehr ernst* und habe mich seit Beginn der 60er Jahre bemüht, sie in allem Respekt genau zu analysieren und ihre Intention auf eine dem heutigen Menschen verständliche Weise darzulegen. In der intensiven Diskussion des vergangenen Jahrzehnts zeigte sich mir wie anderen katholischen Theologen eine doppelte Problematik:

a. Sowohl der *exegetische wie der dogmengeschichtliche Befund* bietet für eine begründende Argumentation erhebliche Schwierigkeiten. Darüber ist viel geschrieben und auf mehreren Studientagungen, an denen ich mich der Diskussion stellte, eingehend gesprochen worden. Im Rahmen dieses Briefes muß nicht näher darauf eingegangen werden.

b. Der *Sinn der Unfehlbarkeitsdefinition* ist wegen der fortgeschrittenen hermeneutischen und sprachphilosophischen Reflexion undeutlich geworden. Die Definitionen materialer Glaubensinhalte können immer neu übersetzt, verdeutlicht, auf neue Fragestellungen hin expliziert und gemäß dem neuesten Stand hermeneutischer Reflexion aufgearbeitet werden. Die Unfehlbarkeitsdefinition, also eine Definition der formalen Verbindlichkeit von Glaubensinhalten, indessen setzt selber eine verbindliche Hermeneutik und gerät deshalb bei verändertem hermeneutischem Bewußtsein in einen – hier nur kurz anzudeutenden – Interpretationskonflikt. Zum Beispiel legt die Unfehlbarkeitsdefinition eine juristische Hermeneutik zugrunde: Wie sind dann aber neue exegetische Ergebnisse einzubringen? – Sie akzentuiert die Frage von einzelnen Glaubensaussagen (»Sätzen«, »Urteilen«, »Definitionen«, »Sentenzen«): Wie wird sie mit dem Problem umfassender Aussageeinheiten fertig? – Sie geht aus von dem Modell von vornherein unfehlbar wahren Aussagen: Wie ist damit das genuin wissenschaftlich-theologische Anliegen nach argumentativer Begründung von Glaubensaussagen zu vereinbaren, besonders wenn man bedenkt, daß das Lehramt unabhängig von neuen Argumenten über Interpretationen zu urteilen beansprucht und dabei als letzte Interpretationsinstanz auch über die eigene Interpretationskompetenz befindet?

Probleme, die uns – ich sage das in allem Ernst und in aller Bescheidenheit – nach außen unglaubwürdig machen, solange wir sie nicht bereinigen oder abzuklären bereit sind. Probleme zugleich, die nur im Rahmen einer angstfreien, möglichst offenen und *freien Atmosphäre* bereinigt werden können. Ist es unbillig für einen Theologen, diese Frage offen auszusprechen und diesen Akt der Redlichkeit nach innen und außen zu setzen?

Diese Andeutungen, sehr geehrter Herr Bischof, sollen genügen, um Ihnen noch einmal klarzumachen, wie dringend notwendig und sachlich geboten jene Anfrage war, die ich vor einigen Jahren gestellt habe und die auffallenderweise eine so hohe Publizität erreichte.

Fragen, Zweifel, Leugnung

Die deutschen Bischöfe haben erklärt, in Sachen Unfehlbarkeit hätte ich nicht nur gefragt, was die Definition bedeute und wie sie zu begründen sei. Vielmehr hätte ich »diese Aussage selbst in Frage gestellt und somit bezweifelt«. Ich meine, daß diese Unterscheidung der schwierigen Sachlage nicht gerecht wird. Von den Fragen vieler angestoßen, habe ich als Theologe nach Begründungen nachdrücklich gefragt und dadurch vielleicht bewirkt, daß die Unfehlbarkeitsdefinition gemäß dem Stand gegenwärtiger theologischer Forschung manchen als unbegründet erschien. Dies ist der Zweifel, der von mir nicht willkürlich gesetzt wurde, als ob ich mein eigenes Glaubensverständnis gegen den Glaubenssinn der Kirche stellte. Vielmehr ist dies ein Zweifel, der aus dem von mir unabhängigen Sachzwang von Argumentation und Gegenargumentation entsteht.

So habe ich denn eine förmliche Anfrage gestellt und nicht geleugnet: aus kirchlicher Gesinnung, wie ich meine. Denn ich dachte nie daran, mit dem Anspruch dessen aufzutreten, der eine allgemeine definierte Aussage für nichtig erklärt. Insofern habe ich nur das unter Umständen unangenehme, weil risikoreiche Geschäft der Theologie betrieben. Ich meine, sehr geehrter Herr Bischof, wer der Kraft des Glaubens vertraut, der hat gewiß auch die Kraft, allen Fragen, die menschliche Vernunft an den Glauben stellt, standzuhalten. Aber umgekehrt auch: gerade wer fähig und bereit ist, sich allen Fragen zu stellen, ohne sie vorzeitig zu verbieten, gibt damit einen Erweis seiner eigenen ungebrochenen Glaubenskraft.

Aus dieser Grundhaltung heraus stelle ich mich uneingeschränkt hinter die genannte Erklärung deutscher katholischer Theologen: »Um ihrer Aufgabe als Wissenschaft nachkommen zu können, muß Theologie von der Freiheit, alle zur Erforschung und Auslegung des Glaubens tauglichen Methoden in Dienst zu nehmen, uneingeschränkt Gebrauch machen können. Freiheit zum Sachzwang und zu der durch den Sachzwang gebotenen Methode kann es nie zuviel geben, ihr Gebrauch kann niemals Willkür sein. Aufgabe des bischöflichen Lehramts kann es deshalb nicht sein, der Theologie bestimmte Methoden vorzuschreiben oder zu empfehlen und andere zu verbieten, sondern – falls dies notwendig ist – kraft Amtes darauf hinzuweisen, wenn eine mit dieser oder jener Methode gewonnene Auslegung nicht als legitime Auslegung des im Glauben der Kirche bezeugten und von Papst und Bischöfen verkündeten authentischen Glaubens betrachtet werden kann. – Mit der von 1360 Theologen unterzeichneten Erklärung von 1969 über ›Die Freiheit der Theologen und der Theologie‹ betonen wir, daß ›diese Freiheit für uns Theologen die schwere Verantwortung (bedeutet), die echte Einheit und den wahren Frieden der Kirche und all ihrer Glieder nicht zu gefährden‹. Andererseits müssen wir mit der gleichen Erklärung bekräftigen, daß wir ›unserer Pflicht, die Wahrheit zu suchen und zu sagen, nachkommen (möchten) ohne Behinderung durch administrative Maßnahmen und Sanktionen. Wir erwarten, daß man unsere Freiheit respektiert, wo immer wir nach bestem Wissen und Gewissen unsere begründete theologische Überzeugung aussprechen oder publizieren.‹«

Diese meine theologischen Erklärungen, sehr geehrter Herr Bischof, sind lang geworden und mußten doch vieles offen lassen, was der künftigen Klärung bedarf. Doch sei mir gestattet, zum Abschluß dieses theologischen Teiles meines Briefes das zu zitieren, was der auch von Ihnen sehr geschätzte Kollege Heinrich Fries zu den neuesten Auseinandersetzungen geschrieben hat: »Neben den Gläubigen, die sich, wie sie sagen, durch Küng verunsichert fühlen, darf man die sehr große Zahl derer nicht übersehen, die durch Küngs Bücher, vor allem durch ›Christ sein‹ und ›Existiert Gott?‹, eine echte Hilfe für ihren Glauben fanden, die darin bestärkt wurden und einen neuen und glaubwürdigen Zugang des Verstehens und der Aneignung gewonnen haben. Für viele Seelsorger, Religionslehrer und Prediger sind die beiden genannten Bücher Küngs eine wahre und kostbare Fundgrube geworden. Das gilt vor allem dann, wenn man liest, was geschrieben ist, und nicht ständig nach dem sucht, was noch fehlt.«

III. Ein Lösungsvorschlag

Wie eingangs angedeutet, finden wir uns in einer innerkirchlichen, politisch und juristisch nicht einfachen Situation. Die daraus erwachsenden Folgen sind schwer abschätzbar. Wie auch die Debatte des Landtags von Baden-Württemberg gezeigt hat, dürften juristisch vor allem zwei Probleme im Vordergrund stehen:

1. Weil es für Württemberg kein Landeskonkordat gibt, das Reichskonkordat aber nichts über das Ausscheiden eines Professors bei Missio-Entzug aussagt und in anderen Ländern Zusatzvereinbarungen notwendig waren, ist die konkordatsrechtliche Basis für eine Entfernung aus der Fakultät wider meinen Willen mindestens nicht eindeutig.

2. Die notwendigen innerkirchlichen Verfahren sind weder gegen meine neuen beiden Veröffentlichungen zur Unfehlbarkeitsfrage noch gegen mein Buch »Christ sein« durchgeführt worden: Bekanntlich hatte die römische Glaubenskongregation durch Dekret vom 15. 2. 1975 die Verfahren gegen meine Bücher »Die Kirche« und »Unfehlbar? Ein Anfrage« rechtswirksam eingestellt. Zwar sind damals hinsichtlich meines Verhaltens Wünsche an mich herangetragen worden, Sanktionen aber wurden nicht in Aussicht gestellt. Wollte Rom jetzt aufgrund neuerlicher Äußerungen meinerseits disziplinarische Sanktionen durchführen, hätte ein neues Verfahren im Sinne der römischen »Neuen Verfahrensordnung zur Prüfung von Lehrfragen« vom 15. 1. 1971 eröffnet werden müssen. Das ist nicht geschehen. Auch bezüglich einiger christologischer (und mariologischer) Fragen, die ich in meinem Buch »Christ sein« behandle und die ebenfalls als Grund für die römische Maßnahme erwähnt werden, ist weder von der römischen Glaubenskongregation noch von der Deutschen Bischofskonferenz das notwendige

Lehrbeanstandungsverfahren durchgeführt worden. Seit 1. 1. 1973 gibt es eine »Ordnung für Lehrbeanstandungsverfahren bei der Deutschen Bischofskonferenz«. Auch nach dieser Verfahrensordnung ist nicht gegen mich vorgegangen worden. Das bedeutet: Weder vor römischen noch vor deutschen kirchlichen Instanzen ist in einem korrekten Verfahren festgestellt worden, daß die inkriminierten Publikationen wesentliches katholisches Glaubensgut verletzen.

Es dürfte schwer vorstellbar sein, wie der Staat einen rechtmäßigen Verwaltungsakt vornehmen kann, wenn die Kirche bei der Feststellung der schwerwiegenden Vorwürfe gegen meine theologischen Aussagen sich nicht an ihre eigenen Verfahrensordnungen gehalten hat. Dazu kommt, daß die konkordatsrechtliche Grundlage – was die meisten in Umlauf befindlichen »Gutachten« geflissentlich übersehen – für die Universität Tübingen wenig tragfähig sein dürfte.

Soll nun über alles dies ein Rechtsstreit geführt werden, der sich über viele Jahre hinziehen kann und der die Problematik des Konkordats in die öffentliche Diskussion bringen muß? Das kann doch nicht im Interesse der Kirche und des Staates, das kann auch nicht im Interesse der Universität, der Katholisch-Theologischen Fakultäten und erst recht nicht in meinem persönlichen Interesse liegen, der ich ja nur bleiben möchte, was ich immer war: ein katholischer Lehrer der Theologie. Nein, wahrhaftig, ich habe zwar kritische theologische Bücher geschrieben, aber ich habe die Diskussion nie auf die staatlich-juristische Ebene geschoben. Und ich bin der entschiedenen Meinung, daß die Diskussion von dieser Ebene wieder heruntergebracht und innerkirchlich bereinigt werden sollte. Wie aber ist dies nach dem römischen Vorgehen noch möglich? Mit gutem Willen von allen Seiten scheint mir folgender Weg beschreitbar:

Der Diözesanrat der Diözese Rottenburg-Stuttgart hat unter Ihrem Vorsitz in einer außerordentlichen Sitzung am 26. Januar 1980 zum Missio-Entzug mich eindringlich darum gebeten, alles zu tun, um die aufgebrochenen Fragen zu klären, und hat zugleich die deutschen Bischöfe gebeten, Sie selber in Ihren Bemühungen um Verständigung mit allen Kräften zu unterstützen: »Der Diözesanrat ist mit der Deutschen Bischofskonferenz der Meinung, daß ›kirchliche Verfahrensordnungen verbessert werden können‹, und fordert deshalb die Deutsche Bischofskonferenz auf, unverzüglich auf die Verbesserung dieses Verfahrens zu dringen und den ›Fall Küng‹ in einem verbesserten Verfahren erneut aufzugreifen.« Dieser Vorschlag des Diözesanrats ist unterdessen auch vom Verband der Religionslehrer im Bistum Rottenburg aufgegriffen worden. Er entspricht den zahllosen Stimmen in der internationalen katholischen Öffentlichkeit, die ebenfalls ein neues gerechtes Verfahren fordern.

Entsprechend diesem Vorschlag des Diözesanrates, sehr geehrter Herr Bischof, erkläre ich mich hiermit bereit, zur sachlichen Klärung meiner theologischen Position bezüglich Unfehlbarkeit und Christologie an einem Verfahren der Deutschen Bischofskonferenz mitzuwirken, wie es die »Ordnung für Lehrbeanstandungsverfahren bei der Deutschen Bischofskonferenz« vom 1. 1. 1973 vorsieht. Bis zum Abschluß dieses Verfahrens soll der

Missio-Entzug wie bisher in seinen rechtswirksamen Folgen suspendiert bleiben. Um eine Klärung in der Sachlage zu fördern und die universitäre Situation zu entspannen, wäre ich bereit, den Minister für Wissenschaft und Kunst um ein Forschungssemester zu bitten.

Nach der Presseerklärung des Heiligen Stuhles vom 30. Dezember 1979 »hören der Heilige Stuhl und der deutsche Episkopat nicht auf zu hoffen, daß Professor Küng – der mehr als einmal seinen Willen bekundet hat, ein katholischer Theologe zu bleiben – nach einer vertieften Reflexion eine Stellung beziehen wird, die die Erteilung der Lehrbefugnis im Auftrag der Kirche erneut ermöglicht.« Dieser Brief sollte Ihnen, sehr geehrter Herr Bischof, meinen Willen zu dieser geforderten vertieften Reflexion zeigen. Ich zweifle deshalb nicht daran, daß der Heilige Stuhl die Deutsche Bischofskonferenz zu einem solchen Verfahren gemäß der »Ordnung für Lehrbeanstandungsverfahren bei der Deutschen Bischofskonferenz« ermächtigen wird. Allein durch ein solches Verfahren können die in der Öffentlichkeit diskutierten schwerwiegenden Verfahrensmängel geheilt werden. Schließlich versteht sich die Verfahrensordnung bei der Deutschen Bischofskonferenz ja auch selbst als eine Möglichkeit des »nötigen Rechtsschutzes« für den betroffenen Autor (vgl. Präambel). Da nach konkordatärer Praxis der Ortsbischof die zuständige Instanz für die Erteilung und den Entzug der Missio canonica ist, dürfte man in Rom eine solche mit Nachdruck vorgetragene Bitte kaum abschlagen.

In der Hoffnung, daß auch die Deutsche Bischofskonferenz die Bitte des Diözesanrates und zahlloser Katholiken positiv aufnehmen und in Rom vertreten wird, sendet Ihnen

ergebene Grüße
Hans Küng
Professor der Dogmatischen und Ökumenischen Theologie der Katholisch-Theologischen Fakultät und Direktor des Instituts für ökumenische Forschung der Universität Tübingen

PS: In der Zeit vom 15. Februar bis zum 2. März bin ich mit Kollegen der Fakultät auf einer Studienreise in Ägypten.

Kopien
an den Minister für Wissenschaft und Kunst
an den Präsidenten der Universität Tübingen

Offener Brief an Papst Johannes Paul II.

Heiliger Vater!

Am 15. Mai 1980 haben Sie an die Deutsche Bischofskonferenz einen Brief gerichtet, in dem Sie die Entscheidung der Kongregation für die Glaubenslehre, mit der die seit über einem Jahrzehnt andauernde Diskussion der päpstlichen Unfehlbarkeit autoritativ und endgültig beendet werden soll, lobend bekräftigen. Sie tun dies eingedenk Ihrer schweren Verantwortung für die Sicherheit des Glaubens, denn die Unfehlbarkeitslehre ist, obwohl Sie ihr angesichts »der Rangordnung der von Gott geoffenbarten und von der Kirche bekannten Wahrheit« einen niedrigeren Stellenwert einräumen, nach Ihrer Überzeugung »dennoch in gewisser Weise der Schlüssel zu jener Gewißheit, mit der der Glaube bekannt und verkündet wird, wie auch zum Leben und Verhalten der Gläubigen. Wenn man nämlich diese wesentliche Grundlage erschüttert oder zerstört, beginnen sich sogleich auch die elementarsten Wahrheiten unseres Glaubens aufzulösen.« So verständlich diese Ihre Sorge auch ist, müssen wir Sie doch mit aller Deutlichkeit darauf hinweisen, daß Sie in keiner Weise jene Fragen beantwortet haben, die seit längerer Zeit immer dringender gestellt werden und ungezählte Katholiken mehr und mehr beunruhigen.

1. Wie kann das Dogma von der Unfehlbarkeit des päpstlichen Lehramtes aus der Bibel und der Tradition der Kirche begründet werden?
Schon auf dem 1. Vatikanischen Konzil (1869/70) geriet eine ungewöhnlich große und qualifizierte Minderheit von 140 Bischöfen angesichts des Bibel- und Überlieferungsbefundes in größte Gewissenskonflikte. Sie widerlegte schon damals die für die päpstliche Unfehlbarkeit vorgebrachten Argumente und konnte bei bestem Willen nicht sehen, wie das neue Dogma mit der Geschichte der Kirche vereinbart werden könnte. Neuere Forschungen haben dieses Problem weiter verschärft.
2. Wie kann die Entscheidung des 1. Vatikanischen Konzils als gültig betrachtet werden, wenn sie damals gegen bessere Einsicht und unter vielfältigem Zwang zustande gekommen ist?

Solange diese beiden Fragen nicht befriedigend beantwortet sind, wird die Unfehlbarkeitsdebatte nicht zur Ruhe kommen. Wir empfinden es daher als sehr bedauerlich, daß Sie, Heiliger Vater, auch nicht den leisesten Versuch unternommen haben, die wirklichen Probleme, die viele Christen heute bedrängen, offen anzusprechen. Sie haben es ferner nicht der Mühe wert erachtet, auf den mehrfach geäußerten Vorschlag, eine ökumenische, interdisziplinäre und internationale Kommission möge den gesamten Fragenkomplex unvoreingenommen prüfen, einzugehen.

Bei Ihrem Vorgehen fällt es uns schwer zu begreifen, wie Sie die Wahrheit verteidigen wollen, die Sie in Ihrem Brief zu den Grundrechten der menschlichen Person zählen. Wie läßt sich dies vereinbaren mit Ihrem Versuch, den Forschern in Theologie und Geschichte das Wort abzuschneiden, ohne auch nur andeutungsweise Argumente zur Sache selbst vorgelegt zu haben? Wozu überhaupt noch katholische Theologie, fragen wir uns besorgt, wenn deren Vertreter immer wieder ermahnt werden, »in Treue zur Lehre der Kirche zu stehen«, anderslautende Forschungsergebnisse aber mit Rücksicht auf die geltende Dogmatik und das allein entscheidende Lehramt der Kirche nicht zu publizieren? Sehr zu Unrecht loben Sie auch die Deutsche Bischofskonferenz für deren »Sorgfalt und guten Willen«, denn auch sie ist, was das Dogma der Unfehlbarkeit trifft, mit keinem Wort auf biblische und historische Sachfragen eingegangen.

Es erfüllt uns mit tiefer Sorge, wie wenig Verständnis und Wertschätzung Sie der historischen Wahrheit entgegenbringen, vor der sich doch die Kirche nach einem Ausspruch Papst Leos XIII. nicht zu fürchten braucht. Wie können Sie zum Beispiel behaupten, daß Jesus dem Petrus und seinen Nachfolgern die Unfehlbarkeit verleihen mußte, »weil der Mensch fehlbar« sei? Wir können in der Bibel nicht einmal finden, daß Jesus das Papsttum mit der Unfehlbarkeit ausgestattet hat. Auch Ihre Berufung auf Bischof Irenäus (+ um 202) ist unberechtigt, denn er verstand die römische Kirche keineswegs als alleinige Norm für alle anderen Christen, sondern sprach vielmehr ausdrücklich auch anderen Kirchen apostolischen Ursprungs dieselbe Funktion wie Rom zu.

Ihr Anspruch, die Wahrheit zu verteidigen, wird weiter unglaubwürdig dadurch, daß Sie sich in Ihrem ureigensten Bereich nicht dafür einsetzen, daß endlich die mannigfachen Behinderungen entfallen, denen die Erforschung des 1. Vatikanischen Konzils heute noch unterliegt. Nach wie vor bleiben die Archive wichtigster Kurienbehörden für jene Zeit verschlossen.

Heiliger Vater, in Ihrem Brief bekunden Sie auch den Willen, für eine erneuerte Kirche im Sinn des 2. Vatikanischen Konzils zu arbeiten. Wenn Sie aber Texte dieses Konzils zitieren, suchen Sie stets jene Stellen aus, welche die beharrenden Elemente betonen. Sie geben damit all jenen Katholiken, die von den Schwierigkeiten in und mit der modernen Welt, besonders im Bereich der Wissenschaften, berührt sind, keinerlei Hilfe. Auch hier steht die Wahrheitsfrage auf dem Spiel. Wie soll eine Kirche glaubwürdig erscheinen und sich reformieren können, wenn es ihr so sehr um die Strukturen der Macht – Sie freilich gebrauchen dafür mit Vorliebe das Wort »Dienst« – und so wenig um den Sieg der göttlichen Wahrheit geht?

Immer wieder beteuern Sie, daß Sie für die Einheit aller Christen wirken wollen. Dies alles bleibt jedoch so lange bloßes Lippenbekenntnis, als Sie nicht bereit sind, die Hauptfragen des 1. Vatikanischen Konzils anzupakken. Die dogmatischen Definitionen dieses Konzils stellen heute fast das einzige Haupthindernis für die Wiedervereinigung der Christen dar. Erst kürzlich, am 28. April 1980, nannten römisch-katholische und russisch-orthodoxe Theologen nach fruchtbaren Gesprächen in Odessa im gemeinsamen Schlußdokument unter den Differenzen, die schwer zu überwinden seien, »die dogmatische Formulierung des Ersten Vatikanischen Konzils über den Primat und die Unfehlbarkeit des Bischofs von Rom.«

Gerade im Zusammenhang mit der Ökumene sprachen Sie wiederholt davon, wie notwendig und wichtig der Dialog sei. Wer jedoch genauer hinhört, erkennt schnell, daß Sie gar keinen wirklichen Dialog meinen. Sie schließen nämlich jede Äußerung der eigenen Position aus und sehen keine Möglichkeit, auf die Argumente der anderen Seite so einzugehen, daß dadurch die eigene Ansicht in Frage gestellt wird.

Abschließend möchten wir Ihnen versichern, daß wir diesen Brief aus ehrlicher Sorge um eine freiheitliche Entwicklung in Kirche und Gesellschaft geschrieben haben. So bitten wir Sie dringend, alle Fragen, die heute mit der päpstlichen Unfehlbarkeit verknüpft sind, rücksichtslos aufzunehmen und tatkräftig mitzuhelfen, daß die erwähnten Probleme objektiv studiert und geklärt werden.

Bamberg – München, 21. Juni 1980

Dr. theol. Georg Denzler,
o. Professor für Kirchengeschichte an der Universität Bamberg
Dr. theol. Dr. phil. August Bernhard Hasler,
Habilitand für Neue Geschichte an der Universität München

Nachwort

August Bernhard Hasler, ein Theologe und Historiker voller Ideen und Pläne, ist, erst 43 Jahre alt, am 1. Juli 1980 in München verstorben. Angesichts seiner heimtückischen Krankheit wünschte er sich wenigstens noch ein paar Jahre, um die als Habilitationsschrift begonnene Studie über »Führertum und Führerideologie in faschistischen Regimen« vollenden zu können[1]; jetzt muß sie ein Torso bleiben.

Hasler, 1965 in St. Gallen zum Priester geweiht, erwarb sich 1967 mit der Dissertation »Luther in der katholischen Dogmatik« (Verlag M. Hueber, München 1968) an der Päpstlichen Universität Gregoriana in Rom den theologischen Doktorgrad. Kardinal Augustin Bea SJ würdigte in einem Geleitwort die umfassende Darstellung der lutherischen Rechtfertigungslehre in den katholischen Dogmatikbüchern.

Ein rundes Jahrzehnt verwandte Hasler, der 1966 in das Päpstliche Sekretariat für die Einheit der Christen berufen wurde, auf die anfangs als theologische Habilitationsschrift geplante Abhandlung »Pius IX. (1846–1878), päpstliche Unfehlbarkeit und 1. Vatikanisches Konzil. Dogmatisierung und Durchsetzung einer Ideologie« (Verlag A. Hiersemann, Stuttgart 1977), für die ihn aber dann die Fakultät Geschichts- und Kunstwissenschaften der Universität München zum Dr. phil. promovierte. Von diesem 627 Seiten starken Opus schrieb der Autor eine leicht lesbare, mit wenigen Anmerkungen versehene, aber reich illustrierte Kurzfassung unter dem Titel »Wie der Papst unfehlbar wurde. Macht und Ohnmacht eines Dogmas« (Verlag R. Piper, München 1979).

»Zum Geleit« dieser sogenannten Volksausgabe skizzierte sein Schweizer Landsmann Hans Küng auf 25 Seiten »den neuesten Stand der Unfehlbarkeitsdebatte« und erneuerte darin die schon

1970 im Buch »Unfehlbar? Eine Anfrage« (Verlag Benziger, Zürich) aufgezeigten Einwände gegen das Dogma von der Unfehlbarkeit des Papstes. Dieses bekenntnishafte Geleitwort gab wohl auch den letzten Ausschlag für die Verurteilung des Tübinger Theologen durch die Kongregation für die Glaubenslehre am 18. Dezember 1979, derzufolge er »weder als katholischer Theologe gelten noch als solcher lehren« kann, und für den dadurch unaufhaltsam gewordenen Entzug der kirchlichen Lehrerlaubnis (missio canonica) durch Bischof Dr. Georg Moser von Rottenburg am 30. Dezember 1979. Beide Maßnahmen gegen einen der angesehensten Theologen unserer Tage erregten über den deutschsprachigen Raum hinaus ungewöhnlich großes Aufsehen und mächtige Empörung. Die im Anhang II erstmals beigefügten Dokumente zum »Fall« Küng beweisen deutlich genug, wie aktuell und gefährlich zugleich die von Küng und Hasler aufgezeigten theologischen und historischen Schwierigkeiten mit dem Unfehlbarkeitsdogma heute – heute wieder! – sind[2].

Völlig ungenügend erschien Hasler und mir – und gewiß nicht nur uns beiden – der Brief Johannes Pauls II. vom 15. Mai 1980 an die Adresse der deutschen Bischöfe[3], in dem der Papst die über Küng verhängten Sanktionen rechtfertigen möchte. Der erste Pole auf dem Papstthron attestiert dem deutschen Episkopat bei seinem Vorgehen in der Sache Küng große Sorgfalt und guten Willen; gleichzeitig formuliert er, aber ohne Angabe von Argumenten, seine Meinung über die päpstliche Unfehlbarkeit, um auf diesem Weg die durch Küng und Hasler neu belebte Debatte über das heikle Thema endgültig ad acta zu legen. Dieses Bestreben ist freilich nicht verwunderlich, wenn man bedenkt, daß Papst und Kurie mit diesem Dogma nicht nur ihr System stützen, sondern auch ihre Gegner unerbittlich verfolgen.

In einem »Offenen Brief« an Papst Johannes Paul II. vom 21. Juni 1980, der als letztes Dokument hier abgedruckt ist[4], brachten darum Hasler und ich unsere schweren Bedenken hinsichtlich Primat und Unfehlbarkeit des Papstes zum Ausdruck, verbunden mit dem dringenden Wunsch, der Papst möge eine interdisziplinäre Studienkommission ins Leben rufen, die alle mit Primat und Infallibilität gegebenen Probleme unvoreingenommen und objektiv prüfen solle, zumal da die von Küng wie Hasler veröffentlichten Thesen auf wissenschaftlicher Ebene eine differenzierte Aufnahme gefunden haben.

Die hier vorliegende Ausgabe stellt einen um den Anhang II und den Offenen Brief erweiterten Nachdruck der im Piper-Verlag erschienenen Kurzfassung »Wie der Papst unfehlbar wurde« dar. Es sei aber ausdrücklich darauf verwiesen, daß für eine historische und theologische Diskussion der Thematik die Lektüre der vollständigen Dissertation unerläßlich bleibt.

Hasler ging es, ob als Mitglied des Sekretariats für die Einheit der Christen (1966–71) oder danach als Habilitand im Fach Geschichte an der Universität München oder als Mitarbeiter des Deutschen Historischen Instituts in Rom, immer nur um Wahrheit, um Wahrheit im Sinn wissenschaftlicher Wahrhaftigkeit – er selbst sprach, um das viel gebrauchte und darum verbrauchte Wort Wahrheit zu vermeiden, lieber von der »Sache« –, die gegenüber allen Interessen unbedingten Vorrang haben müsse. Letztlich trug für ihn die Wahrheit, deren Verkündigung der Kirche aufgetragen ist, nur einen Namen: Jesus. Bei seinem freiwilligen Ausscheiden aus dem Vatikanischen Sekretariat gestand er tief enttäuscht: »Es bedrückt mich eigentlich am meisten, daß es praktisch immer nur um Politik und Diplomatie geht. Man fragt nie danach, was Jesus gesagt und getan hätte.« Diese aufschlußreichen Worte Haslers zitierte Werner Egli (St. Gallen), sein priesterlicher Freund, in der Ansprache bei der Totenmesse, die Alt-Bischof Josef Hasler unter Assistenz des Bischofs Otmar Mäder von St. Gallen und mehrerer Priester in der Dorfkirche Wittenbach am 5. Juli 1980 zelebrierte. Der Prediger äußerte auch noch, ganz im Sinn des Verstorbenen, den Wunsch, »daß die theologische Forschung um der Wahrheit willen ihre Freiheit bewahre oder wiederfinde, daß das kirchliche Amt die Verarbeitung unbewältigter Vergangenheit ermögliche und alle zusammen die Einheit des Glaubens und die Erkenntnis des Gottessohnes erlangen, wie der Epheserbrief schreibt (4,13)«[5].

August Bernhard Haslers Stimme ist für immer verstummt; seine Hand wird nie mehr zur Feder greifen. Mag sein, daß Vertreter der kirchlichen Hierarchie wie der theologischen Wissenschaft so etwas wie Genugtuung empfinden darüber, daß der lästige Kritiker und unerschrockene Mahner August Bernhard Hasler sie und viele andere nicht mehr belästigen und beunruhigen kann. Doch die Stimme eines Gewissens, die aus Hasler zu uns gedrungen ist, darf niemals tot sein. Und ebenso wenig darf die Problematik des päpstlichen Lehramtes, das in der Dogmatisierung des Iurisdiktionsprimats und der Unfehlbarkeit nach Ansicht des Schweizer Rechtshistorikers,

Publizisten und Parlamentariers Philipp Anton von Segesser (+ 1874) »die Konsekration des monarchischen Absolutismus auf kirchlichem Gebiete«[6] erfahren hat, weiterhin tabu bleiben. Es geschähe zum schweren Schaden für die römisch-katholische Kirche selbst sowie für die heute dringender denn je geforderte Wiedervereinigung der christlichen Kirchen.

Breitbrunn am Ammersee, 15. Oktober 1980

Georg Denzler

Professor für Kirchengeschichte an der Universität Bamberg

Anmerkungen

1 Fertigstellen konnte Hasler noch den Aufsatz: Das Duce-Bild in der faschistischen Literatur. In: Quellen und Forschungen aus italienischen Archiven und Bibliotheken 60 (1980) 420–506.

2 Eine umfassende Information bieten N. Greinacher – H. Haag (Hrsg.): Der Fall Küng. Eine Dokumentation. Verlag R. Piper, München 1980.

3 Vgl. Deutsche Tagespost, 27./28. 5. 1980.

4 Vgl. Süddeutsche Zeitung, 3. 7. 1980; Publik-Forum, 11. 7. 1980; imprimatur, 1. 8. 1980; engl. Übersetzung in: Ecumenical Trends 9 (1980) 160–162.

5 Auszugsweiser Abdruck der Ansprache in: imprimatur, 1. 8. 1980.

6 Vgl. Victor Conzemius: Philipp Anton von Segesser 1817–1888. Demokrat zwischen den Fronten. Verlag Benziger, Zürich–Einsiedeln–Köln 1977, S. 145.

Personen- und Ortsregister

Bei Autoren des 20. Jahrhunderts werden im allgemeinen keine näheren Angaben gemacht. Die Anhänge bleiben hier unberücksichtigt.

Abkürzungen

amerik.	amerikanisch	ital.	italienisch
Apost.	Apostolisch	Jh.	Jahrhundert
B.	Bischof	Kard.	Kardinal
bayer.	bayerisch	kath.	katholisch
belg.	belgisch	lat.	lateinisch
bes.	besonders	n. Chr.	nach Christus
bibl.	biblisch	österr.	österreichisch
bischöfl.	bischöflich	päpstl.	päpstlich
byz.	byzantinisch	poln.	polnisch
bzw.	beziehungsweise	preuß.	preußisch
dt.	deutsch	Prof.	Professor
Eb.	Erzbischof	prot.	protestantisch
engl.	englisch	röm.	römisch
frz.	französisch	schweiz.	schweizerisch
geb.	geboren	s.	siehe
gest.	gestorben	span.	spanisch
griech.	griechisch	v. Chr.	vor Christus
Hl.	Heilig		

Bildnachweis

Archivio Fotografico Comunale di Roma: 13, 15, 26, 51, 62, 83, 86, 89, 91, 93, 152/153, 159
Archivio Segreto Vaticano, Spoglio Card. Bilio: 151
Archiv des Englischen Kollegs, Rom, Talbot Papers: 85
Archiv für schlesische Kirchengeschichte 31 (1973): 38
Biblioteca Valicelliana, Rom: 77, 204
Bildarchiv des päpstlichen Hoffotografen Giordani, Rom: 222
Bildarchiv des Generalats der Jesuiten, Rom: 43, 70
Bildarchiv des Süddeutschen Verlags: 209, 217, 220, 226
Istituto per la Storia del Risorgimento Italiano, Rom: 18, 20, 22, 25, 54, 76, 154, 199, 202, 252, 253
Privatarchiv von Professor Emile Poulat, Paris; Geschenk von Frau Guido Aureli, Rom: 212
Servizio Fotografico dell'Osservatore Romano, Rom: 246, 250, 255
R. Aubert/G. Martina: Il Pontificato di Pio IX. (Storia della Chiesa dalle origini ai nostri giorni XXI, 1 und 2). Turin 1970: 29
A. Begey/A. Favero: S. E. Mons. arcivescovo L. Puecher-Passavalli. Ricordi e lettere (1870–1897). Turin 1911: 188
Berliner Wespen, 25. Juni 1875: 80
Gaétan Bernoville: Emmanuel d'Alzon. Paris 1957: 27
Lucien Christophe: Louis Veuillot. Paris 1967: 32
Der industrielle Humorist, Nr. 7, 1870: 236
Ignaz von Döllinger/Lord Acton: Briefwechsel 1850–90. Hrsg. von der Kommission für bayerische Landesgeschichte, bearb. von V. Conzemius. 3 Bde. München 1963–1971. Bd. II: 36, 99, 186; Bd. III: 57, 145
Ludovico Ferretti: Il sepolcro di Pio IX in Roma nell'antico nartece della Basilica di S. Lorenzo fuori le mura. Florenz 1915: 249
Victor Frond: Actes et Histoire du Concile de Rome. Bd. I–VII. Paris 1870/1871: Umschlag, 16, 28, 30, 35, 41, 45, 46, 49, 50, 56, 58, 59, 60, 63, 64, 65, 66, 67, 68, 71, 81, 105, 118, 132, 133, 137, 148, 156, 157, 160, 163, 166, 167, 168, 170, 171, 173, 174, 175, 176, 178, 180, 182, 183, 184, 190, 193, 195, 200
Francesco Biagioni Gazzoli: Memorie di Mons. Tizzani. Con biografia e note. Rom (Danesi) 1945: 191
Jean d'Hospital: Drei Päpste. Pius XII., Johannes XXIII. und Paul VI. Wien–Hamburg (Zsolnay Verlag) 1971: 225
Le concile œcuménique de 1869–1870 illustré. Lyon 1870: 102, 103
François Lecourtier: Homélies pour le Saint Temps du Carême. Montpellier 1872: 168
Ernst Nolte: Der Faschismus von Mussolini zu Hitler. Texte, Bilder, Dokumente. München 1968: 218
Gaspare Pontrandolfi S. P.: Pio IX e Volterra. Nel cinquantenario della morte di Pio IX. Volterra [1928]: 74
Johann Friedrich Ritter von Schulte: Lebenserinnerungen. Mein Wirken als Rechtslehrer, mein Anteil an der Politik in Kirche und Staat. 3 Bde. Gießen 1908/1909, Bd. II: 110
John J. O'Shea: The two Kenricks. Most Rev. Francis Patrick, Archbishop of Baltimore. Most Rev. Peter Richard, Archbishop of St. Louis. Philadelphia (John J. McVey) 1904: 168
Nino Valeri: Storia d'Italia. IV. Bd. Turin 1965, 332 (aus dem Fischietto, 8. Januar 1870): 126

Paul Tillich

Wesen und Wandel des Glaubens

Ullstein Buch 318

Ullstein Materialien

»Es gibt kaum ein Wort in der religiösen Sprache – weder in der theologischen noch in der populären –, das mehr Mißverständnissen, Verzerrungen und fragwürdigen Definitionen ausgesetzt ist als das Wort ›Glaube‹ . . . Wir müssen versuchen, das Wort neu zu interpretieren und die irreführenden und sinnentstellenden Nebenbedeutungen, die zum Teil jahrhundertealtes Erbe sind, auszuschalten. Es ist die Hoffnung des Verfassers, daß ihm wenigstens dies gelingen möge, auch wenn er sein eigentliches Ziel nicht erreichen sollte, nämlich einige Leser von der verborgenen Macht des Glaubens in ihnen selbst zu überzeugen . . .«

Aus dem Vorwort des Verfassers